Christian Jambet

Qu'est-ce que la philosophie islamique ?

Gallimard

Christian Jambet enseigne la philosophie. Arabisant et iranisant, il s'est consacré à l'étude de la philosophie et de la spiritualité en terre d'islam. Ses recherches portent sur des auteurs sunnites ou shî'ites, de langue arabe et de langue persane.

Ce qu'on désespère d'expliquer, comment accepter d'en admettre l'existence?

AVICENNE
Al-Shifâ', al-Ilâhiyyât, I, 1.

Avant-propos

Quelle idée les philosophes de l'islam se font-ils de la philosophie ? Il est difficile parfois de les lire sans se demander s'il s'agit bien de philosophie et *en quel sens* leurs œuvres se veulent philosophiques. Lorsque nous lisons Hume ou Carnap, nous sommes au clair avec nous-mêmes car leurs méthodes ne s'autorisent que de la raison humaine. Il en va tout autrement des philosophes (*falâsifa*) ou, plus largement, de ceux que les auteurs musulmans nomment « sages et savants » (*hukamâ'*) et qui sont connus pour exercer cette activité qui a reçu des Anciens sa définition. Exception faite des « Aristotéliciens » de l'islam médiéval, nous sommes tentés de rejeter hors des limites de la raison la plupart de ces penseurs, pour les disqualifier ou pour les qualifier autrement. On voit en eux des métaphysiciens, voire des « mystiques », des « sages inspirés », des visionnaires qui outrepassent les limites de l'usage légitime de l'entendement. La philosophie contemporaine, tout attentive qu'elle soit à son histoire et à ses origines métaphysiques, entend s'en détacher, et ne consent à exister qu'au prix d'une forclusion des discours et des savoirs qu'inspirent les croyances.

Or, si nous embrassons du regard la courbe entière

de leur histoire, plus nous nous rapprochons de notre époque, et nous éloignons du Moyen Âge, plus les philosophies consubstantielles à l'univers mental de l'islam s'accordent le droit à méditer des objets de croyance et à justifier une expérience spirituelle, et davantage elles font corps avec ce que dit le Prophète de l'islam.

C'est un adversaire de la philosophie péripatéticienne, lui-même théologien et mystique, Abû Hâmid al-Ghazâlî (450/1058-505/1111), qui a orienté le programme d'étude des philosophes les plus proches de nous dans le temps, programme auquel il fixe un but plus conforme à l'idée que nous nous faisons de la théologie mystique que de celle qui s'impose à nous, quand il s'agit de la philosophie : « La plus éminente des choses pour la réalité humaine, c'est la félicité éternelle. » Il ajoute que nul n'atteint la félicité éternelle, si ce n'est par la pratique et par la science, que la pratique ne s'obtient que grâce à la science qui détermine le comment de la vie pratique. La science est le fondement du bonheur en ce monde et dans la vie future, et c'est donc cette science qui est, en soi, déjà la meilleure des pratiques. Or, dit Ghazâlî, le fruit que l'on cueille en la science, c'est « la proximité du Seigneur des mondes », c'est l'affiliation au rang des anges, et le fait de séjourner au voisinage du monde supérieur divin lors de la vie future [1]. Ghazâlî ne songeait pas à la philosophie, quand il disait la valeur de la science, mais plutôt à la connaissance spirituelle des réalités divines. Par l'effet d'une adoption surprenante, les philosophes ultérieurs, à l'exception d'Averroès, ont identifié en ce jeu de la science et de la pratique la forme de leur activité. La félicité, la vie bienheureuse dont l'éthique stoïcienne, non moins que celle des autres sectes philosophiques de l'Antiquité, avait fait l'objet de la quête du philosophe, se réalise pleinement si le philosophe se rapproche de Dieu. La proximité de Dieu, le voisinage du Trône divin sont des joies réservées aux bienfaisants et aux hommes respectueux de la Loi divine, tandis que l'éloignement de Dieu est l'une des peines subies par les malfaisants et les injustes.

Cette topographie spirituelle répartit les hommes et les autres créatures dans l'espace surnaturel, non moins orienté que celui de la nature. Déjà, l'espace de la nature possède des régions élevées, celles qui se situent au-delà du ciel de la Lune, le monde des astres, et il a des régions inférieures et ténébreuses. Mais voici que ces dimensions se prolongent bien au-delà du monde physique, et que la philosophie est une méthode de pensée et de connaissance parce qu'elle est le guide d'un voyage, d'une pérégrination de l'âme, éloignant des régions obscures, qui sont l'enfer des passions et des illusions, rapprochant des régions lumineuses, qui sont le paradis de la science et de la réalité. Aller de l'irréel au réel, de l'injuste au juste, du malheur au bonheur, du démoniaque à l'angélique, du mort au vivant, c'est voyages semblables, c'est un seul et même voyage. Ce voyage, que la religion guide sur «la voie droite», voici que la philosophie entend le conduire et le pratiquer sur la voie droite de l'intelligence. Il n'y va pas du seul bonheur et contentement de soi, mais de libération, de liberté, de conformation à la condition seigneuriale de Dieu, dépouillant, au long des étapes, la condition servile de l'homme inférieur et opprimé.

De l'Antiquité, la philosophie islamique conserve le goût de la vie des maîtres. La vie digne d'être vécue est la vie libre, non la vie d'esclave. Quant au maître, il exerce une liberté finie dans la vie sociale, et la seule autarcie qui se puisse trouver est celle de Dieu, qu'il convient d'imiter. La maîtrise, la souveraineté du sage antique se redouble et se métamorphose : elle se redouble de la liberté divine du « Seigneur des mondes », elle se métamorphose en solitude de celui qui laisse tomber toutes les chaînes. La contemplation est libération, affranchissement. Le discours spirituel des lecteurs mystiques du Coran est, à l'aube de la philosophie islamique, ce réservoir de thèmes et de notions qui lui donnent sa couleur et sa lumière uniques.

Si l'on suit avec attention l'évolution que la philosophie a connue en terre d'islam, depuis Averroès jusqu'à nos jours, il ne paraît pas que le discours philosophique rompe avec le discours spirituel et s'éloigne de l'enseignement de la religion intériorisée et méditée, ou qu'elle suive un cours semblable à celui de la philosophie européenne. Au contraire, elle se consacre toujours davantage à l'herméneutique du Livre saint de l'islam, le Coran.

Prenons un exemple, celui d'un philosophe important qui enseigna en Iran au xixᵉ siècle, Mullâ Hâdî Sabzavârî (1212/1797-1295/1878). Il adopte un programme que nous dirions « médiéval » : logique, physique, théologie (*Kalâm*), métaphysique. Il fournit aux étudiants en sciences religieuses du pays où il enseigne, l'Iran, le manuel de leurs études philosophiques, connu sous le titre *Sharh-e manzûmeh*[2]. Ce manuel a tous les traits d'un recueil de questions disputées et, par exemple, il situe la question classique « Qu'est-ce que l'existence ? » dans le cadre d'un conflit doctrinal entre péripatéticiens et philosophes iraniens, désignés par le vocable désignant les sages de l'ancienne Perse, les « Pahlavis »[3]. Il s'interroge sur la connaissance dans des termes qui n'ont rien à voir avec l'épistémologie ou la théorie de la connaissance qui sont nées de la critique kantienne, et il se demande, en bon lecteur d'Avicenne et de Mullâ Sadrâ, quel sens il convient d'accorder à deux espèces de connaissance, la connaissance « présentielle » et la connaissance « représentative ». Loin d'être une curiosité littéraire, cet ouvrage a formé des générations de maîtres et de disciples, selon un cycle d'études immuable où la philosophie a la place la plus éminente, puisqu'elle parachève le cycle complet des études traditionnelles, qui vont de la lecture du Coran à la jurisprudence et à la théologie. La philosophie vient en dernier, lorsque l'étudiant est tout près de devenir lui-même un maître.

Dans les souvenirs biographiques des membres de sa famille, il nous est conté comment Sabzavârî, s'en retournant au Khorasân, poursuivit ses études de jurisprudence et d'exégèse coranique pendant cinq ans, tout en approfondissant la compréhension de la philosophie, spécialement de la philosophie illuminative de Sohravardî (xııᵉ siècle). La vocation lui était venue d'une émotion qui toucha son cœur et d'une conversion provoquée par l'évidence aveuglante de la « lumière » divine, que la philosophie des *Ishrâqîyûn* lui permettra de comprendre. Après cette conversion, notre philosophe pratiqua des exercices d'ascèse, abandonna ses richesses, prit la route d'Ispahan. Les récits biographiques enregistrent les noms des maîtres illustres qui authentifient le sérieux de sa formation, Mullâ Ismâ'îl et Mullâ 'Alî Nûrî.

Ainsi, à l'époque où Nietzsche fait ses classes de philologie, où Engels et Kierkegaard se croisent dans la salle de cours de Schelling, notre Mullâ Sabzavârî étudie l'exégèse coranique et, dans la plus parfaite insouciance de nos émois philosophiques modernes, il répète, après un nombre presque infini de philosophes antérieurs, un programme régulier et uniforme de science philosophique et de science religieuse mêlées.

Cette inversion de ce qui passe pour être le cours

de l'histoire serait-elle l'indice de l'affaiblissement, de l'ossification ou même de l'extinction de la philosophie? Disons plutôt qu'elle nous place devant une alternative dont les termes sont problématiques. Si nous faisons abstraction de la symbiose entre religion et philosophie, nous rendons méconnaissables les philosophies de l'islam; si nous acceptons de ne séparer pas ce qu'elles doivent aux textes prophétiques et ce qu'elles accordent à l'intelligence, nous craignons de trahir la définition de la philosophie.

Idéalement, pour comprendre et résoudre cette antinomie, il faudrait analyser l'activité logicienne, physicienne et métaphysicienne des philosophes, étudier l'ensemble des doctrines morales et des pensées politiques. Une telle étude minutieuse est faite dans les ouvrages dont on trouvera mention en notre bibliographie. Il ne nous a pas semblé nécessaire de résumer ou de répéter leurs leçons. Nous ne proposons pas ici une nouvelle histoire de la philosophie islamique, mais une réflexion élémentaire sur la finalité de l'*activité* philosophique, finalité des formes qu'elle prend et des actes qu'elle effectue, dans la connaissance comme dans l'action. Cette activité a deux prédicats hétérogènes. L'un, *philosophique*, dénote un style de pensée discursive, l'autre, *islamique*, dénote un certain mode d'appartenance à l'univers de la religion. L'hétérogénéité des deux univers — l'islam, religion nourrie de symboles, d'histoire sainte, d'annonces apocalyptiques, de commandements et de conseils spirituels — la raison nourrie de conviction démonstrative soutenue par des concepts — justifie que nous interrogions leur synthèse dans la « philosophie islamique » : en quel sens est-elle *philosophique* tout en étant *islamique*?

Nous ne pouvons trouver une réponse entièrement satisfaisante dans l'histoire de la transmission de la science antique au monde médiéval, bien qu'elle ne doive pas être sous-estimée et nous reconduise au temps où le monde musulman prolonge, sauve et métamorphose une grande partie du savoir hellénistique. Dans cette perspective, les œuvres de philosophie islamique sont encore des pensées antiques[4].

La continuité relative du cours de la pensée, du monde antique au monde de l'islam, est d'autant plus remarquable que la religion musulmane tient pour fausses les conceptions du monde antérieures ou étrangères à l'histoire de la prophétie abrahamique. Or, dès leur origine, qu'on situe au IXᵉ siècle, jusqu'à la fin du XIXᵉ siècle, les systèmes philosophiques seront peu ou prou fidèles à des énoncés, des concepts, des définitions, que les commentateurs d'Aristote et les néoplatoniciens de langue grecque lui auront légués. Mais ces modèles théoriques s'harmoniseront, ou du moins se conjoindront avec des modèles et des concepts venus d'ailleurs, ceux de l'exégèse des enseignements coraniques, ceux de la théologie islamique, ceux des traditions prophétiques, sur le fond d'une culture littéraire, poétique, artistique, politique, originale et syncrétique. Il est toujours utile de remonter, généalogiquement, d'un concept formulé en langue arabe vers son archétype en langue grecque, mais il serait dangereux de croire que ce retour aux sources est suffisant. Dans les cas les plus flagrants où les concepts « arabes » sont des traductions ou des rejetons des concepts grecs, on ne peut ignorer ce que l'arabe coranique, le lexique technique des maîtres spirituels, les terminologies les plus étrangères au monde grec apportent, c'est-à-dire ce qu'ils changent et reconfigurent.

Prenons quelques exemples. Les termes les plus généralement employés pour désigner l'étant, « ce qui est », sont *al-mawjûd* ou *al-shay'*, littéralement

« ce qui est trouvé », ce qui est l'objet d'une expérience, voire d'une expérience contraignante, saisissante, et « la chose ». « La chose » est une expression surdéterminée par le discours coranique, où le terme ne désigne pas un simple et neutre phénomène de l'expérience sensible, mais l'effet de la création ou de l'instauration, à partir du néant, de « quelque chose » voulu par Dieu. « La chose » témoigne, en son être, de la présence du vouloir divin qui lui confère l'existence. Il suffit ici de constater que le vocabulaire de l'être, de la vérité, de l'essence et de l'existence n'ont que peu à voir avec le vocabulaire latin correspondant, lequel s'est substitué, non sans dommage, au grec.

Al-haqîqa, c'est « la vérité », non au sens de l'adéquation de la représentation à la réalité, mais au sens de la « réalité vraie, effective ». La « vérité » est ce qui participe à la nature du réel (*al-haqq*) ; or ce « réel » n'est pas un être neutre et indifférent, mais c'est un des noms coraniques de Dieu, *al-haqq*, qui est aussi bien « le Vrai » que « le Réel » et « ce qui a droit à ce qu'on lui fasse droit ».

Al-wujûd, le « se trouver là », nous le traduisons par « l'existence », ou par « l'acte d'être ». Mais il faut y entendre l'écho de la notion de *présence*, car être, c'est faire acte de présence, et la philosophie tend à devenir, dans le cadre de l'islam, moins une philosophie de l'essence et de l'existence, qu'une ontologie de la présence. La dialectique de la présence et de l'absence surdétermine celle de l'existence et de la privation. Nous sommes assez loin de ce que le passage de l'*ousia* à l'*essentia* a déterminé dans le destin de la philosophie occidentale[5].

Cette bigarrure, sensible dans les textes, se complique d'une hétérogénéité des activités philosophiques, qui ne sont l'apanage ni d'une profession ni d'une vocation toujours identique. La philosophie islamique est une philosophie introuvable, et elle est une activité que l'on rencontre là où l'on ne l'attendait pas, même chez ceux qui la dénient ou la réprouvent. Quelques-uns des esprits les plus spéculatifs de l'islam ne se sont pas dits eux-mêmes « philosophes » *stricto sensu*. C'est pourquoi l'historisation de la philosophie islamique est une tâche si aventureuse que la plupart de ceux qui s'y sont essayés ont écrit cette « histoire » selon l'idée qu'ils se faisaient de la philosophie, en refusant ou en accueillant des œuvres selon leur décision initiale. Moins qu'ailleurs, le travail de l'historien n'est ici neutre ou innocent. Aucune stabilité dans les périodisations, aucune liste définitive de noms et d'ouvrages, aucune frontière bien délimitée et garantie par l'accord international des consciences. En présentant un petit nombre des multiples visages de la « philosophie islamique », nous avons conscience d'exercer une décision que sauve de l'arbitraire, nous l'espérons, la lecture des textes.

Dans l'obligation de choisir, nous avons privilégié un fil conducteur, qui nous est apparu lors de nos recherches spécialisées : celui des questions théologiques posées au cœur de la philosophie systématique. Pour suivre ce fil, nous avons eu à cœur de mettre en perspective les discours non philosophiques, et singulièrement le discours coranique sur « la sagesse ». Ces choix sont discutables, car ils préjugent du sens qu'ils dévoilent, et nous souhaitons qu'on ne les tienne pas pour exclusifs ou unilatéraux. Si nous devions nous justifier, nous dirions que nous ne nous proposons pas ici de résumer (comment serait-ce possible ?) le contenu des sciences philosophiques telles qu'elles furent et sont en terre d'islam, mais d'examiner le lien prédicatif entre « philosophie » et « islam » dans l'expression usuelle « philosophie islamique ».

Cet ouvrage est le fruit d'un étonnement, celui qui reste le nôtre, après bien des années de fréquentation des textes, étonnement toujours renouvelé devant une philosophie qui se situe dans un contexte religieux, mieux, qui souvent le prend en charge, toujours qui se tient en relation interne avec lui.

Cet étonnement, Éric Vigne a souhaité le voir s'exprimer et s'expliquer dans cet ouvrage, et nous lui devons toute notre reconnaissance pour la patience qu'il a bien voulu nous accorder, et la confiance — hélas trop généreuse — dans notre pouvoir de répondre à une question aussi simple que redoutable.

NOTE DE L'AUTEUR

Afin de simplifier la lecture des termes techniques arabes ou persans, nous avons renoncé à l'usage de signes diacritiques pour les translittérer. L'apostrophe représente indifféremment la consonne *'ayn* et le *hamza*. La consonne *kh* se prononce comme la jota espagnole ou *ch* dans l'allemand *Buch* ; *h* est aspiré ; *s* est toujours dur ; *gh* se prononce comme un *r* grasseyé, *r* comme un *r* roulé, *th* comme dans l'anglais *this* ; *dh* se prononce comme *th* dans l'anglais *that* ; *q* se prononce comme un *k* guttural. La voyelle courte *u* et la consonne longue *û* se prononcent *ou*. La majuscule distingue certains emplois techniques : par exemple, *Imâm* désigne l'une des personnes saintes vénérées par les shî'ites, *Prophète* désigne Muhammad, Prophète de l'islam, *Intelligence* désigne une réalité métaphysique distincte de l'intellect humain, *Âme* désigne l'âme du monde, distincte des âmes animales ou humaines, *Livre* désigne le livre saint révélé. Les références coraniques sont à lire ainsi : « Coran 1 : 1 » signifie « Coran, sourate 1, verset 1 ». Les dates sont données d'abord selon le calendrier hégirien, puis selon l'ère courante. Sauf référence explicite, les traductions sont de notre responsabilité.

PREMIÈRE PARTIE

SITUATION DE LA PHILOSOPHIE ISLAMIQUE

Chapitre premier

LA PHILOSOPHIE RETROUVÉE

L'HARMONIE DE LA SAGESSE GRECQUE ET DE LA SAGESSE CORANIQUE

La bigarrure, la complexité des activités philoso-phiques, ce défi permanent au principe d'identité ne nous font pas renoncer à y découvrir une significa-tion. Selon la loi d'inertie qui régit l'histoire comme la nature, les pensées des Alexandrins et des Nesto-riens de Perse ont suivi leur cours sur un sol isla-misé. Il serait peu raisonnable de soutenir qu'aucune orientation ne régit une telle cinétique, dont la seule causalité serait efficiente, la seule raison antérieure, la seule loi le mécanisme des concepts. Une activité anime tous les systèmes philosophiques. Il s'agit, en l'affaire, de l'harmonie entre l'«ancienne sagesse», celle des Grecs, et la «nouvelle», celle de l'islam, har-monie qui se reflète dans la congruence entre les «savants philosophes» (*al-hukamâ' al-falâsifa*) et les «savants en religion» (*al-hukamâ' fî l-dîn*) comme les nommera Nâsir-e Khosraw[1].

Cet auteur précise en quel sens une telle harmonie existe. Le premier accord, le plus important, est un accord théologique : «Les savants en religion s'accordent avec les philosophes pour dire que, en réalité, la première de toutes les causes est la cause finale. » Or, dit-il, la cause finale de l'art du menuisier, c'est que le roi ait un trône, et qu'ensuite le roi prenne place sur le trône. Comment ne pas entendre ici l'écho du Coran, qui enseigne que le Roi, Dieu, se tient droit sur le trône ? La monarchie divine étant le premier motif d'accord, d'harmonie, elle s'accompagne d'une seconde finalité, la perfection de l'homme, qui est la cause finale du monde. Les philosophes ont confiance dans l'âme rationnelle et, en cela, ils s'accordent avec les savants en religion. Les questions de cosmologie, de physique, de minéralogie, toutes les interrogations scientifiques sont garanties et ordonnées par Dieu, qui nous encourage à ne pas tenir pour vaines et contingentes les choses qui nous apparaissent, mais à les interroger quant à leurs causes et leurs raisons cachées : « Partant, nous disons, par analogie et à l'appui d'arguments, que par la création de ces choses connaissables et l'instauration en l'homme de cette âme chercheuse, avide de connaissance, il en est comme si Dieu, à travers l'œuvre de la Création, s'adressait à l'âme pour lui dire : "Interroge ! Cherche pourquoi telle chose est ainsi et ne t'imagine pas que cette Création est vaine !" »[2]

L'idéal de la science s'accorde à l'idéal de la religion, lorsque celle-ci échappe à l'adhésion aveugle, et respecte les injonctions les plus évidentes du Livre saint. L'activité intellectuelle réalise des fins singulières, la quête des réponses aux questions scientifiques, lorsque les normes de la pensée grecque s'accordent à des interrogations nées dans un monde de représentations qui leur est pourtant étranger. Deux univers s'harmonisent, celui des concepts et des schèmes helléniques, celui de l'islam. En contraste avec cet accord, c'est plutôt l'homogénéité des croyances qui sera fragile. Si l'islam des philosophes contribue à la diversité des exégèses, il se distingue de l'islam du commun des fidèles. Nâsir-e Khosraw le déplore : « L'ignorance s'est emparée des gens [...] Il ne reste personne, en ce pays que nous venons de mentionner, qui soit capable de réunir la science de la religion éternelle, laquelle est un fruit de l'Esprit-saint, avec la science des choses créées qui, elle, dépend de la philosophie. »[3] Lire les œuvres de la philosophie islamique, c'est être appelé à constater combien est variable, indécise et conflictuelle la vie d'une religion.

Ces penseurs sont classés dans la rubrique « philosophes de l'islam », parce qu'ils sont nés dans l'islam ou qu'ils se sont convertis à l'islam, et qu'ils ont vécu en musulmans plus ou moins « orthodoxes » sur la terre d'islam. Ils sont « philosophes » parce qu'ils appartiennent à l'une ou l'autre des sectes philosophiques répertoriées à la façon des sectes philosophiques de l'Antiquité, « platoniciens », « péripatéticiens », « stoïciens », *Ishrâqîyûn*, etc. Cette double appartenance, à l'islam et à des Écoles de philosophie, fait qu'on parle des *hukamâ' al-islâm*, des « philosophes de l'islam » sans signifier autre chose que « les philosophes appartenant au monde musulman », comme les « sages des Grecs » appartenaient à un âge antérieur à la prophétie muhammadienne et au pays des « Grecs ».

Une telle distribution historique et géographique dépend de la temporalisation islamique du temps. Cette structure du temps est une forme de perception, elle met en ordre les moments de l'histoire des peuples, des civilisations et des religions en fonction des croyances fondamentales des musulmans, touchant l'histoire du monde créé que le Livre saint et les traditions musulmanes décrivent.

Il y a beaucoup à apprendre des géographes, des

historiens musulmans, d'un Bîrûnî, d'un Mas'ûdî, pour ressentir ce qu'un lecteur musulman de leur époque pouvait imaginer lorsqu'il pensait à un «sage», à un «philosophe». Pour le savoir, rien ne vaut le repérage de l'image qu'un historien musulman pouvait avoir d'un sage appartenant à un «climat» différent du sien. Un sage, un philosophe est avant tout un homme qui tient d'un maître légendaire une science de la vie hors du commun. Les plus instructifs ne sont pas ceux qui vivent ici et maintenant, mais les sages étrangers, qui tirent leur prestige de leur lointaine patrie et de leur long passé. Dans le chapitre des *Prairies d'or* où il rassemble des «renseignements généraux sur l'Inde, ses croyances et l'origine de ses royaumes», Mas'ûdî écrit : «Parmi les hommes de science, de réflexion et de recherche qui ont étudié avec attention la nature et l'origine de ce monde, plusieurs [s'accordent à] dire que l'Inde fut, dans les âges reculés, le groupe humain où régnaient l'ordre et la sagesse.»[4] Il nous offre ainsi sa version du «banquet des sept sages».

Présentés en un chapitre qui vient aussitôt après que l'historien eut raconté la genèse du monde, la création, les premiers hommes, voici l'Inde, ses sages, ses croyances et, sous le règne de celui que Mas'ûdî nomme «Brahmane», un débat entre les sept des plus sages réunis dans la Maison d'Or. Constatant que la sagesse divine est hors de notre portée, ces sages énoncent, chacun à son tour, des sentences philosophiques d'une allure énigmatique. La plus belle est la septième : «J'ignore ce que vous voulez dire ; tout ce que je sais, c'est que je suis entré dans ce monde malgré moi, que j'y vis dans la perplexité et que j'en sortirai à contrecœur.»[5]

Sans un vaste horizon de «climats» étranges, de peuples et de temps enveloppant l'islam, sans ces sagesses multiples et curieuses autant que vénérables, nous n'aurons pas une juste perception de la philosophie islamique. Car c'est en la vision que les savants et les lettrés ont proposée, vision diverse et variée des temps successifs de l'humanité, que se détermine l'usage des expressions «philosophie islamique», «philosophes de l'islam».

Au total, ce que nous nommons sèchement «philosophie islamique» n'est trop souvent qu'une expression conventionnelle forgée pour rester fidèle à la signification de l'expression courante «philosophes de l'islam», expression chargée de tant de références et de surdéterminations qu'elle défie l'univocité, elle qui désigne éminemment les savants qui ajoutent aux enseignements de la foi l'autorité d'un savoir et le programme d'une guérison ou d'une salvation.

L'ÂGE DE LA *FALSAFA*

Au sens le plus courant du terme, le vocable «philosophie», *falsafa*, désigne l'exercice de la logique, de la physique et de la métaphysique par les penseurs qui prennent pour guide Aristote, nous dirons les péripatéticiens de l'islam, du IIIᵉ/IXᵉ siècle au VIᵉ/XIIᵉ siècle. Sans doute, cette fidélité à Aristote, aux modèles qu'il offre, à l'ordre des livres de l'*Organon*, aux catégories, aux problèmes et à la destination aristotélicienne de la philosophie se mêle-t-elle d'influences néoplatoniciennes. Mais les *falâsifa* — les philosophes qui pratiquent la *falsafa* — sont perçus sous les traits que leur confère la conformité de leur enseignement à la pensée d'Aristote. Les principaux courants philosophiques de la *falsafa* sont illustrés par trois moments successifs : Le cercle d'al-Kindî (~185/796-260/873), celui de Abû Nasr al-Fârâbî (~257/870-339/950) et de ses principaux disciples, le chrétien Yahyâ ibn 'Adî, Abû Sulaymân al-Sijistânî, Abû Hayyân al-Tawhîdî[6], celui de Abû 'Alî ibn Sînâ, notre Avicenne (370/980-429/1037), et de ses disciples, dont Abû l-Hasan Bahmanyâr ibn Marzbân (m. 458/1066) est le plus connu.

Que cette définition soit conventionnelle, un simple regard porté sur les œuvres des philosophes ultérieurs le confirme. En effet, il n'y aura guère moins de fidélité à Aristote chez les penseurs du XVIIᵉ siècle iranien qu'il n'y en a chez Fârâbî. Peut-être même y en aura-t-il davantage. La *falsafa* se doit donc définir plus précisément encore, et l'on peut soutenir que deux propriétés nous y aident. D'une part, le temps de la *falsafa* est celui de l'essor de l'activité logicienne, d'autre part, il est le temps de la science politique, de la métaphysique conçue, pour une part au moins, comme la fondation de la politique authentique.

Lorsque Abû Hâmid al-Ghazâlî rédige son ouvrage fameux, *Tahâfut al-falâsifa*, *L'incohérence des philosophes*, c'est Avicenne qui est sa cible. Lorsque le théologien et polémiste hanbalite Ibn Taymiyya (661/1263-728/1328) use du vocable « philosophe », il désigne par là celui qui use de concepts péripatéticiens pour expliquer ce que les prophètes ont enseigné et donc pour les trahir, et les « philosophes péripatéticiens », ce sont, à ses yeux, les avicenniens[7]. Dans son chapitre consacré aux « modernes, qui sont les philosophes de l'islam », Abû l-Fath al-Shahrastânî (479/1086-548/1153) cite dix-huit noms, puis il écrit : « Mais le plus savant de tous est bien Abû 'Alî al-Husayn b. 'Abd Allâh b. Sînâ. Ils ont tous suivi la doctrine d'Aristote en tout ce qu'il a pensé et qui lui est particulier, à part quelques rares propos où ils ont eu parfois la même opinion que Platon et les Anciens. Mais comme la doctrine d'Ibn Sînâ est de l'avis unanime la plus subtile, et que sa façon de considérer les essences est la plus profonde, j'ai choisi de la rapporter d'après ses livres, brièvement et en résumé, en considérant qu'ils contiennent ses enseignements essentiels et ses tendances principales, et je me suis abstenu de rapporter les doctrines des autres : "tout le gibier est dans le ventre de l'onagre". »[8]

C'est Ibn Sînâ, « le savant par excellence de l'époque en la philosophie » que ce même Shahrastânî entend combattre de façon argumentée, pour ruiner les prétentions de la philosophie tout entière[9].

Lorsque le commentaire rédigé par Nasîr al-Dîn al-Tûsî (597/1201-672/1274) du livre d'Avicenne intitulé *al-Ishârât wa l-tanbîhât* eut confirmé que cet ouvrage était comme le manuel des études philosophiques chez les savants de l'Orient musulman, le monopole de l'avicennisme se renforça, et « philosophie » (*falsafa*) tendit à signifier « philosophie avicennienne ». Plus près de nous, pour les métaphysiciens iraniens aux XVIIe et XVIIIe siècles, il est évident que « le chef de file des *falâsifa* », c'est Avicenne[10]. La renommée du « maître capital » (*al-shaykh al-ra'îs*) ne consacre pas seulement son indiscutable génie, mais aussi sa position centrale, soit au titre de l'inépuisable fournisseur de problèmes rationnels, soit au titre du principal obstacle au renouvellement de la pensée.

Cette domination de l'avicennisme sur le monde de l'islam oriental n'occulte pas l'importance des œuvres philosophiques produites, à peu de chose près à la même époque, dans l'Occident musulman. Signalons la figure singulière d'Ibn Masarra (269/883-319/931) dont l'œuvre se dérobe sous la pseudonymie et l'ésotérisme de l'Empédocle arabe. Ibn Bâjja, l'Avempace des latins (mort en 533/1139 à Saragosse),

Ibn Tufayl (mort en 581/1185-86) et Abû l-Wâlid Muhammad Ibn Rushd, notre Averroès (Cordoue, 520/1126-Marrakech 595/1198) parachèvent le destin de la *falsafa*.

La défense de la philosophie par Averroès en son *Tahâfut al-tahâfut* (*L'Incohérence de l'incohérence*) est l'une des premières, sinon la première réflexion de la philosophie sur elle-même, sur sa capacité à poser et à résoudre des problèmes *rationnels*, c'est-à-dire des problèmes qui mettent en jeu l'inconditionné, ce qui ne relève pas de la science des phénomènes relatifs, mais des vérités absolues, qui importent le plus à l'existence et au sens de celle-ci. Cet ouvrage n'en est pas moins une mise à distance des thèses avicenniennes, un congé donné à la *falsafa* avicennienne, pour sauver la *hikma*, la philosophie rationnelle restituée, telle qu'elle doit être lue dans l'explicitation d'Aristote. La consécration d'Aristote, son identification à la figure idéale de l'intelligence philosophique en Occident est, quoi qu'on en dise, le fait d'un Arabe, d'un musulman, d'un Almohade de l'Andalûs. Elle est aussi la légitimation de la certitude (*yaqîn*) que seule la raison théorique et la raison pratique peuvent nous offrir : « les *falâsifa* recherchent la connaissance des êtres par leurs intelligences et non pas en croyant à la parole de quiconque les inciterait à accepter ce qu'il dit sans preuve, mais, au contraire, souvent ils entrent en conflit avec les choses qui sont objet de la sensation. »[11]

La certitude philosophique est la certitude par excellence, elle n'est pas la fausse évidence de la présence sensible, mais le produit de l'activité démonstrative de l'intelligence. Telle est la conviction de la *falsafa*. L'endurance de la forme averroïste de la philosophie, et cela hors islam, en milieu juif, par exemple chez Isaac Albalag au XIIIe siècle[12], s'éprouve dans le traitement de l'autorité. « L'opinion du vulgaire ne peut servir d'autorité pour la connaissance de la vérité. L'on ne doit apprendre la vérité que de la démonstration. Ensuite, il faut consulter la Tora et si ses paroles peuvent s'interpréter en conformité avec la doctrine démonstrative, nous admettrons celle-ci en notre créance, et en vertu de la démonstration et en vertu de la foi. »[13]

Au XIVᵉ siècle, Lévi ben Gerson (Gersonide) est plus authentiquement philosophe, tout en étant attaché à la synthèse de la révélation et de la raison, que bien de ses contemporains. Fârâbî, Ibn Sînâ, Ibn Rushd sont en son œuvre plus que jamais présents[14]. Plus généralement, les décisions des *falâsifa*, concernant les rapports de la prophétie et de la connaissance intellective, rapports gouvernés par une autre question, celle de l'illumination de la raison humaine par l'intellect agent continuent d'inspirer les plus grands des penseurs juifs — Maïmonide au premier chef. Il est, par conséquent, nécessaire de mentionner ce que fut et resta longtemps, hors de la pensée islamique, le fil continué de l'histoire de la *falsafa*, son importance dans la pensée juive et dans les œuvres de la scolastique chrétienne qui en sollicitent les auteurs, ne fût-ce que pour les réfuter, c'est-à-dire pour en recevoir les leçons[15].

L'histoire des philosophies en islam serait-elle linéaire et s'achèverait-elle avec la somme considérable des commentaires d'Aristote qui, depuis Fârâbî jusqu'à Ibn Rushd, nourrit la raison médiévale et la libère, en quelque façon, des leçons traditionnelles autant que de la pensée du commun ? C'est la *falsafa* qui a placé, sur le plan de la connaissance comme sur le plan politique, une barrière entre le commun et ses opinions d'une part, l'élite et ses raisons d'autre part. Mais la gradation hiérarchique des hommes, selon leur degré d'intellection, restera une donnée immédiate de tous ceux qui cherchent la vérité. Quant à cette recherche, elle a pris un cours différent de celui de la *falsafa*, et cela dans les temps où cette *falsafa* se constituait. La contemporanéité de la *falsafa* et des systèmes de pensée nés dans l'horizon de l'ismaélisme en témoigne.

LA FORME DE LA PHILOSOPHIE
DANS L'ISMAÉLISME

Au IVᵉ/Xᵉ siècle, une figure fait son apparition, celle du philosophe propagandiste et militant. Des responsables de la mission chargée de rallier les lettrés mécontents de l'ordre (ou du désordre) califal abbasside à la cause d'un prétendant à l'autorité religieuse et politique, Muhammad ibn Ismâ'îl, le fils aîné du VIᵉ Imâm Ja'far al-Sâdiq (m. 148/765), pratiquent la philosophie pour structurer leur enseignement ésotérique. L'ismaélisme est l'un des premiers courants du shî'isme, selon le terme qui désigne l'ensemble divers et varié des partisans de l'autorité absolue des descendants de 'Alî ibn Abî Tâlib, le cousin et gendre du Prophète[16]. L'expression *al-da'wa*, littéralement la « convocation » ou l'« appel », désigne cette mission de propagande, comme ce fut déjà le cas pour les Abbassides. Elle est une organisation secrète, mais aussi un mode de rhétorique persuasive et un enseignement initiatique. Les chefs de mission, ou *dâ'îs*, carmates[17] et ismaéliens abandonnèrent la seule et primitive doctrine cosmologique et mythologique pour adopter un schème néoplatonicien qui les orienta vers une cosmologie et une métaphysique néoplato-

niciennes, en un esprit différent de la *falsafa* péripatéticienne.

Si Muhammad al-Nasafî (m. 332/943) est celui qui
introduisit la structure métaphysique héritée de Plotin
dans la doctrine ismaélienne, c'est dans les œuvres
de Abû Ya'qûb al-Sijistânî (m. c. 361/971), chez le
cadi al-Nu'mân (m. 363/974), auteur des *Asâs al-ta'wîl*,
chez Ja'far b. Mansûr al-Yaman (m. c. 346/957), et
surtout chez Hamîd al-Dîn al-Kirmânî (m. c. 411/
1020-21) que se déploie une science exégétique générale, culminant en une théologie et s'exprimant en
une philosophie de l'histoire prophétique comme en
une fondation métaphysique de la prophétie et de
l'imamat.

Après la création du califat fatimide et la naissance
de la capitale de l'empire ismaélien, la ville du Caire
(359/970), la *da'wa* prit deux formes solidaires : un
enseignement doctrinal situé au cœur du califat/
imamat, et un rayonnement militant dans toutes les
régions non contrôlées par les ismaéliens, *in partibus
infidelium*. Un centre d'enseignement *dâr al-'ilm*, la
maison de la science, ou *dâr al-hikma*, la maison de
la sagesse, fut créé, faisant concurrence à son équivalent sis dans la capitale du califat abbasside, qui
portait le même nom. Nâsir-e Khosraw (m. après 465/
1072-3) ou al-Mu'ayyad fî l-Dîn al-Shîrâzî (m. 470/
1078) illustrent, avec al-Kirmânî, cette période floris-
sante de l'ismaélisme philosophant. C'est aussi bien
à cet effort conceptuel de l'ismaélisme qu'il faut rattacher — la chose est discutée — l'encyclopédique
ensemble des traités connus sous le nom des *Épîtres
des Frères de la Pureté* (*Rasâ'il Ikhwân al-safâ'*)
rédigés au milieu du IVe/Xe siècle.

La mort du huitième calife/Imâm fatimide, al-
Mustansir, en 487/1094 déclencha une crise et une
scission dans l'ismaélisme. Les fidèles du successeur

désigné, al-Nizâr, vite dépossédé du pouvoir, se séparèrent du nouveau calife, al-Musta'lî bi llâh (m. 495/1101), et formèrent une branche autonome, qui vit encore aujourd'hui, sous l'autorité du quarante-neuvième Imâm, plus connu sous le titre honorifique d'Aga Khan. La littérature *nizârî* comprend un certain nombre d'écrits philosophiques, parmi lesquels brille l'autorité de Nasîr al-Dîn al-Tûsî, philosophe et savant de portée universelle. La branche musta'lienne, qui, elle aussi, se prolonge jusqu'à nos jours, fut féconde en œuvres philosophiques. Aux côtés du *faylasûf*, nous devons, par conséquent, admettre la présence du *dâ'î*, ou missionnaire ismaélien[18].

On ne saurait mieux dire l'importance de la figure ismaélienne de la philosophie que ne le fait Roger Arnaldez : « Je crois que l'influence des Ismaïliens sur la *falsafa* d'Orient a été importante, même quand les *falâsifa* ne sont pas personnellement ismaïliens. Ce sont, en tout cas, les penseurs ismaïliens qui ont exploité le plus à fond le néoplatonisme depuis Plotin et Porphyre jusqu'à Proclus, en insistant sur les aspects mystiques, proches des anciens "mystères" que cette école a revêtus de plus en plus au cours des siècles. » Roger Arnaldez se hasarde à proposer une analogie séduisante entre le triomphe du marxisme sur les socialismes utopiques et la séduction exercée par la propagande ismaélienne : allant « dans le sens de l'histoire », elle aurait acquis sa force inébranlable de l'assise ontologique, métaphysique, cosmologique qu'elle offre à cette histoire[19].

LA FORME « ILLUMINATIVE »
DE LA PHILOSOPHIE

Une figure distincte du *faylasûf* et du *dâ'î* ismaélien apparaît avec l'œuvre et la descendance intellectuelle de Shihâb al-Dîn Yahyâ al-Suhrawardî ou Sohravardî, surnommé *Shaykh al-Ishrâq*, « le maître de l'illumination », ou *al-Shaykh al-maqtûl*, « le maître mis à mort » (549/1154-587/1191). Son œuvre majeure, le *Livre de la sagesse orientale* (*Kitâb hikmat al-ishrâq*) offre à la philosophie avicennienne un lien avec l'expérience mystique. Elle réalise aussi une synthèse de la prophétologie islamique, de la sagesse des Grecs et de la sagesse de l'ancienne Perse. Enfin, elle modifie le cours de la pensée de l'être, en concevant l'être, non comme une notion abstraite, un transcendantal, mais comme l'évidence la plus concrète, la plus immédiate, ce pourquoi l'être, en sa vérité, est dit « lumière », et l'être absolu « lumière des lumières »[20].

La métaphysique de la « lumière » n'est pas une simple poétique de l'espace spirituel, elle se veut fidèle aux conséquences de cette intuition originaire de la présence ontologique, de ce qui autorise toute apparition, toute manifestation phénoménale : la lumière, invisible à force d'être trop visible. La réforme « illuminative » de l'ontologie oriente celle-ci, en lui dévoilant son véritable « orient ». Il se fit qu'une lignée de fidèles de l'*Ishrâq*, ou « philosophie illuminative », prit naissance, et que l'influence de Sohravardî se fit ressentir aussi bien chez ses commentateurs musulmans, parmi lesquels Shams al-Dîn al-Shahrazûrî (m. après 680/1281) et Qutb al-Dîn al-Shîrâzî (m. 710/1311), que dans le monde juif, ce dont témoignent les manuscrits judéo-arabes provenant de la genîzâh du Caire[21].

L'autorité philosophique de Sohravardî sera considérable dans l'Orient musulman, mais aussi dans le soufisme philosophant en Andalûs et au Maghreb. Si l'on prend acte du fait que, dès le début du XIVe siècle, les penseurs iraniens qui sauvent la culture de l'islam de la subversion mongole se réclament, pour une part importante, de l'*Ishrâq*, on peut comprendre comment une synthèse doctrinale entre le *Kalâm* devenu une discipline de style de plus en plus philosophique (chez Nasîr al-Dîn al-Tûsî), la philosophie « illuminative », l'enseignement d'un shî'isme duodécimain rationalisé, chez 'Allâma al-Hillî (648/1250-726/1325), offrira à la « philosophie illuminative » un destin florissant qui s'épanouit dans les œuvres de la philosophie iranienne islamique au XVIIe siècle. En témoignent, entre autres indices, les gloses que Mullâ Sadrâ Shîrâzî a portées en marge de *La Sagesse orientale*[22]. Encore aujourd'hui, Sohravardî est une figure emblématique de la philosophie, un de ceux qui décident de son sens, spécialement dans le monde iranien, plus largement dans l'Orient musulman.

Dès le moment *ishrâqî* de la philosophie islamique, la complexité s'accroît de telle sorte que le vocable « philosophie », dont le sens strict est adéquat à la *falsafa*, ne semble plus convenir pour désigner l'activité et la singularité des systèmes. Le terme, déjà présent depuis longtemps, de *hikma*, littéralement « sagesse », « savoir », prend une importance nouvelle. Désormais, aux yeux des philosophes eux-mêmes, la « philosophie » (*falsafa*) est chose antérieure, conservant sa vérité permanente, mais devant être dépassée ou complétée par une *hikma*, une science et une sagesse animée par la question de l'être. Pour les auteurs et leurs lecteurs musulmans, telle est la phi-

losophie vivante et achevée, qui tient la *falsafa* pour
un de ses moments constitutifs et non pour la totalité
de son développement.

L'HÉRITAGE D'IBN 'ARABÎ

L'œuvre immense du *Shaykh al-akbar*, du «plus
grand des maîtres», Muhyî l-Dîn Ibn 'Arabî, né à
Murcie en 560/1165, mort à Damas en 638/1240[23],
n'est pas une philosophie, mais il est peu contestable
qu'elle possède une puissance philosophique dont
les effets se propagent dans la pensée musulmane
ultérieure. Non seulement certains chapitres — qui
ont la taille d'un livre — de la somme de ses *Révélations de la Mekke* (*al-Futûhât al-makiyya*) sont de
véritables traités d'ontologie, mais le court compen-
dium consacré à l'exégèse spirituelle des figures prophétiques, les *Gemmes des sagesses des prophètes*
(*Fusûs al-hikam*), a été lu comme un système de philosophie spéculative, portant sur l'unité de l'être
absolu divin et sur ses manifestations hiérarchisées.
L'expression «unité de l'être», la doctrine de l'unité
de l'être divin et de l'être de l'ensemble des créatures, la doctrine théophanique de l'existant, miroir
de l'essence divine, l'exégèse métaphysique des noms
divins, l'eschatologie et la théorie de l'Homme parfait,
l'intégration de la prophétie coranique, du détail de
l'exégèse, de l'inspiration mystique, de l'éthique et
de l'esthétique de l'amour, d'une interprétation entièrement renouvelée du legs de la pensée sunnite grâce
à la méditation du thème capital du Sceau de la prophétie, comme de celui du Sceau de la *walâya*, pour
n'évoquer que quelques thèmes très généraux, ont

modifié radicalement le cours de la philosophie islamique, aussi bien dans le monde sunnite que dans celui du shî'isme duodécimain.

Que la thèse de l'unité de l'être ne soit pas littéralement présente dans les écrits d'Ibn 'Arabî, qu'elle soit l'effet de la systématisation opérée par ses disciples, dont fait partie déjà son beau-fils, Sadr al-Dîn al-Qûnawî (606/1210-673/1274), cela importe moins que le fait historique suivant : la présence déterminante des modèles de pensée d'Ibn 'Arabî dans l'ensemble des œuvres philosophiques qui renouvellent l'ontologie islamique, dont les plus importantes sont postérieures à l'instauration du pouvoir safavide en Iran, au tout début du xvɪᵉ siècle.

Cette réorientation de l'ontologie, provoquée par la méditation de la question de l'être divin chez Ibn 'Arabî, explique aussi bien l'essor et la renaissance de la philosophie que l'influence considérable d'Ibn 'Arabî sur l'évolution du soufisme vers des élaborations doctrinales armées de cette ontologie, dans tout l'islam sunnite, du Maghreb à l'Extrême-Orient. L'intuition de l'Un, réconciliée avec la pensée de l'être, explique enfin la convergence de la pensée d'Ibn 'Arabî avec la philosophie implicite de plusieurs des plus grands maîtres spirituels et des poètes, tel Jalâl al-Dîn Rûmî, ou 'Abd al-Rahmân Jâmî.

Si l'on prend en considération le fait que la thématique de l'Homme parfait, systématisée aussi par 'Abd al-Karîm al-Jîlî (m. 892/1428), devient le foyer générateur de toutes les méditations sur le rapport entre l'essence divine et sa première émanation, l'Intelligence universelle, et sur l'anthropomorphose de cette émanation, qui comprend l'ensemble des réalités éternelles, sous la figure de la Réalité muhammadienne intégrale, on conviendra que le cours de la philosophie se modifie du tout au tout sous l'impul-

sion initiale du *Shaykh al-akbar*. La figure du philosophe s'en trouve, par là même, modifiée. L'expression
qui désigne déjà chez Avicenne le philosophe accompli,
qui a gravi les degrés de la vie spirituelle, *al-'ârif*,
désigne désormais le savant intégral, qui se «rend
semblable à Dieu» en un sens nouveau, en se rendant
semblable, autant qu'il le peut, non certes à l'essence
divine, mais à l'Homme intégral, à l'Homme parfait,
typifié dans la forme métaphysique de l'homme prophétique.

LE SAVOIR ABSOLU

Nous ne pouvons évoquer, fût-ce allusivement,
toutes les œuvres majeures qui ont préparé l'islam à
connaître le déploiement d'une forme spécifique de
philosophie qui est désignée sous le nom de l'*irfân*. Il
faudrait convoquer les noms et les ouvrages des théologiens spéculatifs de l'islam sunnite, de Abû Hâmid
al-Ghazâlî à Fakhr al-Dîn al-Râzî, les disciples de la
pensée et de l'expérience de Hallâj, depuis 'Ayn al-
Qudât al-Hamadânî et Ahmad al-Ghazâlî, le frère du
grand théologien, la théologie philosophique de Ibn
Abî Jumhûr (838/1434-906/1501) sans oublier, maillon
essentiel de la chaîne, au XIVᵉ siècle, Sayyid Haydar
Âmolî (719-20/1319-20/m. après 787/1385).
L'*irfân*, ou sagesse et science intégrale, sera la philosophie spéculative qui aura pour ambition d'uni-
fier tout ou partie de ces apports théoriques en une
synthèse qui enveloppera le legs de la *falsafa*, celui
de la *hikma*, et spécialement de la philosophie «illuminative», l'ontologie et l'anthropologie mystique
d'Ibn 'Arabî, ainsi que son mode d'exégèse du Coran,

le legs de Ghazâlî et de Fakhr al-Dîn al-Râzî, enfin le système de correspondance établi entre le monde du Livre divin, le monde de l'Homme et le Cosmos, dans l'exégèse philosophique de Haydar Âmolî.

Cette figure synthétique, totalisante, du *'ârif*, ne sera pas seulement celle d'un savant qui se veut intégral, dépositaire de l'autorité que confère une participation au savoir absolu de la prophétie et de la philosophie réconciliées, elle sera aussi la personnalité assumant une forme précise de sotériologie et de certitude expérimentée.

La renaissance de l'Iran, sous les Safavides, puis le prolongement de l'enseignement traditionnel de l'*irfân* jusqu'à nos jours s'incarnent en une considérable quantité d'œuvres importantes, souvent imposantes par leur taille[24]. Si l'on s'accorde à faire de Muhammad Bâqir Astarâbâdî (m. 1041/1631), surnommé Mîr Dâmâd, ou encore «le troisième maître» — le premier étant Aristote, le deuxième étant Fârâbî —, le fondateur du renouveau philosophique dans l'Iran des Safavides, on n'ignore pas que son influence directe, exprimée dans les œuvres de Mullâ Shamsâ Gîlânî et Shaykh Ahmad 'Alawî (m. entre 1054/1644 et 1060/1650) inspire toute l'École d'Ispahan. Une autre lignée aboutit au maître de l'exégèse philosophique que fut Qâzî Sa'îd Qommî (m. 1103/1691-92).

Mîr Fendereskî (m. 1050/1640-41) est, lui, à l'origine d'une lignée de penseurs, parmi lesquels on relèvera le nom de Rajab 'Alî Tabrîzî (m. 1080/1669-70). Mais celui qui réalise l'œuvre la plus complète, et qui élève la philosophie à la hauteur d'un savoir absolu, est un élève de Mîr Dâmâd qui rompit, sur la question de l'essence et de l'existence, avec la fidélité avicennienne de son maître. C'est, sans conteste, ce qui fait toute l'importance de Sadr al-Dîn Shîrâzî, surnommé Mullâ Sadrâ (m. 1050/1640-41). Son œuvre,

d'abord très contestée ou marginalisée, puis sacralisée, identifiée à la philosophie la plus complète (au
point de se substituer significativement sous le régime
actuel de l'Iran à la figure de Sohravardî, dans la fonction d'emblème totémique de la nation musulmane,
comme la France s'identifie imaginairement à Descartes), est aujourd'hui publiée selon les normes rigou-
reuses de l'édition critique, sous l'égide de Sayyed
M. Khamene'î, en Iran. Cette œuvre y est devenue le
foyer des études de philosophie islamique, comme
peut l'être Averroès chez les savants occidentaux et
Avicenne, universellement parlant. Depuis Mohsen
Fayz Kâshânî (m. 1091/1680) jusqu'à Mullâ Hâdî
Sabzavârî et, de nos jours, chez les principaux représentants du shî'isme duodécimain philosophant en
Orient musulman, son influence se traduit en de
multiples études comparatives avec les problématiques de la raison occidentale moderne ou «postmo-
derne». Elle s'étend jusqu'en islam sunnite, là où la
philosophie conserve sa vertu, et où elle revendique
le droit de la raison au savoir absolu et au savoir
exégétique intégral de la révélation.

LES QUATRE MOTIFS PRINCIPAUX
DE L'ACTIVITÉ PHILOSOPHIQUE

La manière dont les philosophies islamiques «sauvent
les phénomènes» est un mode du savoir médiéval. Il
s'agit d'un moment de l'histoire de la vérité qui nous
est devenu étranger. Pierre Duhem et Alexandre
Koyré ont montré que, de rectification en correction
et de modification en adaptation, la science physique
a fini par abandonner, dans la culture européenne,

les notions fondamentales de la physique aristotélicienne. Il y a un vif contraste entre les façons dont les
philosophes de l'islam intègrent le cours de la science
à leur réflexion sur la nature de l'être et sur celle des
existants, et celles que les philosophes chrétiens ont
adoptée dans leurs réflexions sur cette question.

Nous ne pouvons ici faire mieux que suggérer au
lecteur de comparer l'histoire des sciences physiques
en islam et l'histoire des théories métaphysiques qui
les accompagnent. Un seul et même penseur peut
être aussi un homme versé dans les sciences, tel le
grand mathématicien Nasîr al-Dîn al-Tûsî, pour ne
prendre qu'un exemple éclatant. Or, il ne semble pas,
au premier abord, que les découvertes scientifiques
de ce savant, découvertes qui importent grandement
à l'histoire universelle des mathématiques et de l'astronomie, l'engagent à une réflexion métaphysique
nouvelle qui s'apparenterait à celle qu'un Leibniz a
pu conduire. Les recherches métaphysiciennes de ce
savant semblent indépendantes de ses découvertes
en mathématiques et en astronomie. Il y a une plus
grande distance encore entre la volonté d'un Bergson
ou d'un Blondel, leur désir de tenir le plus grand
compte des mutations contemporaines de la physique, et l'impavide péripatétisme avicennisant d'un
Sabzavârî, auteur vivant dans l'Iran du XIXe siècle[25].
En islam, les philosophes traditionnels ont conservé
cosmologie et physique médiévales, pour des raisons
principalement métaphysiques et religieuses, bien
après que leur fécondité heuristique se fut tarie.

Le monde d'Avicenne, fait de neuf sphères concen-
triques et de révolutions astrales autour du monde
sublunaire, n'a plus valeur de norme pour la science
dite « moderne ». Cela qui reste vivant dans l'avicennisme n'est pas tel ou tel contenu empirique révolu,
mais le cours original de l'ontologie islamique ainsi

que le lien organique entre la philosophie et la révélation, entre un formidable essor de l'intelligence et
l'une des formes du monothéisme abrahamique, de
l'annonce de la Loi et de la promesse divines. Dans
le tissu polychrome des systèmes de pensée, quatre
motifs principaux se détachent sur le fond d'une
activité philosophique protéiforme.

Le premier est la permanence de la métaphysique.
Le désir de métaphysique exprime, chez nos auteurs,
l'intuition d'un monde plus vrai que le monde de la
nature. L'univers pérenne est plus réel que le niveau
inférieur de la réalité, le monde sensible. Ce monde
pérenne commence en un degré qui est souvent désigné
par une expression, *'âlam al-ghayb*, « le monde du
mystère » ou « le monde invisible », tandis que le monde
ambiant, sensible, immédiat est nommé « le monde
de la manifestation », le « monde du témoignage des
sens », *'âlam al-shahâda*. Le sentiment métaphysique
entraîne, comme un fait qui irait de soi, que le témoignage sensible renvoie à ce dont il n'est que le signe,
l'image et l'ombre. Philosopher, c'est aller de l'ombre
à la réalité. Pour ce faire, il faut aller au-delà du visible,
vers le sens et les causes des phénomènes, vers un lieu
intelligible ou vers des essences, ou encore tendre à
l'éternité, à l'universalité et à la nécessité des formes
des choses. Sous des traits multiples, se dessine le pays
de la métaphysique, au-delà de la nature. Ce pays est
le siège du gouvernement que les causes exercent sur
les causés, que les réalités immatérielles exercent
sur des corps opaques soumis aux mouvements, à
l'altération, à l'évanouissement. Pour les philosophes
de l'islam, il va de soi que c'est là que les choses
sérieuses commencent.

Il faut nous y accoutumer, renoncer à « dépasser »
la métaphysique, ou à la tenir pour morte, si nous
voulons comprendre la vénération de ces philoso-

phes envers Platon et Aristote, rassemblés en un seul modèle d'autorité doctrinale[26]. La métaphysique d'Avicenne, armée de la logique, portée par la science de la nature, culmine en une théologie, et elle a pour sujet initial les éléments d'une ontologie. Partant d'une analyse de l'étant en tant qu'étant, elle déduit ce qu'il en est du Bien pur, cause finale de toute chose. La métaphysique instruit la physique comme la politique divine instruit l'ordre du monde et comme l'unité de l'âme humaine instruit la vie éthique. Ce sommet de la *falsafa* est consécration de l'énonciation rationnelle, sous le chef de l'Être nécessaire par soi, de ce qu'il en est de Dieu. Plus généralement, les *hukamâ'* ou philosophes spéculatifs de l'islam ont conduit leurs recherches, concernant le principe inconditionné de l'existant, jusqu'à *dire* ce que la religion enjoint seulement de *louer*, soit l'être, l'unité, la sagesse, la bonté et la toute-puissance du principe divin.

La philosophie est l'activité intellectuelle qui dévoile et démontre la justice de l'être, la bonté des fins, la relativité des maux, elle est une théodicée. Là où les signes de Dieu montrent ce qu'il y a de plus important pour l'homme, et que la science ne saurait dire, la philosophie s'installe, pour énoncer le sens caché de ces signes et transformer en un discours positif ce que la spiritualité n'approche que selon une voie négative. Elle fait reculer l'horizon du discours, éloigne l'indicible. Elle retrouvera ce qu'elle a chassé, lorsque, au terme du savoir absolu, l'Absolu scintillera dans la pure lumière de ce qui se désigne, lointain et transcendant les mondes.

Cette dialectique du montrer et du dire est, sans doute, la plus vivifiante leçon de la philosophie islamique. Elle est le monde de l'esprit, tel que la totalité y désigne ce qui l'excède, et que seul le poème peut évoquer. C'est pourquoi il est vain d'adopter, quand on lit les philosophes de l'islam, une attitude frileuse, comme si ce point d'excès réfutait tout rationalisme, comme si le recours aux images, aux symboles n'était qu'un mode d'exposition réservé aux ignorants. L'image, comme il en va chez Platon, surgit quand le concept ne suffit pas, mais qu'il convient de pointer ce qui, par essence, est non conceptualisable, la présence solaire de l'Absolu, ou l'excès de vérité du suprasensible. Le mode de production du vrai que Pierre-Maxime Schuhl, après Bergson, a nommé «fabulation» correspond assez à ce dont il s'agit : «Nous voyons ainsi comment une aspiration s'exprime en une idée qui fournit à la pensée, pour reprendre une expression bergsonienne, un schéma dynamique ; pour lui donner corps et l'illustrer surgissent alors diverses images qui viennent s'offrir et tenter de s'insérer dans les cadres ainsi proposés.»[27]

La métaphysique d'Avicenne n'est pas seulement un moment de cette histoire interne au monde musulman, mais elle est un moment de l'histoire générale de l'ontologie. Pourtant, nous en méconnaissons la nature si nous n'envisageons pas, dans sa courbe la plus générale, l'étude de *l'être et l'essence* des choses[28]. La réflexion sur l'être et l'essence, instituée dans le moment avicennien, développée par Averroès, Sohravardî, Nasîr al-Dîn Tûsî, ira jusqu'à s'interroger sur la priorité de l'acte d'exister ou de la quiddité de la chose : est-ce l'acte d'exister qui détermine l'essence des existants ou est-ce leur définition essentielle qui détermine leur acte d'exister ? Cette façon de s'interroger sur l'être de l'étant est le point conclusif de l'histoire de l'ontologie islamique. Elle est devenue un leitmotiv et parfois un «pont aux ânes» des philosophes de l'École d'Ispahan (XVIIᵉ siècle). Surtout, l'interrogation sur l'être et les êtres conduira à une

ontologie de plus en plus apte à sauver rationnellement le *tawhîd*, l'attestation de l'unicité du principe
divin, l'unicité de l'être absolu.

Cette question de l'être, telle qu'elle est développée
pendant huit siècles sur la terre d'islam, nous aide à
reconnaître en l'ontologie *islamique* l'ontologie de
l'islam. L'être de l'islam, la nature de la révélation
islamique, tel est l'enjeu d'une longue tradition philosophique, où la question de l'être, résolue dans le
sens de l'un, de l'unité et de l'unification est d'autant
plus féconde qu'elle engendre des pensées où l'islam
prend conscience de soi, dans la forme du monothéisme philosophique.

L'expression *hikma ilâhîyya* désigne l'ensemble
des problèmes et des résolutions qui concernent des
sujets qui sont tels que leur nature n'implique nullement la composition avec la matière élémentaire sensible. C'est pourquoi on traduit souvent cette expression
par « métaphysique » et on dit des *hukamâ'* de l'islam
qu'ils sont les « métaphysiciens » de l'islam. Or, en
toute rigueur, il faut réserver l'expression « métaphysique » à ce que les auteurs désignent eux-mêmes par
son strict équivalent en langue arabe : *mâ ba'd al-
tabî'a*, « ce qui vient au-delà de la nature, après la
science de la nature ».

Averroès explique la *Métaphysique* d'Aristote, en
un *tafsîr* qui la désigne par ce vocable calqué sur
l'expression grecque. Mais la « métaphysique » d'Avicenne, par exemple la partie du livre *La Guérison*
(*al-Shifâ'*) qui porte sur le sujet de la métaphysique
aristotélicienne, l'étant en tant qu'étant, s'intitule *al-
ilâhiyyât*, « les [choses] divines ». « Les réalités divines »,
cela signifie que l'ouvrage portera sur les choses
immatérielles, les réalités étrangères à ce qui, peu ou
prou, requiert la matière pour être et être conçu.
Réalités qui, toutes, conduisent, directement ou indi-

rectement, à l'étude de l'être en tant qu'être et, par conséquent, à l'examen de l'être en sa nécessité et sa vérité absolues, qui est Dieu. Si Dieu n'est pas le sujet de l'étude des «choses divines», il en est le but, l'objet, de sorte que l'ontologie est indissociable de la théologie, du *logos* qui a pour objet Dieu et les immatériels.

Le désir de la métaphysique doit ainsi s'interpréter comme désir de produire une ontologie et une théologie organiquement et systématiquement unifiées. Dans le cas où, très consciemment, cette pensée systématique est référée à la *Métaphysique* aristotélicienne — comme dans l'œuvre d'Averroès —, la science suprême est «métaphysique». Si la «métaphysique» est identifiée, assimilée à l'ontologie et à la théologie systématique, le vocable *métaphysique* est synonyme du vocable *science divine*, *hikma ilâhiyya*.

Cette terminologie n'est pas neutre, car elle gouverne la question des fins dernières. Ce que la raison européenne a fini par concevoir sous les traits de la réconciliation entre l'être et le devoir-être, entre la nature et la liberté, les métaphysiciens de l'islam l'ont conçu dans l'esprit d'une eschatologie avérée par le message coranique.

Le deuxième motif prévalent est, par conséquent, celui de l'eschatologie. L'eschatologie coranique a nourri de ses symboles et orienté de ses avertissements la recherche des fins dernières, qu'il s'agisse de l'eschatologie personnelle (le sens de la «vie future») de l'eschatologie intégrale (la finalité du monde de la nature et de la création entière) ou qu'il s'agisse du rassemblement des hommes dans la Cité. La philosophie pratique, en sa subdivision politique, a elle aussi frissonné aux brises de l'eschatologie.

Or, l'eschatologie philosophique se partage en deux destinations concurrentes. D'une part, elle fonde *une théologie de l'histoire* et pose la question politique dans la perspective tracée par les anciens sages, par les prophètes successifs et par le destin de la prophétie muhammadienne. Tel est le schème général des philosophies qui instruisent l'expérience des mouvements carmates et ismaéliens (x^e/xiiie siècle). D'autre part, l'eschatologie édifie une religion philosophique à caractère ésotérique, une religion de l'*intériorité*, distincte du *nomos* politique et juridico-religieux, supérieure à lui. Cette *religion philosophique* ésotérique s'exprime en une exégèse du Coran fondée sur une prophétologie et une eschatologie ouverte, transcendant l'ordre temporel et les limites du monde d'ici-bas. Les philosophes qui ont reconnu la validité des critiques ghazaliennes du système avicennien intégreront celui-ci à une doctrine des fins dernières et réconcilieront l'intériorité et l'extériorité dans une philosophie des naissances et des renaissances de l'âme. Les philosophes shî'ites duodécimains, dont le plus grand est Mullâ Sadrâ Shîrâzî (~979/1571-1050/1640-41), réaliseront cette synthèse entre ontologie et religion philosophique.

Le troisième motif est la compréhension *philosophique* du message *prophétique* contenu dans le Coran. La philosophie islamique construit-elle, pour l'essentiel, une théologie politique ? L'œuvre d'Abû Nasr al-Fârâbî pourrait le laisser penser, alors qu'elle instruit, autant ou mieux encore, une *critique* des régimes politiques. Comment la philosophie conçoit-elle l'eschatologie coranique, l'autorité et la puissance divines ? Aucune trace en elle d'un désenchantement. Elle interdit progressivement à la politique de devenir un espace séparé, une discipline spéciale, parce qu'elle lui refuse d'être l'*unique* enjeu de la pensée. La valeur accordée à la Cité parfaite est proportionnelle à la valeur accordée à l'intelligence de son législateur, et donc à l'intelligence divine qui l'éclaire.

Les schèmes cosmologiques et métaphysiques sont des configurations de la souveraineté divine et, par voie de conséquence, ne peuvent manquer de légitimer des modèles précis de l'autorité humaine. L'islam est l'horizon de la philosophie quand ses exigences fondamentales deviennent celles de la philosophie. Ceux qui abstraient les philosophies politiques du contexte religieux ou, inversement, détachent la philosophie religieuse des questions d'autorité semblent tenir pour négligeable le fait qu'aucun musulman, fût-il le plus attaché à la libre spéculation intellectuelle, ne *peut* faire fi de la question de savoir qui détient l'autorité, et qui témoigne de sa fidélité à la souveraineté divine. Sans être la vérité absolue, l'art politique est une espèce particulière de l'art de gouverner, dont le modèle est le gouvernement divin.

Enfin, voici un quatrième motif d'intérêt : la philosophie islamique a valorisé une connaissance spéciale dont l'usage des termes arabes *al-ma'rifa*, « la connaissance spirituelle », *al-'ilm*, « la science », *al-ta'aqqul*, « l'intellection », *al-'irfân*, la « science intégrale du divin » sont quelques indices. La motion intérieure de l'activité philosophique, de la connaissance rationnelle de Dieu, de l'homme et des mondes, conduit à la réflexion sur les formes philosophiques du salut.

La révélation coranique promet la rétribution des actions au Jour du Jugement, la récompense ou le châtiment des obéissances et désobéissances aux commandements divins. La philosophie produit les représentations d'un «salut» qui prend la forme de l'actualité habituelle de l'intelligence pratique et théorique. L'existence de ce «salut» détermine la division du genre humain et la hiérarchie des vivants, selon le degré d'être, selon le degré d'acquisition des lumières de l'intelligence et de la réalisation des vertus morales. La résurrection, terreur ou espérance, s'interprète selon le schème de la conversion de l'âme à sa vraie patrie, ce que nos auteurs nomment le «retour en Dieu» (*ma'âd fî llâh*). Connaître l'origine de l'homme et sa place dans le cosmos prépare la juste voie du «retour» au «monde invisible» et à la conjonction ou à l'unification avec Dieu. La *falsafa*, dès ses débuts, au IXᵉ siècle, s'est donné pour programme de «se rendre semblable à Dieu, autant qu'il est possible à l'homme». Les œuvres les plus florissantes de la philosophie islamique, entendue au sens d'*al-hikma*, ont placé cette eschatologie personnelle au centre de leurs préoccupations morales. La théologie philosophique s'est peu à peu rapprochée des leçons du soufisme — qui l'avait tant combattue — pour des synthèses doctrinales qui gouvernent une *expérience*.

Chapitre II

PHILOSOPHIE EN ISLAM
OU PHILOSOPHIE ISLAMIQUE?

Certains historiens ont des arguments solides pour soutenir que la philosophie *islamique* n'existe pas, mais qu'existe un certain développement des philosophèmes helléniques en langue arabe. C'est en langue arabe que la philosophie proprement dite, celle que les auteurs musulmans nomment *falsafa*, a produit, dans les œuvres d'al-Kindî, al-Fârâbî, Ibn Sînâ, Ibn Rushd et plusieurs autres penseurs médiévaux, des effets théoriques importants dont le cours général de l'histoire de la philosophie a reçu des modifications considérables. Si l'on s'en tient à la réalité de la *falsafa*, si elle détermine le concept de la philosophie, il est inutile de convoquer un prédicat du type « islamique », puisque « arabe » désignait, au Moyen Âge — pour les chrétiens dont la langue savante était le latin — la langue *et* l'appartenance religieuse des auteurs en question. L'évolution de la pensée islamique, après que la *falsafa* se fut transformée en autre chose, n'intéresserait plus directement l'histoire de la philosophie, tandis que l'étude des philosophes « arabes » serait à faire dans le cadre de l'histoire de la raison, qui est l'histoire de la raison occidentale.

PHILOSOPHIE DES «ARABES»
OU PHILOSOPHIE ISLAMIQUE?

Cette position de thèse a pour elle une cohérence doctrinale (elle s'en tient à la seule *falsafa*) et elle témoigne de l'accord que la philosophie moderne institue entre la raison et l'identité européenne[1]. Il est remarquable que, sous la IIIe République, l'Université française l'ait spontanément adoptée, selon une téléologie historique de la raison que son idéal politique supposait vraie. Dans son *Histoire de la philosophie*, Émile Bréhier consacre un chapitre à «la philosophie en Orient», où figurent les noms d'al-Kindî, al-Fârâbî, Avicenne, al-Ghazâlî et Averroès, chapitre inséré à la charnière des XIIe et XIIIe siècles[2]. Étienne Gilson se place en une autre perspective[3]. Il fait la généalogie de la philosophie «arabe», en repérant son origine dans la diffusion de la «spéculation hellénique» par le christianisme en Mésopotamie et en Syrie, il sait que les chrétiens d'Orient préparent le mouvement de traduction qui transmet la science grecque aux «Arabes» et aux Juifs. Il met en lumière la synthèse de l'enseignement d'Aristote et de deux traités néoplatoniciens, la *Théologie* dite d'Aristote (*Uthûlûjiyya*) et le *Livre d'Aristote sur l'exposition du bien pur* (*Kitâb al-îdâh li-Aristûtâlîs fî l-khayr al-mahd*), devenu en latin *Liber de Causis*. Ces deux textes furent respectivement composés à partir des *Ennéades* de Plotin (IV-VI) et des *Éléments de théologie* de Proclus.

Gilson rapproche la discipline du *'ilm al-kalâm*, qu'il nomme «théologie musulmane» de l'activité philosophique. Il montre que la théorie de l'intellection, gouvernée par celle de l'intellect agent, conduit à la renaissance de la métaphysique. Il met en valeur la problématisation de l'essence et de l'existence, non seulement pour l'importance qu'elle aura dans la grande synthèse doctrinale de la chrétienté, la *Somme théologique* de saint Thomas, mais pour l'histoire de la métaphysique, que Gilson exposera dans *L'Être et l'Essence*[4]. En 1959, Gilson répondit au vœu de Daniel-Rops en rédigeant un livre qui tient de l'autobiographie intellectuelle, *Le Philosophe et la Théologie*[5]. Il y adopta les thèses les plus radicales de Renan : « Par un extraordinaire renversement de l'histoire, le monde de l'Islam, dont les savants et les philosophes avaient favorisé de façon décisive la naissance et l'essor de la philosophie scolastique, se ferma lui-même à la philosophie au moment où le monde chrétien lui faisait largement accueil. Les résultats sont là. Ernest Renan les a constatés avec lucidité dans la conférence qu'il fit en Sorbonne, le 29 mars 1883, sur "l'islamisme et la science". Une éducation essentiellement consacrée à inculquer aux enfants la foi coranique a produit des générations dont, jusqu'à la fin du XIXᵉ siècle, l'esprit est resté imperméable à toute influence venue d'ailleurs. On ne connaît pas d'exemple comparable d'une stérilisation intellectuelle de peuples entiers par leur foi religieuse. »[6]

Ce constat d'un « renversement » de l'histoire, qui aurait conduit le monde de l'islam à la stérilité intellectuelle, ne peut être assimilé à un préjugé vulgaire, mais il témoigne d'une confusion navrante entre l'indépendance de la philosophie en terre d'islam et l'indifférence au cours général des pensées occidentales, qui est un pur fantasme. Ce faisant, un esprit aussi profond que Gilson témoigne de la permanence d'un modèle d'historisation dont l'origine se trouve dans les pensées du XIXᵉ siècle, et singulièrement, pour les Français, chez Renan. Toute décision philosophique est irréfutable. Or, il ne s'agit pas ici d'ignorance, mais d'une décision cohérente et consciente. Gilson tenait que l'aristotélisme, sauvé par saint Thomas avec l'aide d'Avicenne et d'Averroès, était la forme la plus pure, la plus naturelle de la raison.

La définition des frontières de la raison, surtout quand on la dit naturelle, est le résultat d'une décision de leur historien, car il s'agit des limites immatérielles que nous imposons au temps de la philosophie. Les noms sont des conventions sur lesquelles s'entendent les savants qui les instituent. Encore faut-il qu'un nominalisme bien tempéré laisse quelque droit à ceux qui reçoivent le nom et la définition, car ils ne sont pas des choses mortes après nous avoir servis, mais des vivants, dont le mode d'être est désormais notre propre présent, placé sous notre responsabilité. Décider de leur sort est un acte grave qui doit respecter le visage de ces vivants. C'est décider, en quelque façon, de nous-mêmes, en éclairant leur régime de vérité, eux qui vivent aujourd'hui leur vie en nous, sur le mode des symboles écrits et des signes de l'histoire.

Que nous devions comprendre la philosophie des « Arabes » en la resserrant dans le cours de notre philosophie médiévale, Hegel en exprimait la conviction. Les « Arabes » ayant transmis la philosophie d'Aristote à l'Occident chrétien, leur mission historique s'achève quand la philosophie rompt ses liens avec la scolastique. Les révolutions de la science moderne condamnent scolastique chrétienne et philosophie « arabe » à n'être plus que du passé, sans oubli mais sans retour. Ainsi Hegel écrivait-il : « La connaissance que les Arabes ont eue d'Aristote a un intérêt historique. »[7] La philosophie « arabe » est le néoplatonisme alexandrin se perpétuant en terre musulmane : « Une exposition particulière de la philosophie arabe a peu d'intérêt, et d'autre part, ce qu'elle a d'essentiel lui est commun avec la philosophie scolastique. » Hegel ajoute : « Elle n'est pas intéressante par son contenu, auquel on ne peut s'arrêter : ce n'est pas une philosophie, mais un certain style de pensée. »[8]

Ce jugement est d'autant plus éloquent que son auteur n'ignorait rien des richesses de la culture musulmane, celles que son temps lui permettait de connaître, temps de la « renaissance orientale », selon l'expression de Raymond Schwab[9]. Les livres sacrés de l'Inde importent à l'âme romantique, l'Iran préislamique surgit tout armé de l'*Avesta*, venu des Indes dans les bagages d'Anquetil-Duperron. Les poètes de l'Iran, Hâfez, Nizâmî, Rûmî, pour qui Goethe et Hegel ont la plus haute estime, deviennent des figures familières. Pourtant, selon Hegel, si la poésie et l'art de l'islam révèlent un moment de « l'Esprit absolu », les philosophes « arabes » n'éveillent qu'un intérêt « historique » : ils prolongent, de façon ratiocinante, la vie de l'École d'Alexandrie, en un labeur qui ne possède aucune originalité, aucun avenir.

Dans sa conférence, « L'islamisme et la science », prononcée en Sorbonne le 29 mars 1883, Ernest Renan a-t-il dit autre chose ? Il dresse l'état du « mouvement philosophique et scientifique » qui va des traducteurs chrétiens de Bagdad jusqu'aux philosophes du Xe siècle, il salue en Fârâbî et Avicenne « deux très grands hommes » qui « se placent bientôt au rang des penseurs les plus complets qui aient existé » ; il voit dans les penseurs de l'Andalûs, Ibn Bâjja (Avempace), Ibn Tufayl, Ibn Rushd (Averroès) ceux qui « élèvent la pensée philosophique, au XIIe siècle, à des hauteurs où, depuis l'antiquité, on ne l'avait point vue portée » mais « l'élément vraiment fécond de tout cela venait de la Grèce », manière de dire que l'islam n'y était pour rien ou pour peu de chose. « Pendant qu'Averroès, le dernier philosophe arabe, mourait à Maroc, dans la tristesse et l'abandon, notre Occident était en plein éveil. Abélard a déjà poussé le cri du rationalisme renaissant. » [10]

Hegel pensait que les systèmes de la philosophie islamique étaient des morts enterrant des morts. Peuplés de fantômes suprasensibles et d'anges immatériels, d'âmes célestes et d'intelligences, disputant une palme fictive à des théologiens oubliés, les systèmes de la *philosophie* islamique seraient moins dignes d'intérêt que la *religion* musulmane. Ce qui était neuf, c'était l'islam, non la philosophie païenne sous des oripeaux musulmans. Or, selon ce que semble dire Hegel, l'islam n'a pas besoin de la philosophie. L'islam n'a pas réalisé le vivant et substantiel passage de la représentation au concept, parce qu'il n'en a pas besoin pour fonder une culture pérenne. Il n'en a pas besoin, parce que sa théologie immanente ne s'accorde pas à la révélation d'une figure nouvelle de la liberté. Le mouvement dialectique de cette liberté est, selon Hegel, le mouvement intérieur à la Trinité divine ; il est, par conséquent, étranger au monothéisme *islamique*. L'islam ne pouvait qu'infliger un retard au cours du monde, un détour de l'Idée de la liberté, c'est-à-dire du règne de l'Amour. Voilà qui expliquerait la contradiction qui règne en islam, entre la spiritualité de ses artistes et l'inexistence d'un islam philosophique original et fécond. Le monothéisme islamique ne pouvait faire mieux que de maintenir, en des schèmes philosophiques usagés, l'abstraction néoplatonicienne.

Le jugement de Renan se fonde sur de tout autres prémisses, non sur le mouvement bachique de la raison spéculative, mais sur le calme et reposant rivage de l'entendement. Les philosophes « arabes » exercent logique et théorie de la science selon les leçons des Grecs. Lorsque cette pratique de l'entendement est recouverte par l'imagination religieuse, leurs sources se tarissent. Ce jugement d'Ernest Renan est l'image inversée du jugement hégélien. Selon Hegel, la religion islamique et ses représentations l'emportent sur les concepts exténués de la philosophie «arabe». Selon Renan, l'entendement philosophique des «Arabes» l'emporte, pour un temps, sur la puissance irrationnelle d'une religion obscure.

Dans la culture musulmane, l'invisible n'est pas séparé du visible, mais il est au cœur du visible. La Loi divine, la providence, sont les foyers d'une interrogation plus sérieuse que les aléas de la conscience. La philosophie a pour ambition de disqualifier l'expérience sensible et l'opinion pour les fonder en un sol plus solide, qui est celui de l'intelligence, du Logos. Mais Hegel soutient que seul le christianisme a dépassé victorieusement, et donc relevé et sauvé le moment grec de la philosophie *et* la révélation monothéiste, qui sont comme les deux œuvres du Logos en l'homme, les deux fondations de l'absolue vérité dont l'homme est le réceptacle, en sa destination suprasensible *et* sensible. Qu'en est-il de l'islam ? Est-il, à la façon du judaïsme, sous la tension de la Loi et de l'attente messianique ? Est-il plutôt sous la tension de la Loi et de l'effusion mystique ? A-t-il quelque chose à enseigner au monde chrétien, devenu le monde moderne, qui puisse inquiéter ce dernier en sa vie spirituelle, en son mode d'être dans et pour la vérité ? Telles sont les questions que nous lègue Hegel.

Malheureusement, le jugement de Renan, sa philosophie du rationalisme, du langage et de la religion nous sont, aujourd'hui encore, un obstacle épistémologique. Réduits à l'état de banalité idéologique, ils sont devenus les prénotions de bien des lecteurs, pour qui théologie et philosophie spéculative de l'islam sont fumées et mots creux. Ernest Renan n'a pas ignoré qu'un effort spéculatif considérable avait survécu à la mort de ce qu'il nommait *philosophie* en terre « arabe ». Mais il jugeait que ce n'était pas ou ce n'était plus de la *philosophie*, et que la raison n'en recevait progrès ou novation. Les philosophes « arabes » avaient été philosophes parce qu'ils étaient encore des Grecs et, l'esprit des Grecs étouffé lentement par la religion, l'islam ne pourrait plus philosopher, parce qu'il n'avait jamais su philosopher.

Faut-il parler de philosophie *arabe* ou de philosophie *islamique*? La dénomination « philosophie arabe » désigne les philosophies *médiévales* de langue arabe. Elle ne recouvre pas les ouvrages qui ont été rédigés en persan, parfois conçus par un philosophe dont l'œuvre arabe était traduite en hébreu ou en latin, était lue en arabe par les savants juifs qui écrivaient dans cette langue, qui était l'idiome savant des pays d'islam où ils vivaient. S'il s'agit, par conséquent, de l'histoire des philosophies de langue arabe, qu'elles soient le fait de musulmans, de juifs ou de chrétiens, l'expression « philosophie *arabe* » se justifie. Mais elle n'est adéquate qu'à la condition d'étudier ces philosophies dans le cadre de la pensée médiévale[11]. Si l'on s'interroge sur ce qui fait la spécificité de la philosophie *islamique*, la perspective est différente. Il ne s'agit plus de comprendre des philosophies médiévales, mais le sens de la courbe *complète* du philosopher en islam, laquelle se poursuit bien après le Moyen Âge, et d'élucider les significations des systèmes de pensée qui, en islam, ont produit l'ontologie, l'éthique et la sotériologie philosophique *de l'islam*.

Un tel choix ne remet pas en cause mais, au contraire, justifie le rôle prépondérant de la langue arabe dans l'exercice de la philosophie. Les catégories de la langue ont su coïncider aux catégories de la pensée grecque, tout en conservant les multiples résonances de la pensée prophétique. La langue arabe est la langue du Coran et des *hadîths*. Langue de la conquête musulmane, l'arabe s'est lentement imposé à tous les savants comme la langue du pouvoir, parce qu'elle était sacralisée par la foi des vainqueurs. Mais cet état de fait se redouble, pour les auteurs musulmans, d'un état de droit. L'arabe est une langue prophétique, qui prend sa place dans le cercle fermé des langues choisies par Dieu pour ses révélations, cercle qui comprend l'hébreu, l'araméen, le syriaque, pour certains le persan.

Il ne faut pas tenir le persan pour une langue de second plan, comme si elle n'était qu'un pis aller, ou la trace de l'origine ethnique des penseurs qui s'expriment grâce à lui. Déjà, nous invite à la prudence l'écriture en persan de chefs-d'œuvre de la littérature morale, de la philosophie mystique, sans oublier la poésie, l'art majeur, l'enseignement souverain. Le monde iranien, c'est l'islam oriental, c'est l'Asie musulmane, et son influence ira jusqu'au Caire, par la présence brève mais forte de philosophes shî'ites ismaéliens. C'est aussi partie du monde dominé par les Ottomans, et c'est le monde de l'Inde musulmane. Du Caire à Bombay, en passant par Bagdad et Ispahan, on ne peut éviter d'éprouver la sensibilité iranienne. Si l'arabe conserve une prééminence qui a évidemment un sens, la philosophie «illuminative» de Sohravardî exerce, dès la fin du XIIᵉ siècle, une influence considérable et noue à jamais, en Orient, l'héritage hellénistique, la méditation coranique et la culture persane, celle de l'Ancien Iran comme celle de la renaissance iranienne sous domination islamique. Henry Corbin parlait volontiers de la «*res iranica*», englobant l'ancien Iran et l'Iran islamisé. Les catégories de la langue persane sont indo-européennes et de même nature que celles de la langue grecque. Le vocabulaire des institutions et des paradigmes y est un lexique indo-européen. En s'intégrant aux structures sémitiques du vocabulaire et de la syntaxe arabes, il a servi le syncrétisme philosophique de l'islam[12].

Selon nous — et telle est l'idée directrice du présent ouvrage —, les philosophes ne se sont pas identifiés à l'islam du commun, mais ils n'ont pas échappé au moment qui était le leur, moment fixé par l'horizon religieux. Ils n'ont pas été philosophes *malgré* l'islam, mais à partir de lui, avec lui et en lui, parfois contre une certaine représentation de l'islam, ou de la religion prophétique, mais non sans un rapport quelconque avec elle. La seule véritable unité de leurs divers systèmes de pensée, celle que dessinent leurs formes organiques, n'est pas faite d'une étoffe sans couture. Elle n'est situable qu'à l'horizon, à la façon du point fixe idéal que vise l'œil du voyageur pour s'orienter dans l'espace. Ce point fixe est l'unité que l'islam confère à leurs activités philosophiques diverses et multiples. Plus spécialement, la science des «choses divines», la métaphysique, sous ses formes diverses, est *l'onto-logie de l'islam* ainsi que la théologie de la souveraineté divine que déterminent, à la façon dont opèrent des axiomes indiscutables, les dogmes de l'islam.

PENSER EN PHILOSOPHE
CE QUE DIT LA RÉVÉLATION

La fonction de l'activité philosophique en islam n'est pas de produire une «critique» de la religion. Parmi les sujets que traitent les philosophes, on ne trouvera sans doute pas «la religion». La philosophie ne parle

pas directement de la «religion», sauf à se situer, inci-
demment mais gravement, par rapport à la Loi révélée.
Mais elle énonce ce qu'elle démontre dans un cadre
que lui fixe préalablement cette révélation, même si
elle l'énonce sur un mode distinct du mode d'énonciation prophétique. Le concept de «philosophie de
la religion», s'il s'entend en ce sens, ne ruine pas la
variété des philosophies. Sans doute, parler de «philosophie de la religion» n'est pas neutre, mais suppose
une conception déterminée du phénomène religieux
qui est apparue dans le sillage de l'herméneutique de
Wilhelm Dilthey, sur la base de la distinction entre
religion et *religions*, entre le contenu de la foi intérieure et les dispositifs exotériques des cultes insti-
tués. *Les Discours sur la religion*, l'œuvre pleine de
fougue et d'enthousiasme du jeune Schleiermacher[13]
est à l'origine de cette distinction.

La philosophie *islamique* a pour principe d'unité
l'activité qu'elle déploie, dans l'immanence de ses
formes systématiques, en vue de se rendre apte à
offrir à la révélation prophétique islamique, reconduite à ses enseignements spirituels, eschatologiques
et théologiques, la forme adéquate d'une représentation conceptuelle.

On repère dans la dialectique prophétie/philoso-
phie cette loi remarquable : parce qu'elle est *islamique*
la philosophie se conçoit comme *philosophie*, en devenant philosophie de la religion ésotérique, intérieure.
Il n'est donc pas possible de suivre toujours la voie
hostile à la religion intérieure, privilégiée par Leo
Strauss, qui soutient que la destination de la philosophie *médiévale* islamique est foncièrement politique,
et qui ferme la porte de l'examen du sens général de
la courbe de cette activité philosophique lorsque
s'achève la période médiévale. C'est à ces conditions
qu'il nous paraît nécessaire de dire que la philoso-

phie islamique est l'ontologie dont l'islam a été porteur, ce qui ne signifie pas qu'elle soit la philosophie de la religion *islamique*, au sens où l'entendrait qui la réduirait à la fonction de soutien à la religion extérieure, exotérique, ce qu'elle n'est manifestement pas.

Tel est le cas des principaux systèmes de philosophie en islam. Les philosophes ismaéliens ont exprimé le sens eschatologique de la prophétie et de l'imamat dans la langue du néoplatonisme. Fârâbî et Avicenne n'ont pas imposé des schèmes cosmologiques aristotéliciens, des structures néoplatoniciennes, une théorie hellénistique de la connaissance à des données de la révélation, pour les annuler, les inhiber ou les asservir, mais pour les purifier de la puissance dangereuse de la métaphore au nom de la puissance supérieure du concept. Ils ont pensé à frais nouveaux la vérité du monothéisme qu'ils tenaient pour la plus sûre, en la métamorphosant sans doute, mais aussi en la considérant comme cela qui exigeait d'être soumis à l'ordre du concept. Toute l'entreprise de Sohravardî se voue à doter l'enseignement des prophètes de Perse, des Grecs et d'islam d'une forme conceptuelle, celle des «hiérarchies angéliques» et de «la lumière des lumières». Averroès explique inlassablement Aristote, défend les droits de la *hikma*, de la philosophie, pour démontrer qu'elle est indispensable à la *sharî'a*. Ce faisant, il *conçoit* la religion et la refonde en intelligence. L'exégèse spirituelle d'Ibn 'Arabî et de ses grands disciples, de Sadr al-Dîn Qûnawî ou 'Abd al-Rahmân Jâmî à Haydar Âmolî, bouleverse l'ontologie et la soumet au strict impératif monothéiste. Enfin les grandes œuvres élaborées sous le règne des Safavides, en Iran, ont pour fin ultime de penser le détail des révélations, non pour arbitrairement les travestir en philosophèmes, mais pour en dévoiler l'intention et la vérité.

LA SITUATION COMMUNE
AU JUDAÏSME ET À L'ISLAM

Qu'est-ce qu'une philosophie de la révélation, si elle n'est le discours qui dévoile la vérité, le modèle du vrai qu'une religion adopte sans en faire l'exégèse, parce que tel n'est pas le rôle des prophètes? Le prophète dit la vérité, il ne dit pas *ce qu'est* la vérité. On remarquera que l'expression «philosophie de la religion», plus restrictive que «philosophie de la révélation» a du sens dans les structures religieuses où la philosophie est absolument nécessaire au dévoilement *conceptuel* de la vérité.

Il n'est pas sûr que tel soit le cas du christianisme, quoi qu'en pensent Gilson ou Maritain. Pascal en a puissamment nié la simple possibilité. Si la vérité est le Christ, l'exégèse du sens de la vie du Christ appelle, plutôt que la philosophie, la mise en pratique de la charité éclairée par la foi. Péguy méditant l'enfance de Jésus[14] et Urs von Balthasar lorsqu'il interprète la théologie de l'histoire par la seule référence aux Écritures, répugnent tous deux à faire appel à la philosophie[15]. Mais là où la providence de Dieu ne se réalise pas dans le mystère de l'Homme-Dieu, la vérité passe par la bouche des prophètes et d'eux seuls. C'est ainsi que les religions prophétiques qui n'admettent pas les leçons de la Croix unies à celles de l'Ancien Testament sont faites pour susciter une «philosophie de la religion», parce qu'elles sont des Lois prophétiques et que l'exégèse, tout comme la philosophie, ne peuvent être dévoilement de la Loi qu'en étant l'autre de la Loi, ce qui suppose l'horizon même de la Loi.

Chose remarquable, les sociétés chrétiennes ont vu naître, sur les fondations de la théologie, diverses philosophies, mais il fallut attendre Spinoza, qui suit l'enseignement d'Avicenne en ontologie et instaure du point de sa foi juive le couple religion/religions, puis il fallut l'idéalisme allemand, et singulièrement le legs marcionite au sein du luthéranisme, puis enfin la théologie dialectique, après Auguste Comte, qui entend faire le constat d'un nouvel état de l'histoire de l'esprit, pour voir naître des *philosophies de la religion*.

Il n'est pas étonnant de constater que celui qui a le mieux fait usage des schèmes de la «philosophie de la religion» pour les acclimater à l'herméneutique de l'islam, Henry Corbin, est un disciple de la théologie dialectique du luthéranisme, telle qu'il la reçoit d'abord de Karl Barth, avant de se confier à l'inspiration de Schelling. Le paulinisme luthérien devenant, par un curieux renversement, théologie de la prophétie, axée sur l'Ancien Testament, le legs du judéo-christianisme, la consonance de la mystique juive et de la spiritualité islamique devient, chez Henry Corbin, le moyen de rejoindre un phénomène religieux qui ne doit plus grand-chose à la *theologia crucis*.

L'herméneutique du phénomène religieux gouverne, chez Henry Corbin, la compréhension phénoménologique des philosophies. Plutôt que d'étudier des systèmes de pensée, Henry Corbin laisse se manifester l'horizon sur lequel se lèvent les vérités. Il recherche, avant tout, ce qui constitue *en vérité* les objets de la connaissance, quelles sont les formes *a priori* de la conscience qui déterminent, à partir d'une position d'existence, la vérité des modes d'être

qu'elles expriment. Cette exégétique de la philosophie est, par conséquent, tributaire d'une histoire de
la religion qui se déploie sur le fond transcendantal
d'une historialité de la conscience religieuse.

Henry Corbin doit beaucoup à la théologie dialectique. Il lui doit, avant tout, les termes dans lesquels
il pense « *Deus revelatus* » et « *Deus absconditus* ». C'est
elle qui, étrangement, l'a conduit à traduire Heidegger. Mais la source fondamentale de sa théologie
est l'angélologie, qu'il associe étroitement à la christologie et à une réhabilitation phénoménologique du
docétisme, qui prend la forme d'une phénoménologie
de la conscience religieuse. Il expose très clairement
les conséquences de ce docétisme dans ses derniers
textes qui sont réunis sous le titre *Le Paradoxe du
monothéisme* et, singulièrement, dans sa conférence,
prononcée à Téhéran, en octobre 1977, « De la théologie apophatique comme antidote du nihilisme »[16].
Posant que l'essence divine est inconnaissable, et que
seule se donne à connaître à la conscience religieuse
la révélation de cette essence en ses manifestations
multiples, il adopte une christologie angélique, où
l'Ange-Christ est manifestation de l'essence insondable.

De là que Henry Corbin renverse son luthéranisme
initial, et le paulinisme lu dans l'exégèse de Karl Barth.
Ce n'est plus la mort sur la Croix qui est la Résurrection, en cette dialectique de l'anéantissement et de la
renaissance qui fait le prix de l'exégèse de Paul par
Karl Barth. La résurrection spirituelle est présente,
désormais, dans la présence de la Face de Dieu sur
la Croix de Lumière, qui est un événement transhistorique. De là, il se déduit que les religions monothéistes ne sont pas en conflit dans leur sens intérieur,
mais seulement dans leur sens exotérique. L'ésotérique des religions du Livre, comme le nomme Henry

Corbin, n'est pas un, mais multiple. Seulement, cette multiplicité, analogue à la multiplicité des théophanies et des angélophanies, loin de ruiner l'unité ineffable, l'exprime. Chaque ésotérique « symbolise avec » l'autre.

De la position luthérienne, il subsiste, chez Corbin, la conviction de l'importance capitale de l'Ancien Testament, préfigure du Nouveau. Encore l'interprète-t-il en un sens désormais origénien, et surtout dans cette perspective leibnizienne où le monde de la Loi de Moïse « symbolise avec » les autres Lois, sur le plan exégétique et ésotérique. L'importance du judaïsme pour Henry Corbin, l'amitié de Henry Corbin et de Gershom Scholem ne s'expliquent pas autrement.

L'histoire de la philosophie islamique, telle que Corbin la conçoit, est un exemple, parmi d'autres, de cette symbolique universelle. Elle est moins une histoire qu'une correspondance de formes. Elle est surtout vouée à la prééminence de la prophétologie. La philosophie est « philosophie prophétique ». L'Ancien Testament a cette valeur inestimable, aux yeux de Corbin, de nous reconduire au fait prophétique. Entre néoplatonisme et prophétologie, entre christologie docétiste et imamologie, entre Judaïsme, Islam, Christianisme gnostique, se noue une « sodalité ésotérique » qui est, sans nul doute, le roc sur lequel Corbin résiste à l'histoire officielle des Conciles (comme il la nomme). Combien étrange fut son protestantisme ! De la théologie de la Croix, en sa version radicalement luthérienne, à la théologie de l'Ange de la Face, Henry Corbin n'aura cessé de refuser la théologie médiévale, comme fondement de la philosophie, pour lui préférer l'évangélisme johannique, après avoir sondé les abîmes de l'herméneutique du Livre. Car, à la fin, c'est dans le « phénomène du Livre », dans un sens aigu de la « lettre » et de ses significations, que Henry Corbin situe le centre de la révélation, protégeant l'*absconditum* et révélant le Dieu des croyances.

On objectera l'existence, chez les Docteurs médiévaux, d'une *theologia divina* qui fonde la connaissance de tout ce qu'il y a de connaissable. Mais l'articulation de la logique, de la physique et de la métaphysique, dans la philosophie scolastique chrétienne, si proches soient-elles du système d'Avicenne, ne s'en opposent pas moins à lui, pour les raisons qui font que la théologie chrétienne ne peut ni ne veut être la philosophie des «*divinalia*» (*al-ilâhiyyât*) que la métaphysique avicennienne élabore. La christologie de l'Église n'est pas comparable aux données scripturaires d'une religion, l'islam, qui refuse ses dogmes. Entre une métaphysique chrétienne et une métaphysique islamique, quelles que soient les possibles correspondances, si considérables soient les emprunts de l'une à l'autre, il y a l'abîme suscité par la foi en l'Incarnation, la Passion et la Résurrection du Christ. En revanche, le judaïsme et l'islam, tous deux religions prophétiques, solidaires en philosophie, ont fait de la philosophie des *divinalia*, en accord avec leurs prophétologies respectives, la thématique de leurs productions théoriques, du moins jusqu'au triomphe de la kabbale et du soufisme. Encore les ponts entre philosophie et kabbale, entre philosophie et soufisme sont-ils restés tendus.

C'est en ce sens, me semble-t-il, que Julius Guttmann l'entend, lorsqu'il décrit l'évolution qui conduit de la philosophie païenne aux modes de connaissance élaborés par la philosophie médiévale islamique. Si les systèmes néoplatoniciens, tel celui de Proclus[17], ont bien été, à leur manière, des religions philosophiques et des philosophies de la religion, où la théurgie, la mystique spéculative, la réflexion sur

la nature des dieux, la prière et le culte sont inséparables de la dialectique, que dire alors des philosophies de l'islam!

Julius Guttmann soutient que «le but véritable de
la connaissance se définissait désormais comme la
compréhension du monde suprasensible» et que «le
bonheur de la connaissance, qui se suffisait à lui-
même, devint la béatitude de la communion avec
Dieu, elle-même obtenue par l'intermédiaire de la
connaissance»[18]. Le monde suprasensible, les Intelligences des sphères ou l'Intelligence divine se configurent selon certaines données de la religion révélée,
le Trône divin, les anges, etc. Nous constatons qu'Avicenne identifie la hiérarchie angélique et la hiérarchie
des Intelligences. Nous observons que cette correspondance n'est pas une simple corrélation métapho-
rique, et que l'avicennisme en développera les effets
tout au long de son évolution historique. La philosophie ismaélienne de Hamîd al-Dîn al-Kirmânî mettra
en relation structurale des données religieuses aussi
importantes que la prophétie et l'imamat, et le système
cosmologique ou l'ordre des Intelligences célestes[19].
Sohravardî rédigera des hymnes et des prières, à
la manière de Proclus, et célébrera une liturgie cosmique[20]. Nous pourrions multiplier les exemples.
Quant à la finalité de la vie philosophique, le bonheur,
Julius Guttmann a raison de dire qu'il change de
nature, lorsque le salut philosophique tient compte,
d'une façon ou d'une autre, des promesses divines
révélées dans le Livre.

Avicenne fait des événements de la vie future des
métaphores destinées au commun des hommes, des
symboles relevant de la religion extérieure; il n'as-
signe pas moins à la philosophie la tâche de conjoindre
l'intelligence humaine à l'intelligence angélique, pour
que le bonheur cesse d'être un simple état d'ataraxie

et devienne le sens caché d'une perfection spirituelle efficace. Si éloigné qu'il soit de la rétribution coranique, le salut s'y réfère, il en tient compte. Le philosophe ne néglige pas l'eschatologie révélée, ne serait-ce que pour l'assimiler à un idéal de vie qui ne saurait être, purement et simplement, celui d'un sage païen.

LA SAGESSE PROPHÉTIQUE, PRÉALABLE À LA PHILOSOPHIE

À qui demanderait si la *sharî'a* est compatible avec la philosophie, la réponse aurait les apparences d'une contradiction et la saveur d'un paradoxe. Il n'existe, dans la *sharî'a* révélée au prophète Muhammad, aucune exigence, aucun besoin de la philosophie. En revanche, sur la terre d'islam, la connaissance du *contenu* de la Loi révélée ne se conçoit pas sans que la philosophie ne soit invoquée et que les philosophes ne soutiennent leur droit d'enseigner cette connaissance.

La révélation est première. L'activité philosophique vient en second, et elle doit justifier son respect des prescriptions du discours prophétique. Or, le «Coran arabe»[21] est fait de science, d'avertissements, d'enseignements, d'exhortations, de rappels. La science de Dieu est guidance (*huda*): «Dis: La guidance de Dieu, c'est elle la guidance, et si tu suis leurs désirs après ce qui t'est présent en fait de science, il n'y aura pour toi, de la part de Dieu, ni maître amical ni défenseur» (2: 120). Le Verbe divin sacralise un modèle qui n'est pas le *Logos* des Grecs, mais le message (*risâla*) inimitable. Dieu enseigne ce qui resterait caché de la vérité, si l'inspiration divine et la révélation prophétique ne changeaient le mystère en paroles évidentes, le message divin en une écriture, en une lettre. De là que l'attention des premiers savants de l'islam se concentre sur la langue arabe du Coran, sur l'établissement du texte, sur son écriture consonantique et sur l'insufflation du sens par la justesse de ses inflexions vocaliques[22]. Nous avons d'abord affaire à la constitution du «phénomène du Livre saint».

Empruntant à Henry Corbin cette expression[23], nous ne pouvons faire qu'elle désigne un phénomène originaire. Henry Corbin entendait par là, non le livre matériel, le Coran institué par la Vulgate dite de 'Uthmân, mais le Livre tel qu'il apparaît dans les actes de conscience qui l'instituent en autorité et en vérité. Il en va bien ainsi du Coran des philosophes, qui dépend étroitement de l'exégèse que ces philosophes exercent de ses versets et de ses commandements. Mais, en amont, il est possible désormais de repérer comment ce «phénomène du Livre» s'est lui-même constitué d'abord selon des procédures de sélection, de censure et de rédaction dont l'histoire s'écrit aujourd'hui de façon scientifique. Le «phénomène du Livre», l'autorité d'un Livre, suscitant ensuite divers types de lecture dépend lui-même d'une volonté d'orthodoxie, qui, en terre d'islam, s'est heurtée à diverses oppositions, avant de triompher[24].

«Le rôle principal revient aux études philologiques.»[25] Le savant n'est pas celui qui forge des concepts, mais celui qui sait lire la lettre. Le «lecteur» doit devenir grammairien, savant en l'établissement de l'écrit et décideur de sa signification. Le savoir sérieux est le savoir du texte. L'exégèse est la décision du sens qu'entraîne un choix de lecture, elle est le propre du scribe. Les premiers conflits théologiques sont autant de conflits d'autorité portant sur la lettre coranique, bien avant qu'apparaissent concepts abstraits et problèmes généraux. La certitude controversée de l'écrit, l'incertitude de sa signification, tel est le phénomène religieux le plus important après la clôture de la prophétie. La grammaire et l'exégèse, la discipline de la lettre et l'art des significations sont inséparables. Elles saturent l'activité intellectuelle, et ne laissent aucun espace à ce que pourrait être l'argumentation philosophique[26].

Le travail de la mémoire, la récollection des traditions prophétiques vient tout naturellement en renfort de ce travail des scribes. « Rechercher la science », ce n'est pas se tourner vers ce que l'humanité ne sait pas encore, mais vers ce qu'elle a toujours su, vers des connaissances transmises depuis le fond des âges. La *sunna* prophétique est une science conservatrice et inquiète, tournée vers l'origine impeccable. L'autorité des spécialistes du *hadîth* ne repose pas sur la monotonie du dogme, mais sur l'ingéniosité des compilateurs. Il suffit d'ouvrir un recueil de *hadîths* pour se trouver au pays des merveilles. On y rapporte des histoires instructives, des explications, des lectures qui arrondissent l'aspérité de la lettre coranique. La *sunna* définit les frontières de la recherche du vrai, parce qu'elle exerce *la* seule et véritable liberté, qui n'est pas humaine mais divine, une science au regard de laquelle l'opinion ou l'intelligence humaines ne seraient que des pauvresses.

Dans la perspective du *hadîth*, la vérité n'est pas ce que l'on attend de l'avenir, mais ce qui réside à demeure, en un présent vivant. Dans la demeure prophétique, il y a trace d'éternité, tandis que l'opinion personnelle a les signes de la contingence, de l'artifice et donc du faux. La *sunna* n'est pas démonstrative. Elle *montre* le vrai. Sa véridicité n'est pas conformité à des critères rationnels, mais fidélité au témoignage, non pas vérité de raison mais vérité de fait. Elle est garantie par la véracité des personnes crédibles qui l'attestent. Un tel travail n'est jamais neutre, il exprime toujours une décision herméneutique. Valider une chaîne de transmission, authentifier une parole ou un acte, c'est faire preuve d'une conviction théologique et «fréquemment, le hadîth n'est rien d'autre qu'une sorte d'exégèse déguisée.»[27]

«Les prophètes ne sont pas des théologiens», disait Ignaz Goldziher[28]. Pas davantage, ils ne sont des philosophes. Le terme désignant la philosophie héritée des Anciens, *falsafa*, est étranger au Coran. La science (*'ilm*) n'appartient qu'à Dieu, et la connaissance divine est savoir absolu. C'est Dieu que le Coran qualifie de «sage» (*hakîm*) ou de «savant» (*'âlim, 'alîm, 'allâm*). Comme le rappelle Jacques Jomier, la racine sur laquelle sont entés les termes *'ilm*, «science», *'âlim*, etc., «savant», figure environ huit cents fois dans le Coran. Dieu sait toute chose de toute éternité, le contenu de l'univers, les intentions et les actions des hommes, depuis l'origine de la Création jusqu'au jour et à l'heure du Jugement[29]. La sagesse (*hikma*) instruit la justice de Dieu, la vérité de sa parole, elle s'exprime par le verbe divin, elle est la lumière divine. En elle se trouve le secret de la souveraineté divine, de l'autorité absolue du Seigneur des mondes[30].

L'homme, subordonné à Dieu, humble, faible, versatile, disputeur et mortel, possède de dignité ce que Dieu lui confère. L'obéissance du serviteur à son Seigneur procure à cet homme précaire un pouvoir, celui de gouverner les autres créatures. L'homme est institué «calife de Dieu sur sa terre», pour exercer la souveraineté en son nom. Surtout, l'homme a pris en charge le dépôt de la foi : «Lorsque ton Seigneur tira une progéniture des reins des fils d'Adam et les fit témoigner sur eux-mêmes : ne suis-je pas votre Sei-

gneur ? Ils dirent : oui, nous en témoignons » (7 : 172).
L'homme proclame l'unicité divine[31].

Le Coran use du nom *al-khalîfa*, au pluriel *al-kha-lâ'if* ou *al-khulafâ'*, pour désigner l'autorité de la sagesse des prophètes, sagesse efficace en la conservation de l'ordre divin (*al-amr*). Le verset 2 : 30 suggère que cette sagesse divine communiquée à l'homme correspond à l'instauration du califat d'Adam, le premier à exercer l'autorité sur la terre « au nom de Dieu ». Dans le cas des prophètes, il s'agit de l'acte qui leur délègue l'autorité. Sur le plan ontologique, l'existence de l'homme dépend de l'instauration qui le fait sortir du néant. Sur le plan de la connaissance, l'homme doit toute sagesse à l'instauration de son califat sur la terre. Sur le plan de la souveraineté enfin, l'homme gouverne l'ensemble des créatures terrestres qui sont le règne de Dieu parce que Dieu, qui a toute autorité et qui est infiniment libre de sa décision, fait de lui son lieutenant, l'instaure son calife.

L'autorité octroyée à Adam n'est pas une simple *potestas*. Elle est une sagesse gouvernementale et une sagesse religieuse. Destinée au gouvernement des choses d'en bas, elle noue une relation entre ce bas-monde, évanescent, illusoire et le monde réel, permanent, celui du Trône divin, des archanges « rapprochés ». Le califat de l'homme repose sur son obédience. La sagesse qui gouverne est éclairée par la sagesse qui obéit. L'homme est d'autant plus sage et il gouverne d'autant mieux qu'il se soumet davantage à son Seigneur. L'autorité prophétique hiérarchise le genre humain : « Il est celui qui vous a instaurés califes de la terre, il a élevé certains d'entre vous au-dessus des autres selon des degrés pour vous éprouver en ce qu'il vous a donné » (6 : 165). L'exercice de l'autorité prophétique exige la purification du cœur : « Dieu connaît le mystère des cieux et de la terre. Il connaît le contenu des cœurs. C'est lui qui vous a instaurés califes sur la terre» (35 : 38-39).

La sagesse prophétique a deux missions : restaurer le règne de la justice et révéler la vérité. Le prophète David «juge les hommes de par le vrai» (36 : 26). Noé montre que la sagesse prophétique est pérenne, qu'elle ne cesse pas lorsque la plus grande partie de l'humanité l'ignore et périt par la colère de Dieu. Muhammad l'invoque en des circonstances dramatiques, lorsqu'il est lui-même victime des risées et de l'incrédulité des siens (7 : 67-69).

Le califat n'est pas encore une charge politique, posant des problèmes dynastiques et successoraux, mais il est une présence sainte et sacrée, celle de la *sakîna* divine, présence et quiétude se renouvelant d'âge en âge dans l'instauration divine des prophéties. On a pu y reconnaître la notion judéo-chrétienne du Vrai Prophète, dont la réalité traverse l'histoire prophétique, avant de se révéler pleinement en Jésus. Muhammad se verrait conférer cette mission, convaincu de sa dignité paraclétique[32]. En recevant de Dieu une telle autorité, Adam et ses descendants reçoivent un rayon de la sagesse divine, qui exerce sa providence sur l'ensemble de la création. Par lui-même, l'homme n'a pas le pouvoir de se rendre sage mais, par la grâce de Dieu, il acquiert une sagesse supérieure à toute sorte de connaissance ou de bonne conduite qu'il eût rêvé, par impossible, produire de ses seules forces.

La sagesse est un des bienfaits de la révélation prophétique, elle réalise une promesse divine, elle est un savoir dont le contenu est éternel, fixé d'avance par la science de Dieu, un savoir dont la dispensation s'échelonne dans la durée temporelle, selon la dynamique de l'histoire de la prophétie. Lorsque le Coran enseigne qu'Abraham et son fils Ismaël ont posé les fondations de la Maison (le temple de la Ka'ba), le Livre mentionne la prière qui leur est inspirée, où nous lisons : « Notre Seigneur ! Suscite parmi eux un messager issu d'eux, qui leur récitera les versets [ou signes] leur enseignera le Livre et la sagesse et les purifiera. Tu es le Puissant le Sage » (2 : 129)[33].

La sagesse prophétique procède d'un don libre et gratuit de Dieu, elle exprime la richesse d'être et de liberté de « l'Autarcique », selon le qualificatif que le Livre attribue à Dieu. Tandis que Satan offre aux malheureux qu'il inspire sa propre misère, sa pauvreté d'être, Dieu offre aux bienheureux de sa richesse en leur accordant sa sagesse : « Il donne la sagesse à qui il veut. Celui à qui la sagesse est donnée, un grand bien lui est donné et ne s'en ressouviennent que ceux qui sont possesseurs des cœurs » (2 : 269).

La sagesse est conférée à l'homme *avec* le Livre, car Dieu donne « le Livre *et* la sagesse » (2 : 249 ; 3 : 163 ; 4 : 54 ; 62 : 2) de sorte que les « versets » vont *avec* la sagesse (33 : 34) et que Jésus reçoit de Dieu l'enseignement du Livre, de la sagesse, de la Tora et de l'Évangile (5 : 110). Le nom « sagesse » a une signification proche de celle que les livres sapientiaux de la Bible véhiculent. Les récits coraniques qui concernent Salomon affirment l'unité de la sagesse, de la puissance, de la force et de la providence de Dieu. La sagesse n'est pas un adjuvant du pouvoir créateur de Dieu, elle est ce pouvoir même. Certains penseurs juifs ont interprété en ce sens le don de la Tora à Moïse. La Tora ne fait qu'un avec la force de Dieu[34]. En un sens voisin, la sagesse coranique embrasse la science, la volonté et la puissance créatrice de Dieu, mystérieusement unies. La sagesse est le verbe créateur de Dieu, son ordre ou impératif (« Sois ! »).

Il est possible de concevoir la sagesse divine sous

la forme d'une réalité intermédiaire, située entre l'essence cachée de Dieu et le monde de la création. Le monde de la sagesse est le monde de l'impératif divin (*'âlam al-amr*) et le monde de la création (*'âlam al-khalq*) est le fruit des opérations divines instruites par cette sagesse. Certaines spéculations, qui se sont développées dans le judaïsme, l'ont affirmé et, teintées de stoïcisme, elles ont nourri la pneumatologie de Philon d'Alexandrie. Nous en trouvons trace dans les constructions spéculatives de la philosophie islamique. Rappelons qu'il arrive, dans la pensée hébraïque, que la sagesse s'identifie à la Tora, et d'autre part que, selon saint Paul, la sagesse appartient au Christ. Comme l'écrit Aloys Grillmeier, « la littérature sapientiale judéo-hellénistique est plus importante pour Paul que l'apocalyptique et les rabbins. Ici, la "Sagesse" est célébrée comme une chose qui existait avant la fondation du monde et qui était déjà à l'œuvre lors de la création. »[35] Le Coran déplace cette sagesse du Verbe en direction de la personne de Muhammad, il n'identifie plus la sagesse à la Tora seule, ou à la personnalité prophétique du Christ, qui parachève, selon les Pères, toute l'histoire prophétique[36], mais au Verbe divin qui se révèle dans le « sceau des prophètes », Muhammad.

Le mot *hikma* apparaît dix-sept fois dans le Coran. Il est le nom verbal de la première forme de la racine *h k m*. Cette forme a deux sens majeurs, « prononcer un jugement en faveur de quelqu'un ou contre lui », juger, discriminer, trancher judiciairement ; « être savant », posséder un certain savoir, être sage, prudent. Ces deux significations se retrouvent dans les sens des noms, *al-hâkim*, le juge, le gouvernant, *al-hakîm*, le sage, le savant, le médecin ou le philosophe. La sagesse confère deux pouvoirs au prophète, l'un de gouverner et juger, l'autre de savoir, de guérir et de se gouverner.

Dieu « juge les serviteurs » (40 : 48, etc.). Dans la cinquième sourate, « La Table servie » (*al-mâ'ida*), le Coran enseigne que la Tora « où il y a guidance et lumière » (5 : 44) a été révélée pour que les prophètes hébreux jugent selon les normes du judaïsme, et il énonce la loi du talion (5 : 45). Puis il nomme Jésus fils de Marie, lequel n'abolit pas ces normes mais les avère, lui à qui Dieu a conféré l'Évangile « où il y a guidance et lumière » (5 : 46). Enfin, le texte mentionne Muhammad, qui avère l'ensemble des Livres (5 : 48). Ainsi le jugement de Dieu est-il prononcé selon les normes des différents Livres saints, dans la succession des époques et des peuples. La sagesse prophétique est justice, elle s'oppose aux normes des « scélérats » et des incroyants. Le sens judiciaire et le sens cognitif de la « sagesse » prophétique sont liés l'un à l'autre dans « la guidance et la lumière » (5 : 44, 46).

La sagesse agit sur les consciences par les voies de l'éloquence. Persuasion, éloquence, mais aussi réussite, efficience font de la sagesse une rhétorique divine, *hikmatun bâlighatun* (54 : 5). Cette rhétorique de la guidance ordonne de ne placer aucune divinité à côté de Dieu, elle est tout à la fois révélation de l'unicité divine et refus de l'idolâtrie, ce pourquoi la sagesse est au cœur de l'expérience abrahamique. Abraham, le prophète du monothéisme, reçoit pour vocation spéciale la sagesse divine, sagesse refusée à ceux qui ne sont pas de sa race : « Nous avons, en effet, donné à la famille d'Abraham (*Âl Ibrâhîm*) le Livre et la sagesse et nous leur avons accordé un règne (*mulk*) éminent » (4 : 54). Enracinée dans le sol de la religion abrahamique (*milla Ibrâhîm*), la sagesse est une vérité cachée qui ne se révèle qu'aux élus de

Dieu. L'écriture divine de la Loi existe mystérieusement auprès de Dieu et s'exprime en ses versions
successives, les Livres révélés.

La sagesse n'est pas d'origine humaine, elle est une
propriété divine, que Dieu délègue au fidèle du monothéisme abrahamique. Elle ne va pas sans l'autorité
gouvernementale, comme il appert du cas de David
dont le Coran dit : « Nous avons rendu plus fort son
pouvoir de gouverner, nous lui avons donné la sagesse
et la parole décisive » (38 : 20). « L'art de trancher la
plaidoirie », comme Jacques Berque traduit *fasl al-
khitâb*, confère une autorité décisive au prophète
juge. L'éloquence divine prête assistance à la décision de l'homme prédestiné qui gouverne selon la
sagesse et la justice. La sagesse n'est donc pas seulement la science que Dieu possède, elle est aussi bien
son pouvoir de décision souverain.

André Neher a montré que, dans la Bible, la sagesse
humaine, « préoccupée de l'ordre et du régime établi »,
voit s'opposer à elle la prophétie, qui attend et annonce
la justice de Dieu. La sagesse humaine est profane,
écrit-il. « Produit d'éducation, de culture, et non de
vocation, la *hokma* ne se soucie guère de l'absolu. »[37]
La sagesse coranique, quant à elle, n'est jamais
contraire à la vocation prophétique, mais bien plutôt
elle l'informe. En revanche, la sagesse humaine, que
sera la philosophie, devra faire ses preuves de fidélité. L'argumentation qu'André Neher explicite sera
souvent invoquée contre elle, lorsqu'elle s'éloignera
de sa source prophétique.

Lorsque Dieu confère à Jésus des pouvoirs miraculeux, avant que ne soit rapporté le récit de la Table
servie descendue du ciel, il lui rappelle qu'il lui a
enseigné « Le Livre, la sagesse, la Tora et l'Évangile »
(5 : 110). Ce quadruple enseignement est le sens de
l'annonce de l'ange faite à Marie, où elle apprend que

son fils sera un prophète envoyé aux Israélites (3 : 48, 43 : 63). Muhammad est raffermi en sa vocation par la révélation du Livre et de la sagesse, qui «descend» depuis Dieu sur son Prophète (4 : 112).

La sagesse est la vérité divine accompagnant le Livre, instruisant le droit jugement des hommes, l'exercice de l'autorité législatrice et judiciaire : «Nous avons fait descendre vers toi le Livre par la vérité afin que tu juges entre les hommes, par ce que te fait voir Dieu» (4 : 105). L'expression «*bi l-haqq*», «par la vérité», se peut entendre au sens de «en toute vérité», mais aussi «avec ce qui est absolument juste», ou encore «avec ce qui constitue le vrai, le réel», «à bon droit». *Al-haqq*, le vrai, le réel, ce qui constitue le droit imprescriptible de Dieu, est une qualification que Dieu se donne dans le Coran.

Accès direct, visibilité du secret, proximité divine sont les privilèges du Prophète, qui lui confèrent une autorité surnaturelle fondée en vérité. La sagesse est l'origine de l'autorité légitime, parce qu'elle est vérité, qu'elle émane du Réel divin. La sagesse des prophètes s'impose à leurs communautés : «Faites remémoration de ce qui est récité dans vos demeures des versets de Dieu et de la sagesse. Dieu est subtil, instruit» (33 : 34). La sagesse, cette instruction éloquente de Dieu, ne dépend que de la décision divine, et son universalité est le domaine du pouvoir de décision de Dieu : «Il donne la sagesse à qui Il veut» (2 : 269).

Il est un personnage nommé Luqmân, connu déjà dans le monde arabe préislamique, adopté par le Coran, promis à devenir l'auteur légendaire de recueils de conseils moraux[38]. Les enseignements de la sagesse réforment les conduites de la vie, indissociables de la foi en l'unicité de Dieu. Ils sont sources de qualités morales : la reconnaissance envers Dieu, la reconnaissance envers les parents, spécialement la mère,

ne mépriser personne, ne pas être orgueilleux ou suffisant (31 : 12-19). La tonalité morale de cet enseignement est celle des conseils que reçoit le Prophète
de l'islam : n'adorer que Dieu, être bon pour ses père
et mère, être miséricordieux, être juste envers ses
proches, ne pas tuer les enfants, éviter la fornication,
ne pas tuer injustement, ne pas toucher aux biens de
l'orphelin, tenir ses engagements, etc. (17 : 39).

En résumé, la sagesse est le sens des prophéties et
elle est leur vérité. Elle vient avec les Livres révélés.
Elle exige d'être pratiquée et comprise par un pouvoir
spécial, le cœur ou l'intelligence. Elle se distribue en
figures de la royauté juste (David), figures de la
douceur inspirée par l'esprit de sainteté (Jésus), et
figures de la moralité (Luqmân) qui sont dignes
d'être élevées au rang de la prophétie. Muhammad
totalise ces divers aspects de la sagesse. Enfin, la
sagesse est une sagesse *pratique*, un gouvernement,
en vue de la réalisation des fins dernières, dans la vie
future.

L'INCIDENCE DE LA PROPHÉTIE
SUR LA PHILOSOPHIE

Sans doute nous faut-il veiller à ne pas être unila-
téral. La définition des concepts, les règles logiques
de la démonstration et de l'induction, les lois de
l'abstraction, la déconstruction des sophismes, la
classification des enthymèmes, la justification des
raisonnements dialectiques sont fort éloignées de la
sagesse prophétique, des formes du discours religieux,
récits, paraboles, traditions, exégèses. C'est la raison
pour laquelle la philosophie islamique, dont la raison

ultime est de connaître adéquatement ce que dit dog-
matiquement la révélation, n'est pas elle-même un
discours de révélation. Régie par ses propres lois de
composition, l'œuvre philosophique est, au sens fort,
autonome. Cette autonomie s'éprouve dans la mutation que la philosophie impose aux notions les plus
élémentaires, comme est celle de l'intelligence (*al-
'aql*), sans préjudice de tout son lexique, parfois réson-
nant des significations coraniques, parfois éloignées
de celles-ci.

Ce vocable, *al-'aql*, que l'on traduit par « l'intellect » ou « l'intelligence » désigne, chez les philosophes,
la puissance supérieure de l'âme humaine et désigne
aussi une réalité séparée, d'origine divine, l'Intelligence gouvernant la sphère céleste. Nous distinguons
artificiellement l'un et l'autre emploi par l'usage de
la majuscule, qui n'existe pas en arabe. Que le même
mot signifie l'intellect humain et une réalité intelligible, c'est-à-dire immatérielle, éternelle, nous renvoie
à la signification complexe du grec *noûs*. L'intellect
ne peut pas être conçu sans référence à la cosmologie et à la théologie, puisque sa nature foncière
l'apparente à un monde, le monde des Intelligences
célestes, qui présuppose cette cosmologie et cette théologie. Le vocable ne désigne donc pas ce que nous
nommons *l'entendement*. Il désigne une réalité qui
prend place dans le système général de la Création.
Par l'effet de la liaison entre les données coraniques
concernant la science que Dieu a des choses et le
concept néoplatonicien du *noûs*, le *'aql* est doué d'une
activité originale, d'une activité dont il est lui-même
la source et le foyer générateur, parce que ce foyer
est, éminemment, Dieu lui-même.

Cette définition de l'intellect a pour conséquence
deux convictions très généralement présentes : d'une

part, qu'il se produit une advenue, ou une descente de l'intellect sur Adam et sur l'homme en général, une information venant du monde supérieur et, d'autre part, qu'existe une activité qui s'exerce en l'homme, à la recherche de la distinction du vrai et du faux, du bien et du mal. C'est pourquoi l'intellect philosophique est inconcevable sans la supposition d'un agent, qui fait effuser les formes intelligibles, et d'un patient, d'un réceptacle matériel, lui-même de nature intellective, mais seulement à l'état de potentialité. La sagesse philosophique est la royauté de l'intellect — sa souveraineté sur l'âme. Elle s'apparente, en son origine, à la souveraineté des Intelligences, régissant les âmes et les corps dans les mondes divins. Intelliger nous élève dans l'échelle de l'être, depuis l'existence corporelle, physique, jusqu'à l'existence intellective, contemplative. Nous avons mainte forme de ce type d'activité, depuis celle, démiurgique, que Nâsir-e Khosraw décrit, jusqu'à la conception héritée d'Alexandre d'Aphrodise, telle qu'elle se précise chez al-Kindî, chez Fârâbî, chez Avicenne et chez Averroès. Si grandes soient les différences entre ces philosophies, elles n'en conservent pas moins trace des deux grandes données fondamentales, la descente et la remontée, la source divine (typifiée dans la fonction de l'intellect agent) et le rôle gouvernemental, cognitif, éthique de l'intellect acquis lorsqu'il détermine les règles ou normes de l'intellect pratique.

Comme on sait, l'autonomie n'est pas l'indépendance. Les thématiques récurrentes de la hiérarchie des mondes, sublunaire et supralunaire, sensible, psychique et intelligible, de l'élévation de l'intelligence vers les hauteurs, du primat de l'immatériel sur le matériel interprètent philosophiquement une façon de sentir, un mode de perception immédiate propre à la religion coranique, où le monde d'en bas, ce monde, *al-dunyâ* « va périssant », tandis que brille « la Face de ton Seigneur » et que la seule vie qui vaille est celle de l'au-delà (*al-akhira*).

Ce sentiment religieux, qui se trouve aux marges de la *falsafa*, entrera progressivement en son centre, dans la philosophie « illuminative » de Sohravardî, chez les lecteurs d'Ibn 'Arabî, dans le soufisme philosophant d'Ibn Sab'în, chez Ibn Tufayl, dans l'avicennisme de Fakhr al-Dîn al-Râzî, et dans l'essor de l'*irfân* en Iran aux XVIIᵉ et XVIIIᵉ siècles. Chez Avicenne déjà, chez Averroès encore, l'ambition de doter la philosophie d'une nécessité impérieuse, au service de la Loi, implique une certaine responsabilité devant le legs prophétique, une volonté de salut et de liberté confondus, qui ne se peut concevoir sans l'instruction et la libération prophétique de l'homme. Que l'intelligence assume ce que la foi procure, et la philosophie se propose de vaincre la mort, la mort véritable, la mort spirituelle, en une intériorisation de la vocation prophétique de l'homme.

La différence est de nature, et non simplement de degré entre le monde païen et le monde de l'islam, entre leurs philosophies respectives. Ce n'est pas sur une terre vierge que l'islam a bâti sa civilisation. La philosophie n'y est pas apparue par génération spontanée, ou par quelque soudaine émancipation de l'entendement. La culture musulmane rencontre la philosophie chez des théologiens chrétiens. Elle connaît les textes grecs par un effort de traduction auquel les chrétiens d'Orient apportent leur décisive contribution[39]. Les savoirs, passant du monde chrétien au monde musulman, apportant la sagesse du paganisme, ne manquent pas de heurter les consciences, de servir des causes contraires, de subir des assauts divers et variés. Quand la philosophie prendra place dans le cadre des études islamiques, elle le fera en une atmosphère de guerre, de guerre extérieure, de polémique contre les croyances non musulmanes, manichéennes, zoroastriennes, païennes, chrétiennes, et de guerre civile dans la communauté musulmane. Rien qui ressemble ici à la naissance des sectes philosophiques, rien qui ressemble à la lente conquête des esprits par le stoïcisme tardif.

Nous n'imaginons pas la Cité grecque sans les physiciens, les sophistes, les rhéteurs, les philosophes et leurs sectes, non plus que l'empire gréco-romain privé de ces écoles de formation du citoyen que furent les cercles stoïciens et académiciens. Les dieux antiques entraient sans effort dans les synthèses de l'art oratoire et de la philosophie, dans les cycles d'enseignement néoplatoniciens, à Athènes ou à Alexandrie. L'islam, en revanche, aurait pu vivre sans philosophie et, selon plusieurs penseurs considérables, dont le plus connu est Abû Hâmid al-Ghazâlî, il vivrait mieux sans philosophie. De grands poètes, des mystiques, des théologiens la négligèrent, la méprisèrent ou la combattirent. Des traditionnistes, spécialistes des *hadîths*, la considéraient comme une concurrente illégitime. La philosophie ne fut pas, en islam, naturelle au perfectionnement de l'homme. L'état de nature de la philosophie, c'est le monde païen. Depuis que ce monde a disparu, la philosophie vit en pays étranger, et l'histoire de la philosophie sous le régime des monothéismes est l'histoire d'une pensée qui s'habitue à sa seconde nature.

Les musulmans avaient encore d'autres motifs pour tenir la philosophie pour incertaine. Elle leur semblait inférieure à la révélation et aux richesses de la lettre coranique, et elle péchait aussi par maladresse, roide et grossière au regard de la finesse des Belles-Lettres. L'islam eut ses philosophes, mais sans que les mystiques, les spirituels et les voyants les reconnussent toujours. Saint Thomas est indispensable à saint Jean de la Croix, saint Augustin est indispensable à Érasme, mais Avicenne n'est pas indispensable à Jalâl al-Dîn Rûmî. Contingente et endurante, la philosophie islamique s'est pourtant imposée, entre le souci rationnel et le souci spirituel, entre « l'amour des lettres et le désir de Dieu »[40].

Si nous effaçons la différence *essentielle* qui existe entre les philosophes de l'Antiquité et ceux qui pensent au sein des philosophies monothéistes, nous risquons de perdre de vue les problèmes en question, ceux-là que les critiques de la philosophie n'ont eu aucune peine à relever : Al-Ghazâlî mettra en cause l'interprétation avicennienne de Dieu, le « Dieu des philosophes », tout comme Judah Halévi mettra l'accent, dans le *Kuzari*, sur l'incompatibilité du Dieu d'Abraham et du Dieu d'Aristote. Entre la souveraineté divine conçue sur la base d'un système émanationniste et celle que le Coran ou la Tora révèlent, il y a toute la différence entre un ordre téléologique fondé sur une interconnexion causale, et une décision dont la contingence et la liberté nous demeurent à jamais incompréhensibles. Il faut donc penser la philosophie de la révélation comme un discours *problématique*. Elle ne vit pas la contradiction entre foi et savoir, mais entre deux visages de Dieu, entre un monothéisme littéral et un monothéisme exégétique[41].

LES DEUX SENS DE L'ÉSOTÉRISME

Il n'est pas étrange qu'afin de résoudre les problèmes posés par la difficile compatibilité de la connaissance philosophique et de l'obéissance à la

lettre du Livre saint, une distinction subtile se soit
produite, au sein de l'activité philosophique, entre
deux niveaux d'existence de la vérité révélée. Encore
faut-il que le vocable « religion » s'entende au sens de
« révélation prophétique ». Il nous faut rappeler que
le terme français « religion » n'a pas d'équivalent dans
le lexique arabe non plus qu'en persan[42]. Aucun
concept désigné par des vocables de ces deux langues
ne possède une extension ou compréhension équiva-
lentes à notre concept de la « religion ». Trois vocables
arabes, pour le moins, sont à prendre principalement,
mais non exclusivement, en considération : *al-milla*,
al-sharî'a, *al-dîn*. Leurs significations varient selon
les auteurs et les usages. Le plus grand historien
musulman des « religions et des sectes », Abû l-Fath
al-Shahrastânî, définit *al-dîn* par « l'obéissance et la
subordination » à Dieu, *al-milla* par « l'organisation
sociale d'entraide mutuelle au sein d'une communauté », *al-sharî'a* par « le tracé d'une série de règles
et de prescriptions » (du verbe *shara'a*, tracer)[43].

Selon les *falâsifa*, la *sharî'a* enseigne les hommes
et les éduque en s'adressant à leur imagination car
elle prend la forme de récits ou de symboles qui sont
autant d'images. La façon insistante dont les philosophes exploitent les vertus du lexique de l'image présent
dans le Coran l'atteste, spécialement les dérivés de la
racine *m-th-l* : *al-mathal*, le reflet symbolique, la parabole, le signe prophétique adressé à l'imagination,
al-mithâl, pl. *al-muthul*, l'image ou le modèle. Il existe,
selon eux, une autre forme du vrai, plus dépouillée et
plus exacte, la forme intelligible, qui est la forme
spécifique des existants et qui se retrouve dans les
connaissances démonstratives. Elle s'adresse à l'intelligence de l'élite savante, et constitue l'organisme
vivant de la *hikma*. Cette distinction, entre imagination et intelligence, dont les averroïstes tireront si

grand parti, dont Maïmonide fera un si bon usage[44], est déjà présente dans le discours philosophique antérieur, et singulièrement dans la théorie avicennienne de la prophétie.

L'élaboration de la notion du monde imaginal (*'âlam al-mithâl*), du degré de réalité intermédiaire entre celui de l'intelligible immatériel et celui de la nature corporelle, élaboration qui se fait le plus distinctement chez les disciples avicennisants de Sohravardî au XVIIᵉ siècle en Iran, répondra à une exigence d'harmonie et de réconciliation entre ces deux sources ou modes d'exercice de la mise en présence du vrai : situer l'existence d'un monde supérieur au monde de la nature, mais accessible à l'imagination du Prophète comme à celle de ses fidèles, afin de justifier que la vérité de la religion révélée soit compatible avec la vérité de la cosmologie et de l'ontologie philosophiques. Sauver la vérité littérale des prophéties, en la situant dans un espace sans localisation dans les dimensions du cosmos, espace où les symboles expriment leur contenu, afin qu'ils échappent au soupçon d'irréalité qui frappe toute métaphore, et que soit sauvé l'ordre philosophique de l'émanation des degrés hiérarchisés de l'être.

De telles opérations spéculatives ne seraient que procédés et rafistolages si elles ne s'accompagnaient d'une réforme profonde du statut même de la religion. Si l'activité théorétique du philosophe est, à ses propres yeux, responsable d'un dessein religieux, c'est qu'elle présuppose le partage entre religion exotérique et religion ésotérique. Le couple de ces concepts agit à la façon d'un principe caché dans la constitution des philosophies islamiques. Or, il ne s'agit pas de concepts philosophiques, mais de concepts apparus dans le domaine de l'exégèse coranique. L'exotérique (*al-zâhir*) est « l'apparent », il désigne le sens obvie, le sens évident du texte révélé. Il désigne tout sens qui se révèle, se manifeste, vient au grand jour. L'ésotérique (*al-bâtin*) est «ce qui se cache», «ce qui est intérieur». Il désigne ce qui n'apparaît pas, ou n'apparaît pas encore, ou exige une forme d'apparition pour paraître. L'exégèse (*al-ta'wîl*) fut un mode d'explication du Coran avant d'être une méthode philosophique. Elle est un dévoilement (*kashf*), une levée des voiles qui empêchent le caché de devenir l'apparent. Né de spéculations religieuses, le couple apparent/caché se fonde sur la méditation de deux noms divins, et il n'a rien qui concerne directement la logique des catégories ou le jugement démonstratif. Or, comme un invariant, comme un transcendantal, voici qu'il gouverne, en immanence, l'activité philosophique.

La méthode des philosophes est ésotérique en deux sens : ou bien elle est ésotérique parce qu'elle dévoile un certain sens caché, ou bien elle l'est parce qu'elle cache le plus important, la vérité qu'elle démontre, en laissant vivre de sa validité propre l'enseignement littéral du Coran et des *hadîths* sous ce que le philosophe considère comme autant de voiles, de symboles acceptables pour la communauté des croyants.

Dans les deux cas, les philosophes distinguent, dans les degrés du vrai, un niveau exotérique, que représente assez bien la religion révélée à tous, la *sharî'a*, et un niveau ésotérique, que désigne la sagesse des prophètes, la *hikma*. Et voici que cette *hikma* devient, sous leur autorité, le nom même de la philosophie. La définition de la philosophie est sous-tendue par un partage dont l'origine est une certaine lecture du couple *sharî'a/hikma* dans les versets coraniques où *al-hikma* figure. La sagesse devient savoir, la science prophétique devient science procurée, actualisée, présente dans l'intellect acquis. Les deux opérations, *dévoiler* et *dérober*, sont liées. La vérité (*al-haqîqa*) est la réalité cachée qui attend d'être dépouillée de ses voiles par l'opération qui part des sens, passe par l'imagination et aboutit à l'intelligence. Lorsqu'elle se dévoile, elle exige d'être celée aux yeux qui ne peuvent en supporter l'éclat.

La religion exotérique est communément désignée par l'expression *al-sharî'a*, qui désigne la part explicite et littérale du message prophétique (*risâla*). La *sharî'a* désigne plus spécialement la somme des commandements divins qui s'imposent à l'ensemble des hommes. La *sharî'a* est la voie droite, le gouvernement des hommes par la parole divine. Elle n'est pas seulement une somme de connaissances révélées, mais elle est aussi l'instrument de la vie morale et de la vie sociale. Sa finalité est pratique et non pas théorique.

La religion ésotérique, quant à elle, peut se dire de deux façons : *al-hikma* et *al-dîn*. *Al-dîn*, c'est la religion intérieure, la religion secrète, éventuellement la religion cachée et véritable. Le terme prend un sens particulier chez les shî'ites, pour désigner alors le contenu de la *walâya*, ou mission dévolue aux Imâms. Il renvoie à tout un complexe d'idées gnostiques, herméneutiques, ésotériques ou messianiques[45]. Pour les shî'ites, l'enseignement divin ne cesse pas lorsque cesse l'énonciation littérale et obvie de la prophétie, lorsque le discours prophétique est clos. Chaque prophète a pour compagnon et successeur un ou plusieurs Imâms (guides) chargés, entre autres choses, d'enseigner l'ésotérique de la religion littérale, *al-dîn*, vérité cachée qui est un dépôt éternel confié à l'homme choisi par Dieu. Cette vérité se conserve dans la série des religions exotériques, dans les messages prophétiques successifs. Ainsi Aaron fut l'Imâm de Moïse et

'Alî ibn Abî Tâlib le premier des Imâms qui enseignent la vérité ésotérique de la *sharî'a* muhammadienne. La philosophie substituera l'intelligence et
ses modes à la science initiatique et ses symboles, tout
en intégrant à sa vocation propre la structure formée
par les couples de termes solidaires *al-zâhir/al-bâtin*,
al-sharî'a/al-dîn.

Il n'est nullement besoin d'être shî'ite pour adopter
une telle configuration théorique, mais il se pourrait
que la prédilection de l'islam shî'ite pour l'activité
philosophique s'expliquât par le fait que les shî'ites
ont eu le sentiment de reprendre leur bien dans le
trésor de la philosophie. L'exercice de l'exégèse philosophique et mystique du Coran chez les philosophes shî'ites place l'activité démonstrative dans
l'ensemble des modes d'exégèse rationnelle dont ils
ont adopté le style, après avoir d'abord concentré
leurs efforts dans le savoir des traditions.

Si l'on situe cette inflexion du shî'isme duodécimain à l'époque des Bouyides (334/945-447/1055)
sous le califat abbasside, comme le fait Mohammad-
Ali Amir-Moezzi[46], il est permis de faire l'hypothèse
suivante: le développement éclatant de la philosophie à Bagdad, dans le Khorasan, dans l'Orient
musulman, doit quelque chose à la pratique exégétique rationnelle du shî'isme, même si la philosophie
pense selon ses propres normes. Il n'est pas indifférent que Fârâbî, qui vécut à Bagdad au temps de
l'occultation mineure du XIIe Imâm vénéré par les
shî'ites qui deviendront les « duodécimains », construise
une doctrine du Guide, du philosophe nomothète soutenue par une ontologie et une cosmologie aristotéliciennes, réalise une œuvre platonicienne nourrie
d'Aristote, face aux prétentions des shî'ites ismaéliens triomphant au Caire et menaçant l'empire abbasside. Lui-même était-il shî'ite? Richard Walzer le

pensait[47]. Au xviiᵉ siècle, un philosophe duodécimain, Mullâ Sadrâ, l'affirmait. Il est aujourd'hui mis
en doute qu'il le fût. Mais il suffit que l'imaginaire se
représente l'enseignant philosophe, le maître al-
Fârâbî, sous les traits d'un shî'ite, qu'il le fût ou non,
pour que le sens de la philosophie soit par là-même
pointé. Qu'Avicenne ne soit pas shî'ite au sens « confes-
sionnel » du terme, et qu'il écrive pour substituer la
guérison philosophique de l'âme humaine à la sotériologie messianique shî'ite, n'interdit pas de penser
que sa formation initiale, ismaélienne, lui fournit la
donnée immédiate d'une religion ésotérique distincte
de la religion exotérique. Je ferais volontiers l'hypothèse d'une forme discrète de coquetterie sceptique
avec un shî'isme modéré, transformé en ésotérisme
philosophique, dans l'esprit rationalisant qui s'installe alors dans l'intelligentsia hostile à l'ismaélisme
extrémiste. L'avicennisme — l'influence normative
de la logique d'Avicenne — ne sera-t-il pas le grand
véhicule de la neutralisation des conflits théologiques entre courants divers de l'islam, sur une base
qui pourrait être le legs imamite modéré? Il sera le
point de rencontre des divers torrents spéculatifs
dont il aidera à apaiser le cours.

La philosophie (*al-hikma*) emprunte son nom à la
sagesse des prophètes. Elle a une fonction ésotérique
lorsqu'elle désigne éminemment la science des choses
divines, *al-ilâhiyyât*. Dans le système avicennien, la
science des choses divines occupe la place de la philosophie *première* et devient synonyme de *métaphysique*. Or, la métaphysique a une finalité différente
de celle des sciences morales et politiques. Sur ce
point capital, on sait que Leo Strauss s'est séparé de
Julius Guttmann. Il s'appuie sur des textes précis de
Fârâbî, d'Avicenne et d'Averroès. Il s'appuie aussi
bien sur l'interprétation de l'œuvre de Maïmonide.

Mais il ne peut faire que la philosophie théorétique ne soit destinée à convaincre celui qui l'exerce de l'excellence et de la nécessité d'un salut spirituel. Dans sa lecture de Maïmonide, Julius Guttmann trouve argument pour soutenir que «Maïmonide ne considérait pas la loi politique comme le but unique de la révélation divine et, en cela aussi, il était influencé par ses prédécesseurs islamiques». «La fin dernière, écrit-il, de la Tora est la fin spirituelle, la première [la fin politique] n'ayant qu'une fonction de propédeutique.»[48]

Or, cette distinction entre la Loi de la communauté, assimilée à la *sharî'a*, et la Loi spirituelle, assimilée à la philosophie, joue un rôle croissant dans l'élaboration des systèmes philosophiques en islam. La Loi spirituelle pourrait bien être le contenu que les philosophes ont fini par donner à la «sagesse» prophétique, réalisée par la métaphysique, comme à la «religion» vraie.

Ils ne sont pas seuls à le faire. Si le plus grand théoricien du soufisme, Ibn 'Arabî, a donné un contenu spéculatif à ses exégèses coraniques, n'est-ce pas en vertu d'une conception de la «sagesse» qu'il partage, peu ou prou, avec les philosophes métaphysiciens, même s'il se déprend de la philosophie en renouant avec les problèmes centraux du *Kalâm*?

Dans son explicitation du lexique d'Ibn 'Arabî, 'Abd al-Razzâq al-Kâshânî définit ainsi la *hikma* : «l'étude des aspects cachés des choses et la connexion des causes avec leurs principes causateurs, la connaissance de ce qu'implique ce qui est nécessaire, par les conditions qui sont nécessaires»[49]. On ne saurait mieux définir la métaphysique. Cet auteur hiérarchise quatre niveaux de la *hikma*. Il ne se contente pas d'un schéma binaire, opposant la *sharî'a* et la *hikma*, mais il intègre la *sharî'a* à la *hikma*, en faisant de la première un des degrés de la seconde.

Les quatre degrés sont celui de la *sagesse totalisatrice*, qui enveloppe tous les autres, celui de la *sagesse explicite*, correspondant à la *sharî'a*, celui de la *sagesse silencieuse*, correspondant à l'eschatologie, à la vie future (et l'on remarquera que ces vérités ne relèvent pas de la *sharî'a*), la *sagesse cachée* («*ignorée*», portant sur le détail exégétique des révélations du monde caché). Or, si l'essentiel de la Loi divine se trouve dans les vérités eschatologiques, comment ne pas penser que l'ésotérique de la Loi, uni en une commune hiérarchie avec son exotérique, acquiert une dignité supérieure? Il est patent que le vocable qui désignera la métaphysique pleinement accomplie, unie à une expérience vécue, *al-'irfân*, provient du lexique du soufisme.

Le même auteur, al-Kâshânî, hiérarchise cinq degrés de la science (*'ilm*)[50] : la science de la *sharî'a*, «science à laquelle se rattache le perfectionnement des caractères corporels, tels que les actions, les paroles et leurs concomitants et l'embellissement de leurs caractéristiques, comme la prière, l'aumône, le jeûne, les diverses espèces de récitation [des noms divins] et les autres choses se rattachant aux conduites corporelles»; la science de la méthode de réalisation spirituelle (*tarîqa*), «attachée au perfectionnement des caractères psychiques et spirituels, à la conduite spirituelle : le repentir, la crainte de Dieu, l'ascèse, l'examen de conscience, le contrôle de soi, l'abandon à Dieu, le contentement, la soumission et autres pratiques semblables, cela dans l'équilibre juste des mœurs et la connaissance des fléaux de l'âme»; la science de la vérité (*haqîqa*), «connaissance du Réel divin, de ses noms les plus beaux et de ses attributs supérieurs » ; la science de la certitude (*yaqîn*), science « de ce qui provient de la démonstration probatoire » ; la science de l'*irfân*, enfin, science du dévoilement, science intuitive (*'ilm ladunî*), telle qu'il n'y ait plus de voile entre la connaissance et le mystère divin[51].

Les métaphysiciens se distinguent des adeptes du soufisme spéculatif en ce qu'ils déduisent de cette dignité suprême de l'*irfân* une conséquence : la science intellective des choses divines n'est pas seulement supérieure, mais elle a ses propres normes, celle de la science démonstrative, conduisant à une perception directe, à un témoignage surnaturel que seuls ceux qui sont doués d'une vivacité intense de l'intellect convertissent en science intuitive. Divergeant des soufis quant à la suffisance ou à l'insuffisance de la connaissance rationnelle, les philosophes n'en sont pas moins persuadés que le salut, la vie future, est conditionné par cette connaissance suprême.

Au terme de l'ouvrage où il résume, de façon organique, les enseignements de son maître Avicenne, le péripatéticien Bahmanyâr consacre quelques pages à la résurrection, au « retour » de l'âme à Dieu. C'est pour affirmer sans réserve que la connaissance (*ma'rifa*) est la condition suffisante et nécessaire de la joie et du plaisir suprasensibles, et que cette connaissance pleine et entière culmine en celle de Dieu, de ses attributs et de son essence située « au-delà de la perfection »[52].

Tant que nous cherchons ce qu'est la philosophie en islam sans tenir compte du prédicat *islamique*, nous sommes renvoyés à sa diversité contingente. En revanche, si nous plaçons le prédicat en position de sujet, si *l'islam philosophique* anime le mouvement spéculatif de la philosophie, quelle que soit la diversité de ses styles, alors sa nécessité et son originalité se font jour. Ce n'est point dire que la présence constante et endurante des Grecs ne lui soit rien d'essentiel. Bien au contraire, sans les Grecs, sans les catégories et les modèles de vie qu'ils ont conçus, il n'y aurait pas une page de philosophie islamique. Mais ces modèles et ces catégories doivent être situés dans l'horizon qui configure leur adoption, celui de la profession de foi monothéiste, telle que l'islam l'entend. Donner un sens *philosophique* à la profession de foi — « Il n'y a pas de dieu sinon Dieu et Muhammad est le Messager de Dieu » —, et surtout à la brève et décisive sourate *al-ikhlâs*, « Dis : Lui, Dieu, Un, Dieu l'Impénétrable ! Il n'engendre pas Il n'est pas engendré, nul n'est égal à Lui » (112 : 1-4), c'est soutenir les droits d'une autorité, celle du philosophe, du *faylasûf*, du *hakîm*, du *'ârif*, face à d'autres autorités. Ces termes désignent, respectivement, le « philosophe » appartenant à des écoles de pensée très précises, fidèles au programme hellénistique, celles des *falâsifa* — le « sage et savant » qui harmonise religion révélée et philosophie —, le « savant intégral », dont l'activité spéculative culmine en un amour intellectuel et spirituel de Dieu.

L'idéal du philosophe est de penser *justement* ce que la prophétie révèle, conformément à un idéal de vérité dont la stabilité est celle-là même de Dieu. Le philosophe, en islam, est l'image mobile de l'éternité. La seule rupture, rupture décisive il est vrai, avec ce que nous nommons le monde antique est celle que produit la religion du Livre. L'inflexion majeure que les temps modernes imposent est tardive, exogène, et ne modifie pas le programme de la philosophie islamique : elle institue un divorce entre son exercice et les réquisits de la science ou de la politique, mais non pas une mutation intérieure, telle que furent, en Occident, la philosophie du rationalisme de l'Âge classique, l'empirisme ou la révolution critique. N'ayant pas le statut de notre philosophie médiévale, la philosophie islamique n'a jamais cessé d'être *comparable* à ce qu'est, pour les Modernes, la philosophie médiévale. En son mouvement d'approfondissement sans extériorité, elle n'a jamais cessé d'être «médiévale», alors qu'elle ne s'était jamais conçue en ces termes. Elle ne s'est jamais posé la question de sa refondation, du moins jusqu'à ce que les philosophies européennes ne fassent irruption en terre d'islam.

LA FORME JURIDIQUE DE LA RAISON

La philosophie islamique ne se soumet pas à une représentation qui nous est familière, celle de l'allégeance de la philosophie à la théologie. Elle n'entre pas en un «conflit des facultés» qui serait provoqué par l'existence d'un magistère dominant, que l'islam ne reconnaît pas sous la forme ecclésiale. S'il n'est pas de tel magistère, il n'y aura pas lieu d'attendre que la philosophie conquière son indépendance, du moins sous une forme semblable à celle que l'histoire de la philosophie européenne a connue au siècle des Lumières. Les conflits entre philosophie et tradition, autorité juridique ou théologique seront d'une autre nature. La philosophie n'est pas la servante de la théologie, elle ne cherche pas davantage à s'en «libérer» parce qu'elle est la *véritable* théologie, en devenant la véritable ontologie. Le philosophe entre en conflit avec le théologien du *Kalâm*, avec le traditionniste ou le juriste, car il ambitionne de concevoir, mieux que ces savants ne le font, la théodicée

dont la révélation coranique exige l'édification rationnelle.

Transmise aux prophètes par révélation[53], la
« sagesse divine » ne préparait pas les fidèles de l'islam
à préférer l'activité spéculative. Des notions aussi
générales que la « connaissance » (*'ilm*) ou la « compréhension » (*'aql*) sont présentes dans le Coran,
mais elles ne désignent pas la raison discursive. Elles
restent liées à la notion de « révélation ». Quant aux
premières élaborations théoriques que connut le
monde islamique, leur origine se trouve dans les
conflits théologiques et politiques qui se développè-
rent sous le califat omeyyade, et dans la mise en
place du pouvoir judiciaire[54]. Il ne s'agit pas de
contemplation, mais d'*action*.

Faut-il définir la communauté musulmane comme
une « société morale »[55] ? Sans doute. Qu'il s'agisse
des devoirs envers Dieu ou des devoirs envers les
hommes, les normes de la *sharî'a* fixées par les
légistes sont des traductions juridictionnelles de propriétés morales, de valeurs éthiques et religieuses.
La *sharî'a* est la manifestation de la *hikma*, de la
sagesse cachée, qui est son origine et sa fin.

Shâfi'î, en sa *Risâla fî 'usûl al-fiqh*[56], soutient que
le Coran a pour centre les articulations juridiques de
la Loi divine[57]. Ces « statuts divins » sont le contenu
de la sagesse, et cette sagesse toute juridictionnelle
est l'illumination du cœur du fidèle. Le pacte d'adoration qui lie le serviteur humain à son Seigneur est
le respect d'obligations, de dévotions instituées par
la lettre coranique, parmi lesquelles Shâfi'î place
l'effort de recherche. Comment appliquer la Loi aux
cas empiriques ? Ce problème, les philosophes le
remplaceront par celui qu'ils emprunteront à Aristote, problème qu'ils résoudront selon la relation,
interne à la justice, entre les normes universelles et

l'équité du jugement particulier. Rien de tel dans les normes juridiques. La sagesse n'y est pas une réflexion éthique mais la soumission raisonnée à une obligation. Le juriste est celui qui énonce l'explicitation de cette obligation. Shâfi'î investit le juriste de l'autorité herméneutique, de la connaissance de la *sunna* du Prophète et de la pratique de l'effort d'induction rationnelle, de l'*ijtihâd*. La *sharî'a*, fixée par les «statuts» de la jurisprudence est devenue le fondement de la sagesse, sans que la sagesse déborde les statuts juridiques.

Que la sagesse révélée soit faite d'obligations renforce le sens juridique de la norme. Réciproquement, que les normes soient l'effet des décisions divines et les devoirs autant de prescriptions particulières, ne nous éloigne pas de la morale coranique. Rien ici qui ressemble à une déduction syllogistique reposant sur une majeure universelle et neutre. Entre la jurisprudence et les conseils moraux, il n'y a pas rupture de style, mais transition, en un sens comme en l'autre. Depuis la vérité morale et ses normes jusqu'à l'obligation, depuis l'obligation jusqu'à la norme. La norme, fondée par la décision, n'est pas la loi universelle de la raison pratique, mais l'expression de la volonté et de la sagesse de Dieu.

Le juriste aura accès au sens vrai, mieux que d'autres, plus légitimement que d'autres. Il sera fidèle à l'intention prescriptive du Livre et de la Loi. Pour mesurer l'étendue d'un tel pouvoir sur le texte, rappelons que les versets coraniques qui énoncent *littéralement* des obligations cultuelles, de droit privé, de droit des gens, ou de droit pénal sont en petit nombre, quatre-vingts environ[58], ce qui est peu en comparaison de la grande quantité de versets qui sont consacrés aux récits prophétiques, aux révélations eschatologiques, aux qualifications de Dieu, etc. Or, le juriste étend inévitablement son domaine d'interprétation à l'ensemble du Livre.

Faut-il penser qu'une telle prise de pouvoir par le savant juriste, qui sanctionne la naissance d'une des plus solides configurations de la religion musulmane, n'est pas un coup de force, mais une nécessité intrinsèque de l'autorité religieuse ? Il n'y a pas de religion sans rituel, et sans «ritualité». Or, la ritualité des actions n'est pas une propriété intellectuelle ou morale, mais la sacralisation des actes licites, recommandés ou obligatoires, la condamnation des actes interdits, au point aveugle de l'union de l'âme et du corps. Il convient de dire, avec Mohammed Hocine Benkheira, que «la religion ne peut pas ne pas être avant tout, un dressage des corps»[59]. La norme s'inscrit dans le corps du fidèle.

LA FORME THÉOLOGIQUE DE LA RAISON

La raison se coule d'abord en la forme juridique et, de là, elle en vient à prendre une forme théologique. Elle se libère du style traditionnel des *hadîths*, des *akhbâr* ou paroles inspirées. Elle s'en détache tout en les respectant et en confirmant ses propres déductions par ces garanties de vérité. On aurait tort de penser que la prévalence accordée à la raison, à la puissance de l'intellect fut exclusivement, originairement ou principalement le fait des philosophes. Il faut reconnaître un temps d'avance aux *mutakallimûn*, les «théologiens rationalistes» de l'islam.

Les fondateurs du *Kalâm* mu'tazilite, leurs continuateurs immédiats sont ou antérieurs aux premiers efforts de la *falsafa*, ou leurs contemporains. Wâsil ibn 'Atâ' est mort en 131/748, Abû l-Hudhayl al-'Allaf est mort en 235/849. Lorsque Ibn Sînâ rédigera les sommes philosophiques qui seront le plus haut résultat de l'esprit encyclopédique de la *falsafa*, près d'un siècle se sera écoulé depuis la mort de Abû Hâshim al-Jubbâ'î (m. 321/933). Le grand tournant de la pensée du *Kalâm*, le tournant ash'arite, a lieu tandis que la *falsafa* construit ses premiers grands systèmes : Abû l-Hasan al-Ash'arî meurt en 324/935, al-Baqillânî (m. 403/1013) et al-Baghdâdî (429/1037) sont du temps même d'Ibn Sînâ, qui aura pour autre grand contemporain le cadi mu'tazilite 'Abd al-Jabbar (m. 415/1025).

Cette « théologie rationnelle » est une élaboration exégétique qui se parachève en thèses d'allure inductive — sur l'unité de Dieu, la liberté de l'homme, la nécessité ou la contingence des lois de la nature, la réalité des corps, etc., et elle est un usage de la controverse, de l'intervention dogmatique publique, de la décision théologico-politique. La disputation publique (*munâzara*) est une pratique que les *mutakallimûn* ont valorisée et vulgarisée.

Reconnaissons que les problèmes qui justifient, pour ceux qui sont instruits par Descartes ou Leibniz, l'existence de la philosophie se trouvent être ceux que pose et traite d'abord le *Kalâm*. Le conflit entre le libre arbitre et le décret divin ne conditionne-t-il pas la compréhension de la question qui tourmente la raison humaine, laquelle ne renonce pas à la liberté de la volonté, source de la responsabilité morale, et ne peut que constater la nécessité de ce qui advient dans le monde ? Pour des raisons qui n'ont rien de philosophique, mais qui sont politiques et religieuses, le débat entre partisans et adversaires du libre arbitre fait rage, au sein du *Kalâm*, depuis les premiers qadarites jusqu'aux écoles mu'tazilites et ash'arites.

Les solutions proposées de part et d'autre sont aussi ingénieuses qu'irréfutables[60]. S'il est vrai que la raison est la faculté des Idées qui s'élève à l'inconditionné, c'est dans l'espace du *Kalâm* que la raison éprouve la dialectique du vrai. L'essence de Dieu a-t-elle des attributs? Sont-ils distincts de l'essence? Le monde a-t-il un commencement dans le temps? L'âme est-elle matérielle? Sommes-nous les auteurs de nos actes? Au total, les quatre Idées de la raison que Kant identifiera, sur les bases de la théologie médiévale, sont les foyers générateurs des principaux problèmes rationnels du *Kalâm*[61]. Il est assez piquant de constater que l'ordre des raisons suivi par Avicenne en son système aborde les quatre grands domaines des Idées, l'âme humaine, la liberté, le monde et Dieu, au gré d'un parcours qui les disperse et les dissimule dans les disciplines de la physique et de la métaphysique, sans qu'ils soient conçus comme des sujets ou problèmes originaires.

Nous ne craignons pas de dire que le *Kalâm* est plus près de l'essence de la métaphysique, telle qu'elle se dégage de la critique moderne de la raison, que ne le fait la métaphysique péripatéticienne des *falâsifa* de l'islam. Majid Fakhry a bien vu cet intérêt théorique et pratique de la dialectique du *Kalâm* en quelques pages denses de son *Histoire de la philosophie islamique*[62]. Louis Gardet soutient qu'il n'existe pas en islam de «science religieuse constituée» qui soit un équivalent strict de la théologie chrétienne intelligence de la foi[63]. Il voit les efforts de l'intellection dispersés dans plusieurs disciplines, de la jurisprudence au *Kalâm*. Ce qui ne l'empêche pas de consacrer plusieurs centaines de pages à l'exposé de ce qu'il faudrait se décider à nommer autrement que «théologie islamique», puisque la philosophie, elle aussi, sera théologie et théologie islamique.

Les affirmations de Louis Gardet sont parfois reproduites sans nuance par ceux qui voient en cette prétendue absence de théologie une caractéristique de l'islam. Or, ce que Gardet disait était plus subtil et plus juste. Pour nous en tenir au rapport de la philosophie et du *Kalâm*, Louis Gardet nous met sur la voie où nous pouvons comprendre que la théologie, entendue au sens de « science religieuse » ou de « philosophie de la religion » s'est bel et bien développée dans des disciplines distinctes, le droit, le *Kalâm*, la philosophie. Le *Kalâm* a une position centrale. C'est lui qui assume les questions rationnelles les plus hautes. L'activité philosophique rejoint ces questions, ces interrogations, en partant de la codification du langage et de l'analyse du monde physique. L'unification de l'examen théologique et de l'examen philosophique des questions de Dieu, du monde, de l'homme, de la liberté sera le résultat d'un long processus historique, où la philosophie reçoit *progressivement* les questions du *Kalâm*. Trois moments nous semblent avoir une importance majeure dans ce processus : la réfutation des objections de Ghazâlî par Averroès (xiie siècle), les synthèses philosophiques nées de la méditation d'Ibn 'Arabî dans l'islam oriental (xiiie-xviie siècle), et l'œuvre du mathématicien, astronome, homme politique, philosophe avicennien et praticien du *Kalâm* Nasîr al-Dîn Tûsî (xiiie siècle).

La raison théologique est une raison discursive et elle est une raison éloquente, tournée vers l'extérieur, vers l'espace public : « Le mysticisme se limitait à cette époque au contact intime entre maître et disciple. La philosophie et les sciences grecques furent enseignées à la maison. La théologie, au contraire, favorisait, dès ses origines et en raison de son caractère apologétique, la pratique du débat public qui attirait les curieux et provoquait l'émotion. »[64] Avocat de sa propre cause qu'il identifie à la cause de Dieu, le théologien est un rhéteur autant qu'un dialecticien. Jean Jolivet rapproche les procédés du *Kalâm* des formes d'argumentation que l'on trouve dans le corpus paulinien — le dilemme, la conversion, la preuve par négation du contraire, l'analogie — toutes preuves qui n'ont pas la forme du syllogisme catégorique[65].

LA FORME PHILOSOPHIQUE DE LA RAISON

La philosophie s'imposa la tâche de parfaire, concurrencer et remplacer la dialectique du *Kalâm*. Elle resta «à la maison», dans l'ésotérisme, en une sage réserve, pour mieux réformer les esprits. La figure *philosophique* de la rationalité n'en fut pas moins adoptée sous l'impulsion d'exigences théologiques, pour soumettre les notions de morale à la conception aristotélicienne de la vie active, pour parfaire et modifier le travail des grammairiens selon l'ambition logicienne d'un art oratoire gouverné par les catégories de pensée, homologues des catégories de l'existant, pour rationaliser la politique selon une typologie platonicienne des cités, pour connaître la structure des mondes créés selon l'ordre des trois degrés de l'être que le néoplatonisme adopte. Cela, non certes pour orienter le grand nombre ; non plus pour instruire *directement* le pouvoir califal, mais pour former une élite de savants. Non comme un art de persuader, mais comme une juridiction catégorique qui fût un enseignement réservé.

La raison philosophique serait une raison secrète et réticente, tandis que la raison des controversistes, des *mutakallimûn*, serait une raison optimiste vivant au grand jour. Ce jugement, globalement exact, doit être nuancé, si l'on tient compte de l'apport décisif de la philosophie dans le domaine de la logique. La logique péripatéticienne comprend, entre autres, la poétique et la rhétorique. La rhétorique, utile dans l'art de gouverner, est une science tournée vers l'extérieur, même si elle est remise entre les mains des savants qui guident les princes.

L'art traditionnel de l'éloquence (*'ilm al-balâgha*) est jugé insuffisant par Averroès, en son *Commentaire moyen* à la *Rhétorique* d'Aristote, parce que cet art ne dispose pas de la syllogistique rhétorique, des modes d'argumentations qu'Aristote a regroupés sous le chef de l'enthymème. Comme l'écrit Maroun Aouad, Averroès admet et étudie le pouvoir de tromper, légitime ou non, qui est au cœur de l'action du maître politique. Averroès, lecteur de Platon et d'Aristote, anticipe ainsi une conception de l'art politique qui le distingue, en sa définition, des obligations de la pensée morale ou théologique. Si nous comprenons bien les pages très instructives de Maroun Aouad, Averroès ne serait guère éloigné des doctrines plus proches de nous (on songe au «moment machiavélien»). C'est que «la persuasion mise en avant dans la définition de la rhétorique est la conviction populaire et, pour obtenir celle-ci, il faut s'appuyer sur des raisonnements établissant l'objet même du discours, mais on peut aussi se servir additionnellement, pour préparer le terrain, à des procédés extérieurs à cet établissement, tel que le recours aux passions et à des artifices de présentation»[66].

Sans doute, la discipline normative de l'art oratoire par la philosophie permet-elle de congédier les usages malencontreux de la parole publique, tels qu'on les rencontre à foison dans les régimes politiques imparfaits. Mais la normativité du discours public, de la politique telle qu'elle s'exerce en direction du peuple qu'il est indispensable de persuader, n'est pas la normalité et la rationalité du syllogisme démonstratif apodictique nécessaire au savant dans l'exercice théorique. Elle n'en repose pas moins sur une science politique, qui sait distinguer, du point de l'intellect, le régime politique excellent des autres formes de l'autorité, science qu'Averroès, que nous prenons pour exemple, exerce en son *Abrégé* de la *République* de Platon. Or, le meilleur régime repose sur l'exercice de la sagesse, de l'art de la guerre, de l'imagination, et, ajoute Averroès, de l'art oratoire. Cette synthèse de ce qui vient d'en haut, la sagesse, et de ce qui va vers le bas, la persuasion, dans l'esprit rigoureusement fidèle à Aristote, montre bien que la philosophie, si elle est, par nature, ésotérique, peut aussi avoir, de façon très précise, une finalité exotérique liée étroitement à sa destination politique[67].

La destination finale de la philosophie n'est pourtant pas d'éveiller l'opinion ou d'exprimer la libre disposition du pouvoir de faire un usage public de ses propres pensées, usage distinct de l'usage privé. La liberté de la pensée du philosophe s'énonce en des termes très différents de ceux que l'on rencontre depuis que la division du public et du privé a remplacé la division de l'ésotérique et de l'exotérique. Or, c'est la division *moderne* du public et du privé, division non moins tragique que celle que connaissaient nos auteurs, qui fonde la notion *moderne* de la liberté et de la responsabilité personnelle de la pensée.

C'est ainsi que dans l'esprit de l'*Aufklärung*, penser, c'est penser par soi-même, se délivrer de la tutelle des livres, des directeurs de conscience, des médecins, des maîtres. Cette revendication refuse tout préalable à l'exercice de la pensée, spécialement celui de l'enseignement théologique. Comme l'écrit Kant, «*penser par soi-même* signifie chercher la suprême pierre de touche de la vérité en soi-même (c'est-à-dire en sa propre raison); et la maxime de toujours penser par soi-même, c'est les *Lumières*»[68].

Une telle affirmation n'aurait aucun sens pour un métaphysicien de l'islam, parce que la norme du vrai n'est pas pour lui ce qu'elle est pour un homme des Lumières. Sans doute, distinguera-t-il la transmission des vérités prophétiques de l'activité de la raison, la *sharî'a* de la *hikma*. Mais l'intelligence qui régit l'activité rationnelle n'est pas «notre propre raison», elle est l'Intelligence divine éclairant l'intellect humain. Cette illumination fonde l'ésotérique de la sagesse, en un savoir distinct de l'art oratoire qui s'exerce dans la vie sociale et politique, même si la sagesse anime l'action gouvernementale et les formes exotériques de la vie pratique.

Entre l'obéissance à la *sharî'a* et l'intime étude de la *hikma*, on ne trouvera pas les contradictions que l'on rencontre, depuis l'*Aufklärung*, entre l'usage public, c'est-à-dire la production savante des fruits de son propre entendement, et l'usage privé de l'entendement dans l'exercice des fonctions civiles, soumis à la loi commune. Obéir à la *sharî'a*, à l'exotérique, conformément au commun des fidèles, ce n'est pas obéir à la loi commune dans l'exercice de ses fonctions. Produire publiquement les œuvres de sa propre réflexion et de son propre entendement, ce n'est pas faire œuvre ésotérique, œuvre de *hikma*. Les deux couples de termes opposés, exotérique/ésotérique, usage privé/usage public ne sont donc pas superposables, échangeables. Ils appartiennent à deux sphères étrangères l'une à l'autre. Nous ne sommes pas, en islam, en présence de la contradiction immanente aux Lumières, mais au cœur d'autres conflits ouverts ou latents : celui de l'obligation d'obéir au sens obvie du commandement et de l'exégèse de ce sens, celui de la lettre et de l'esprit.

Les philosophes de l'islam sont fidèles à un modèle de la connaissance intellective reçu des commentateurs d'Aristote[69]. La cohérence *métaphysique* d'une théorie *physique* de l'âme renforce une théorie de la connaissance que rien ne permet d'assimiler aux logiques de la représentation que nous trouvons dans les philosophies de l'entendement, de l'empirisme au criticisme. La notion centrale de « l'intellect agent » n'a pas été seulement l'enjeu de conflits d'interprétation de la plus grande importance historique, elle a soutenu une théologie de *l'autorité du savant* fondée sur une doctrine de la science divine, dépositaire des vérités éternelles intelligibles. La prévalence de l'intelligence est la clé des questions d'autorité tout autant que des questions de vérité. La théorie aristotélicienne de l'intelligence fonde une conception de l'activité philosophique éloignée des conceptions modernes de la liberté de pensée. Il ne s'agit pas d'opiner librement mais d'intelliger conformément à l'intelligence divine. La liberté de l'âme pensante s'assimile à la nécessité de la vérité éternelle. La science n'est pas la contingente et provisoire description des phénomènes, mais l'adéquation de l'intellect à la réalité effective. Or, il n'est de réalité qu'en Dieu, car les lois de la nature sont les productions effectives de la science et de la volonté de Dieu.

Ce n'est pas que le philosophe ait le sentiment d'aliéner sa liberté à la science divine, mais qu'il fonde sa liberté de pensée en sa proximité à l'intelligence divine, qui est la source de sa propre intelligence et la norme de sa liberté. Il n'a pas peur d'être privé de sa liberté de pensée, alors qu'il tient l'intelligence divine pour cause de son propre acte de connaître. Au contraire du champion de l'*Aufklärung*, le philosophe d'islam fait de cette reconnaissance de la lumière divine la condition de sa propre liberté. Il se donne pour tâche de reconnaître en cet Autre l'intime de soi. Il est impossible de projeter sur la raison islamique ignorant la contradiction qui animera les Lumières — celle du «penser par soi-même» et du «penser sous l'autorité de l'autre» — le problème des Lumières.

Leo Strauss a dit que la philosophie juive et islamique distinguait l'élite du commun des hommes, tandis que les Lumières se caractérisent par un constant appel à l'opinion publique, qui suppose l'existence d'un espace commun, universel, de pensée et de décision[70]. Sur ce point d'accord avec Henry Corbin, il accorde la plus grande importance à ce partage du commun et de l'élite, qui redouble celui de la *sharî'a* et de la *hikma*.

L'ésotérique se dit, par conséquent, en deux sens. En un sens, est ésotérique l'activité du philosophe, parce que celui-ci écrit de façon voilée, cryptée, pour cacher ce que la vérité a de subversif ou d'incompréhensible, de dangereux et de scandaleux pour les masses. Qu'il faille écrire sous la menace de la persécution, ou qu'il convienne de réserver la communication de la vérité la plus haute à ceux qui en sont capables, le philosophe doit respecter la discipline de l'arcane. En un deuxième sens, est ésotérique le discours qui interprète les données révélées ou les concepts rationnels en un ou plusieurs niveaux d'exégèse symbolique.

Il n'est pas nécessaire que l'ésotérisme, entendu au sens premier, s'accompagne toujours de l'ésotérisme entendu au sens second. Le philosophe doit réserver l'enseignement de son savoir à l'élite, parce qu'il l'a reçu de l'Intelligence divine par une préparation attentive de son intelligence, sans que, nécessairement, ce savoir soit une exégèse spirituelle, mystique ou qu'il s'intéresse à l'exégèse de la révélation littérale. La métaphysique d'Avicenne est ésotérique, car elle est réservée à l'élite des savants, sans être ésotérique au sens second du terme, au sens où elle enseignerait des vérités secrètes et des réalités mystiques. Mais il se peut faire que les deux sens de l'ésotérisme se condensent. Les récits avicenniens, les récits visionnaires de Sohravardî, pour ne citer que des exemples bien connus, sont doublement ésotériques : ils s'adressent à l'élite et ils sont des exercices, eux-mêmes voilés, de dévoilement du sens caché de l'expérience vécue par le sage à l'imitation du prophète inspiré. Le vrai savant est l'homme inspiré par la guidance divine qui réserve son savoir et le protège du commun, lequel est incapable de reconnaître cette guidance. Dans tous les cas de figure, l'ésotérisme de l'activité philosophique est une des propriétés essentielles de la connaissance, l'une de celles qui éloignent de façon radicale la liberté du philosophe d'islam de la liberté des Modernes.

Il en va ainsi parce que la discipline philosophique jugée la plus haute, la métaphysique, est tout ensemble indépendante des enseignements directs de la *sharî'a*, et liée à son contenu de sagesse prophétique. Elle ne dépend pas de la profession de foi pour concevoir l'être et établir l'existence du Principe, de l'Être nécessaire par soi. Mais passant par d'autres voies que la révélation, elle rejoint l'enseignement de la révélation. Elle est ce qu'elle est parce qu'elle est un mode distinct d'élaboration du *tawhîd* ou profession de foi monothéiste. Elle peut même devenir une philosophie *exégétique* en vertu du fait qu'elle est construction philosophique du *tawhîd*, état de fait qui la conduit à devenir exégèse de la *révélation*. Elle est une théologie philosophique parce qu'elle construit une théodicée qui développe les effets intelligibles de l'unité divine dans le règne de la nature, dans les lois du langage et dans le monde de l'esprit, la vie morale, la vie politique et l'eschatologie.

Si la philosophie, en islam, est à la fois distincte et inséparable de la révélation prophétique, doit-on encore parler de *philosophie*? Henry Corbin n'écrivait-il pas que ce terme «est inadéquat à l'objet visé ici, si l'on entend ce terme strictement au sens qu'il a pris en Occident moderne »[71]? C'est toute la question posée par le lexique des philosophes. Les concepts des philosophes de l'Europe moderne ne sont pas ceux dont usent les philosophes en terre d'islam. On ne peut traduire uniformément *al-'aql* par «l'entendement», ou «l'intellect», moins encore par «la raison». «*"Hikmat"* n'est exactement ni *théologie* ni *philosophie*, mais — écrit Corbin — est plus proche de *théosophie*: *hakîm ilâhi* transpose le grec *theosophos*. Lorsque Sohravardî en une vision mentale interroge Aristote sur les *Falâsifat al-Islâm*, cela ne veut pas dire pour autant "philosophes musulmans". C'est d'ailleurs pour s'entendre dire que pas un n'approche de Platon d'un degré sur mille.»[72] Or, il nous faut observer que le terme *théosophie* n'est pas moins homonymique que *sagesse* ou *théologie*. Détaché de son étymologie, *hikma ilâhiyya*, strict équivalent de *theosophia*, devient un vocable obscur et confus. Les mots si souvent usités pour traduire des notions fondamentales, *gnose* pour *'irfân*, par exemple, entraînent dans leur sillage bien des malentendus. Ils ne prennent un sens distinct que dans le contexte conceptuel des interprétations. Lorsque Henry Corbin ou Gershom Scholem parlent de la «gnose islamique» ou de la «gnose juive», aucune confusion n'est permise.

Quand ces termes sont utilisés avec moins de précaution, ils suggèrent plus qu'ils n'éclairent. Le lexique technique de la philosophie ne se traduit pas de façon univoque, et cela quand il s'agit de désigner la philosophie elle-même.

Il est remarquable que Henry Corbin cite *à ce propos* le contenu du rêve de Sohravardî, ce rêve où Aristote révèle au philosophe *ishrâqî* que la vérité se trouve chez Platon. Qui est ici Platon ? Un sage grec, qui a connu et enseigné la « sagesse orientale », celle-là même que Sohravardî trouve dans l'hermétisme, chez les sages de l'ancienne Perse ou chez les sept sages de la Grèce.

Le partage entre la connaissance dialectique et démonstrative et la connaissance directe de l'être joue un rôle majeur dans la conception que Henry Corbin se donne de la philosophie islamique. Ce partage existe, mais, à notre sens, il gouverne le cours de la philosophie islamique en une dialectique immanente à la raison. Une telle dialectique n'est pas l'opposition abstraite d'une « théosophie » et d'une « métaphysique rationnelle ». Il faut saisir, en un seul et même mouvement, les moments que sont l'élaboration démonstrative des thèses, leur discussion dialectique et polémique, leur élévation au degré d'une expérience directe et d'une saisie intuitive, culminant en l'exégèse de la révélation. Ces moments sont les degrés d'une ascension et non les termes d'une opposition. Henry Corbin en avait conscience, mais il a souvent donné le sentiment de *séparer* et d'*opposer* ce qu'il faut *distinguer* et *hiérarchiser*.

Dans l'expérience vécue d'un lettré, amateur de philosophie en terre d'islam, les œuvres dites « littéraires » (l'*adab*), ou « spirituelles » (le *tasawwuf*), les traditions prophétiques ou imamites (*hadîth*), les principes du droit (*'usûl al-fiqh*) et la controverse

(*kalâm*) sont inséparables de la méditation philosophique. Il serait impensable, pour ce lecteur, d'abstraire les leçons d'un raisonnement philosophique
de celles qu'il expérimente dans la récitation intérieure du poème ou dans la réminiscence d'une tradition du Prophète. Il faut toujours revenir à cette
expérience, où aucune frontière ne sépare le goût
silencieux et solitaire de la poésie de Rûmî et de
Hâfez de l'exégèse vécue dans le dialogue du maître
et du disciple, de la lecture partagée d'une page
d'Avicenne ou d'Ibn 'Arabî. Et cela précisément dans
les régions du monde musulman où la philosophie a
encore un sens. Pour ne prendre qu'un exemple, le
vocabulaire de l'*apparition*, ou celui de l'*extinction*
en Dieu, qui sont présents dans les conclusions de
certains ouvrages philosophiques, sont incompréhensibles, si l'on n'a pas en mémoire la survie des
thèmes hallâgiens en terre d'islam, ou l'apparition
de la beauté dans la poésie lyrique. Les schèmes de
l'histoire sont indissociables des récits épiques, les
références au Coran sont inséparables des multiples
scénographies que la tradition, sunnite ou shî'ite, a
douées d'une vie impérissable.

Les amateurs de beaux discours ne s'y trompent
pas. Ils savent quand la philosophie se tait pour laisser
place au poème ou au silence, quand elle atteint son
terme en ce qui n'a pas de terme. Telle est la frustra-
tion de celui qui lit avec patience les œuvres des philosophes, de ne pas connaître la satisfaction que le
poème ou l'expérience procurent. Il a le devoir de
l'assumer, ne serait-ce que pour laisser paraître,
dans l'espace où dire n'est plus loisible, l'essentiel.
En cela, le rêve de Sohravardî a bien la fonction de
modèle que Henry Corbin lui conférait. Aristote se
souvient de Platon, Platon a la nostalgie d'Homère,
et le philosophe aura la nostalgie de Hâfez.

DEUXIÈME PARTIE

LA SAGESSE ET L'ÉTERNITÉ

Chapitre III

LA SAGESSE
ET L'ART DE L'EXISTENCE

> ... Car, qu'est-ce qui nous accompagne,
> Et vraiment, quand la mort viendra, que
> reste-t-il?

VERLAINE, *Sagesse*, V.

AUX FRONTIÈRES
DE LA PHILOSOPHIE SYSTÉMATIQUE

Cependant que les disciplines religieuses se développaient, la sagesse ne prit pas d'abord la forme systématique que les *falâsifa* sauront lui donner, mais elle conserva le style de l'examen de soi et de l'art de l'existence, en instruisant la correction des façons de vivre. La littérature gnomique, faite de maximes, de sentences morales, de conseils de bonne conduite, apparut sous les Omeyyades. Avant que la philosophie n'emprunte sa doctrine de la vie vertueuse au péripatétisme et ne dérive l'obtention de la félicité de l'intelligence du bien véritable, certains arts de l'existence ont façonné les traits de la vie de sagesse. Les recueils de conseils, les apophtegmes paradoxaux des maîtres du soufisme s'ajoutent aux *hadîths* prophétiques et aux paroles des Imâms reconnus par les tenants des Alides, et ils enseignent la vie de sagesse.

À grands traits, disons que la philosophie systématique, c'est-à-dire le savoir de l'étant en général et des espèces particulières d'êtres, le savoir encyclopédique ou architectonique doit sa structure à l'adoption de plus en plus répandue, à partir du Xe siècle, du programme péripatéticien. Si le bonheur est la finalité de la vie philosophique, le bien qui dépend de notre volonté en est la composante principale. Or, ainsi que l'écrit Fârâbî, « le bonheur qu'intellige l'homme et qu'il connaît, c'est par l'intellect théorétique et nulle autre de ses facultés, cela lorsqu'il fait usage des premiers principes et des connaissances premières que lui offre l'intellect agent »[1].

L'éthique systématique suppose donc la constitution d'une métaphysique, comme l'intellect pratique suppose l'intellect théorétique acquis. Les expériences salvifiques ou mystiques elles-mêmes — qui excèdent les pouvoirs de l'intellect et de la pensée réflexive — seront unies étroitement à l'activité contemplative de l'intellect et n'auront d'autre objet que celui de l'intellect lui-même. « L'archange empourpré » (*'aql-e sorgh*) que la vision de Sohravardî perçoit dans la forme de l'ange n'en sera pas moins l'*intelligence* agente, se manifestant à l'imagination sous les couleurs de *pourpre* que la force intérieure du philosophe lui conférera.

Les sagesses des conseils, les maximes, les modèles de vie sont plus proches de l'art de l'existence et du souci de soi, thème où Pierre Hadot a reconnu le plus originel souci de la philosophie antique. Non moins que le prophète, avant que celui-ci ne philosophe par la bouche des philosophes, le sage est proche des philosophes antiques, et les *falâsifa* ne s'y tromperont pas, qui se voudront « les Modernes ».

Entre l'ancien et le moderne, tout un jeu de réversibilités, d'emprunts, d'échanges et d'opposition naîtra, qui nourrira la vie concrète de la philosophie islamique.

C'est qu'il en va, en philosophie islamique, à l'inverse du cours de la philosophie dans le monde antique, du moins tel que Pierre Hadot nous le fait connaître[2]. Dans l'antiquité païenne, la philosophie systématique aristotélicienne n'est que l'enseignement d'une école parmi d'autres, et les écoles les plus significatives sont, selon Pierre Hadot, celles qui font explicitement de la philosophie un art de vivre. Tel serait le courant dominant, le plus irrésistible de la philosophie antique. En islam, l'art de l'existence, sans jamais disparaître de l'horizon philosophique, n'en sera pas moins recouvert par la crue théologique et métaphysique, dont Aristote et le «Plotin arabe» — qui n'enseigne pas la seule «simplicité du regard» — seront les modèles majeurs. C'est pourquoi la forme de la philosophie islamique la plus attachée à donner un sens aux enseignements coraniques concernant le salut de l'homme et ses fins dernières, l'*irfân*, sera *d'abord* une science rigoureuse de l'étant en tant qu'étant, pour nourrir *ensuite* l'expérience d'une métamorphose de l'âme. L'exercice du souci de soi unira la science de l'âme et la connaissance de Dieu, de l'homme et du monde. Mille fois répété, «qui se connaît soi-même connaît son Seigneur» signifie que «se connaître soi-même» c'est voir «son Seigneur» dans le miroir de son âme, de son «soi», mais aussi que nul ne se connaît soi-même qui ne connaisse «son Seigneur». Affaire d'accent, d'inflexion, dira-t-on? Sans doute. Mais il convient d'emblée de noter cette réorientation du philosopher.

Commençons par l'art de vivre, tel qu'il perdure,

en marge de la philosophie systématique, jusqu'à nos jours, sans se confondre avec elle, comme une sorte de philosophie parallèle, plus vigoureuse que l'autre souvent, mais plus silencieuse parfois.

Depuis Kant, héritier d'Aristote et de Fârâbî, nous pensons que la moralité est le fait d'une bonne volonté, et que la maxime qui détermine la volonté doit être le fruit de la décision de notre raison pratique, selon une règle qui pourrait valoir comme principe d'une législation universelle. Or, la vie éthique, en cette littérature de sagesse, n'est pas construite selon des normes qui soient principes d'une *législation* universelle. La législation morale, lorsqu'elle est comme enveloppée par la législation civile et pénale, est le fait de la jurisprudence, non d'une médecine de l'âme qui se veut un art de vivre. Mais, si l'art de vivre se distingue des normes juridiques, il n'est pas étranger à une connaissance spirituelle qui réconcilie les sentences des Anciens avec les leçons de la religion intérieure. En tout cas, il n'est pas la conséquence d'une intelligence démonstrative ou d'une définition philosophique de la Loi. Ou bien l'art de vivre part du sage pour aboutir au sage, ou bien il en appelle au Dieu intérieur, au Dieu présent au cœur du fidèle, fort éloigné du prescripteur légalitaire. Cet art de vivre finira par se confondre avec les leçons morales du soufisme, comme en témoigne ce petit apologue que nous lisons dans le *Mathnavî* de Jalâl al-Dîn Rûmî.

Rûmî conte l'histoire que voici. Un vieil homme se plaignait auprès de son médecin de sa tête malade, de sa mauvaise vue, de ses douleurs de dos, de sa digestion paresseuse et d'essoufflement. Chacune de ses plaintes recevait une seule et même réponse du médecin : « C'est l'âge ! » Fatigué de ses geintes, le médecin tente de guérir son patient par un vigoureux rappel à l'ordre, une leçon de réalisme et de sagesse : « Imbécile que tu es, est-ce tout ce que tu as appris de la médecine ? Abruti que tu es, ton intelligence ne t'a-t-elle pas enseigné que Dieu porte remède à chaque souffrance ? Toi, âne stupide, tu es resté au sol, faute d'avoir le pied solide. »

Les soins spirituels procurés au sexagénaire ne se limitent pas à une leçon de résignation. Le médecin délivre à son patient l'interprétation du courroux, symptôme d'un mal moral bien pire que les maux dont il se plaint. Cette colère grincheuse a pour cause la vieillesse, tout comme les infirmités dont souffre son corps. Tandis que les facultés et les organes du corps se débilitaient, la maîtrise de soi et la patience se sont affaiblies. Bien sûr, notre homme n'entend pas la vérité. « Il n'endure pas deux mots, il pousse des cris, il ne supporte pas une gorgée, il vomit. » Le remède ne passe pas. Alors, Rûmî dessine, par contraste, les traits d'un vieillard endurant, doué d'une jeunesse éternelle : « En apparence, il est vieux, à l'intérieur il est un adolescent. » Ce jeune vieillard est celui qu'en persan on nomme *pîr*, en arabe *al-shaykh*, littéralement « le vieux » qui est « le sage ». Il est le *javânmard*, le « jeune mortel », *juvenis et mortuus*, — vocable qui désigne le combattant spirituel, le chevalier spirituel. Loin de ne pouvoir supporter une gorgée de remède, il est ivre du Réel divin et dans l'intime de son être, il y a un « bien vivre »[3].

L'expression « bien vivre » est une réminiscence du Coran (16 : 99) et elle est aussi l'héritage de la sagesse grecque. Selon Rûmî, la « vie bonne » est la vie exemplaire du prophète ou de l'ami de Dieu, vie abreuvée d'un savoir spirituel qui fait éclore, en celui qui la vit, « cent résurrections ». La science qui l'anime est certitude (*'elm-e yaqîn*), accès à la vérité cachée, la vérité voilée aux égarés, aux ignorants. Or, ce que

ces derniers ne voient pas n'est autre que la rétribution que chacun est en droit d'attendre. L'enfer ou le
paradis ne sont pas des choses extérieures, mais des
réalités intérieures. Le sage est celui qui sait que
«l'enfer et le paradis font partie de lui». De même, la
mosquée visible est le voile jeté sur la mosquée invisible, elle en est la métaphore, l'image (*majâz*). «Il
n'est de mosquée que dans les maîtres spirituels» et
«une mosquée qui est à l'intérieur des amis de Dieu
est un lieu de prosternation universel». Rûmî conclut:
«C'est là qu'est Dieu.»

Cet apologue résume l'essentiel d'une sagesse qui
est celle du maître spirituel. Dieu, la résurrection
résident, non à l'extérieur de l'homme, mais en lui,
ou plutôt ils se révèlent *dans* l'homme qui s'est élevé,
n'est pas resté au sol. Il «vit bien» parce qu'en lui
Dieu vit sa véritable présence. Le sage accompli, le
prophète, l'ami de Dieu ne sont pas tourmentés, car
ils se sont rendus aptes à devenir le temple de Dieu,
le lieu secret du culte authentique, de la liberté divine
réalisée. Le médecin enseigne à son malade que de la
maladie à la mort, le désespoir est faillite de l'âme en
cette quête de l'homme intérieur qui est le visage de
Dieu.

Il ne s'agit pas, dans cette parabole, de l'activité
philosophique telle que les *falâsifa* la décrivent, mais
de certitude spirituelle. Pourtant, il s'avère que l'ambition de la philosophie est comparable à celle du
sage, du *pîr*, puisqu'elle entend prodiguer à l'âme
une médecine qui lui procurera le vrai bonheur, le
«bien vivre». Mais elle le fait par d'autres voies que
celles de l'admonestation. Son point de départ n'est
pas indifférent, il consiste en la science de l'âme. Or,
en marge d'une science philosophique de l'âme qui
s'insère dans la philosophie systématique, nous avons
affaire, tout d'abord, à une sagesse qui ne s'appuie

pas sur une culture de l'intelligence, au sens aristotélicien du terme, mais sur autre mode de fonctionne-
ment de l'esprit, l'imitation.

L'imitation d'autorités morales et spirituelles confir-
mées favorise le changement du mode de vie, changement qui est la condition du futur perfectionnement
de soi. L'imitation peut être le résultat de l'écoute
d'un récit (*hikâya*). *Hikâya* signifie «histoire», «récit
historique», mais aussi «imitation». Il peut s'agir
aussi de la conformité obéissante à un illustre modèle,
ce que désigne le mot *taqlîd*. La morale mimétique se
trouve être celle de la littérature des conseils, celle
des paradoxes des soufis, celle des maîtres spirituels,
tandis que la morale systématique des vertus et des
perfections sera celle des philosophes péripatéticiens, où nul maître n'est objet d'imitation, nulle
conversion ne dépend d'une parole extérieure, mais
où l'intelligence se convertit seule au bien et à la
vertu, en une morale du bonheur, afin d'atteindre
par la raison spéculative la connaissance du souverain bien.

Après que les critiques de Ghazâlî auront mis en
pièces la morale des enseignements ou des imitations
comme la prétention philosophique à découvrir par
la seule force de la raison ce qu'il en est du bien vivre
et du salut, il faudra que les philosophes se confron-
tent aux enseignements de l'eschatologie islamique,
bâtissent une morale de la vie future, où, comme
firent les Stoïciens dans le monde antique, chacun
est responsable de la construction de son salut corporel et spirituel, qui désormais, en islam, sera dans
«la vie de résurrection».

Nous examinerons d'abord les traits généraux des
modèles d'imitation. Imiter un modèle de vie est un
art. La vie morale qui s'en inspire est ce que Michel

Foucault nomme une «esthétique de l'existence». La signification éthique de la conduite est belle et bonne ou laide et mauvaise.

L'IMITATION DES SAGES

Il n'est pas question d'interpréter le monde, encore moins de le transformer, mais de *se* transformer, en écoutant les paroles des sages, riches d'expérience. Il ne s'agit pas d'ascèse mais de bel agir, et chaque homme de condition libre, doué de *'aql* et de *'adl*, d'intelligence et de sens de la justice, doit pouvoir faire siennes les sentences de sagesse. Elles sont à la justesse du jugement ce que les intentions et les actions sont à la justice civile et pénale. Les fondations métaphysiques de la morale que sont les doctrines de la vertu ne seront possibles qu'après qu'aura été réalisé le travail d'importation massive de métaphysique d'Aristote, sous les Abbassides. Avant que les perfections de l'âme ne soient celles de l'éthique péripatéticienne, c'est la littérature gnomique qui fut la mémoire de la conscience morale.

De tels conseils, recueillis dans des cahiers personnels, un peu à la façon des recueils stoïciens des *hypomnémata*, n'étaient pas destinés à être rendus publics, mais servaient d'aide-mémoire à celui qui en prenait note. On disait «une sagesse» (*hikma*) pour désigner une maxime judicieusement choisie, et l'on était conscient du problème posé par la simple existence de recueils personnels où ces «sagesses» étaient recueillies. De quel droit prétendaient-elles rivaliser en dignité avec les maximes prophétiques, avérées par les traditionnistes?[4] Le conseil valait ce que valait son auteur et la renommée de l'auteur de conseils était celle de sa tribu ou de son clan. Le conseil de sagesse, utile à celui qui se le remémore et en fait usage pour son progrès personnel, se diffuse dans la communauté lettrée selon le prestige attribué aux « sages des Arabes » (*hukamâ' al-'arab*) dont les figures légendaires sont comparables à celles des « sages des Grecs » et des « sages de la Perse ». Cette culture morale adapte une forme ancienne de sagesse, étrangère à l'islam, à un cadre religieux nouveau.

Les « conseils » ne sont pas de simples avis. Les entendre, c'est comprendre un avertissement, les ignorer, c'est enfreindre une prescription ou transgresser une norme. Le conseil cache, sous l'apparence d'une leçon de l'expérience, tout un complexe d'idées religieuses, mythiques ou eschatologiques. Il en va comme des avis sentencieux que donnent certains interlocuteurs de Socrate, tel Céphale, ou comme des conseils recueillis dans les livres de sagesse mazdéenne.

Dans le *Dênkart*, qui s'adresse à des fidèles mazdéens sous domination musulmane, les « conseils » enseignant la Mesure reflètent l'ordre de la bonne *dên* (la bonne « religion »). Le conseil est chose grave, reflétant l'idéologie de la sagesse royale, illuminée par la Lumière de gloire d'Ohrmazd[5]. Il est placé sous l'autorité divine et a valeur de commandement. L'héritage moral des arabes antéislamiques fut, lui, conservé, réhabilité sous les Omeyyades, et la tradition des conseils, des maximes morales, des sentences poétiques se perpétua, en concurrence avec la sagesse du Prophète de l'islam, en convergence avec une littérature venue d'ailleurs, singulièrement du monde iranien, conseils normatifs placés silencieusement sous la menace d'une sanction dans la vie future.

Le conseil est, tout ensemble, sentence tirée de l'expérience ancestrale et jugement instruit des destinées cosmiques du Bien et du Mal. Le conseil préfigure une décision, un choix éclairé par la justice. Des deux côtés, sagesse humaine, sagesse divine, il est sacralisé par son ancienneté et son enracinement en une vérité qui passe les limites de la vie des individus. Comme l'a montré Charles-Henri de Fouchécour, la littérature des conseils de sagesse est réserve d'éternité, « on dirait que rien ne s'y perd ni ne s'y crée »[6]. La morale des conseils est une « thérapeutique de la parole » comparable à l'entretien du sage stoïcien[7].

L'extension du domaine des maîtres de sagesse date de l'époque sassanide, antérieure à l'islam, et elle met en scène des couples de maîtres et de disciples illustres, dont celui qui est formé par Aristote et Alexandre. Cette littérature a forgé la conception de la sagesse que certains philosophes feront coexister avec la sagesse spéculative. Miskawayh rédigera, à la fin du xe siècle, une vaste anthologie, intitulée *Al-hikma al-khâlida*, en persan *Jâvidân kherad*, *La Sagesse éternelle*[8]. L'éternité de cette sagesse explique la convergence des conseils respectifs des Persans, des Indiens, des Arabes et des Byzantins. Le Testament de Hûshang, colligé en cet ouvrage, nous rapporte le conseil qui vaut tous les conseils : le meilleur de ce que l'homme peut obtenir en ce monde est la sagesse, en l'autre monde le pardon, en lui-même un sévère avertissement.

Il convient de penser à sa mort et à sa vie future. En un cercle parfait, être sage, c'est penser sans cesse à la sagesse et écouter le libre parler intérieur qui nous réprimande. De son origine iranienne, la sagesse conserve ce trait qui lui est propre : elle est un être, une réalité vivante, comme la bonne pensée est une expression de Dieu. Le cercle n'est donc pas exactement une tautologie, être sage est penser à la sagesse comme à un être distinct de soi, et pourtant cette sagesse hors de nous-mêmes est la sagesse que nous devons faire nôtre et incorporer à notre vie.

Être sage, c'est d'abord ne pas agir inconsidérément, c'est ne pas être fou. Prêter attention au sage, qui nous a précédés dans l'incorporation de la sagesse, tel est le commencement de la sagesse. Les vertus, courage, patience, générosité, clémence, ferme résolution, renferment une triple forme de sagesse : le regard tourné vers le futur, en une connaissance des choses de la religion ; la patience dans les hauts et les bas de la vie ; le jugement droit dans le présent. Conformément aux trois grands enseignements du mazdéisme, la bonne pensée, la bonne action, la bonne parole, trois types d'humanité sont valorisés, le combattant courageux, le savant, celui dont « la langue est douce ».

Certains conseils rapportés par Miskawayh nous enseignent que rien n'excuse de perdre sa liberté. Il s'agit de *préserver sa liberté*. Il nous est conseillé de ne pas craindre ce qui n'est pas encore arrivé, de respecter le pouvoir établi, auquel nous ne pourrions, sans dommage, porter atteinte. La pierre de touche de ces conseils est la simplicité de l'expérience la plus commune, de la vie telle que les vieillards savent qu'elle est, et que les jeunes ignorent encore : il nous est dit de choisir nos amis, de ne pas fréquenter des gens qui nous feront défaut ou qui nous détourneront de nous-mêmes, buveurs invétérés, gloutons, gens futiles, peu soucieux de garder un secret ou femmes bavardes. Il faut être humble avec les humbles, et éviter les ennuis qui nous viennent de nos imprudences.

Sans doute, ces sages conseils servaient-ils l'autorité du califat abbasside, mais leur horizon spirituel dessinait aussi les contours d'une prudence éternelle, où régnaient une tradition morale unique, une signification sapientiale insensible aux aléas de l'histoire, instruisant les rois et les peuples, à la façon dont la succession des prophéties révèle une vérité divine secrète et unique. Seulement, au lieu de se concentrer sur les seuls prophètes du monothéisme sémitique, l'espace du conseil moral s'étendait aux leçons des Zoroastriens, des Anciens, et des autres civilisations de l'Orient. Surtout, elle mettait en lumière, comme l'apologue de Rûmî cité plus haut, la présence en chacun du secret de sa santé morale, mais aussi une méfiance à l'égard de ce que nous appellerions aujourd'hui « la vie politique » ou l'engagement dans la Cité. Aucune illusion ne mérite qu'en son nom on s'inquiète de l'état du monde. Le destin et le cycle des biens et des maux ruinent toute prétention à modifier l'ordre et le désordre.

La leçon en est magistralement donnée par Ferdowsî, dans le prologue du *Livre des Rois* : « Si tu veux trouver la délivrance de tout mal, si tu veux que ta tête ne soit pas prise dans les lacs de l'infortune, si tu veux rester exempt de malheurs dans les deux mondes, si tu veux faire le bien devant Dieu, observe la voûte céleste à la rotation rapide, car c'est d'elle que vient le mal et le remède. Le mouvement du temps ne l'use pas, et la peine et la calamité ne l'affectent pas. »[9]

Si l'autorité du Prince y trouve son compte, avant tout la liberté du sage y trouve les nourritures morales qui la raffermiront. On dirait à bon droit, me semble-t-il, de cette morale ce que Hegel disait du stoïcisme : elle surgit « dans un temps de peur et d'esclavage universels, mais aussi dans le temps d'une culture universelle »[10].

Un tel geste, embrasser en une collecte universelle

les dits de sagesse, n'est pas sans rapport avec la récollection des propos du Prophète de l'islam opérée par les traditionnistes. La science du *hadîth* et la sagesse sont animés de deux mouvements comparables et concurrents. Comme l'écrit Mohammed Arkoun, «il est intéressant de rapprocher ces deux mouvements pour expliquer leur contamination réciproque et saisir leur motivation commune. En analysant les recueils qui les illustrent respectivement, on s'aperçoit qu'ils privilégient un même principe : toute expérience humaine a valeur d'exemple irremplaçable et traduit une vérité à laquelle il est toujours nécessaire de revenir pour éclairer la conduite présente et définir les critères de la perfection humaine»[11]. Sans doute en va-t-il ainsi. Il n'est pas moins vrai que l'indifférence des sources de la sagesse, leur appartenance à des peuples variés, indépendamment de leur religion, ou la prise en considération des religions non islamiques, non monothéistes, signifie bien quelque chose comme un conflit assumé avec l'attitude du traditionniste, qui ne conçoit qu'un modèle de sagesse licite, le Prophète, ou les membres de la famille du Prophète, si ce traditionniste est shî'ite.

Lorsque Nasîr al-Dîn Tûsî, au XIIIe siècle, placera à la fin de son ouvrage, *Éthique dédiée à Nâsir*, une série de quarante conseils attribués à Platon, il se conformera au modèle proposé par Miskawayh. Ismaélien, avicennien, il entendra perpétuer, en marge de sa morale systématique, une tradition, qui est celle du *Roman d'Alexandre*, de la «politique universelle» (*siyâsat al-'âmmiya*) ou du *Secret des secrets* (*sirr al-asrâr*)[12].

Les *Conseils de Platon* se placent au terme de son ouvrage[13]. Ils ont un dessein différent de celui que l'auteur poursuit en sa réflexion systématique sur les vertus. Ces conseils diffèrent aussi des sentences dont est composé l'autre grand ouvrage de morale de Tûsî, *Akhlâq-e Mohtashamî*[14]. La collection des quarante conseils de Platon n'est pas un florilège organisé, copieux mais soumis à la lettre coranique. Ces conseils ne constituent pas, comme fera l'*Éthique dédiée à Mohtasham*, une sorte de commentaire moral du Coran, fait d'emprunts au Coran, de propos attribués à Muhammad ou aux Imâms et aux chefs de mission ismaéliens, entrelacés de citations des recueils de sagesse les plus notoires, habilement reconstruits ou répartis en rubriques organiquement liées par un plan philosophique et théologique élaboré. Ils ne s'adressent pas à l'esprit d'exégèse mais à l'esprit de finesse. Ces conseils, écrit Tûsî, «seront profitables au commun des hommes». Dans le corps de son ouvrage, l'*Éthique dédiée à Nâsir*, Tûsî, s'inspirant de Miskawayh, a proposé une morale systématique destinée à l'élite. Les *Conseils de Platon* sont destinés à tous.

Ne nous laissons pas égarer par l'apparence d'universalité qui nous est ainsi suggérée. Si la morale philosophique s'adresse à quelques-uns, à ceux qui étudient la science rigoureuse, la morale des «conseils» s'adresse à un public cultivé, qui n'est pas spécialisé dans le savoir philosophique, mais qui recherche une éducation solide. En marge de la nouvelle élite que la philosophie instruit, en liaison avec les enseignements ésotériques, il est des hommes de bonne volonté qu'il s'agit de rallier, en respectant leurs propres normes. Ces normes sont plus anciennes que la philosophie systématique, ce sont normes de sagesse antique, consacrées par le prestige du maître auquel on attribue les conseils.

L'attribution de ces conseils à Platon ne masque pas leur similitude avec les conseils traditionnels du stoïcisme : — pratiquer quotidiennement l'examen de conscience, — se soucier de la mort, — se tenir prêt à quitter ce monde, — tenir sa langue, — faire attention à soi «en prenant en sa mémoire», en retenant, en comprenant à chaque instant ce qu'il en est de soi, — faire ce que l'on a à faire, ce qui revient à écarter crainte et espérance vaine, — éviter les disputes, l'orgueil, l'insolence, — rendre le bien pour le bien mais pardonner le mal, — aimer la sagesse et écouter les sages, — s'abstenir des faux biens et demander à Dieu des faveurs qui demeurent, — prendre pour critère ce qui résiste à l'épreuve de la vie et de la mort, et qui est le moyen de parvenir au bien.

Soyons prudents, lorsque nous relevons des similitudes entre le discours des stoïciens et les conseils pratiques conservés par la mémoire des auteurs musulmans. Mémoire inventive, leur production n'est pas instruite, comme notre histoire de la philosophie, par une exacte connaissance des œuvres et des hommes, au sens où nos règles de connaissance historique nous l'imposent. Leur exactitude n'est pas la nôtre. Rares sont les attestations indubitables de références à des auteurs stoïciens. Il demeure un style commun, une tendance irrésistible à privilégier des modèles de sagesse qui ont plus à voir avec les traditions pythagoricienne, cynique, socratique ou stoïque qu'avec celle du péripatétisme. L'éthique aristotélicienne triomphera de ce style de sagesse, sans l'annuler entièrement et il faut lui accorder toute sa place qui est authentiquement philosophique.

N'est-il pas vrai que les exemples de vie imprégnés de stoïcisme et de cynisme, vie de Diogène travesti parfois en Socrate, vie idéalisée de Socrate, conseils tirés de résumés de dialogues platoniciens aussi importants que *Criton*, *Phédon*, *Apologie de Socrate*, s'harmonisent avec les spéculations néoplatoniciennes?

Ces dernières encouragent à se dépouiller de la vie corporelle, du rang inférieur de la vie naturelle, pour accéder à la vie de l'Âme universelle, puis de l'Intelligence, et enfin atteindre, si possible, au contact avec le principe divin. Quoi d'étonnant à ce que les définitions de la sagesse philosophique conservent de nombreux adages qui encouragent l'homme à ne pas craindre la mort, à mépriser les faux biens, à pratiquer l'ascèse, à dire le vrai ? Le parler vrai du cynique, qui dit son fait à tout un chacun, l'intrépidité de Socrate, les préceptes de médecine spirituelle sont entrés dans l'éthique des philosophes après avoir été mis en valeur par les recueils de sagesse. Le sage n'est-il pas celui qui sait l'essentiel, parce qu'il le pratique, l'incorpore en son mode de vie ? N'est-ce pas le sens de sa préparation à la mort, de son désir de la mort qui ouvre la voie à la vie future, lui qui vit sa vie ici-bas comme s'il vivait déjà ailleurs, en sa vraie patrie ?

Le *Fihrist* d'Ibn al-Nadîm mentionne cinq ouvrages du philosophe al-Kindî portant sur la figure ou les dits de Socrate. Kindî a rédigé un traité de morale qui expose comment se délivrer de la tristesse. Le plus remarquable, dans les pages de ceux de ces ouvrages qui sont parvenus jusqu'à nous, est le lien entre la profession de foi en l'unité divine, le *tawhîd*, et les préceptes socratiques ou stoïciens qui sont faits pour encourager l'âme dans sa pratique de la vie, dans la conduite de sa guérison. La sagesse des conseils n'est pas un reliquat païen, une sagesse rebelle au monothéisme, mais elle n'est pas non plus une soumission pure et simple à ce monothéisme islamique hors duquel elle s'est primitivement formée. En une synthèse problématique, ménagée par les philosophèmes néoplatoniciens, cette sagesse force le passage entre les traditions musulmanes, auxquelles elle tente de s'accorder, et les enseignements théoriques de la philosophie spéculative.

La sagesse condensée dans les sentences attribuées aux Anciens est faite de paradigmes et non de règles désincarnées. Une sentence de Nicomaque, rapportée par Mubashshir ibn Fâtik, énonce qu'un homme avisé est «celui qui accepte l'avertissement procuré par l'exemple fourni par un autre, avant de devenir soi-même un exemple». Chaque sentence est exemplaire par l'autorité du sage qui l'exprime, par l'enseignement qu'elle procure et par la modification qu'elle produit chez celui qui la médite. Nous lisons, toujours chez Mubashshir, qu'Ammonius disait que trois choses seulement peuvent affecter un gouvernant: boire du vin, écouter de la musique et converser avec des femmes, toutes choses qui provoquent la ruine de l'esprit. Nous sommes invités à prendre exemple sur ce sage, à éviter des pratiques dangereuses qui affaiblissent l'âme et la détournent de sa juste voie.

Les sentences sont des aide-mémoire qui maintiennent en vie une tradition et les exemples de la vie exigeante. Ces exemples, ces conseils invitent à la retenue, au renoncement, ou du moins à des choix. La culture qu'ils instruisent est un éveil perpétuel à soi-même et aux dangers qui menacent la sécurité de l'âme, la possession du bien véritable. L'âme est une forteresse dont l'intelligence est la citadelle. Les conseils sont à la faculté hégémonique ce qu'ils sont au prince en son gouvernement. Comme le prince sage écoute ses conseillers, l'âme avisée écoute les Anciens.

L'idéal ascétique de nombre de ces conseils n'est pas un idéal plébéien, mais, en quelque sorte, un idéal aristocratique. Les modes de vie des soufis sont, eux aussi, des modes de vie aristocratiques. Ils retournent — comme on fait d'un gant — les idéaux de l'aristocratie de fait en ceux d'une aristocratie de plein droit, qui est l'excellence du «pauvre» en Dieu. Mais les conseils de sagesse ne sont pas moins faits pour «retourner» les maîtres mots de la morale publique et privée. Ils participent de l'édification d'un nouvel idéal aristocratique en un monde, celui de l'islam, qui est né de ruiner l'ancien esprit hiérarchique des Arabes par la violence de la promesse divine, transmise par Muhammad, indifférente au rang et à la hiérarchie traditionnels de l'âge de l'Ignorance. Ils substituent à l'aristocratie clanique celle des mœurs et de la vie éthique. Ils décrivent la vie du sage, les contrastes entre le sage et l'insensé, conseillent le secret, le silence quand il le faut, la parole quand elle est nécessaire, l'exercice surtout. L'exemple est volontiers paradoxe : dire qu'on ne sait pas, c'est savoir ; savoir que son être repose sur la connaissance de la vérité et savoir qu'on est incapable de décrire cette vérité de soi-même, tout en sachant seulement qu'elle existe, c'est être sage.

Peut-être sommes-nous au plus près de ce que les Grecs nommaient «éducation» quand leurs modèles étaient des héros. Mais nous sommes aussi tout près de ce que l'esprit socratique a produit en Grèce, le renversement des valeurs héroïques. Les valeurs héroïques seront celles du «chevalier spirituel» — valeurs de la *futuwwa* —, celles du combattant sur le chemin de Dieu, menant le *jihâd* contre ses passions et contre les ennemis de la vraie foi, par une commune adhésion à l'esprit de sacrifice. La spiritualisation des mœurs viriles conduit à une synthèse originale. Ces deux aspects contradictoires, réconciliés dans la sagesse héroïque, dans l'héroïsme de la sagesse, sont placés sous le signe du platonisme et sous le signe des Figures de sacrifice de l'islam. Encouragé par les exemples d'ascèse et d'héroïsme que la famille du

Prophète lui offre — songeons à l'importance grandissante des vies de sacrifice, celles de Fâtima, de 'Alî, de Husayn ibn 'Alî — par les sublimes traits de générosité, de courage, de justice de Muhammad, par les renoncements des premiers ascètes de l'islam, le sage musulman, le musulman conquis par les exemples de sagesse, peut les harmoniser avec les normes de l'héroïsme sage d'un Socrate. Désormais le héros est le sage, le héros devient sage, le sage est le véritable héros.

Revenons aux sentences pour ce qu'elles sont, et à leur fonction pédagogique. Les sentences sont faites pour un mode de vie enviable et exigeant, et non pour déployer une connaissance abstraite et désintéressée. Elles sont une éducation par l'exemple, au sens qu'avaient les exemples dans la *paideia* des Grecs[15]. Elles produisent aussi un certain plaisir du goût. Celui qui les lit savoure le contenu de chaque sentence et ressent le plaisir de la vérité, en éprouvant une délivrance analogue à celle des yeux lorsque le voile se lève sur une évidence éclatante. Le maître de sagesse est celui qui interrompt, brise le cours des choses, le flux des illusions, crée un instant de vérité. Se remémorer ses sentences, les comparer à celles des autres sages, c'est visiter un trésor, le seul que la mort ne nous ôte pas, et c'est se retirer de la futilité des faux biens.

Les conseils attribués aux philosophes grecs sont passés de l'Iran chez les auteurs arabes, et ont fait retour chez les auteurs iraniens. « Les auteurs en persan retrouvaient ainsi bien des conseils qui concordaient à merveille avec le fond moral de la culture d'Iran. »[16] La philosophie islamique se trouva des maîtres, non seulement chez les Grecs, mais chez les Perses, et cela très tôt, comme en témoignent les conseils attri-

bués au roi Chosroès (Anûsharvân) présents dans le
Kitâb al-sa'âdat wa l-'isâd de al-'Âmirî (xᵉ siècle).

Les conseils moraux sont destinés à des individus
et ne sont pas les normes disciplinaires de la communauté. Ils sont destinés à éduquer des individualités en proposant des modèles de perfection, en
dessinant le mode de vie spécial du philosophe. Ils
préparent la voie de l'éthique philosophique, qui
s'adressera à des individus soucieux de leur progrès
personnel, et non aux simples fidèles de la religion
publique, respectueux de la mécanique du culte. Ils
se distinguent de l'éthique aristotélicienne par le
style qui leur est propre, le style gnomique. Ils s'en
distinguent aussi par le but qu'ils visent.

Le conseil moral ne prend pas place dans une doctrine de la vie active, où le perfectionnement de l'âme
dispose à la bonne gestion de la maisonnée (économie), à l'harmonie de la cité (politique). Le conseil
a pour objet la vie intérieure de l'individu responsable de soi. C'est pourquoi les conseils ignorent la
construction péripatéticienne des vertus, en préfé-
rant mettre en valeur le souci de la mort et de la vie
future. Se soucier du présent n'est pas le motif le
plus vigoureux, parce que le présent est évanescent,
et que le saisir fermement ne se peut qu'à la condition de penser, non à l'avenir, mais au futur, au jugement. L'inspiration des poètes de l'Iran, tel Omar
Khayyâm, qui considèrent la mort pour libérer l'instant de plaisir du faux sérieux des dévots sera, à certains égards, comparable à la sagesse de Lucrèce.
L'éternité est dans l'instant. La vie future y sera
dépouillée de toute superstition, de son imaginaire
fait de l'enfer ou du Jardin. Dans la littérature des
conseils, il en va un peu autrement : la vie future est
le sérieux de la vie présente. Se soucier de la vie dernière est soumettre le présent à l'épreuve du juge-

ment, à la mesure de l'éternel. C'est donner au présent
le poids de l'éternité.

Les conseils fixent des normes qui enseignent comment discerner les conduites de perdition des conduites
de perfection ou de salvation. Ils n'ont pas pour fondement une analyse systématique de la vie sociale,
mais une expérience des biens et des maux véritables, garantie par des exemples vénérables de courage
moral. L'articulation de l'éthique et du politique se
fait autrement que dans la morale aristotélicienne.
Elle se focalise dans l'examen de l'âme tourmentée
du prince. C'est la raison pour laquelle il est des
conseils qui sont destinés spécialement aux princes,
en vertu de la règle qui veut que le prince soit le
garant de la santé morale de son peuple et de la soli-
dité toujours menacée de son État.

La littérature des « miroirs des princes » a mis en
ordre les vérités essentielles au règne de la justice et
des autres vertus politiques, antérieurement à l'édification de la politique philosophique, et son influence
a été bien supérieure à celle des philosophes. Ce n'est
pas Fârâbî qui a d'abord éduqué les hommes de
pouvoir, mais plutôt les sentences, les règles de
conduite, les avertissements des sages, placés près
des princes pour les détourner des séductions de la
puissance. Que les méchants ne s'en soucient guère
est une chose, que les sages persistent, cela en est
une autre, enfin que certains princes s'éduquent et
atteignent à des sommets de sagesse, cela est matière
d'édification spirituelle. Or, ces admonestations sont
tenues pour des sources de vérité, et elles infléchis-
sent la vie des princes en dissipant les suggestions
démoniaques, les vaines flatteries, les tentations de
l'*hybris*.

Il convient ici de rappeler que le monument de
poésie épique rédigé par Ferdowsî, *Le Livre des Rois*,

n'est pas seulement l'un des livres les plus universels que la littérature persane ait légués au monde, mais le chef-d'œuvre d'histoire et de pensée morale, de cosmologie et d'eschatologie où l'Iran a puisé la conscience de son identité. La réflexion morale de Ferdowsî s'exprime, entre autres, dans un «couple modèle», formé par Anûsharvân et Bozorgmehr, son conseiller[17]. Il se fait comme une sorte de commentaire moral permanent de la vie du prince. Le sage parle et le prince agit. Le sage exerce, par sa parole intarissable et monotone, une judicature qui possède sa légitimité propre. Celle-ci provient de la connaissance éprouvée du destin, de la vérité tragique du Cosmos et de la vanité de toutes les choses créées. Si le prince écoute le sage, il cultivera les qualités morales du gouvernant et il fera le bien de l'État, pour que la nature du bon gouvernement décide de l'expansion de la justice dans tous les cœurs humains.

Ces conseils, distillés ou mis en scène par les poètes, conduisent au-delà de la gestion politique, vers une région de l'âme où le salut du prince est conversion complète. Dans un épisode célèbre du *Livre des Rois*, le modèle du héros, Rostam, combat son propre fils, Sohrâb, et le tue. Le récit de ce combat est d'une grande beauté, car il donne le sentiment de la durée intérieure vécue par les deux hommes vaillants qui se jettent l'un contre l'autre. Le rythme s'accélère avec l'intensité des assauts et il faiblit, jusqu'à s'éteindre, lorsque épuisés les deux héros font une pause. Alors vient la leçon morale qui est une leçon cosmique : «Ô toi Univers! Splendeur épanouie de tes actes! Ce qui est rompu aussi vient de toi et ce qui est droit aussi vient de toi.»[18]

Les romans poétiques de Nizâmî, *Le Roman d'Alexandre*, surtout *Les Sept Portraits*, sont des épopées héroïques. *Les Sept Portraits* décrivent la démarche du prince Bahrâm, jusqu'au seuil de la résurrection spirituelle. Le modèle en est le destin de Kay Khosraw, s'évadant de la charge du pouvoir après un règne de justice, pour demeurer mystérieusement caché, en une vie transfigurée[19]. *Les Sept Portraits* est un roman d'éducation. Sept princesses, venues de toutes les régions du monde civilisé content sept récits au prince Bahrâm, et chacun de ces récits le fait progresser dans l'intelligence de l'amour. Apprentissage de l'amour, la démarche ascendante que scandent les sept récits n'est pas une pédagogie cumulative, un savoir augmenté, mais l'approfondissement d'un secret, la reconnaissance toujours plus aiguë d'une énigme. L'amour symbolise ce dont le prince ne sera jamais tout à fait le maître.

L'art du roman nous conduit de la simplicité des sentences à la complexité des correspondances. Le microcosme et le macrocosme, les apparitions et leurs sens cachés, l'espace de l'imagination et le monde intérieur de l'âme, l'art politique et la quête du salut, l'alchimie et la poésie de la nature sont quelques-uns des jeux de miroirs où se réfléchit, multiforme, la vérité de la sagesse. La pédagogie spirituelle s'achève lorsque se brisent les miroirs au terme de ce périple. Aux enseignements cryptés des princesses succède le modèle d'imitation qu'est Khezr.

Ce personnage, Khadir ou Khezr est l'énigmatique enseignant que rencontre Moïse (Coran, 18 : 59-81). Souvent identifié à Élie, il montre, par ses paradoxes et ses inconduites apparentes ce qui, au-delà de la Loi, ôte à l'homme orgueilleux la fausse certitude de ce qu'il est supposé savoir. Il est le prophète caché, le maître d'une vérité qu'aucun savoir fini ne contient. Le prince le prend pour guide et s'évade du pouvoir et du monde où il régnait. Le conseil donné au prince, qui est d'imiter Khezr, d'imiter le prince qui imite

Khezr et de franchir les bornes du monde inférieur, est identique au conseil présent dans le récit que Ferdowsî consacre à la fin du roi Kay Khosraw. Le renoncement au pouvoir royal, la retraite spirituelle, la transfiguration du maître victorieux de ses passions en sage résidant au-delà des limites du monde sont l'équivalent, en cette littérature morale, de l'exemple d'Héraclès transfiguré sur le bûcher après l'accomplissement de ses travaux. L'épopée héroïque s'achève en ascension spirituelle.

L'un des plus fameux ouvrages d'éducation des princes est le livre de *Kalila et Dimna*. Son origine est indienne, en milieu brahmanique ; il passa par une version iranienne avant d'être mis en prose arabe au milieu du VIIIe siècle de notre ère par le philosophe Ibn al-Muqaffa'[20]. Le philosophe enseigne la sagesse au prince en lui contant des récits composant un livre de haute antiquité brahmanique, recherché par le modèle de la sagesse princière iranienne. Ce n'est pas un recueil des leçons de gouvernement comme en rédigera Nizâm al-Mulk sous les Abbassides, mais un recueil de fables, conclues ou ponctuées de sentences et de morales. La philosophie du gouvernement n'a ici aucune des fins pédagogiques que les romans de Nizâmî doteront de saveur mystique. Dans la fabulation mettant en scène les animaux, fabulation encore indispensable à la production du vrai, elle est une doctrine de paix et de concorde intelligente, faite de principes généraux et de leur mise à l'épreuve des réalités, par les exemples plaisants des aventures racontées. Chaque fable est une étape, où le philosophe conduit le prince. Le livre entier, dans sa version persane puis arabe, n'est pas autre chose que le développement du dialogue entre Aristote et Alexandre, ou entre toute autre figure légendaire de la philosophie et son double princier.

La littérature des conseils, leur mise en scène par les poètes et les maîtres de la culture savante est antérieure à la morale civique de la philosophie systématique, elle l'emporte sur elle en quantité et en vigueur. La sagesse des conseils est faite pour de riches individualités, princes ou hommes d'élite, tandis que la philosophie systématique sera faite pour les citadins responsables de l'ordre civique, que les héritiers musulmans d'Aristote et de Platon assimileront étrangement aux habitants d'une cité parfaite.

LA VOIE DROITE DE LA PHILOSOPHIE

La littérature morale comprend aussi des biographies exemplaires. Non plus de simples sentences ou des prescriptions authentifiées par la majesté de leur auteur, mais le récit des vies des hommes qui s'illustrent par les sacrifices qu'ils consentent à la vérité et à la justice. Nous choisissons ici d'en évoquer deux. Le premier récit est l'apologie que fait Abû Bakr ibn Zakariyyâ al-Râzî de son mode de vie, au regard du modèle parfait de la vie philosophique, Socrate. Le second est fait du récit des vies de Socrate et de Jésus présent en un des traités contenus dans la somme des *Épîtres* des Frères de la Pureté.

C'est que nous possédons un témoignage du legs de la sagesse grecque dans le *Livre de la conduite du philosophe* d'Abû Bakr Muhammad ibn Zakariyyâ al-Râzî. Il ne s'agit pas d'un recueil de sentences, mais d'un court traité portant sur la *sira falsafiyya*, le *bios philosophicos*[21]. Ce traité est une apologie et, en cela, il a un intérêt spécial. Râzî parle en son propre nom, il répond à des blâmes qui lui sont infligés par

des « professionnels de la spéculation et du raisonnement logique ». Ils l'accusent de s'écarter de la conduite
des philosophes, « notamment de la conduite de notre
modèle Socrate ». Ils mettent en cause la façon dont
Râzî gagne sa vie. Quelle est la conduite de Socrate ?
Comment les accusateurs de Râzî la conçoivent-ils ?

« On raconte de Socrate qu'il n'eut jamais recours
aux rois et qu'il en fit peu de cas lorsqu'ils s'adres-
saient à lui. De plus il n'a point goûté à des mets
délectables, ni porté de vêtement somptueux, il n'a
ni bâti de maison ni acquis de bien ni engendré d'enfants. Il n'a ni mangé de viande ni bu de vin ni assisté
à des festins. Il s'est plutôt nourri exclusivement
d'herbes, était enveloppé de haillons et habitait dans
un tonneau au désert. Il n'a pas pratiqué la dissimulation, ni vis-à-vis du vulgaire ni vis-à-vis des autorités, mais il les a affrontées en leur disant ce qu'il
considérait être vrai en des termes clairs et non
équivoques. »[22]

Pauvreté volontaire, régime végétarien, refus de
s'embarrasser de femme et d'enfants, pratique du
parler vrai, solitude au désert : on reconnaît un mixte
de sage indien, de Père du désert, de cynique et de
sage musulman, en sa solitude et son renoncement
aux liens sociaux comme à des fardeaux pesant sur
la liberté inconditionnelle de l'âme. Tels sont les traits
de la figure idéale que l'on oppose à la vie de Râzî.

La conduite que blâment ses accusateurs se dessine
en négatif dans le portrait de Socrate. C'est la vie du
courtisan, la vie de plaisir cultivant les jouissances
raffinées que procurent l'art culinaire et les arts cos-
métiques, la vie de richesse ou de confort, le souci
d'avoir une descendance, l'hypocrisie, la flatterie et
le double langage. Qu'une telle vie soit indispensable
à celui qui entend prospérer dans la cité, à l'ombre
du pouvoir, cela va de soi. Ce n'en est pas moins la

vie la plus opposée à la conduite du philosophe. La vie du philosophe ne connaît pas de choses plus plaisantes que d'autres, il ne connaît que ce qui est bien et ce qui est mal, la liberté ou la servitude, la sagesse ou le plaisir, l'ascèse ou les sens, la solitude ou les sollicitations, la faiblesse ou la pureté, la dissimulation ou la transparence de l'action et de la parole.

Râzî ne se défend pas. Il ne se justifie pas. Il ne discute pas le modèle, il le complète et le peint autrement : il remplace la vie de Socrate, telle qu'on la lui jette au visage, par une *autre* vie de Socrate. Ou plutôt, sans contester que Socrate possédât les vertus que l'on a dites, Râzî rapporte d'autres traits, que ses accusateurs ignorent. Oui, Socrate fut bien tel qu'ils le décrivent, mais au début de sa vie seulement. Ensuite, il a abandonné la plupart de ces modes de conduite : « En fait, il est mort père de plusieurs filles, il a combattu l'ennemi (de sa patrie), il a assisté à des festins, a pris plaisir à de bons mets — exception faite de la viande — et a même bu un peu de vin. »[23]

Comment expliquer le contraste entre le début de la carrière de Socrate et son âge mûr ? Râzî répond que dans sa jeunesse, Socrate avait un amour exclusif de la philosophie. Le renoncement initial de Socrate exprimait la crainte de perdre son temps en satisfaisant ses passions, la peur de ne pas le consacrer entièrement à ce qu'il désirait, la sagesse. Socrate a un tempérament qui favorise un tel goût exclusif. Mais le dédain et le mépris que le jeune Socrate avait pour ceux qui « ne regardent pas la philosophie avec l'estime qu'elle mérite et qui lui préfèrent ce qui lui est inférieur » tenait, nous dit Râzî, de l'exagération. Nous portons un intérêt excessif à ce que nous aimons. Puis, lorsque vient la réflexion, « l'exagération cesse et l'harmonie est rétablie ». « Comme dit le proverbe : "Toute chose nouvelle est attrayante." Or, il en fut ainsi de Socrate pendant la première période de sa vie.»

Ne disputons pas si l'éloge de la vie de plaisir modéré a quelque chose à voir avec un mouvement semblable qui se produit, chez Platon, depuis *Phédon* jusqu'à *Philèbe*. Surtout, il ne faut pas y voir trace de quelque réticence prudente envers l'éthique de l'islam, mais plutôt envers l'extrémisme des ascètes. Le plus clair de cette argumentation est que Socrate est le sujet d'un conflit d'interprétation, qu'il est scruté, examiné, que sa vie est racontée selon des perspectives opposées, et que Râzî met en scène cette variété de l'exemple socratique. Il fait de Socrate un problème, parce que la vie philosophique se nourrit d'exemples, de conseils, et doit être induite de vies concrètes, personnelles, prises en leur long, selon l'évolution de la jeunesse à la maturité. La courbe de vie du philosophe qui a conquis la vraie liberté conduit à l'équilibre et à l'harmonie. Elle n'est pas l'ascèse radicale. L'enjeu de cette herméneutique du cas Socrate, c'est la définition juste de la liberté et de la perfection de l'homme.

Un des arguments de Râzî qui semblent avoir le plus d'importance est celui-ci: «Socrate est revenu de ses exagérations lesquelles méritent en effet le blâme et aboutissent à la dissolution du monde et à la destruction de la race humaine. Car il a plus tard engendré des enfants, a combattu l'ennemi (de la patrie) et a assisté à des festins. Qui agit ainsi a abandonné pour toujours l'aspiration à la dissolution du monde et à la destruction de la race humaine. Il ne faut pas exiger qu'il se comporte autrement, tant qu'il ne s'adonne pas aveuglément à ses passions.»[24] Nous reconnaissons un argument qui a déjà maintes fois servi, contre tous ceux qui confondent la sagesse — religieuse ou philosophique — et l'ascèse intégrale. Spécialement, le refus du mariage et de la procréation, le refus des devoirs civiques, étroitement liés, dans les religions chrétienne et islamique, à la perspective apocalyptique de la venue prochaine de la fin des temps, sont des traits distinctifs de la vie spirituelle, du monachisme ou de l'ascèse soufie, sans oublier divers courants messianiques.

Discuter l'exemple socratique, c'est prendre position au présent, dans un débat théologique et politique qui concerne le sens de la vie religieuse, et c'est, pour Râzî, opposer le *bios philosophicos* à l'exagération blâmable de ceux qui se retirent au désert ou qui combattent pour un islam régénéré (les carmates?). Nous savons, mais Râzî ne le sait pas, que Sénèque fut en butte à des accusations semblables à celles qu'évoque, pour les besoins de son argumentation, notre philosophe et médecin. Il plaça le débat sur un autre plan : existe-t-il des préférables, que le sage peut posséder, sans succomber à ses passions ? Il mit en question les *beneficia* dont le sage est redevable à la générosité du Prince, ce qui a quelque écho dans le blâme dont Râzî est victime. Or, il n'y a guère de ressemblance entre la théorie élaborée dans *De beneficiis* ou dans *De vita beata*[25] et l'argumentation de Râzî. Ce dernier n'insiste pas sur l'intangibilité de la liberté intérieure, car elle n'est pas en cause, elle va de soi. Il rejette comme blâmable ce dont on tire argument contre lui, et il oppose une civilité bienveillante à une insociabilité qui se pare du nom de philosophie. Il est stoïcien sans le savoir, épicurien sans le dire, en un mixte que ni les stoïciens ni les épicuriens n'eussent reconnu. Il participe de quelque chose de neuf, l'herméneutique des vies exemplaires dans les conflits éthiques du monothéisme et de l'eschatologie islamiques.

LES VIES EXEMPLAIRES

Socrate est exemplaire parce que sa vie, son enseignement et sa mort s'apparentent aux vies des prophètes. Un des témoignages les plus éloquents de la convergence entre la vérité prophétique et des leçons du philosophe se trouve dans les *Épîtres* des Frères de la Pureté[26]. La sagesse est la perfection du corps préparant à la perfection de l'âme ; elle a une finalité surnaturelle, puisque la purification pratiquée ici-bas sous l'autorité et la guidance de l'Imâm légitime prépare l'âme du sage à monter du monde intérieur de la création vers le monde supérieur ; elle conduit à s'approcher de Dieu. Selon la conception ismaélienne de l'initiation, que les *Épîtres* des Frères de la Pureté adoptent, le vaste enseignement des sciences logiques, physiques, morales, métaphysiques que distille leur « encyclopédie » a pour objet de faire connaître celui qui est le vrai guide divin, l'Imâm authentique, et de montrer que la guidance de cet Imâm conduit à la connaissance purificatrice et salvifique de sa nature et de sa personne, dans l'ésotérique de la religion révélée[27].

Pourquoi Socrate prend-il place dans un tel enseignement ? Qu'a-t-il à voir avec un appel, une convocation (*da'wa*) dont la finalité ultime n'est pas expressément philosophique, ni même éthique, mais eschatologique ? Savoir pourquoi Socrate est exemplaire, dans une telle perspective eschatologique, nous aide à comprendre comment et pourquoi le philosophe se glisse au côté des prophètes et de leurs successeurs autorisés, par la médiation d'une commune appartenance au régime de vérité que l'on nomme « sagesse ». Cette entrée en scène du maître de sagesse

grecque est préparée par la transfiguration du Prophète.

Selon les Frères, Muhammad fut savant, philosophe, roi, Imâm et prophète envoyé avec un message
divin. Selon une conviction que nous retrouvons,
sous une autre forme, chez Fârâbî, le sage est le
législateur de la Cité spirituelle. Selon la métaphysique des Frères de la Pureté, il existe une Âme universelle, dont le maître spirituel est le représentant,
sous les traits du prophète ou de son successeur,
l'Imâm. Si le prophète ou l'Imâm est le sage par
excellence, réciproquement la sagesse philosophique
a des pouvoirs de vérité qui l'assimilent à la vocation
prophétique. Muhammad peut dire alors «Je suis
l'Aristote de cette nation», et le philosophe dévoile le
sens caché des réalités effectives, tandis que le prophète voue son action à la régence de la communauté
humaine, et limite ses explications à ce dont sont
capables les intelligences du commun. C'est pourquoi les sciences porteuses de la sagesse philosophique et la *sharî'a* prophétique ont un fondement
commun, bien qu'elles se distinguent l'une de l'autre
en leurs divers embranchements[28].

La sagesse est la médiation qui relie les desseins de
la prophétie à ceux de la philosophie, grâce à l'une
de ses propriétés : elle est la médecine des âmes. Les
prophètes sont les médecins des âmes, de sorte que
les exemples de vie philosophique peuvent s'intégrer
harmonieusement au monde prophétique, étant eux-
mêmes des modèles de médecine spirituelle. En
combinant la définition pythagoricienne de la philosophie, «s'assimiler à Dieu dans la mesure des capacités humaines» et la thématique de la médecine
spirituelle, la pratique philosophique s'inscrit tout
naturellement dans le programme de la guidance
prophétique[29].

La quarante-quatrième épître des Frères de la Pureté enlace les thèmes les plus généraux d'une métaphysique qui distingue la Loi aveugle, réduite à l'apparent, de la Loi véritable, fidèle au sens intérieur. Elle traduit les impérieuses exigences de l'ascèse philosophique et des conseils de sagesse, l'eschatologie et l'interprétation de la *sharî'a*. Son argument est la critique de l'adhésion aveugle à la *sharî'a*. La religion de la Loi est incapable d'enseigner la vérité eschatologique, le sens caché des événements qui conduisent à la vie future. Elle ne dit rien de la résurrection, qu'il s'agisse de la renaissance de la vie de l'âme séparée de l'enveloppe corporelle sensible, ou qu'elle soit l'avènement de la juste guidance exercée par la religion spirituelle du Résurrecteur qui abolira, en un cycle terminal de l'histoire humaine, les six cycles antérieurs des religions scripturaires. Le couple de deux termes, la Loi et le salut, nous renvoie à un autre couple de termes, l'enveloppe charnelle (*jasad*) et l'âme (*nafs*) immortelle. Les philosophes, les sages qui, tel l'exemplaire Socrate, ont méprisé la vie corporelle, ont la même opinion que les prophètes, leurs disciples, leurs successeurs, qui annoncent, après le règne de la Loi, le triomphe de la résurrection et la vie future de l'âme.

L'alliance entre la philosophie et la religion islamique ne s'est pas faite sur la base de la *sharî'a*, mais dans le cadre de ces représentations du sens eschatologique de la prophétie, spécialement en milieu ismaélien, où chacune des deux disciplines, philosophie et sagesse eschatologique, se reconnut en l'autre un allié, un semblable, un frère, face à un commun adversaire, les pieux tenants de la Loi, ceux qui n'admettent que les corps, leur assagissement indispensable mais insuffisant sous les commandements de la Loi, ceux qui professent une religion charnelle, et qui ignorent ou négligent la résurrection et la vie future, la vie spirituelle. C'est par la voie d'une telle alliance entre spirituels, hostiles à la religion de la Loi, à la religion de ce bas-monde, et philosophes, que la philosophie grecque est devenue philosophie islamique. Elle acquit son droit d'entrer dans l'arène, et d'y jouer le rôle que l'on sait, sous les armes d'un «platonisme» dualiste strict. Voici ce que nous lisons dans la quarante-quatrième épître : «Sache que les prophètes, leurs disciples et leurs successeurs, ainsi que quiconque est du même avis d'entre les sages philosophes, tiennent pour peu de chose la réalité des corps, lorsque les âmes sont ressuscitées, car ils voient que ces enveloppes charnelles sont la prison des âmes, ou bien un voile, ou un chemin, ou un écran, ou les *A'râf*[30]. [...] L'âme n'est concernée par l'enveloppe charnelle que tant qu'elle ne s'évade pas, mais lorsqu'elle sort du corps, la séparation d'avec le corps lui est aisée. Pour preuve de ce que nous disons, les brahmanes détruisent leurs corps par le feu, eux qui sont les sages de l'Inde. »[31]

Le texte nous met en garde contre la confusion entre les exaltés qui brûlent leurs corps par ignorance et les sages qui le font parce qu'ils sont doués de pénétration contemplative. Ces sages savent que «les enveloppes charnelles sont à ces âmes particulières ce que l'œuf est à l'oisillon, ou la matrice à l'embryon, que la nature est la nourrice qui prend soin d'elles tant que la procréation n'est pas achevée, ou que la forme n'a pas atteint sa perfection. Mais lorsque la procréation est achevée et que la forme a atteint sa perfection, elle ne se soucie pas de ce que l'œuf se brise ou que la matrice se déchire, puisque l'oisillon ou le nouveau-né est en bonne santé »[32].

Combien de fois retrouverons-nous ce modèle de la croissance, de la naissance, pour configurer le schème de la sortie de l'âme du règne de la nature vers le règne de sa vraie patrie! Il deviendra un lieu commun. Il exprime une vision évolutive et eschatologique, conduisant au seuil de la vie réelle, qui est la vie spirituelle. Il configure aussi bien la sagesse, la religion du salut, que l'eschatologie historique, conduisant de la *sharî'a* à la *haqîqa* ou vérité spirituelle surgissant, telle la résurrection, de la matrice de la Loi.

À l'appui de cette thèse, il y a l'exemple des brahmanes. Il y a aussi les grands prophètes chargés d'un message, Moïse ou le Messie Jésus fils de Marie. Tous les prophètes ont pour conviction la survie de l'âme après la mort. Mais leurs peuples s'en tiennent à certains enseignements tronqués et, après avoir donné maint exemple tiré de la vie de Moïse, les auteurs des *Épîtres* en viennent au rôle joué par Jésus auprès des Israélites. Les Frères de la Pureté rédigent une «vie de Jésus» qui est une préparation évangélique à l'examen du destin de Socrate. La Passion du Messie, la mort héroïque de Socrate seront deux exemples du mépris de la mort, du désir de la vie future que les tenants aveugles du légalisme religieux ignorent. Voici quelques passages de la «vie de Jésus»: «Les Fils d'Israël lisaient la Tora et les livres prophétiques sans respecter leurs commandements et ils ne connaissaient pas leurs vérités ésotériques, ils ne connaissaient pas leurs mystères, mais ils ne les accomplissaient que par adhésion aveugle. Ils ne connaissaient pas la vie future, ils ne comprenaient pas la réalité de la résurrection, ils ne retiraient de la Loi (*sharî'a*) et de la tradition (*sunna*) de la religion (*dîn*) que la recherche de ce bas-monde, ce qui n'est pas le but poursuivi par les prophètes dans leur appel aux communautés. Les Lois et les traditions sont faites pour pacifier ce bas-monde, mais le but qu'ils recherchent en cela, c'est le soin des âmes immergées dans l'océan de la matière et leur libération hors de la prison de la nature, leur sortie des ténèbres des corps vers les lumières des esprits, leur éveil du sommeil de l'ignorance, leur purification de la souffrance des ardeurs des passions corporelles. »[33]

La religion vraie (*dîn*) se compose d'une Loi extérieure, indispensable à l'ordre pacifié de ce monde, et de mystères (*asrâr*) qu'il faut connaître pour pénétrer la vérité intérieure des commandements. Sans la connaissance de ces mystères, le respect de la Loi se change en adhésion aveugle et en ignorance. Or, parmi ces mystères, qui ne sont pas du registre de la *sharî'a* lorsqu'elle est amputée, il y a la résurrection. Ignorer la vie future, c'est rechercher le bien en ce bas monde et, par conséquent, renier le sens de la prophétie. La mission accomplie par Jésus auprès des Israélites ressemble trait pour trait à la mission d'un Imâm ou de l'un de ses fidèles, révélant la religion mystérique et libératrice, le sens caché de la Loi, de sorte que la résurrection annoncée par Jésus est l'éveil de la connaissance, la sortie de la prison de la vie naturelle et corporelle. Le texte de l'épître le dit ouvertement : une telle ignorance équivaut à celle du païen, de l'homme qui n'a reçu aucune forme de Loi religieuse (*sharî'a*), de tradition (*sunna*) ou de prophétie (*nubuwwa*).

Le récit de la vie de Jésus met d'abord l'accent sur la stratégie argumentative du Messie. Jésus diagnostique le mal. Il sait qu'aucune menace, réprimande, intimidation, promesse de châtiment divin ne pourra guérir les Fils d'Israël, « car tout ceci existe déjà dans la Tora et dans les livres prophétiques qu'ils ont entre leurs mains ». Or, ces Livres n'ont manifestement servi à rien. Jésus doit donc apporter un autre type de message, qui sera celui de la médecine spirituelle. « Il jugea qu'il devait se manifester sous les habits du médecin qui guérit.» Jésus ne parle pas comme un législateur mais comme un thaumaturge. Jésus voyage en Judée, et quand il rencontre un de ses compatriotes, il l'éprouve, lui fait pratiquer la réminiscence, il forge pour lui des paraboles. Il le réveille, il le tire de l'ignorance, l'invite à l'ascèse, à couper les liens avec ce monde, lui fait rechercher la vie future et sa paix.

Voici un exemple de rhétorique christique. Il s'agit d'un dialogue entre Jésus et un groupe de Juifs abstinents : «Jésus leur dit : "Ne voyez-vous pas ces vêtements, lorsque vous les lavez, les nettoyez, les blanchissez, est-il pas permis à leurs propriétaires de les revêtir, tandis que leurs corps sont sales, couverts de sang, d'urine, d'excréments, ont la couleur des ordures?" Ses interlocuteurs répondent : "Non! Et celui qui ferait cela serait un fou!" Et Jésus de les prendre à la lettre de leur jugement : "Mais c'est ce que vous faites vous-mêmes!" — "Comment?" — "Parce que vous avez soin de la propreté de vos corps, vous blanchissez vos vêtements et vous les revêtez, tandis que vos âmes sont salies par les charognes, emplies des ordures de l'ignorance, de cécité, de mutisme, de la méchanceté des mœurs, d'envie, de haine, de fourberie, de perfidie, d'avidité, d'avarice, de laides actions et de vilain soupçon, de passions dépravées! Et vous! Vous êtes avilis par la servitude envers la misère, et vous n'avez aucun repos si ce n'est dans la mort et dans la tombe!" Les Juifs invoquent les nécessités de la vie : "Comment ferions-nous? Est-ce que nous ne sommes pas obligés de rechercher les moyens de subsister?" Jésus répond : "Et est-ce qu'il ne vous appartient pas de rechercher le Royaume du Ciel, où il n'y a ni mort, ni vieillesse décrépite, ni maladie, ni faim, ni soif, ni peur, ni tristesse, ni pauvreté, ni besoin, ni fatigue, ni captivité, ni chagrin, non plus qu'entre ses habitants envie, haine, rivalité, arrogance, non mais il n'y a que des frères dans la joie des rétribués, joyeux, heureux dans la satisfaction et le contentement, dans la gaieté et un climat sain et agréable. On voyage dans le vaste espace des sphères célestes et en l'étendue des Cieux, on contemple le Royaume du Seigneur des mondes, on voit les anges autour de son Trône, se rangeant en ordre, qui louent la gloire de leur Seigneur à voix basse, par des psalmodies dont n'ont ouï de semblables ni les hommes ni les Djinns. Vous serez, vous, avec eux, éternellement présents, vous ne serez pas brisés par l'âge, vous ne mourrez pas, vous ne serez pas livrés à la destruction, non plus qu'à la peur, non plus qu'à la tristesse !" »[34]

Nous aurons reconnu, en cette leçon évangélique, une synthèse de réminiscences. Bien sûr, le lecteur songe à Matthieu 6, 25-34, à Luc 12, 22-31. Où nos auteurs ont-ils trouvé les éléments de cette composition savante de thèmes coraniques (le Trône, les anges rapprochés, la douceur sensible du Paradis, le contentement des rétribués, etc.), de thèmes évangéliques (le Royaume des cieux, la nécessité de le chercher, sans se dérober derrière les nécessités de ce monde, l'invite à vaincre la tristesse et la peur), de thèmes de l'eschatologie ismaélienne, eux-mêmes nourris de gnose chrétienne (la liberté future, la victoire sur la mort, sur la tombe qui est la métonymie de la vie ici-bas, le séjour des vivants dans le monde des sphères célestes, la fin du travail, de la discorde sociale, de la maladie) ? Sans doute dans une compilation diffusée en milieu chrétien, lue par nos auteurs dans le sens même qu'ils donnent à la résurrection annoncée par le Coran, déchiffrée et remaniée à la lumière des spéculations du shî'isme extrémiste — ce qui serait un argument pour voir en certaines pages des Frères les traces d'une inspiration carmate. Quoi qu'il en soit, nous porterons maintenant notre examen vers les pages qui concernent Socrate. Nous verrons quelles similitudes il est permis d'y constater avec l'enseignement évangélique.

Socrate a accepté de boire le poison, il a accepté le supplice et il l'a fait par libre choix[35]. Ce qui caractérise le sage, c'est ce degré le plus élevé de la liberté, la liberté de mourir. Socrate y avait été préparé par toute une vie d'ascèse (*zuhd*). Se détournant du monde et de ses plaisirs, il aspirait à la joie du monde des esprits. Mais sa sagesse ne se bornait pas à vivre ascétiquement et à tendre ardemment à « la fraîcheur », au « parfum de basilic », au bonheur de l'autre monde. Il n'était pas un sage solitaire, mais un prédicateur. Comme les prophètes, comme Jésus, comme les missionnaires de la société secrète des Frères de la Pureté, il convoquait les gens à l'ascèse et à la conversion spirituelle, « de sorte que lui donnait leur assentiment tout un groupe de fils de rois et des Grands, et autour de lui se rassemblaient les jeunes hommes et les enfants des riches, pour entendre sa sagesse et les choses extraordinaires et rares qu'il disait ».

Socrate, accusé de pédérastie et de mépriser le culte des idoles, est victime de la foule de ses contradicteurs. Les faux témoignages des envieux devant le tribunal royal entraînent une condamnation à mort : « Il est obligatoire de le mettre à mort. » La mort de Socrate met en jeu la Loi et sa validité. Pourquoi Socrate est-il un sage ? Parce qu'il se soumet à la condamnation à mort. Selon une version de l'*Apologie* et de *Criton*, revue et corrigée selon les termes de la jurisprudence islamique, Socrate entend la question suivante, posée par ses disciples, qu'il entretient dans sa prison de la séparation de l'âme et du corps, de la permanence de la vie de l'âme et de la santé morale: «Si tu es condamné injustement, ne t'appartient-il pas de te sauver de la mise à mort par une rançon financière ou par la fuite?» Il répond: «Je craindrais que la Loi (*nâmûs*), le *nomos*, ne me dise demain "pourquoi échappes-tu à mon jugement, ô Socrate?" Alors ils dirent: "parce que je suis victime de l'injustice!"» Socrate les réfute: «Lorsque les témoins valides témoignent contre un homme en un acte judiciaire quelconque, il devient obligatoire qu'il s'y soumette même s'il est victime de l'injustice. Celui qui ne s'y soumet pas devient injuste et lèse le jugement de la Loi, c'est-à-dire de la *sharî'a*.»[36]

Socrate tire une sentence de son propre cas juridique: «Celui qui méprise la Loi, que la Loi le mette à mort!» «Lorsqu'on lui présenta le poison pour qu'il le boive, les sages et les philosophes qui étaient autour de lui pleurèrent, tristes qu'ils étaient pour lui. Alors il leur dit: Ne pleurez pas! Car moi, même si je serai séparé de vous autres, frères, sages éminents, je vais vers des frères à nous, des sages éminents et nobles, dont tel ou tel nous a précédés. Et il énuméra l'ensemble des *falâsifa*, des sages qui avaient existé avant lui. Ils dirent: Nous pleurons seulement sur nous-mêmes puisque nous serons privés d'un père sage tel que toi.»

Dans la savante construction de l'épître, l'exemple de Socrate, acceptant librement la mort injustement décrétée par un tribunal valide, est rapproché de l'exemple de Jésus. Ils ont tous deux annoncé la vie future. Ils répondent à la question laissée en suspens: qu'est-ce que la sagesse, qui ne soit pas déjà le livre révélé, la *sunna* du prophète, en quoi est-elle un supplément de savoir? De quelle vérité la sagesse est-elle faite, qui excède celle que la *sharî'a* nous offre? Ce supplément de joie est la vie future, les mystères eschatologiques, la véridicité des discours qui parlent au futur, qui ne se laissent pas séduire par l'aveugle adhésion légale à ce monde. La sagesse est eschatologique ou elle n'est pas.

Cette conviction ne provoque pas l'apparition de thèses anoméennes, de croyances en rupture avec la *sharî'a*. Ce n'est pas la *sharî'a*, la Loi religieuse qui est en cause, mais son accomplissement dans et par la sagesse. La *sharî'a* n'est pas la sagesse, mais ce qui, amputé de la sagesse, n'est plus rien que paganisme. La *sharî'a* n'est pas sans la sagesse, car elle ne saurait subsister sans se trahir, au cas où elle serait privée de la certitude eschatologique de la survivance de l'âme et de la vie éternelle, du Royaume du Ciel, de la liberté. La sagesse n'est pas sans l'acceptation de la *sharî'a*, car elle est renoncement à soi, obéissance sublime du sage. La *sharî'a* est vénérable parce qu'elle exprime l'ordre de Dieu. Elle est complète quand son ésotérique est personnellement vécu par le sage, elle est aveugle quand elle est privée de la sagesse. Seul le sage, paradoxalement, accomplit la Loi, parce qu'il est libre de l'attachement aveugle à l'extériorité de la Loi.

La sagesse est liberté. On ne saurait trop insister sur ce renversement, cette révolution discrète que la sagesse provoque, dans la configuration de la vérité de la révélation. Le calife de Dieu sur la terre, l'homme serviteur de Dieu devient, comme son Seigneur, possesseur d'une liberté qu'il éprouve en la délivrance de la prison du corps et du monde. Il cesse d'être le gardien d'une tombe pour devenir le voyageur libre lancé dans les espaces du *malakût*, du monde angélique, du monde des cieux, il est appelé à devenir un ange. Sa servitude se renverse en seigneurie, sa misère en joie, sa mort en vie, son ignorance en science.

Un tel idéal de sagesse ne peut qu'engager celui qui le soutient à une épreuve sans réserve : accepter volontairement la mort. Socrate accepte librement le châtiment injuste, parce que le *nomos* est l'inscription de sa liberté et que la liberté n'est rien sans la justice. Subissant, en juste, en sage, le jugement injuste, Socrate reconnaît la légitimité de la Loi, en une sublime volonté libre, très supérieure à une révolte stérile contre la *sharî'a*. Il démontre l'insuffisance de l'exotérique de la *sharî'a* par sa conviction d'un autre monde, et par sa résignation au châtiment, qui seule crée une autre instance que celle de la *sharî'a*, instance innommée, que préfigure la séparation de l'âme et du corps.

La Passion du Christ, longuement contée par les Frères de la Pureté, en contradiction apparente avec le Coran qui nie l'existence de la mise à mort du Christ, de sa Crucifixion, n'est pas un signe de ralliement exotérique au christianisme ; c'est une prise de position musulmane, shî'ite, ismaélienne, qu'un musulman en rupture d'adhésion aveugle peut comprendre. Elle porte une sagesse convergente avec celle de Socrate, elle éclaire Socrate de la hauteur de la Croix.

Deux morts, deux entretiens entre le prophète ou le sage qui va mourir et le cercle de ses fidèles : Socrate annonce à ses disciples qu'il va vers la région suprasensible où les philosophes vivent leur existence surnaturelle. Jésus annonce à ses apôtres : « Je vais vers mon Père qui est votre Père et je vous laisse un testament (*wasiyya*) avant de me séparer de ma condition d'homme (*nâsût*). »[37] Le legs de la sagesse a un sens proche de celui du testament prophétique laissé en dépôt aux « Gens de la Maison » : après la séparation entre le mode d'être corporel et la vie spirituelle, il existe une vie future, que Socrate perçoit sous la forme du banquet éternel des philosophes, que Jésus annonce dans la langue de l'Évangile :

« Lorsque je me séparerai de ma condition d'homme, je demeurerai debout dans les airs à la droite du Trône de mon Père, votre Père. Je serai avec vous là où vous irez, je vous procurerai aide et assistance par la grâce de mon Père. »[38]

La Cène, la mission des Apôtres, le legs du testament spirituel sont l'objet d'un récit qui projette sur la vie de Jésus et l'apostolat des premiers disciples du Christ les formes de l'expérience ismaélienne. Le récit de la mission des apôtres, répandant l'Appel du Messie sous tous les horizons, de l'Occident à l'Orient, préfigure le récit de la convocation spirituelle de l'Imâm. Dans les deux cas, le legs spirituel (*wasiyya*) a pris la place de l'enseignement exotérique de la Loi. Jésus préfigure l'Imâm.

La Passion et l'ascension du Messie mettent en lumière la distinction des deux natures de Jésus : sur la Croix, c'est le *nâsût*, la condition d'homme qui souffre et meurt. Après trois jours, c'est le *nâsût* que l'on ne trouve pas dans le tombeau vide. Le terme *nâsût* désigne le degré inférieur, corporel, sensible, de l'existence, par opposition au terme *lâhût*, qui désigne la condition divine, immatérielle, spirituelle. Le *nâsût* est aussi l'enveloppe corporelle, le *jasad* du Christ. En vertu d'une christologie où les deux natures, le *nâsût* et le *lâhût*, ne sont point unies, mais désignent deux réalités hiérarchisées, la Passion est séparation de la condition d'être spirituelle, abandon de la condition mortelle, épreuve par laquelle l'ésotérique remonte vers « le Père », tandis que l'exotérique est enseveli, avant de disparaître mystérieusement du tombeau. Les Frères, prudemment, ne se prononcent pas sur le tombeau vide. Ils embrayent, après avoir noté les divergences d'opinion à ce sujet, directement sur les actes des apôtres.

La vie et la mort des apôtres, surtout leurs martyres, témoignent de leur mépris du corps, de leur croyance en la vie éternelle de l'âme (*baqâ' al-nafs*) et dans le salut (*salâh al-hâl*). L'ascèse des moines chrétiens, qui imite le sacrifice des disciples, lequel accomplit le testament de Jésus, est un autre témoignage en faveur de cette croyance : « L'un d'entre eux enferma son corps en une petite cellule pendant de nombreuses années, et il s'abstint de manger et de boire, il renonça aux plaisirs, aux vêtements moelleux, aux jouissances et aux passions de ce monde, tout cela en vertu de la certitude très forte de leur croyance en la vie éternelle de l'âme et dans le salut de leur état après la mort. »[39]

Le noyau central de la sagesse des Frères de la Pureté est la résurrection spirituelle, le dogme de la permanence de la vie de l'âme, sa nature incorporelle et surnaturelle. Il est au centre de l'expérience du Messie, de ses fidèles, comme il est l'épreuve de vérité de la mort volontaire de Socrate. La *hikma* réalise la *sharî'a*, non en l'abolissant, mais en faisant de la justice l'occasion de la séparation de l'âme d'avec le corps. Socrate et Jésus, préfigurant l'enseignement ésotérique des Imâms, dessinent les contours d'une sagesse et d'une philosophie entièrement vouées à l'enseignement d'une espérance de vie qui est aussi un modèle de vie.

Chapitre IV

SALUT PHILOSOPHIQUE
ET SALUT SPIRITUEL

LA PHILOSOPHIE SYSTÉMATIQUE

Les toutes premières définitions de la philosophie systématique, dont le nom *falsafa* est la transposition d'un vocable hellénique, sont empruntées aux Anciens. Elles se distribuent selon deux perspectives, l'une pratique, l'autre théorique. Quand il s'agit de se remémorer ce qu'est la philosophie *selon les Grecs*, la *falsafa* a une fonction morale, une fin salvifique, délivrance et bonheur. La philosophie est la vie qui préfigure le bonheur dans l'au-delà, qui l'anticipe et le réalise. Le but recherché par la philosophie est la perfection de l'âme humaine, perfection naturelle, perfection surnaturelle. Celui qui pratique la philosophie atteint en sa vie *présente* la perfection. Or, selon la Loi religieuse, la réalité du bonheur est une jouissance que le bienfaisant ne goûte que dans la vie future. C'est pourquoi la finalité de la philosophie doit inclure une autre fin, qui lui est étrangère mais que la philosophie prétend atteindre, celle que le Coran désigne sous le vocable «rétribution». La philosophie est un perfectionnement pratique et théorétique, selon deux perspectives distinctes mais solidaires.

L'une est tournée vers le «soi», et elle est faite des soins que l'on doit apporter à son âme. La vie conforme à la vertu, qui est le maximum d'activité, est délivrée des choses inférieures et matérielles, en proportion du progrès dans l'actualisation de ses puissances supérieures. La purification morale, les exercices, la médecine spirituelle ne font pas que préparer ce perfectionnement, mais ce sont autant de moyens de l'effectuer. C'est pourquoi l'éthique de la perfection, inspirée par l'éthique péripatéticienne, est aussi une éthique de la séparation, de la désincorporation de la partie supérieure de l'âme, une morale de la souveraineté et du gouvernement de soi, une expérience de l'ascension et du progrès spirituel. Elle est une conception de la vie qui accorde un privilège à tout ce qui préserve la liberté du sage, solitude, isolement, refus des aliénations. Cette solitude du sage favorise deux conversions, la conversion vers soi et la conversion vers le Principe divin. Les exercices, qui s'assimilent aux pratiques des soufis, sont réalisés en vue d'éprouver le contact retrouvé avec sa vraie nature après avoir senti la nostalgie de sa vraie patrie. Ils raniment le désir de s'élever loin des troubles et des passions, des coercitions et des fausses obligations, «d'être devenu un avec l'Un», comme disait Plotin.

Dans ce rapport à soi, il ne suffit pas que l'intelligence choisisse ses plaisirs et domine les facultés inférieures, il faut encore qu'elle ressemble à son Principe, qu'elle adopte la forme que le divin lui permet de connaître par sa révélation dans l'intelligence, qu'elle conforme ses actes aux actions que les attributs divins, ceux qui mettent Dieu en relation avec les êtres émanés de Lui, ne cessent de produire.

La morale est la conception d'ensemble de l'existence qui imite l'art de l'artisan divin. La philosophie peut aussi bien nous détacher du corps et de ses préoccupations que nous aider à le maintenir en bonne santé, selon qu'elle est plus fidèle à l'enseignement platonicien et porphyrien ou qu'elle est plus proche de l'idéal de modération et de tempérance des péripatéticiens et des disciples de Galien. La philosophie est une activité de soi sur soi, dont la fin est de vivre ici-bas selon les normes éthiques voulues par une divinité raisonnable, dont le but est de réaliser la vie future. En ce sens, il est possible de soutenir que, pour ceux qui mènent la vie philosophique, *la philosophie est la résurrection.* Elle est le pressentiment de la vie paradisiaque, elle est l'expérience actuelle et authentique de ce qu'il nous est permis d'espérer et, paradoxalement, elle le prépare en le réalisant, elle l'effectue en s'y préparant. C'est pourquoi la philosophie se substitue au culte et aux pratiques de la *sharî'a,* qui sont indispensables au commun des hommes et ont une valeur politique inestimable. Cela pour sculpter une existence libre et «seigneuriale», dont l'amour spirituel, identique en son essence à la miséricorde et à l'amour divins, exprime l'ineffable liberté.

L'autre perspective est dirigée vers les mondes. Le vocable «*'âlam*», qui se traduit par «monde» ne désigne pas exactement ce que nous entendons couramment par là, un univers physique. Il désigne, dans le lexique philosophique, un degré, une étape, un niveau de réalité, naturel, psychique ou intelligible. Les mondes que l'activité théorétique connaît sont des degrés d'être hiérarchisés qui constituent l'univers intégral des existants créés. La connaissance intellectuelle des êtres monte, de degré en degré, jusqu'à leur Principe, la cause des causes.

La science de l'âme et la science universelle et ordonnée de l'existant sont en miroir l'une de l'autre, elles sont une exploration des hiérarchies des substances d'une part et, d'autre part, une pratique du salut. L'activité théorétique est connaissance de l'être et des domaines divers du langage, de la nature et des mondes surnaturels conduisant au seuil de Dieu. La science des êtres, — physiques, composés de matière et de forme, — mathématiques, dont la forme se peut abstraire dans l'esprit sans que leur existence soit immatérielle, — métaphysiques, dont l'être est absolument immatériel, se calque sur la structure de l'univers et sur celle de notre pensée.

Ces deux faces de l'unique philosophie ont pour emblèmes les noms de Platon et d'Aristote. Les deux polarités, le soi et l'être, entrent en correspondance. L'une n'exclut pas l'autre, mais l'harmonie de l'une et de l'autre est celle de l'intériorité et de l'extériorité, du soi et des niveaux de la réalité, du centre et des cercles. L'ancien et le nouveau sont en harmonie et dessinent une méthode unique par laquelle la connaissance des mondes et celle de l'âme se perfectionnent ensemble. La science des êtres est celle du macrocosme et la science du soi est celle du microcosme. Comme l'écrit al-Kindî, «il faut se le représenter comme un homme unique, c'est pourquoi des gens qui avaient du discernement, des sages anciens qui ne parlaient pas notre langue, ont appelé l'homme un petit univers, étant donné qu'il a en lui toutes les facultés qui se trouvent dans l'univers, je veux dire les croissances, l'animalité et la rationalité»[1].

Cette correspondance du macrocosme et du microcosme fonde la sotériologie philosophique ou régénération de l'âme supérieure. Elle est inséparable d'un horizon qui est celui de l'hermétisme. L'homme intellectif nous rappelle qu'il est l'homme céleste. Il peut alors dire, comme le disciple d'Hermès, «je suis dans le ciel, dans la terre, dans l'eau; je suis dans l'air, dans les animaux, dans les plantes, dans le ventre, avant le ventre, après le ventre, partout»[2]. Cette congruence de l'univers et de l'homme se retrouve dans la langue de ce savoir que Pierre Lory nomme «alchimie philosophique» et que l'on voit à l'œuvre chez Jâbir ibn Hayyân comme dans le pseudo-Platon de la *Tétralogie*. La correspondance entre les mondes de l'Intelligence, de l'Âme et de la Nature explique les actes miraculeux des prophètes, comme l'insufflation de la vie à un oiseau d'argile par Jésus ou les tours de magie de Moïse[3]. Les transformations de l'âme, qui s'élève en se modifiant entièrement au contact du monde angélique, seront des processus moraux, des voies spirituelles, ce seront aussi des alchimies, nommées ainsi le plus rigoureusement du monde. Le microcosme se découvre en réalisant en soi tous les degrés ascendants du macrocosme.

La double destination de l'activité philosophique a son modèle le plus durable en un schème circulaire, celui d'une démarche ascendante suivie d'une démarche descendante. La démarche ascendante du philosophe suit les étapes fixées par l'ordre graduel des existants, qui va des sensibles aux intelligibles. Elle est la conversion des êtres vers leur principe, conversion nécessaire qui va du plus apparent, la manifestation sensible, au plus caché, le «monde de la sainteté» ou monde divin supérieur. La démarche descendante est à l'image de la procession des existants, depuis la première Intelligence jusqu'à la dixième Intelligence, le Donateur des Formes, l'intellect agent, puis de ce dernier jusqu'à la plus basse limite des formes élémentaires, aux confins de la matière et de la privation. Roger Arnaldez a bien vu que cette double démarche du philosophe, identique à la procession et à la conversion de l'être, est gouvernée par la dialectique de l'apparent et du caché, de l'apparition et de l'occultation. La procession a

un point de départ, le *mabda'*, l'origine, et la conversion prend le nom qui désigne, dans le lexique religieux, le retour vers Dieu au Jour de la Résurrection,
le *ma'âd*. Le schème néoplatonicien s'assimile à l'enseignement coranique (cf. Coran 56 : 3 : « Il est le
Premier et le Dernier, l'Apparent et le Caché ; et de
toute chose Il est Connaissant »). « Tout le système de
Fârâbî, comme celui d'Avicenne, écrit Roger Arnaldez,
s'inscrit dans ce verset. »[4]

En s'élevant, par degrés, jusqu'au principe inconditionné, ou du moins jusqu'à l'Intelligence divine
qui en exprime la providentielle et rationnelle souveraineté, l'âme rationnelle est philosophe par nature,
parce qu'elle s'arrache aux troublantes illusions du
monde des sens, aux particularités, aux faussetés en
tout genre. Elle se sauve en « sauvant les phénomènes »,
elle se préserve de l'égarement auquel succombe le
commun des hommes, égaré par l'âme bestiale. En
transmettant le savoir acquis de l'Intelligence angélique, le philosophe devient un maître, qui enseigne
à des disciples, ce qui est faire acte de pédagogie spirituelle. Dans le cas précis des *falâsifa*, il enseigne à
ses disciples le modèle de la Cité parfaite, ce par quoi
le philosophe prend la suite des instructeurs de la
sagesse politique antérieurs, et prend place dans le
chœur des poètes, des maîtres des sentences et des
fabulistes. Mais sa place n'est plus celle du maître
des exemples et des imitations, elle est celle du maître
des formes universelles. De la philosophie conçue
comme art de vivre à la philosophie dite systématique, nous passons d'une sagesse inquiète et prag-
matique, ouverte vers un espace qui la transcende, à
une sagesse totale et dominatrice. Comme l'écrit
Philippe Vallat, « l'idée que la philosophie est à la
fois transmission d'un savoir par le maître à ses dis-

ciples et par le prince pédagogue à ses sujets» rapproche al-Fârâbî des néoplatoniciens grecs[5].

Les problèmes posés par l'activité philosophique sont, par conséquent, de deux ordres, qui sont comme les deux dimensions, ascendante et descendante, d'une seule et même vie et d'une seule et même autorité : l'ordre de l'intellection et de la connaissance, l'ordre du salut personnel et du salut collectif. Le premier ordre s'exprime dans la connaissance de soi et la connaissance des essences, le second dans l'activité pédagogique et politique, le *ta'lîm* ou «enseignement».

Revenons à la première perspective, celle de la démarche ascendante. Selon sa définition *essentielle*, et sans recours aux Anciens, la philosophie est la plus haute des sciences, «l'art des arts», «la sagesse des sagesses» : « Le plus élevé des savoirs humains, quant au degré, le plus noble quant au rang, est le savoir de la philosophie, dont la définition est la science des choses en leurs réalités essentielles dans la mesure de la capacité humaine.»

Nous constatons que cette démarche ascendante, vers les essences, prépare la démarche descendante, qui conduit à guider et à corriger la moralité privée ou la justice publique : «le but du philosophe, en sa science, est d'acquérir le vrai et, en son action, d'agir selon le vrai»[6]. Nous voici au cœur de *la science des sciences*, de l'architectonique du savoir. Deux types de préoccupation, le moment théorétique et le moment pratique, définissent les deux grands domaines d'activité philosophique en terre d'islam : connaître le vrai pour obtenir la perfection de l'intelligence et savoir comment bien agir pour mériter le bonheur et pour le préparer. Il est remarquable que, selon al-Kindî, la première soit placée sous le signe d'Aristote et de ses commentateurs, et que la seconde ait pour leitmotiv une sentence platonicienne, une phrase tirée du dialogue de Platon, *Théétète* (176 a)[7].

L'activité théorique est la connaissance du vrai, elle présuppose l'existence de « réalités vraies » (*haqâ'iq*) qui sont inaperçues par les sens, accessibles à la seule intelligence. L'activité pratique a pour fin l'acquisition habituelle de la vertu. La perfection de l'activité théorique réside dans « l'assimilation à Dieu ». Il s'agit de « se rendre semblable à Dieu » par l'achèvement de la démarche rationnelle, retour et conversion. Mais cette assimilation à Dieu resterait insuffisante si elle ne se parachevait pas dans la science pratique, par le perfectionnement moral et par la fondation, ou du moins l'élaboration intellective du modèle politique. Depuis Fârâbî jusqu'à Averroès, la destination politique de la démarche descendante de l'activité philosophique s'est affirmée haut et fort.

LA DÉCISION ÉCLAIRÉE

Selon Fârâbî, les trois expressions que sont « le guide », « le philosophe » et « le nomothète » ont une seule et même signification. La philosophie n'est pas autre chose, lorsqu'elle est l'activité du guide, que la production du juste *nomos*, ce que nous nommerons la politique réelle, vraie ; et elle n'est rien si elle n'est la juste guidance. En ce sens, la philosophie absorbe l'ensemble des missions dévolues au prophète. Fârâbî ne dit cependant pas que la philosophie *est* la politique et la politique seule, puisqu'il rappelle que « le nom du philosophe renvoie à la vertu théorétique en sa perfection suprême, absolument parlant ». Dans sa définition essentielle, la philosophie est contemplation; relativement à la cité, elle est enseignement et législation, elle est guidance. La législation philosophique exige du philosophe l'excellence de la connaissance des réalités intelligibles qui sont à l'œuvre dans l'action, qui instruisent l'intellect pratique, mais aussi l'excellence du pouvoir de les produire concrètement en les instaurant, dit Fârâbî, dans les communautés et les cités. Le philosophe ne peut être nomothète s'il ne possède, en plus de sa parfaite contemplation, le pouvoir souverain de décision. «Le nom du roi renvoie à l'autorité (*tasallut*) et au pouvoir de décision (*iqtidâr*).»[8]

Comme fait Platon, les philosophes n'accordent pas créance aux vertus de la délibération publique. Ce que la pensée libérale place au centre du politique, l'espace public de la discussion, ils le situent dans la vertu délibérative, qui n'est pas le choc des opinions, mais ce qu'en a dit Aristote, soit une sorte de prudence politique ou domestique[9]. La Cité parfaite n'est pas la cité où l'on discute, mais celle où le maximum de pouvoir de décision concrétise le maximum de connaissance vraie. La loi sans la puissance n'est rien, comme la puissance sans la loi est source des maux. Résumant un passage célèbre de la *République*, Averroès dit que le sage est aux citoyens ce que le pilote, expert dans la science de la navigation, est au navire. Les marins ignorants soutiennent que la navigation n'est pas un art qui se puisse enseigner. Pire, si quelqu'un le prétend, ils le méprisent et le mettent à mort. Il en va comme de la relation du malade au médecin: si le malade n'est pas persuadé de l'existence de l'art de la médecine et ne se soumet pas au médecin, il ne guérira pas[10]. Parmi toutes les causes qui font naître l'anarchie et la tyrannie, il y a le mécanisme qui fait adhérer à des doctrines dangereuses, et Ghazâlî relève, toujours d'une manière platonicienne, le lien entre la domination des passions, la poursuite du plaisir, le rejet de la Loi et l'adhésion aveugle à qui promet la satisfaction des inclinations passionnelles dont chacun est la victime[11]. Dans la Cité vertueuse elle-même, des « pousses » ou croissances peuvent apparaître, qui toutes ressortissent aux perversions nées de la libre expression des opinions défectueuses : les hypocrites qui visent d'autres buts que la félicité véritable, le plaisir ou les honneurs, les pervers, qui interprètent les règles des habitants de la cité vertueuse en fonction de leurs passions, les insoumis, qui ne se satisfont pas du pouvoir des vertueux, les renégats, qui mésinterprètent les lois, ceux qui créent un semblant de vérité et induisent les autres en erreur[12].

La rupture que nous constatons dans l'œuvre de Sohravardî, puis dans les philosophies ultérieures, comme celles de l'époque plus récente, qui va du XVIIe siècle à la fin du XVIIIe siècle, concerne la démarche descendante de l'activité philosophique. Le *ta'lîm*, l'enseignement du maître, n'a plus pour finalité supérieure l'activité nomothétique, elle ne se fixe plus d'espace politique privilégié où s'exercer en priorité. Dans le prologue du *Livre de la sagesse orientale*, Sohravardî hiérarchise les divers degrés de l'activité philosophique.

Selon lui, le philosophe accompli est « le philosophe divin » qui unit le savoir né de la recherche et de la dialectique rationnelle et la divinisation de soi (*al-ta'alluh*) ainsi nommée selon le sens du mot grec *apotheosis*. La « divinisation de soi », c'est le terme de la motion intérieure de l'intelligence qui permet de « se rendre semblable à Dieu », c'est le fruit d'un apprentissage et d'une ascèse qui conduit à gravir les échelons qui mènent à la contemplation et à l'expérience des mondes divins. Sohravardî écrit : « Si, en une époque donnée, il arrive qu'existe [un philosophe] qui ait pénétré dans la divinisation de soi et dans le savoir dialectique, à lui revient l'autorité, et c'est lui le calife de Dieu. Si ce n'est pas le cas, l'autorité revient à celui qui a pénétré dans la divinisation de soi tout en restant moyen dans le savoir dialectique. Si cela ne se présente pas, alors ce sera le philosophe qui aura pénétré dans la divinisation de soi, mais à qui manque le savoir dialectique. Le monde ne sera jamais privé de celui qui a pénétré dans cette divinisation de soi et qui est plus digne de l'autorité que le dialecticien. Car le califat requiert la réception directe de la connaissance. Je n'entends pas, par cette autorité, la domination politique. Il arrive parfois que le guide divinisé exerce son autorité en plein jour, et parfois qu'il reste caché. C'est lui alors que la foule nomme "le Pôle". Il possède l'autorité même s'il est entièrement inconnu des hommes. Lorsque le gouvernement est entre ses mains, c'est un âge de lumière. Lorsque l'époque est privée de la gouvernance divine, les ténèbres triomphent. » [13]

De ce texte, il ressort que l'autorité revient bien au philosophe, mais que le philosophe qui mérite d'en être revêtu n'est pas le dialecticien. Il est celui qui unit le savoir rationnel déductif, qui procède par moyens termes, et l'illumination (*ishrâq*) ou saisie immédiate, sans médiation, des lumières divines. Ce pouvoir d'intuition immédiate est supérieur à l'intellection ordinaire. Il offre au philosophe une transformation de soi qui est la «divinisation». C'est, en dernière instance, l'union de la capacité à raisonner et de cette expérience de la « divinisation » qui constitue le philosophe digne de l'autorité ; par défaut, celui qui a pénétré dans la «divinisation» de soi vaudrait mieux que le dialecticien qui en serait privé. D'autre part, l'autorité n'est pas politique et se distingue de la violence contraignante (*al-taghallub*).

On remarquera que la distinction entre tyrannie ou violence et juste gouvernement est au cœur du système de Fârâbî, mais qu'elle prend ici un sens nouveau. Elle n'est plus une distinction *politique*, entre le régime de la Cité parfaite et un régime imparfait, mais une distinction *spirituelle*, entre le pouvoir violent, jugé inférieur et ténébreux, et l'autorité pacifique du vrai sage, seule lumineuse et supérieure. Ceci explique que l'autorité puisse revenir à un homme caché, inconnu du public. Enfin, cet homme prophétique[14] est analogiquement identifié à celui que la foule connaît sous les traits du «Pôle», qui est le rang suprême dans les hiérarchies mystiques des ordres du soufisme. Cette analogie est consentie par Sohravardî pour que nous comprenions ce qu'il entend par autorité authentique. Elle régit les cœurs et les âmes, comme l'autorité du maître spirituel, et non les corps ou les actions d'abord, comme celle du politique. L'histoire humaine se dévoile, lorsque son sens s'éclaire, et son sens est donné par le règne ou l'absence de règne du maître spirituel.

Voici qui nous reconduit à tout un ensemble de facteurs qui légitiment, dans la *falsafa*, la destination politique de l'enseignement, de la pédagogie philosophique. Le *ta'lîm* du philosophe se substitue, de façon polémique, à un *ta'lîm* antérieur et extérieur à la philosophie : celui de la parole gnostique contenue dans les dits des sages par excellence, les prophètes mais aussi les Imâms reconnus par les diverses branches de l'islam shî'ite. Comme l'ont montré Henry Corbin et Mohammad-Ali Amir-Moezzi, l'enseignant par excellence, et donc le nomothète, c'était le guide divin, l'Imâm doué de facultés supra-rationnelles et d'une nature immaculée. Cet Imâm avait toute autorité pour guérir les âmes de ses fidèles et pour exercer le pouvoir légitime sur la communauté des hommes rassemblés. La *falsafa* a construit le modèle d'un guide humain doué, lui aussi des lumières divines, mais non point de lumières supra-rationnelles. Au contraire, sa science, différant en cela de la science des prophètes et des Imâms — quoiqu'elle se réclamât d'une proximité et d'une conformité avec celle-ci — est rationnelle et démonstrative.

Le philosophe y prend la place de l'Imâm, pour que l'Imâm devienne philosophe, et la philosophie rationnelle vaincra, en ce point capital, les anciennes formes de représentation de l'autorité, puisque les théoriciens fatimides eux-mêmes adopteront, pour définir l'autorité des grades initiatiques supérieurs, le modèle philosophique et cosmologique de l'intellection[15]. Il reste, dans l'histoire de la philosophie, trace de cette substitution, sous la forme des théories des régimes politiques, et il en restera trace dans la littérature shî'ite, sous la forme de la philosophie de l'initiation, quand le shî'isme ismaélien reprendra des mains jugées fragiles du philosophe la plupart de ses moyens d'action, pour les homogénéiser avec sa propre conception du *ta'lîm*, de l'enseignement supra-rationnel.

Il n'en est que plus significatif de constater que, dans les réformes apportées par Sohravardî à la définition même de l'activité philosophique, la disparition de la prétention platonicienne à l'activité nomothétique consacre un renoncement et une réorientation vers le «soi», vers l'intériorité, mais aussi vers le pouvoir de l'illumination, de la connaissance directe de la lumière divine, par laquelle l'intelligence humaine se transforme et devient intelligence angélique. L'appellation fameuse par laquelle Henry Corbin nomme

Sohravardî et ses disciples, « les Platoniciens de Perse » n'est donc pas tout à fait exacte. Platonicienne, la perspective ouverte par la philosophie *ishrâqî* l'est sans doute, si l'on songe à la dualité des *orients* et de l'*occident* spirituels. Mais elle ne l'est plus, elle ne l'est pas, si l'on compare la destination législatrice et décisionnaire de la philosophie selon Fârâbî à la figure du Pôle spirituel selon Sohravardî. Le désir politique de la juste cité, s'il est paradoxal et s'il est impossible à satisfaire chez Platon, n'en instruit pas moins les pages des *Lois*, qui sont le référent de Fârâbî. Or, un tel référent, la philosophie de l'*Ishrâq*, à notre connaissance, l'ignore.

Quant aux philosophes shî'ites duodécimains, depuis le XIVe siècle jusqu'au XVIIIe siècle, ils renoncent à faire de la philosophie un enseignement politique parce qu'ils sont fidèles à une définition du pouvoir et de l'autorité du prophète et/ou de l'Imâm qui est, elle-même, supra-rationnelle, mais aussi *métapolitique*. Leur Imâm est un Imâm caché, occulté — semblable au philosophe caché que mentionne Sohravardî, ne communiquant plus avec ses fidèles et avec l'humanité que par la médiation tout intérieure des visions et de l'enseignement contenu dans les traditions recueillies dans de vastes ouvrages de *hadîth*. La politique n'est alors plus un sujet de recherche privilégié du philosophe, tandis que les problèmes juridiques et spirituels liés à l'application de la législation dans les sphères du droit civil et du droit religieux reprennent toute leur vigueur, à une place inférieure, qui est celle des corps et de leur discipline.

Commentant ces ouvrages ou récollections de propos des Imâms, ou commentant les dits prophétiques, le philosophe, contrairement au savant juriste, spécialiste de la gestion des comportements, ne prétendra plus exercer une autorité législatrice qui serait représentative de la volonté supérieure de l'Imâm. Il prétendra seulement guérir les cœurs et convertir l'âme vers sa destination la plus haute. Il exercera une science exégétique, liée à la science démonstrative, afin d'éclairer les étapes du voyage de l'âme vers le monde divin.

Il est remarquable que ce soit la *falsafa*, depuis Fârâbî jusqu'à Averroès qui, au nom du primat de l'intelligence rationnelle, ait concurrencé la prophétie et l'imamat, ait conduit la philosophie sur le terrain de l'autorité théologico-politique, et cela selon un modèle platonicien, celui de la dialectique descendante, celui que Platon a défini à la suite du récit symbolique de la Caverne. Il n'est pas moins significatif que, loin de poursuivre toujours ou principalement sur cette voie, les philosophies shî'ites duodécimaines, qui accompliront la synthèse finale de l'intelligence philosophique en terre d'islam, se soient largement déprises de cette ambition, laissant à l'autorité extérieure du pouvoir royal la gestion du monde inférieur humain, pour octroyer au savant et au philosophe une autre autorité, celle qui consiste à enseigner la liberté intérieure et la conformité intérieure à l'enseignement sotériologique de la prophétie et de l'imamat. Nous en donnons, à la fin du présent ouvrage un exemple détaillé, à notre sens un exemple qui a valeur normative, dans l'exégèse du dit coranique «Pas de contrainte en religion» opérée par Mullâ Sadrâ[16].

Au total, la philosophie entend être la véritable science des vertus et des vices, et elle se veut, en son accomplissement maximal, conjonction avec l'activité divine, assimilation des actes humains aux actes divins. Dans l'espace mental de l'islam, un tel motif prend un relief perceptible si l'on donne toute son importance à la reconnaissance du terme final de la connaissance en la réalité divine. La connaissance

théorétique nourrit la philosophie pratique, parce
qu'elle n'est pas une activité sans fin, écrit al-Kindî.
La philosophie n'est pas un exercice sceptique ouvert
sur un espace sans borne. Elle s'achève, comme
s'achève l'ordre des causes et des effets, en « la cause
de l'être de toute chose », dont la stabilité est le Réel,
le vrai, « car tout ce qui possède une existence possède
une réalité essentielle et, nécessairement, le Réel est
existant pour des existences qui sont »[17].

« SE RENDRE SEMBLABLE À DIEU »

À la suite des Anciens, la philosophie a pour définition nominale *l'amour de la sagesse* ; cet amour a
pour objet « l'assimilation aux actes de Dieu », la
« préoccupation de la mort ». La philosophie est la
« connaissance que l'homme a de soi-même ». Elle
n'est pas alors une science des choses extérieures,
mais la connaissance de soi, et elle exprime sous plusieurs vocables le « souci de soi » que la philosophie
antique a thématisé. Se connaître soi-même, connaître
sa propre âme, penser à sa mort, mourir volontairement aux choses de néant pour vivre selon l'authentique nature de l'homme, sont autant de préceptes
que la philosophie islamique enrichira de toute l'expérience que l'ascétisme des adeptes du soufisme
aura accumulée. Mais, en ses débuts, la *falsafa* diffère
des pratiques ascétiques des soufis, parce qu'elle définit
l'âme et son destin dans les termes platoniciens.

La maxime « se rendre semblable à Dieu » est
empruntée à un passage du dialogue *Théétète* (176 a)
où Socrate, après avoir dit qu'« il est impossible que
le mal disparaisse » et que le siège du mal ne peut

être le monde divin, identifie le «lieu d'ici-bas» au séjour du mal. Il en déduit ce qu'est l'effort qui s'impose : «d'ici-bas vers là-haut s'évader au plus vite». Or, l'évasion de l'âme, c'est cela «s'assimiler à Dieu dans la mesure du possible». L'évasion, la divinisation de soi sont deux efforts conjoints, car il faut devenir juste et conforme à la loi divine (*osios*) «dans la clarté de l'esprit» (*phronêseôs*)[18]. *Théétète* était-il accessible aux lecteurs musulmans? Sa traduction en arabe est signalée par le *Fihrist* d'Ibn al-Nadîm et par al-Qiftî, mais nous n'en avons pas d'autre trace. Il est probable que la sentence «se rendre semblable à Dieu» fut véhiculée seule, et qu'elle fut rendue accessible par son interprétation plotinienne. Quoi qu'il en soit, il est remarquable que la méditation de l'évasion, de l'intellection conçue comme retour à Dieu et assimilation à Dieu s'accompagne d'une réflexion portant sur le mal et la providence divine, singulièrement chez Avicenne, tout comme c'était le cas chez Platon.

S'il est exact que cette maxime s'entendit en un sens plotinien, elle engagea la conception même de l'âme humaine sur la voie que le néoplatonisme invitait à suivre. Sans doute, selon sa définition aristotélicienne, l'âme est-elle «l'entéléchie première d'un corps naturel possédant la vie en puissance»[19]. Mais Avicenne en modifie l'intention, lorsqu'il valorise la notion de *perfection*. En un sens, l'âme est principe de vie, en un autre sens, «l'âme est une substance incorporelle, perfection du corps, le mouvant par un choix venu d'un principe rationnel, c'est-à-dire intellectuel, en acte ou en puissance. Celui qui est en puissance est la différence spécifique de l'âme humaine et celui qui est en acte est une différence ou un propre de l'âme angélique»[20]. C'est sous cet aspect que l'âme humaine, en son unité foncière, mais aussi en sa fine

pointe intellective, peut et doit recevoir une injonction qui ne saurait avoir de sens si l'âme était, en son
entièreté, liée au corps dont elle est la forme, au
point de vivre et de disparaître avec lui, sans pouvoir
s'en détacher.

«*CONNAIS-TOI TOI-MÊME*»

L'activité philosophique ne fait rien d'autre que ce
que fait notre conscience quand elle prend acte de
l'unité et de l'immatérialité de ce que nous nommons
«Je» ou «Moi». Elle est, en son commencement, cette
conversion à soi que la conscience effectue toutes les
fois qu'elle se détourne des objets de la sensation
externe pour revenir à soi. En un texte célèbre, Avicenne dévoile la vérité de l'expérience la plus commune de l'identité, de l'unité et de la priorité de la
conscience dans une expérience philosophique : «Sup-
posons donc qu'un homme soit créé d'un seul coup,
avec des extrémités séparées, mais qu'il ne les voie
pas ; que, par quelque hasard, il n'y touche pas non
plus et qu'il n'y ait pas de contact entre elles ; qu'en
plus, il n'entende pas de voix. Dans ce cas, il ignore-
rait l'existence de tous ses membres et pourtant, tout
en l'ignorant, il connaîtrait l'existence de son propre
moi comme d'une réalité unique. Or, ce qui est ignoré
n'est pas identique à ce qui est connu. En fait, ces
membres sont, dans la réalité, comme des vêtements
qui, par suite du long usage que nous en avons fait,
seraient devenus pour nous comme des parties de
nous-mêmes, et lorsque nous imaginons "nous-mêmes"
nous ne nous imaginons pas "nous", mais nous nous
imaginons possédant des corps qui nous revêtent, la

cause en étant le long usage que nous avons fait de ceux-ci. »[21]

Cette expérimentation philosophique permet de se délivrer de l'imagination ordinaire qui nous fait nous reconnaître dans la présence de notre corps, pour lui substituer la connaissance d'une présence plus fondamentale, celle du « soi », celle de l'unité du « soi ». Le corps nous est alors connu pour ce qu'il est, ce que sont les vêtements, un voile et un instrument utile. Il en va comme dans l'expérimentation cartésienne de ce qu'est le morceau de cire, quand nous substituons la connaissance claire et distincte de l'étendue à l'imagination et aux sens qui nous donnent les pensées immédiates des qualités secondes du corps. Mais tandis que Descartes dévoile l'essence de l'étendue, chose corporelle en général, dont les seuls attributs sont quantité, mesure, mouvement, Avicenne dévoile l'essence du « moi », dont la présence antérieure à toute autre présence est la sentinelle silencieuse qui veille à notre identité[22]. Ajoutons, pour éviter toute confusion, que la réduction avicennienne n'est pas une méthode comparable à celle qui procure à Descartes la certitude de l'existence de la *res cogitans*.

Cette présence de soi à soi diffère de la présence que les objets de la sensation ou de l'imagination ont dans les organes des sens externes ou dans la configuration imaginative. En effet la présence sensible est antérieure et irréductible à l'intellection. S'il y a intuition de soi par soi, présence de soi à soi, il ne peut s'agir d'une présence spatiale et matérielle. La subdivision des puissances de l'âme ne nous aide guère à comprendre en quoi elle consiste, puisque les puissances de l'âme, forme du corps, ne sont manifestement pas en cause ici. L'analyse de l'âme rationnelle n'est guère d'un meilleur secours. L'intellect se divise en deux puissances, la puissance de connaître et la puissance d'agir. Chacune des deux se nomme « intelligence » par équivocité. La puissance pratique est gouvernementale : elle est celle qui doit gouverner les autres puissances, qui sont corporelles, selon les jugements que lui rend nécessaires la puissance théorétique. Elle est le pouvoir que l'intelligence possède, de dominer, de régenter, et de ne pas être dominé ou entravé par les puissances de la vie animale. C'est par la puissance de l'intellect pratique que nous exerçons le gouvernement de nous-mêmes et que nous nous rendons libre, selon les jugements de l'intellect théorétique[23]. Tout absorbée dans cette activité hégémonique, la faculté pratique déploie les pouvoirs du « soi » mais n'atteste pas l'existence originaire de ce « soi », sa présence.

L'intellect théorétique est, dit Avicenne, une puissance dont la fonction consiste à recevoir l'impression des formes universelles séparées de la matière. Toute connaissance commence avec l'expérience, même si elle ne dérive pas de l'expérience, puisqu'il faut l'illumination de l'intellect agent pour que l'intellect humain actualise pleinement les formes abstraites des individus matériels concrets. Privée encore de l'éclairage de l'intellect agent et du procès d'abstraction, du dépouillement complet des propriétés matérielles des objets, la puissance théorétique est « intellect matériel », parce qu'elle est en état de potentialité absolue. Au vrai, la potentialité absolue de l'intellect n'est qu'une sorte de limite inférieure de l'intellect qui, dans son existence effective, assentit toujours à des vérités premières, du type « le tout est plus grand que la partie » ou encore aux règles élémentaires de la déduction ($A = B$, $B = C$, donc $A = C$). L'axiomatique de l'intelligence est constituée des intelligibles premiers. Quant aux intelligibles seconds, ils sont acquis, et ils s'actualisent dans l'intellect de sorte qu'il devienne intellect en acte. Alors, il intelligе en acte et *il intellige qu'il intellige en acte*[24].

La présence à soi, en une réflexivité immédiate de l'intellect, est le fait de l'intellect acquis, actualité absolue de la forme intelligée et de l'intellect qui l'intellige. Ici encore, nous ne comprenons pas bien comment le «soi» fait acte de présence à soi, puisque ce qui fait acte de présence, c'est la forme intelligée, et que la présence à soi de l'intellect se résume à la présence même de la forme intelligible. Je sais que je sais, toutes les fois que je sais. Dans l'expérience de soi, la subjectivité ne fait pas acte d'intellection à proprement parler. Il y a là une vraie difficulté du système avicennien. Meryem Sebti demande à juste titre : «L'aperception de soi est-elle une simple présence ontologique à soi-même, une conscience préréflexive ainsi que le laissent entendre certains textes, ou bien faut-il la caractériser comme réflexivité et l'identifier au retour complet sur soi qu'effectuent les substances immatérielles et qui les déterminent comme telles ? »[25]

La conscience de soi (*shu'ûr bi-dhâti-hi*) ne nous semble pas être l'auto-intellection de l'intelligence humaine, dans l'instant de son intellection active et immatérielle de la forme, autrement dit dans la connaissance représentative ou formelle. Cependant, nul doute que l'intelligence se sache être ce qu'elle est, intelligeant en acte, dans l'instant de la formation intelligible de la forme qui lui est octroyée. Faut-il parler alors d'une sorte d'extase de l'intelligence? Peut-être, mais il s'agira de l'extase de l'universel pour l'universel, d'une présence souveraine du vrai dans le vrai — ce qui annonce l'admirable doctrine averroïste de la science —, et non d'une présence de l'ipséité personnelle à soi ou d'une aperception de

soi qui ne se puisse traduire que dans l'ineffable aperception du moi. On admettra, avec Meryem Sebti,
qu'«Avicenne n'a pas toujours été en mesure de
rendre raison de l'intuition la plus profonde de sa
psychologie, qui lui fait saisir la particularité de la
vie psychique comme indissociable d'une présence
ontologique à soi qui garantit l'identité de l'individu»[26]. Le mot est lâché, «intuition». Le «soi» fait-il
preuve de soi par intuition?

L'intuition (*al-hads*) a fait couler beaucoup d'encre.
Louis Gardet y voyait une «actuation» plus parfaite
que celle de l'intellect en acte, un «éclair» d'illumination qui advient dans le miroir parfait des formes
intelligibles, éclair éminemment présent à l'intelligence des prophètes, et reçu par les «vrais savants»
(*al-'ârifûn*), les «gnostiques»[27]. Pourtant, l'intuition
n'est pas différente, en son essence, de l'intelligence,
elle est une sorte de raccourci de l'intelligence rationnelle, qui se passe alors de l'ensemble des moyens
termes de la déduction pour aller aussitôt à la conclusion. L'intuition est un discernement rapide du vrai[28].
Les deux interprétations de l'intuition, celle qui en
fait un pouvoir supérieur à la connaissance démonstrative, celle qui y voit une propriété spéciale des
intelligences rapides et aiguisées, ne sont pas incompatibles. L'intuition est une disposition de l'intellect
humain et elle n'a donc rien qui soit, par nature, le
privilège de quiconque. Mais lorsqu'elle s'intensifie,
dit Avicenne, «chez certains hommes», voici que ces
hommes rares n'ont pas besoin de grand-chose pour
prendre contact avec l'intellect agent. Le degré de
l'intellect saint (*'aql qudsî*), atteint par l'intuition du
prophète ou du savant est du genre de l'intellect
habitus, si ce n'est qu'il est très élevé, dit Avicenne, et
qu'il n'est pas donné en partage à tous les hommes.

En ce sens, l'intuition, qui épargne à l'intellect les

moyens termes de la démonstration et de la déduction, nous renvoie à l'effusion de la lumière de l'intellect agent sur l'imagination, et au rôle de l'imagination, lorsque celle-ci n'est pas tournée vers les choses sensibles, mais vers les réalités intelligibles. Les opérations dont il s'agit alors sont reliées à l'esprit saint (*rûh qudsî*) et elles s'effusent sur la faculté imaginative, qui en produit l'image et l'imitation (*hikâya*), de sorte que cette image se configure ensuite dans les sens. Or, ce flux de la lumière intelligible explique qu'il soit possible « qu'existe une personne humaine dont l'âme est douée d'intense pureté et d'une intense conjonction avec les principes intelligibles, je veux dire en réceptivité de l'intellect agent en toute chose. C'est pourquoi les formes qui sont en l'intellect agent s'impriment en lui, [formes] de toute chose, ou d'un seul coup, ou presque instantanément, en une impression qui n'est pas adhésion aveugle, mais selon un ordre qui comprend les moyens termes. Car les objets de l'adhésion aveugle, dans les choses qui sont seulement connues par leurs causes, n'ont aucune certitude intellective. Cela [dont nous parlons] est un mode de la prophétie. Mieux ! La plus haute puissance de la prophétie, la première qui mérite que cette puissance soit nommée *puissance sainte*. C'est le plus haut degré des puissances humaines »[29].

Loin de nous renseigner sur le « soi » et sur la présence à soi, l'intuition nous entraîne à considérer le statut de la prophétie, en éclairant les statuts de l'intellection et de l'intellect acquis. Le prophète est celui qui, comme le philosophe, possède pleinement l'intellect acquis. Mais il le fait de telle sorte qu'il soit le chef suprême, parce qu'en lui le chef suprême des puissances humaines, l'intellect acquis est intellect saint. « Se rendre semblable à Dieu », c'est acquérir l'intellect acquis. Mais nul ne se rend davantage semblable à Dieu que celui qui se rend semblable à la source de l'émanation, du flux de l'intelligence, l'intellect agent — sans pour autant l'égaler. Tel est l'homme prophétique. Quant au «soi», son énigme nous reconduit sans doute à cela même qui est son «autre» et qui, d'une certaine façon est son secret.

LA DESTINATION DU SAVANT

Avicenne a déterminé pour longtemps la définition de la philosophie en terre d'islam, et il l'a fait singulièrement dans *Les Indications et les remarques*. Comme son titre l'énonce, cet ouvrage n'est pas une exposition complète des sujets qu'il traite, mais il entend attirer l'attention du lecteur vers des connaissances nécessaires, par des signes, des indications allusives (*ishârât*) et des conseils, de brefs éveils de l'intelligence assoupie (*tanbîhât*). De là que ce livre soit tout sauf explicite quand il présente, dans les trois derniers groupes d'indications et de remarques, ce que sont les conséquences théoriques de la théodicée philosophique, l'intellection, la joie, le bonheur et les étapes de la connaissance la plus vraie, l'*irfân*, ainsi que les traits distinctifs du '*ârif*, du savant parfait.

Le «savant parfait» est-il un «gnostique»? Avicenne décrit-il les étapes de la vie spirituelle du soufi? Ou s'agit-il de faire le portrait du philosophe authentique, l'examen de son expérience? Si l'on se fie au commentaire autorisé de Fakhr al-Dîn al-Râzî, on conviendra qu'il s'agit du soufi, et non du philosophe. Telle est la conviction de bon nombre de spécialistes d'Avicenne. Mais si l'on considère que l'opinion de Fakhr al-Dîn al-Râzî reflète sa propre compréhension de la *falsafa*, on peut faire une hypothèse de lecture moins tranchée. Les huitième et neuvième groupes d'indications et remarques ne nous décrivent pas les étapes de l'intellection scientifique analysées dans les textes avicenniens consacrés à la théorie de la connaissance, mais ils portent sur la destination et sur le sens de cette intellection, sur le but visé par elle et sur la formation d'un type spécial d'expérience qui, sans doute, intègre diverses pratiques empruntées au soufi — ce que Ghazâlî tiendra pour une inqualifiable usurpation. Mais qu'il y eût là coquetterie n'aurait guère de sens, si l'on considère le sérieux avec lequel l'expérience du *'ârif* est valorisée. Il ne s'agit pas, selon nous, de substituer au philosophe le soufi, ou de dire que le soufi est supérieur au philosophe, mais de déployer les conséquences expérimentales de ce qu'Avicenne a découvert : la conscience de soi et le fait que l'intelligence quand elle intellige, intellige qu'elle intellige. Il s'agit donc bien d'une définition systématique de l'expérience philosophique.

Le septième groupe des «indications et remarques» porte sur le *tajrîd*, qui désigne aussi bien l'abstraction des formes universelles à partir des particuliers sensibles que la séparation et l'ascèse.

Selon le commentaire de Nasîr al-Dîn al-Tûsî, ce chapitre porte sur «l'élucidation de la survivance ou permanence des âmes humaines après qu'elles se sont séparées des corps»; il enseigne «comment les intelligibles sont à demeure dans les substances séparées qui les intelligent». Cela entraîne qu'il est, selon lui, nécessaire de remonter vers un acte, où s'auto-intellige dans l'intelligence humaine (*ta'aqqul*) l'Être nécessaire, dont l'émanation qui est Intelligence rassemble les existants universels et particuliers sur le mode premier et suréminent. Selon Tûsî, l'auto-intellection du Nécessaire révèle la science divine, dévoile comment elle est la cause de l'ordre universel. Par là, l'intellection métaphysique est la théodicée, la compréhension de ce que les maux soient intelligés par Dieu, en sa providence, du point de vue où ils sont des biens qui s'ensuivent de la nature de Dieu, qui est bien pur.

Même si ce commentaire est orienté dans le sens fréquent chez Tûsî, celui de la théodicée, il est conforme à l'intention d'Avicenne, puisque celui-ci conçoit la philosophie comme science intégrale de l'ordre. Surtout, cette lecture a le mérite de comprendre comme un acte unique l'abstraction intellectuelle qui conduit à l'Être nécessaire d'une part, et l'expérience de la philosophie, la séparation, l'ascèse, où s'expérimente la vérité de la résurrection, d'autre part. La philosophie n'est pas seulement la préparation de la résurrection, elle est la résurrection même, parce qu'elle effectue la permanence de l'âme après la séparation du corps, qui est la vérité philosophique de la résurrection, qui est sa seule vérité.

Le mouvement de conversion dont le terme est l'assimilation à Dieu est le mouvement même de l'être. Avicenne dit que «l'être prend son point de départ en ce qu'il y a de plus noble et finit en la matière première, puis il fait retour depuis ce qu'il y a de plus vil jusqu'à atteindre le degré de l'âme rationnelle et de l'intellect acquis»[30]. Le mouvement de la conversion de l'âme a sa limite supérieure dans l'intellect acquis. C'est pourquoi l'assimilation à Dieu ne saurait être une entière métamorphose de l'intelligence humaine en la forme divine. Ce mouvement n'en accomplit pas moins le destin de l'être, d'abord animé de la motion qui le fait déchoir du plus haut qui est activité pure, au plus bas qui est potentialité pure, du bien pur au lieu du mal et de la privation. Puis, l'être est animé du mouvement ascendant qui le dépouille progressivement des impuretés et des potentialités de la matière. Le schème directeur de la philosophie est ainsi tracé, et il se maintiendra tel qu'il est présent dans la définition avicennienne chez les penseurs *ishrâqîyûn* comme dans les diverses écoles du néoplatonisme islamique ultérieur.

Le motif moral, religieux, déjà présent en ce que dit Socrate dans *Théétète*, ne fait qu'un avec un motif ontologique. L'histoire de l'âme et ses aventures, exil, prison, évasion, remontée, conjonction, est l'histoire de l'être. L'âme rationnelle (*al-nafs al-nâtiqa*) est le substrat des formes intelligibles et elle n'est pas imprimée dans le corps par lequel elle subsiste. Le corps est son organe, son instrument. Que le corps cesse d'exister, dit Avicenne, et cela ne nuira pas à la substance de l'âme. Au contraire, l'âme demeure, elle possède une permanence (*baqâ'*) grâce aux intelligibles, qui ne sont pas seulement des objets de connaissance, des concepts. Par leur conjonction avec l'intelligence humaine, ils lui octroient sa subsistance.

L'injonction aristotélicienne de «se conduire en immortel», dont Nasîr al-Dîn Tûsî fait le maître mot de la vie théorétique et du plaisir qui la récompense, se propose lorsque le philosophe recherche le sens de l'assimilation au lieu supérieur, au séjour du divin[31]. Le point, chez Avicenne, où tradition péripatéticienne et inspiration platonicienne se séparent, est le point ultime atteint par l'intelligence, par l'âme pensante en son ascension. Selon Avicenne, ce point est l'*habitus*, l'acquisition permanente de la jonction (*ittisâl*) avec l'intellect agent, qui est une substance angélique, la dixième Intelligence émanée du prin-

cipe divin[32]. Avicenne reproche, en des termes vio-
lents, à Porphyre de professer que se joindre à
l'intellect agent, c'est devenir l'intellect agent. Or,
devenir l'intellect agent serait devenir semblable à
l'une des émanations divines, devenir ange, et donc,
en un sens, devenir « semblable à Dieu ». L'assimilation se borne à une conjonction qui ne va pas jusqu'à
l'unification. Dans la voie avicennienne, Mullâ Sadrâ
soutiendra, lui, que le philosophe *devient* intellect
agent, réhabilitant ainsi l'intrépidité de la démarche
attribuée à Porphyre.

Si nous cherchons à définir ce qu'est le *'ârif*, littéralement « celui qui sait », nous pouvons en reconnaître désormais la nature. « Celui qui sait » est le
philosophe qui éprouve, par l'effort qui vise à se délivrer des impuretés et des voiles de la matière, et
grâce à la jonction avec l'intellect agent, la perfection de l'intellect théorétique. Il est le parfait contemplatif. Cette perfection est inséparable d'une autre
perfection qui, elle, est d'ordre pratique, d'ordre
expérimental. « Ceux qui savent », écrit Avicenne, sont
« ceux qui se sont séparés »[33]. La contemplation va de
pair avec l'ascèse : « Ceux qui savent et qui se sont
séparés, lorsque la souillure de la liaison avec le corps
est placée loin d'eux et qu'ils se sont délivrés des préoccupations ou obsessions, arrivent en se libérant au
monde de la sainteté et du bonheur et sont revivifiés
par la perfection suprême et le plaisir supérieur qui
s'actualise en eux. »[34]

Nasîr al-Dîn al-Tûsî commente : « Il [= Avicenne]
entend par celui qui sait (*al-'ârif*) celui qui est parfait
(*al-kâmil*) en la faculté théorétique, et par l'ascète
celui qui s'est séparé, le parfait en la faculté pratique,
car la perfection de la faculté pratique, c'est l'ascèse
qui sépare des attaches corporelles. »

Il est établi, selon Tûsî, que le statut du *'ârif* est

bien celui du philosophe accompli, de celui qui atteint le degré de la perfection, de l'actualisation parfaite de sa puissance ou faculté de connaissance et de celle de sa faculté pratique, de l'intellect théorétique et de l'intellect pratique. Ayant perfectionné son âme dans les vertus, le philosophe s'est séparé de son corps, il «vit comme s'il n'était pas en un corps», pour parler comme le faisait Porphyre de son maître Plotin. L'expérience philosophique est l'expérience de la séparation d'avec ce qui n'est pas soi, pour ne dépendre que de soi. L'aperception de soi n'était-elle donc rien d'autre que cela, la vive liberté et la joie de connaître, où s'unit ineffablement l'universalité des objets immatériels et la singularité d'un sujet mis à nu?

La contemplation et l'action ascétique produisent un plaisir véritable, qui est le plaisir qu'Aristote a découvert en la contemplation, au livre X de l'*Éthique à Nicomaque*. Plaisir que la pensée philosophique identifie désormais à celui des bienheureux, bénéficiaires de la rétribution paradisiaque la plus élevée.

Ce lien, établi par les philosophes de la tradition avicennienne, entre le paradis des anges rapprochés et le salut intelligible, exprime une interprétation de la révélation coranique dans les termes de l'éthique aristotélicienne et, réciproquement, l'interprétation de la béatitude du contemplatif et de l'homme vertueux dans les termes de l'ascèse parfaite et de la jouissance que l'amoureux connaît auprès de l'aimé, jouissance qui requiert tout un appareil conceptuel étranger à l'aristotélisme. D'une part, la méditation du récit plotinien de l'extase du sage, d'autre part, la compréhension de l'essence divine comme si elle était mystérieusement le lieu d'un amour de soi et d'une jouissance par soi, sont indispensables à cette doctrine du salut. Citons Avicenne: «Celui qui est heureux de quelque chose, c'est bien le Premier [qui se réjouit] de sa propre essence, car il est, d'entre les choses, le plus intensément percevant la chose la plus intensément parfaite, qui est libre de la nature de la potentialité et de la privation — qui sont les deux sources du mal — et rien ne le distrait de lui-même. L'amour véritable, c'est le fait de prendre de la joie à se configurer la présence de quelque être, tandis que le désir est le mouvement vers l'accomplissement de cette réjouissance, lorsque la forme se présente en une image, d'une certaine façon, comme elle se présente dans l'imagination, mais ne se présente pas en image d'une autre façon, comme il arrive lorsqu'elle se présente en image dans les sens, au point de devenir la présentation complète de l'image sensible pour celui qui a la sensation. C'est pourquoi celui qui est pris de désir a obtenu quelque chose, mais quelque chose lui a échappé. Quant à l'amour, c'est encore une autre chose. Le Premier s'aime par soi-même, qu'il soit aimé de l'autre ou non. Mais il n'arrive pas qu'il ne soit pas aimé de l'autre, au contraire est-il l'Aimé par soi, de soi et de nombreux autres que soi. »[35]

Dieu, Intelligence suprême, n'est plus seulement objet de désir des autres existants, cause finale de toutes les motions désirantes vers la perfection — ce qu'Avicenne soutient d'ailleurs en son *Épître sur l'amour* — il est doué d'un amour intérieur à soi, amour toujours comblé de soi et par soi. Contrairement au désir, qui actualise l'image de l'aimé dans la forme imaginative, mais est privé de la présence sensible, l'amour divin est le modèle de l'amour humain parfait, et de la jouissance du contemplatif entièrement délivré des attaches corporelles. Après Dieu, la hiérarchie du bonheur commence avec les « substances intellectives saintes », les Intelligences célestes, puis viennent les «amants enflammés de désir», qu'Avicenne décrit dans les termes que voici : «Dans la mesure où ils sont amants, ils obtiennent un certain gain et ils ont quelque jouissance. Mais, dans la mesure où ils sont enflammés de désir, certains d'entre eux ont quelque souffrance, et lorsque cette souffrance est provoquée par lui [Dieu], c'est une souffrance délectable. [...] Lorsque les âmes humaines obtiennent la béatitude élevée dans leur vie d'ici-bas, le plus haut de leurs états consiste à être des amants enflammés de désir, sans être délivrés de l'attache du désir, ce qui ne se peut que dans la vie future.»[36]

La résurrection, imparfaite quand elle est expérimentée ici-bas, parfaite dans l'au-delà, est donc bien ce que désigne le motif pythagoricien et platonicien de l'imitation de Dieu, sous la forme de la similitude de l'intelligence humaine et de l'Intelligence divine, en une assimilation dont le moyen terme est l'amour. Que cette thématique soit redevable de ses termes et de son ambiance générale au soufisme est, tout ensemble, exact et inexact. Sans nul doute, il a fallu à la méditation des philosophes le secours de l'expérience du désir mystique. Les Récits avicenniens en font foi, et Louis Massignon a mis l'accent sur la révolution théorique qui s'est faite lorsque, au lieu du dieu d'Aristote et du Dieu juge, le Dieu animé de «l'essentiel désir», le Dieu des maîtres spirituels de la tradition hallâgienne s'est imposé en sa vérité nouvelle[37]. Mais la philosophie avait, à sa propre disposition, toutes les armes pour concevoir, non seulement le désir, mais l'amour divin. Que Dieu s'aime soi-même d'un amour infini, et l'expérience philosophique y trouve son modèle et son horizon. C'est pourquoi le rapprochement avec les leçons du soufisme n'exclut pas une élaboration strictement philosophique de la vie du sage accompli. Le modèle de l'ascèse et de l'extase présent dans le texte du «Plotin arabe», la *Théologie* dite d'Aristote, est le modèle d'imitation de l'amant philosophe[38].

Réservée à la partie supérieure de l'âme humaine, la délivrance et la connaissance sont le résultat d'une purification qui prend la forme d'une *askesis* (*tajrîd*, *tajarrud*), et qui sera le nettoiement du miroir de l'âme tourné vers l'intelligible. L'*évasion*, ce motif socratique, se noue à la *résurrection*, cette révélation du Coran, et à la *contemplation* qui est le plaisir supérieur, ce mode de vie, thème majeur de l'éthique aristotélicienne.

LES CRITIQUES D'IBN SAB'ÎN

Une telle prétention à énoncer les espérances légitimes du philosophe, espérances fondées sur une conduite d'ascèse et sur l'élévation de l'intelligence à une connaissance universelle, ne peut que susciter la mauvaise humeur des penseurs qui envisagent le «voyage» de l'âme vers Dieu sous d'autres traits. Ceux-là n'entendent pas s'en laisser conter. La conjonction amoureuse de l'intelligence et de l'Aimé divin leur paraît être une pure vanité quand elle est une connaissance logicienne des formes. Comment la connaissance scientifique serait-elle source de béatitude? Comment la froide abstraction se ferait-elle expérience d'amour? Comment le salut philosophique serait-il salut spirituel et comment serait-il un salut véritable?

Il est remarquable que l'une des présentations les plus traditionnelles qui soient de la science philosophique, celle que nous offre le grand aristotélicien et

spirituel Ibn Sab'în, soit aussi le prélude à une critique de l'activité philosophique, non du point de vue
du théologien ou du juriste, mais du spirituel instruit
des leçons de la philosophie. Nous le prenons ici pour
exemple d'une critique de la destination du savant,
qui s'inspire des leçons de l'expérience mystique,
critique qui ne cesse de nourrir la philosophie, en ce
conflit avec elle-même qui est son lot en terre d'islam.

Ibn Sab'în (613/1216-668/1270) est connu pour sa
mort tragique à la Mekke, qui pourrait bien être son
suicide, mais aussi pour les portraits malveillants
d'Avicenne, d'Averroès et de Ghazâlî qui se trouvent
dans son principal ouvrage, *Budd al-'ârif, La retraite
du sage spirituel*[39]. Mauvaise langue, esprit tour-
menté, virtuose de l'antipathie, Ibn Sab'în est de tous
les philosophes d'al-Andalûs le plus inassimilable
aux figures de l'ordre. Union vivante des contraires,
il est un vrai péripatéticien, tout en étant un vrai
spirituel.

Dans sa correspondance avec l'empereur Frédéric II
de Hohenstaufen, il répond à quatre questions posées.
La quatrième concerne la nature de la «science
divine», de la métaphysique : «Il y a une question
que tu poses, ô roi! — que Dieu très haut te conduise
à sa religion subsistante! — sur la science divine.
Quel en est le but poursuivi? Quelles en sont les prémisses nécessaires?»[40]

Il résume d'abord les définitions des Anciens, qui,
dit-il, n'ont pas achevé le travail de la métaphysique.
La science divine porte sur les réalités incorporelles
et les causes ultimes. Elle a pour but la perfection de
l'homme et l'obtention du bonheur. Elle vise la transformation substantielle de l'homme en intelligence,
par quoi l'homme est vraiment homme. Ibn Sab'în
reproduit la sentence de Platon sempiternellement

répétée, « Se rendre semblable à Dieu dans la mesure où l'homme en est capable ».

Mais voici que, selon Ibn Sab'în, la science divine, connaissance de l'unité, est métamorphose de l'homme en intelligence pure parce qu'elle est devenir *un* de l'homme, activité visant à former en soi-même et de soi-même une unité monadique, à réaliser l'unité en soi par la pure contemplation de l'unité divine absolument transcendante et exclusive de toute pluralité[41]. Celui qui réalise l'unité (*al-muwahhid*) « possède le terme final qui efface tout objet de science en lui, sauf l'unité pure, et toute science qui conduise à une unité mise en relation (avec autre chose) [...] Celui qui atteint ce degré perçoit le but premier. » Le philosophe, selon les Anciens, était celui qui jugeait que le bonheur est le plaisir obtenu par l'assimilation à Dieu (*tashbîh ilâhî*), et, corrige-t-il, à une certaine *image* de Dieu.

Avec intrépidité, Ibn Sab'în affronte le péril que la religion musulmane conjure, celui du *tashbîh*, de l'assimilation, et il situe le bonheur là où l'image de Dieu se configure, non sans être l'image de l'unité. Or, sauf à perdre la présence de l'unité divine, la philosophie ne peut procéder à l'effacement de toute vaine science si elle n'affronte l'inévitable, la tragique épreuve de la séparation : « Nous disons : puisque le but désiré par celui qui réalise le vrai (*muhaqqiq*), par l'amant (*muhibb*) est d'atteindre ce dont il éprouve la réalité et qu'il aime, il restera entre lui et son Aimé une fissure partagée et, dès lors, il n'y aura pas de conjonction. L'amour, quand il le réalise, c'est l'unification avec l'Aimé. »

Ainsi la philosophie n'est-elle cohérente, n'est-elle en accord avec elle-même, qu'à la condition de reconnaître que son but, le divin, est la pure unité divine, et de subir en conséquence l'épreuve de l'amour, où l'Un cesse d'être la pure abstraction du philosophe, et se révèle être l'Aimé.

Nous avons vu qu'Avicenne pensait qu'il est possible de se conjoindre à cet Aimé, par la seule force du dépouillement intellectif, parce que le Premier Être ne serait pas véritablement conçu par l'intelligence s'il n'était conçu comme cause finale, et il ne serait pas cause finale s'il n'était cause du désir et de l'amour. Il ne serait pas cause de l'amour s'il n'était amant, amour et aimé, dans l'unité ineffable de son essence. Mais la tragédie, l'incendie, le désordre de l'amour que le philosophe éteint dans l'harmonie d'une graduelle ascension, notre Ibn Sab'în entend les affronter en pleine lumière. Si l'amour est tragique, ce n'est point que le désir, ici-bas, interdise à l'amant une conjonction complète qu'il obtiendra dans l'au-delà, mais que la conjonction pleinement réalisée sera l'épreuve de l'effacement de soi. L'effacement, l'anéantissement ne sont pas les provisoires défauts de la perfection, mais la perfection même. «Cela, écrit Ibn Sab'în, c'est ce que pensent les soufis, et ils pensent que le but de la science divine, c'est l'effacement (*fanâ'*), l'incapacité, la fêlure où l'échec à saisir la saisie est saisie.»

Il n'y a pas de médiation possible entre deux branches de l'alternative suivante: ou bien l'être absolu est le Réel divin, l'Un pur, ou bien nous avons affaire à l'être relatif, «enchaîné». Contrairement à Ibn 'Arabî, qui ménage, entre l'absolu et le relatif, une série de médiations et de théophanies, qui apaisent le cours de l'épreuve, normalisent l'expérience, Ibn Sab'în interprète le désir radical du métaphysicien dans les termes d'une tâche impossible à réaliser, sauf dans les termes de la mystique d'amour hallâgienne, celle du cri de Hallâj «Tuez-moi, mes amis, car c'est dans ma mort qu'est ma vie!» Ce n'est plus l'ordre hiérarchisé des existants, des corps, des âmes, des Intelligences, qui conduit au Principe, mais c'est leur furieuse négation qui conduit au bonheur de l'effacement. C'est pourquoi les soufis l'emportent sur les philosophes anciens : « Ils ont dit que la jouissance ne vient qu'après la conjonction. Sur cela, ils ont tenus de longs discours et ils sont plus près de la vérité que les Anciens. Les prémisses des Anciens étaient scientifiques, tandis que les prémisses des soufis relèvent de l'expérience. Le but au sujet duquel tu m'interroges, et tel qu'il est pour les soufis les plus purs, c'est l'extase (*wajd*) et l'effacement. »[42]

De là vient que les pratiques des maîtres spirituels, leur expérience vécue l'emportent sur la science réflexive, et soient faites de méditation, de récitation des noms divins, de l'advenue des « souffles du Miséricordieux », de la suspension des sens.

Telles sont les critiques de la philosophie hellénistique, qui préludent ironiquement à l'exposé du programme intégral de la science philosophique avicennienne, identifiée à la philosophie insuffisante des Anciens : santé du corps et des sens, intégrité de la capacité de connaître, connaissance des choses. Ibn Sab'în expose en détail les neuf parties de la Logique, le programme de la théorie de l'âme, avant de résumer de la façon la plus traditionnelle le programme de la *falsafa* : « La *falsafa* se subdivise en deux parties. La première c'est la science et l'autre la pratique. La partie théorique de la philosophie se subdivise à son tour en trois parties : la première est nommée la science inférieure et la science physique, la science des réalités élémentaires. La deuxième est dite médiane, la science mathématique qui porte sur ce qui ne possède pas de matière élémentaire. La troisième est la science supérieure, la métaphysique et la théologie. »

La science intégrale de l'être et des êtres provoque l'ironie d'Ibn Sab'în parce qu'elle est, selon lui, incapable d'atteindre ce qu'elle vise. La critique de la métaphysique ne se fonde pas ici sur la mise en lumière du caractère antinomique de la *raison* philosophique, mais sur l'*impuissance* du philosophe à réaliser la fin qu'il s'est donnée, la conjonction salvifique avec Dieu. La philosophie entend transformer l'homme en ce qu'il a de plus précieux, son âme, et elle ne peut transformer que ses représentations. Elle promet beaucoup, elle exige tout, et elle ne tient pas ses promesses, elle obtient peu.

Ibn Sab'în, dans son ouvrage majeur, *Budd al-'ârif*, situe le *faylasûf* dans un quatuor d'autorités qui, toutes, sont des autorités enseignantes : le juriste, le théologien du *Kalâm* ash'arite, le *faylasûf*, le soufi.

Aucune de ces autorités, sinon le soufi, ne suffit à sa tâche, ne réalise pleinement le programme ambitieux qu'elle s'est donné et qui la justifie. Le juriste et le théologien ont en commun d'enseigner comment être fidèle à la lettre de la *sharî'a*. Le soufi «se rit d'eux» car il juge qu'ils ne sont que «dans l'ombre de la vérité», puisqu'ils ignorent la voie (*tarîqa*) qui mène au vrai, lequel est au-delà de la lettre de la *sharî'a*. Le juriste et le théologien s'en tiennent au commencement du pèlerinage spirituel qui conduit à Dieu, tandis que le soufi va au terme de ce voyage intérieur. L'erreur des autorités juridique et théologique ne réside pas en ce qu'elles disent, mais dans la confusion qu'elles commettent en prenant le commencement de la démarche pour son terme. Quant au philosophe, il n'est pas insuffisant pour les mêmes raisons. Il est fort en apparence, mais en réalité il est un animal aussi grand de taille qu'il est très faible. Ibn Sab'în écrit : «Quant au *faylasûf*, beaucoup d'excréments et peu de coups de cornes! Long à se préparer, mais incapable de courage et d'un effort prolongé! Il se décrit de façon élogieuse par sa force et sa puissance, mais il est, par son âme et sa vitalité créatrice, misérable, il pétrit la nourriture[43] de son cœur sans sel et sans eau, il bataille, tout au long de sa vie, à chercher le pourquoi et le pourquoi pas, sans remporter la moindre victoire en sa vie ici-bas, le moindre salaire en sa vie future. Qu'il soit privé de succès est plus évident que le soleil en plein jour ou la lumière de la lampe, et son désappointement est plus notoire que le tonnerre et les vents! Il parle publiquement du vrai et il protège son contraire, il fait un trésor de ce qui est faux et vain, en lui consacrant généreusement ses efforts. Et puis il produit des sophismes en matière de physique et de métaphysique et, d'autres fois, en mathématiques et sur les buts qu'on s'y propose. Il bourdonne entre ces disciplines par l'usage des significations logiciennes et il met dans la tête du fidèle des expressions jargonneuses. Il ne sait pas que la logique réside dans la force des âmes, que si l'âme marche en accord avec ce qui est droit, et que les hommes mettent en accord ce qu'ils disent avec ce qu'ils font, par la ferme droiture de leur intelligence, grâce à leur prédilection pour le vrai et leur attachement à la vérité, en revenant à eux-mêmes, cela tiendra lieu de "logique". Ce qui le prouve a trois aspects. L'un de ces aspects, le plus évident, c'est la prophétie et ce qui lui appartient de perception et de perfection divines, son libre pouvoir de disposer des êtres, sa compréhension des significations intelligibles, sa "frappe" des symboles intelligibles et ces événements qui révèlent l'invisible, c'est la perception de la Parole et des preuves irréfutables qui suffisent à mettre en déroute tout opposant, jusqu'à lui faire apprendre de sa propre main ce qui lui appartient et légiférer sur ce qui est sous son autorité. »[44]

La philosophie est faible, au regard de la prophétie. Elle est incertaine, comme les preuves suivantes le rendent manifeste : incertitude du remède qu'est la logique philosophique, incertitude de la connaissance théorétique, qui est dite « sensible », probablement parce qu'elle s'appuie sur des raisonnements physiciens et que la métaphysique couronne la science de la nature, tandis que la véritable connaissance est « spirituelle », étant celle du cœur[45]. Après avoir consciencieusement énuméré toutes les sciences philosophiques, Ibn Sab'în compare les statuts respectifs du juriste, du théologien du *Kalâm*, du philosophe et du soufi[46]. Le juriste et le théologien remportent parfois la victoire, dans leur entreprise de dire le vrai, mais c'est par chance, ou par un secours providentiel, car ils sont attachés à l'islam, « tandis que le philosophe est élégant dans son art, juste en ses principes, mais professe des leçons morales prohibées et atteint imparfaitement son but. » Le théologien et le juriste sont donc heureux par accident, et le philosophe est malheureux par essence, s'éloignant de l'islam et partant inévitablement dans la mauvaise direction. « Tant qu'il reste ferme en l'erreur de sa doctrine, il tourne le dos, tombe dans la misère et dans ce qui est prohibé » tandis que le juriste et le théologien seront misérables, eux aussi, mais pour une autre raison : ils seront plus misérables encore que le philosophe, non pour avoir une fausse doctrine, mais pour la confondre avec la vérité de l'homme et son but final. « L'Ash'arite parle beaucoup pour signifier peu », « le juriste n'est pas un vrai savant non plus qu'un ami de la vérité ».

Malgré ses insuffisances, que Ibn Sab'în entend corriger, le soufi l'emporte à la fois sur le philosophe et sur le théologien ou le juriste.

«Voici ce que je te déclare : les princes de la religion de l'islam, ce sont les soufis, car c'est eux qui comprennent la *sharî'a*, et le *tasawwuf*, le soufisme, est l'ultime fin de celle-ci. Il n'y a de vérité que pour le soufi et elle n'est en dépôt en nul autre que lui, puisque les bienheureux de chaque religion ne peuvent atteindre le but qu'en les imitant. Par conséquent, leur doctrine est le fondement de la conjonction, et ce sont eux les bienheureux, et nul autre. C'est eux qui pérégrinent sur les chemins de Dieu, à proprement parler. Leur cheminement est le plus beau des cheminements, leur voie est la plus juste des voies. Leurs âmes sont les plus pures des âmes, leurs intelligences sont les plus élevées des intelligences et les plus parfaites. Le bien est en eux par essence, la primauté par essence, la force par essence, la connaissance par essence. Le soufi est celui qui connaît Dieu, celui qui en a la connaissance mystique, celui qui se conjoint absolument au but final de l'homme bienheureux. »[47]

Nous avons choisi de citer longuement Ibn Sab'în parce qu'il concentre un bon nombre des critiques adressées au philosophe du point de vue de cette connaissance désignée par le terme *ma'rifa*, ou encore par le terme *'irfân*, connaissance qui devient expérience dans la voie du soufi. Au regard de cette connaissance intégrale des significations prophétiques, la philosophie passe, aux yeux d'Ibn Sab'în, mais aussi à ceux de Ghazâlî et de bien d'autres, pour une doctrine faible, incertaine, incapable de procurer le véritable bonheur qu'elle promet. Il est remarquable que la recherche du bonheur, dont les *falâsifa*, à la suite d'Aristote, font la finalité éthique qui justifie la méthode philosophique, soit située expressément dans l'horizon religieux de la *sharî'a* prophétique. C'est à la mesure de la force des paroles prophétiques que les diverses autorités sont éprouvées. Ni le juriste, ni le théologien n'y suffisent. Mais le philosophe moins encore, ou aussi peu. Sur le plan de la vérité théologique, il est inutile, sur le plan de la vérité morale et du salut, comme sur celui de l'efficacité gouvernementale, il est incertain et impuissant.

On peut ainsi comprendre que la philosophie ait eu à prendre en compte de telles critiques, et à intégrer, par conséquent, des objectifs qui sont, à l'origine, ceux des autres autorités de pensée, avant tout ceux du soufisme spéculatif. Que la philosophie entende être la véritable *ma'rifa*, la connaissance authentiquement salvifique, et cela entraîne inévitablement une modification radicale de son cours, par le tournant historique pris par la *falsafa* quand elle devient philosophie «illuminative», chez Sohravardî.

L'éthique philosophique est indissociable de la science de l'âme et d'une dynamique intérieure à la vie de l'âme «parlante», de l'âme rationnelle. L'âme doit être conçue dans le mouvement de sa progression et de son activité. Sa substance n'est pas synonyme de fixité, mais au contraire d'énergie et d'actualité croissante. L'intelligence humaine est apte à se conjoindre aux degrés immatériels de l'être, lorsqu'elle atteint son actualité parfaite. En passant d'une version aristotélicienne de l'actualité de l'intellect, en sa version avicennienne, à la perception de plus en plus nette du mouvement intérieur de l'âme, d'une âme qui est, tout entière, mouvement substantiel, la philosophie rejoindra, en islam, l'intuition plotinienne qu'elle adoptera au titre de la conception philosophique du retour à l'Un. C'est que Plotin a parfaitement vu que l'injonction «se rendre semblable à Dieu» supposait une telle motion. Un moi immobile ne pourrait s'évader de la prison du corps et de la nature. Au contraire, le retour à l'Un, l'assimilation à l'Un, ou du moins à l'intelligible qui procède immédiatement de l'Un (*tashabbuh, omôiosis*) suppose l'existence de « ce moi mobile et protéen » « ancré dans le monde intelligible »[48].

Chapitre V

SOPHIA PERENNIS

LA PERMANENCE DU VRAI

Les doctrines philosophiques laissent une large place à la dispute, à la réfutation dialectique, au *pro et contra*. L'originalité de l'œuvre se dérobe sous la profusion de ces discussions qui précèdent, accompagnent ou suivent les démonstrations proprement dites. L'originalité est moins celle de l'auteur que d'une chaîne de maîtres et de disciples. Le progrès se fait par touches successives, sur un fond de motifs conventionnels et de structures stables. Les révolutions philosophiques sont rares, et elles se reconnaissent à des lignes de fracture brutale. Par exemple, Averroès ruine la conception avicennienne de l'âme humaine sous l'effet du renouvellement de la lecture d'Aristote, Sohravardî substitue la hiérarchie complexe des lumières archangéliques à l'ontologie péripatéticienne, Mullâ Sadrâ place l'existence au cœur de la réalité et renverse la relation de l'être et de l'essence. Ces ruptures n'effacent pourtant pas le sentiment que nous avons d'une philosophie sans autre histoire que celle des étapes sur la route de l'identique. La philosophie islamique est une philosophie continentale, une philosophie de caravaniers et non de marins.

La *permanence* du vrai est le paradigme de cette intelligence en acte. Si les philosophes critiquent, admonestent, parfois outragent leurs concurrents ou leurs prédécesseurs, ils ne le font pas au nom d'une vérité changeante, d'une révolution permanente de l'image de la réalité. Ils le font au nom d'une vérité stable et pérenne, qu'ils ont le sentiment de contempler mieux que d'autres. Le style du *commentaire* est l'indice de la permanence des problèmes et de la croyance en la tradition. Il prend de plus en plus d'importance au fur et à mesure qu'on avance dans l'histoire de cette philosophie.

L'histoire s'inscrit dans les œuvres dans la forme de la recension des thèses antérieures et de leur mise en question. En cela, un bon nombre de traités de philosophie respectent une méthode qui est celle de l'exégèse du Coran. On commence par évoquer les thèses, les démonstrations des maîtres, on les présente de façon détaillée, selon un ordre qui ne varie guère, ordre des questions, des concepts, des solutions. L'effort original se décèle lorsque le penseur arrive au terme de son examen, et il se dévoile à la fin du traité, de sorte que lire en commençant par la fin, repérer ce que l'auteur dit à la fin devrait être notre premier réflexe. La controverse nourrit le commentaire, le commentaire nourrit la novation. L'œuvre n'est pas vraie parce qu'elle est originale, elle est originale parce qu'elle est vraie. Elle prétend énoncer la solution d'une question immuable, en rappelant ce que sont les vérités acquises et les erreurs qu'il convient de réfuter. Signe des formes médiévales du savoir, l'immutabilité des problèmes résiste au désir d'innover et de changer les visions du monde.

L'IMAGE MOBILE DE L'ÉTERNITÉ

Selon ces normes, l'imagination des philosophes dispose la variété des leurs concepts et de leurs jugements dans la schématisation d'un temps spécial, d'un temps surnaturel qui est l'image de l'éternité de la science divine. Ce temps va, lentement s'égrenant dans les systèmes de pensée, sans laisser se perdre la simultanéité et la circularité du savoir.

Le temps de l'âme rationnelle, supérieur au temps qui mesure les mouvements de la nature et les vicissitudes des choses humaines, est le temps de la philosophie, image mobile de l'éternité de la sagesse, un temps dont la théorie néoplatonicienne des divers degrés de l'existant propose le modèle achevé. L'éternité de l'intellect, valorisée depuis la lecture du traité aristotélicien *De l'Âme* par les *falâsifa*, n'est pas seulement une constante de la théorie de la connaissance. Elle est aussi la fondation sur laquelle se construit l'édifice philosophique[1]. L'éternité de l'intellect va de pair avec l'éternité de l'intelligible, avec l'identité du sujet qui intellige. Que ces trois termes s'unissent en une seule réalité, celle de la pensée et de la raison identique à son objet, ou qu'il subsiste entre ces trois termes quelque séparation, cela ne modifie pas le fond de l'affaire, son statut transcendantal. L'intuition aristotélicienne de l'unité du sentant et du senti, de l'imagination et de ses configurations, de l'intelligence, de l'intelligé et de l'intellection devient la forme *a priori* de la philosophie. Nous ne sommes pas dans un monde de la représentation, où nous pourrions douter de l'adéquation des signes à la réalité, mais dans un monde de la présence, de l'immanence, où la chose se donne à voir, à sentir, à connaître.

Si l'âme pensante rationnelle, l'âme douée de *logos* est capable, en la durée de son exercice, d'actualiser l'intelligible, en retour l'intelligence humaine reçoit, de la stabilité de l'intelligible et de l'intellect agent, la lumière qui sauve sa propre durée de la contingence du temps. Pourtant, il faut à cette éternité se déposer dans l'histoire lente des systèmes. Quel est donc le temps de la philosophie ?

Mîr Dâmâd, qui vécut à Ispahan sous Shâh 'Abbâs Ier, nous a laissé une curieuse analyse de l'éternité et du temps, analyse où nous découvrons quelque chose comme la prise de conscience par un philosophe de la durée vécue par la vie philosophique elle-même. Il conçoit trois degrés hiérarchisés de l'existant, celui des êtres dans le temps, celui des êtres stables et éternels et, entre ces deux niveaux, le degré des êtres qui ne sont ni éternels ni temporels, mais « perpétuels »[2]. Le terme qui désigne la « perpétuité » (*al-dahr*), le mode d'être de ce qui est « perpétuellement advenant » ou « événement perpétuel » a une fonction cosmologique. La perpétuité est la durée propre au monde de l'Âme, au monde du Royaume (*malakût*). Moyen terme entre l'intemporel (le monde de l'Intelligence, la Toute-Puissance divine, *jabarût*) et le temporel (le monde du mouvement et des corps, le monde du Règne, *molk*), cette « perpétuité » n'est pas une durée toute faite avant de s'accomplir — comme lorsqu'on est condamné « à perpétuité ». Elle est un *avènement* perpétuel. Ce qui s'y perpétue, c'est la grâce de l'avènement, et non la matière de ce qui est advenu. L'avènement ne s'engloutit pas dans le temps, où rien ne demeure, mais se perpétue dans le degré médian et médiateur du *dahr*. C'est pourquoi la novation n'abolit pas la permanence, l'identité ne ruine pas l'événement. Perpétuellement «se faisant», l'événement «perpétuel» est médian entre les mouvements de la nature et la stabilité intemporelle des êtres immatériels.

Il me semble que ce concept du «commencement perpétuellement advenant»[3], concept élaboré en théorie physique, nous permet aussi de déterminer ce qu'est la conscience qu'un philosophe de l'islam a de sa propre activité et du temps de la philosophie. La perpétuité est le nom de la durée philosophique, qui est coïncidence entre l'advenir et l'éternel, entre l'élan vers le futur et la réminiscence, en une image où se projette l'éternité de l'intelligence. En cette durée sans négativité, où l'on n'apprend que ce dont on se ressouvient, en cette durée affirmative et qualitative, lente et fidèle à la puissance de l'identité, mais constante en sa production d'événements et de différences, la philosophie hérite de l'immutabilité de la sagesse et acquiert la vigueur de sa motion créatrice. Elle est circulaire. La fin est retour à l'origine.

Comme la sagesse, elle est tradition, mémoire, expérience de l'unité de la révélation, et comme fait le sage, le philosophe prononce des décrets d'éternité. À l'image de l'éduction divine de l'étant à l'être, il invente et innove. À l'image de Dieu qui enroule les cieux et fait revenir toute chose à son principe, il fait retour aux sources du réel. Toute naissance est étape sur le chemin du retour, toute fidélité est motion vers une nouvelle naissance. La philosophie est l'union de la novation et de l'intemporalité. Non dans le temps inférieur des corps et dans la fuite de ses scansions, mais dans la durée de l'âme. La postulation de l'existence d'un degré intermédiaire, médian, se fait en un modèle triadique de l'Intelligence, de l'Âme et de la Nature. Cette instance intermédiaire, celle de l'Âme, est un degré de réalité que n'autoriserait pas le modèle

duel, de la pensée représentative et de l'étendue corporelle, où rien ne médiatise l'éternité et le temps.
Elle est indispensable à la durée vécue de la conscience
philosophique, et elle est un effet théorique du néoplatonisme en islam. Il n'est pas surprenant que cette
conscience ait projeté la durée intérieure sur les
modèles cosmologiques.

Les figures, diagrammes, classifications, schèmes
et tableaux sont les spatialisations psychiques de l'intelligence. La sagesse, qu'elle soit celle des Anciens
ou celle des Modernes, celle des maîtres ou celle de
leurs disciples, éclaire le sens de l'histoire humaine
du point de l'éternité. Elle est le prolongement et
l'accroissement, en cercles de plus en plus vastes, de
l'exégèse de la révélation divine, qui est une vérité
immémoriale. La philosophie, par la médiation de
l'intellect et de ses raisons, explore la perpétuelle
novation de l'âme intelligente, en la continuité de ses
étapes ; elle rejoint au terme de sa durée le monde du
vrai en accédant à l'état d'union ou de conjonction
avec l'actualité de la sagesse divine.

LE CERCLE DES PROPHÈTES
ET DES PHILOSOPHES

Le schème de la durée pérenne configure plusieurs
représentations. Tout d'abord il fonde l'appartenance
des prophètes et des philosophes à un seul et unique
monde. Il permet de placer les maîtres de la philosophie au rang des prophètes. Lorsque Mullâ Sadrâ
Shîrâzî commente Coran, 2 : 36, il interprète la chute
de l'homme dans les termes suivants : il s'agirait de
la descente de l'intelligence et de l'âme humaines,

depuis le monde divin, le monde des Intelligences séparées de toute matière, jusqu'à la «patrie de la nature corporelle». Or, dit-il, l'histoire de cette descente est racontée dans les paraboles des prophètes, elle se trouve dans les enseignements des Amis de Dieu. Il invoque encore d'autres autorités scripturaires, qu'il situe en une société savante idéale rassemblant prophètes, sages et philosophes. La succession chronologique de ces maîtres se convertit en la simultanéité spatiale de leur discours de vérité. En miroir, voici que le Coran, les traditions du premier Imâm, 'Alî ibn Abî Tâlib, les paroles des sages confirmés, Salâmân et Absâl, enfin Platon et Aristote, sont expressions d'un seul et même modèle du vrai. Mullâ Sadrâ écrit d'Aristote : « Lui, dont le nom est loué dans notre loi religieuse (*sharî'a*), au point que le Prophète a dit de lui, selon ce qu'on rapporte, "Il est un des prophètes, et pourtant son peuple l'a ignoré"; et il déclara à 'Alî : "Ô toi, l'Aristote de cette communauté!" Ou selon une autre recension : "Ô 'Alî, tu es l'Aristote de cette communauté et son Alexandre", et dans une autre recension : "et c'est moi son Alexandre". »[4]

Si le Prophète Muhammad se compare à Alexandre, et compare 'Alî à Aristote, le couple formé par le prince et le philosophe, présent déjà dans la littérature des conseils, s'assimile au couple formé par le Prophète et l'Imâm. Or, ces couples modèles, correspondant l'un à l'autre, servent à authentifier l'activité de la philosophie en témoignant de sa pérennité, analogue à celle du message prophétique. Certes, la relation entre les partenaires est inversée. Tandis qu'Aristote enseignait et conseillait de sa sagesse Alexandre, Muhammad enseigne le contenu de la révélation, tandis que 'Alî interprète et enseigne la vérité d'une prophétie qui le précède. Mais, comme Aristote, il a affaire au contenu spirituel de la sagesse éternelle, il exprime la vie pérenne de cette sagesse descendue sur la terre, il transforme ainsi la chute d'Adam en une bénédiction. L'Imâm, modèle du philosophe, possède autant de savoir que l'âme humaine éternelle et l'intelligence humaine unie à cette âme ont de réalité dans l'éternité de l'intelligible. Cette sagesse, par la nécessité d'une descente qui est révélation, vient désormais habiter le temps de l'histoire. Mais ce temps n'est pas le temps fugitif de la Nature, il est un temps transhistorique, celui de l'Âme, celui de la durée perpétuelle.

Quelque réserve qu'exprime Mullâ Sadrâ envers « l'événement perpétuel » cher à son maître Mîr Dâmâd, quelque préférence qu'il ait pour la notion de *mouvement essentiel*, pour la notion du mouvement qui métamorphose la Nature en l'Âme et l'Âme en l'Intelligence, il reste sensible à la spécificité du monde intermédiaire où ont lieu les événements de l'âme, parmi lesquels il faut situer les événements de la motion philosophique vers l'accomplissement de l'intelligence. Aristote, assimilé au rang des prophètes, enseigne une méthode et un contenu de connaissance inaltérables, bien que Sadrâ, comme ses prédécesseurs, ait le désir de les faire fructifier.

Le progrès que le philosophe accomplit n'est jamais que la réminiscence d'une science immuable. Le temps de l'histoire, lorsqu'il est la durée vécue de la philosophie, n'est pas évanescent, mais il est permanence d'une vérité plus ancienne. Ainsi se peut-il comprendre qu'Aristote soit un prophète, méconnu des siens, enfin réhabilité par la *sharî'a* de l'islam. L'islam philosophique accomplit ce que les Grecs n'ont pas su pleinement comprendre, en affirmant comme eux, et mieux que les Anciens ne le firent, la pérennité de la sagesse. Déjà elle instruisait les peuples anciens, mais elle prend conscience de soi dans la sagesse philosophique qui se veut savoir ultime et image totale.

LE RECOURS AUX ANCIENS

De là, cette conviction : dans la science, il n'y a jamais rien d'absolument neuf. Averroès justifie le recours aux œuvres des Anciens, en disant que la recherche du savoir va passant de l'un à l'autre des chercheurs, et que le dernier en date des savants demande assistance au chercheur antérieur. Ce qui pourrait passer pour une évidence épistémologique — la nécessaire historicité de la recherche, est pour Averroès un argument en faveur des Anciens, en réponse à une objection juridique et théologique prévisible : pourquoi des philosophes, en un temps de prophétie ? La philosophie est la vraie sagesse. Cette sagesse est recueillie dans le texte d'Aristote. Plus généralement, on ne peut philosopher sans lire les livres des Anciens.

Cette nécessité, Averroès entend démontrer qu'elle n'est pas seulement un état de fait, mais qu'elle est une obligation. Non seulement il est impossible de chercher ce qu'il en est des choses existantes sans se tourner vers le passé, vers la physique et la métaphysique des Anciens, mais c'est licite et c'est nécessaire. Averroès prend à témoin une science philosophique, la mathématique, en l'une de ses branches, l'astronomie. Renversant l'opinion immédiate, privée de la mémoire du savoir vrai, l'astronome dissipe les illusions des sens en se remémorant les résultats acquis par l'astronomie de calcul, qui nous enseigne seule la vraie proportion des grandeurs respectives du soleil et de la terre. Ce qui est folie aux yeux du vulgaire est sagesse aux yeux du savant.

Plus probant encore est l'exemple de la science des fondements de la jurisprudence. « Si un homme, écrit Averroès, prétendait aujourd'hui envelopper du regard, d'un seul coup, par soi-même, l'ensemble des arguments probants tirés au clair par les membres des Écoles juridiques, en réponse aux questions disputées et controversées dans la majeure partie des pays d'islam hors le Maghreb, il serait à juste titre tenu en dérision, parce que c'est impossible, et qu'en outre la tâche est accomplie. »[5]

Averroès ne conçoit pas l'histoire de la vérité selon un schème néoplatonicien, comme le feront Mîr Dâmâd ou Mullâ Sadrâ. Il n'affirme pas l'existence d'un temps de l'âme intelligente, mais l'éternité de l'intelligible ne fait guère de doute pour lui. Il prend au sérieux ceux qui contestent, au nom de la nouveauté prophétique, l'existence de la sagesse philosophique, et il ne méconnaît pas la force du sentiment de méfiance que le musulman peut entretenir à l'égard des Anciens, qui ne furent pas nourris de la vérité prophétique. Il réfute cette façon de sentir au nom de la science elle-même, de sa nature cumulative. Il montre l'absurdité, la folie de qui refuse et détruit l'héritage du savoir. Mais surtout, prenant appui sur sa connaissance de la jurisprudence, il prend celle-ci pour modèle. C'est de la science religieuse la plus incontestable que naît la lumière : « La tâche est accomplie ». Le juriste Averroès affirme à sa manière la pérennité de la sagesse.

Ne fait-il, en l'occasion, que reprendre à son compte le plaidoyer d'al-Kindî ? Celui-ci ne montre-t-il pas l'importance des Anciens, qui ont tant fait pour procurer à la philosophie les prémisses indispensables aux raisonnements futurs ? Aucune frontière, dans le temps ou dans l'espace, n'a le pouvoir légitime de faire cesser l'enquête du philosophe : « Or, nous ne devons pas rougir de trouver beau le vrai, d'acquérir le vrai d'où qu'il vienne, même s'il vient de races éloignées de nous et de nations différentes ; pour qui cherche le vrai rien ne doit passer avant le vrai, le vrai n'est pas abaissé ni amoindri par celui qui le dit ni par celui qui l'apporte, nul ne déchoit du fait du vrai, mais chacun en est ennobli. »[6]

Reconnaître sa dette envers les Anciens, envers tous ceux qui ont sincèrement recherché le vrai, est l'occasion de réfuter l'adversaire de la philosophie. L'adversaire demande à celui qui cherche de quel droit il cherche, car il décide de la vérité d'un énoncé selon l'identité du sujet qui l'énonce. Le philosophe considère autrement l'énoncé, il en éprouve la validité rationnelle, qui n'a pas son origine dans l'auteur, mais dans sa propre véridicité. Al-Kindî fait moins l'éloge de l'antiquité du savoir que de la liberté de la recherche et de l'éternité du vrai. La gratitude envers les Anciens est façon de justifier la liberté des Modernes et la continuité de la recherche philosophique, pour laquelle les Anciens ont tant fait, mais pour laquelle il reste tant à faire. Il y a plus de savoir sous le ciel et dans le ciel que ne l'imaginent les faux amis de la tradition.

Peut-on dire que cette forme de perception de l'activité philosophique est, sinon intemporelle, du moins anhistorique ? Le passage des Anciens, spécialement des Grecs aux Modernes (les philosophes de l'islam) a une signification substantielle, et non point seulement qualitative. Pourtant, il semble bien que cette différence tende à se dissimuler, du moins chez les *falâsifa*, sous les voiles d'une continuité qui sacralise l'éternité du vrai philosophique. Nous serions mal avisés si nous ne relevions pas que la pratique de la philosophie par les philosophes de l'islam «montre, au contraire, qu'ils voyaient bien quel changement radical s'était produit» avec la prophétie muhammadienne. Nous ne pensons pas, cependant, qu'il s'agisse seulement, dans la croyance en l'éternité de la vérité, d'une dénégation «de la pertinence du nouveau contexte pour la philosophie», mais bien d'une sacralisation de celle-ci, ou au contraire chez les adversaires de la philosophie, d'une démystification de la philosophie, fondée sur la croyance en la suprématie de l'islam, du progrès qu'il instaure, et donc de sa capacité à intégrer — ou à conjurer — la puissance de la pensée philosophique[7].

IBN KHALDÛN ET LA FIN DE L'ÉTERNITÉ

Lorsque l'usage du mot «philosophie», *falsafa*, et du terme qui désigne «le philosophe», *al-faylasûf*, désignent une activité spéciale et une secte de doctrinaires, la philosophie est considérée par ses adversaires comme une croyance qu'aucun Livre saint ne garantit et dont la légitimité est reconnue ou contestée. Les noms des philosophes péripatéticiens de l'islam, mentionnés à la suite de ceux des Anciens, sont les indices de thèses utiles mais provisoires, ou de prétentions incertaines et inutiles.

Un exemple de cette attitude se trouve dans l'examen qu'Ibn Khaldûn (732/1332-808/1406) fait de «la science de la métaphysique» en sa *Muqaddima*. Il rappelle que cette science étudie «l'être absolu». Ses adeptes la considèrent comme une «noble science». Ibn Khaldûn rappelle que la fin de la philosophie est d'obtenir «la quintessence du bonheur». Il constate la continuité de la philosophie, puisque Aristote, le Premier Maître, conduit à Avicenne et à Averroès. Il constate que Ghazâlî a réfuté nombre des opinions des philosophes, et il juge sévèrement les Modernes, qui sont les *philosophes de l'islam*. Selon lui, la confusion dangereuse qu'a produite la philosophie en islam, vient de ce que les théologiens les plus récents ont mêlé les problèmes de théologie aux problèmes philosophiques. La théologie et la philosophie « ne paraissent plus former qu'une seule et même discipline ».

Pour des raisons qui lui sont propres, Ibn Khaldûn déplore cette évolution de la philosophie islamique et de la théologie qu'elle s'est assujettie. La philosophie doit se tenir loin de la théologie, mais c'est la théologie qui est devenue la servante de la philosophie. Le jugement d'Ibn Khaldûn est celui d'un historien et d'un spirituel, hostile à la philosophie. C'est pourquoi il adopte un mode d'historicité qui a un sens polémique : la philosophie est une activité spéciale, humaine, culturelle, ce qui a pour conséquence qu'elle soit, lorsqu'elle est pratiquée par des musulmans, une activité blâmable[8]. La pérennité de la sagesse prophétique ne se réfléchit plus dans la durée perpétuelle de la philosophie, mais l'*histoire* de la philosophie devient un continent spécial de l'histoire de la civilisation, qui va des Anciens aux Modernes[9].

Ce jugement doit être replacé dans la vaste classification des sciences qui occupe la sixième partie de la *Muqaddima*[10]. Ibn Khaldûn nous y instruit de l'ordre légitime des savoirs de l'islam aux yeux d'un lettré sunnite doué d'une vue d'ensemble exceptionnelle. Comment la philosophie est-elle engendrée par le développement historique des sciences ? Où se place-t-elle dans l'ordre des savoirs ? Ces questions, de genèse et de structure, sont subtilement traitées en un seul mouvement. L'activité philosophique n'est pas séparable de la hiérarchie des disciplines religieuses, bien qu'elle se distingue, par essence, de l'esprit et de la lettre de ces disciplines. Les sciences se divisent en deux grandes catégories.

Il y a celles qui sont naturelles à l'homme qui en trouve le chemin par sa propre pensée, il y a celles que l'homme reçoit de ceux qui les ont fondées. Les premières sont les sciences philosophiques, les secondes sont les « sciences traditionnelles positives » qui s'appuient toutes sur une information issue de l'institution religieuse. Dans le premier cas, l'intelligence humaine est responsable de tout le travail de la connaissance, tandis que dans le second cas, l'intelligence n'intervient qu'afin de rattacher les questions dérivées aux principes fournis par l'institution. Selon un tel partage, le philosophe doit justifier ce qui peut sembler arbitraire, sa propre activité. Il doit affronter un verdict qui frappe d'inauthenticité et d'incertitude l'ensemble de ses recherches. La tradition a un temps d'avance sur la philosophie. Elle a sur elle cet avantage que lui confère la véridicité de ses institutions fondatrices : les données de la Loi religieuse, le Coran, la *sunna*.

Antérieures dans l'ordre de la genèse, supérieures dans l'ordre de la véracité, la science de l'exégèse coranique, la science des lectures du Coran, la science de la *sunna* du Prophète, la science des principes de la jurisprudence, celle de leurs dérivés, enfin la science de la théologie entraînent avec elles des pratiques louables et nécessaires, comme la connaissance grammaticale, lexicale, rhétorique ou littéraire. L'arbitraire, ou du moins le contingent, commence avec la science de la logique et s'achève avec la métaphysique. Entre la science traditionnelle et la science dite « naturelle » seul le soufisme, par son éthique du combat contre soi-même, sauve à sa façon la validité de ses pratiques austères ; il ne gâte son œuvre que dans le temps où il se plaît aux systèmes — comme chez les tenants de la « théophanie », Ibn 'Arabî par exemple.

Ibn Khaldûn, par sa critique de l'histoire, nous permet de comprendre pourquoi la prétention à dire le vrai ne se peut justifier, en philosophie, qu'à deux conditions.

La première est la légitimation de l'intelligence. L'intellect philosophant est conçu dans les termes que les commentateurs d'Aristote ont préparés, selon une gradation de degrés qui culminent dans l'intellect acquis. L'intellect acquis sera lui-même fondé en vérité par sa conjonction, ou parfois son unification avec l'intellect agent, qui est une émanation du monde angélique, la dixième Intelligence, homologuée à l'ange Gabriel. Toutes les controverses portant sur l'atteinte, la conjonction, l'unification, sur l'unité de l'intellect, de l'intelligé et de l'intelligible auront pour enjeu très sérieux la fondation de l'activité philosophique dans l'éternité du vrai, qui est l'intelligence angélique, procédant de l'intelligence divine. S'il faut la garantie d'une institution, s'il faut une tradition, une transmission, pour que le vrai soit le vrai, l'ascension de l'intellect humain rencontre ce qui tient lieu d'institution fondatrice, ce qui est à la source de toute tradition véridique, la lumière angélique.

La seconde condition est l'intégration inévitable des questions théologiques. Les questions théologiques, qui sont traditionnelles, et qui sont donc légitimes — l'essence et les attributs divins, les événements de la résurrection, le bonheur, la rétribution des bel-agissants et des malfaisants, le paradis et l'enfer, doivent entrer, d'une façon ou d'une autre, dans le domaine de la philosophie. Non qu'elle s'en empare par excès de zèle — ce que pense Ibn Khaldûn — mais qu'elle obtienne par là quelque degré de véracité supplémentaire. L'exégèse coranique sera revendiquée par la pratique philosophique, pour des raisons similaires.

Telles sont les leçons que nous pouvons tirer de l'admirable tableau qu'Ibn Khaldûn a brossé des sciences en terre d'islam, leçons qui sont voilées, leçons qu'Ibn Khaldûn ne nous abandonne qu'avec réticence, qu'il condamne parce qu'il en déplore les effets et parce qu'il préfère conserver au partage entre science traditionnelle et science naturelle toute sa clarté.

C'est à Ibn Khaldûn, paradoxalement, que nous devons de penser aujourd'hui encore dans les cadres fixés par une taxinomie qui doit tout aux privilèges de la tradition religieuse. Nous lui devons de distinguer entre une philosophie rationnelle, purement rationnelle, et les disciplines de l'exégèse coranique ou de la sagesse théologique. Le malentendu est complet. Pour nous, cette séparation sourcilleuse est une défense de la raison. Pour Ibn Khaldûn, elle est une défense de la tradition. Ibn Khaldûn a un maître mot, qui est lui-même traditionnel : *la mémoire*. La science de la Loi religieuse repose sur la puissance et la précision de la mémoire. C'est à cette faculté que nous devons les chaînes de transmission des *hadîths*. Le modèle de la *mémorisation* attentive est donné par le traditionniste. La science de la logique, de la physique, de la métaphysique sont-elles capables de rivaliser, par l'exercice libre de la spéculation intellectuelle avec la véracité de la juste transmission ? Ce qui n'a pas de chaîne de transmission avérée avec un maître reconnu n'a pas de vérité indubitable, n'a pas de certitude.

PHILOSOPHER, C'EST TRANSMETTRE

Le soufisme spéculatif lui-même se réclame sans cesse de chaînes de transmission. Le regard d'un esprit aussi inventif et aussi fécond que celui d'Ibn 'Arabî est tourné vers ses maîtres ou ses inspirateurs. Que le premier maillon de la chaîne soit un personnage surnaturel, comme le mystérieux Khadir/Khezr, ou une figure prophétique, il suffit que cette personne authentifie le contenu du message, de l'interprétation, de la spéculation pour que la sagesse cesse de passer pour «naturelle» et devienne «inspirée». La structure du plus magistral ouvrage d'ontologie que l'islam nous ait laissé, les *Gemmes des sagesses des prophètes* d'Ibn 'Arabî, reflète ce consentement avoué et conscient à la suprématie de la transmission, ce pourquoi cet ouvrage si important pour l'histoire de la philosophie islamique n'est étrangement jamais tenu en Occident pour un ouvrage de philosophie.

Les philosophes qui intègrent les questions de théologie et l'exégèse coranique à leurs œuvres devront passer, en une dialectique incessante, de l'ordre de la chaîne initiatique à l'ordre de l'intellection et de la déduction. Ils auront leurs propres chaînes de transmission. La notion d'*école*, les chaînes de validation de l'autorité par des maîtres reconnus, le couple du maître et du disciple reproduisent en philosophie le schème de la validation des sciences traditionnelles. Le recours aux Anciens, la surestimation de leur puissance prophétique, l'insertion des maîtres de la connaissance révélée, prophètes ou Imâms dans les chaînes de la transmission du vrai, rien de cela n'aurait tant d'importance, s'il ne s'agissait de rendre à sa pérennité, à son originalité, à son statut de science originaire, ce qui serait sans cela aussi arbitraire qu'inutile ou dangereux. Le fantôme de l'innovation hante l'activité philosophique.

Puisque nous nous sommes référés à l'œuvre d'Ibn Khaldûn, n'hésitons pas à placer en regard de sa classification magistrale les réflexions de l'un de ses amis, Lisân al-Dîn Ibn al-Khatîb (712/1313-776/1375). Cet homme eut un destin tumultueux et il finit tragiquement. Dans son *Jardin de la connaissance du noble amour*, Ibn al-Khatîb classe «l'embranchement des amants mystiques, leurs diverses catégories hiérarchisées et ordonnées»[11]. Il utilise pour cela les classifications de Shahrastânî, et nous offre une histoire de la sagesse, c'est-à-dire une présentification de sa durée dans les catégories de l'immuable.

Il distingue six catégories, les anciens sages et les premiers philosophes, les sages de l'Inde, les Mages ou sages de la Perse, les Sabéens, les adeptes des religions monothéistes, Juifs et Chrétiens, enfin les Musulmans. Au commencement de la chaîne de transmission, il place les Piliers de la sagesse, puis Socrate, Platon, Plotin, Démocrite, les stoïciens, les péripatéticiens, les «philosophes de Macédoine», Plutarque, Zénon, Hermès, Épicure, Euclide, Théophraste, Chrysippe, Aristote, Thémistius, Alexandre d'Aphrodise, quelques «médecins». À son terme, il place les théologiens du *Kalâm*, les shî'ites, les *falâsifa*, dont Ibn Sînâ, Ibn Masarra, Ibn Tufayl, Nasîr al-Dîn Tûsî, et son cher Sohravardî.

Nous avons là, en une sorte de géographie spirituelle, un acte de mémorisation fondatrice, une chaîne de transmission de la doctrine de l'amour, de la vérité spirituelle des révélations. Cet acte est un exemple de l'effort de légitimation et de consécration indispensable. L'éternité du vrai s'y déploie en un temps immobile, en un espace où se fait l'inscription de ce temps de la sagesse qui est le temps de la mémoire et de la tradition. À sa façon, Ibn al-Khatîb a disloqué la belle classification des sciences de son ami Ibn Khaldûn, en puisant aux doxographies musulmanes et en exposant ce qu'Ibn Khaldûn ne saurait tolérer, une géographie et une histoire mêlées des révélations, des sagesses et des philosophies.

Puisque la source et le modèle de Ibn al-Khatîb est Shahrastânî, tournons-nous vers celui qui aura su placer la secte philosophique dans l'ordre taxinomique des croyances. L'histoire de la philosophie, nous le voyons bien, est inséparable de l'histoire des religions. Les philosophes et leurs temps, temps des Anciens et temps des Modernes, sont inclus dans la temporalité la plus générale, dans la durée vivante de la vérité, qui s'exprime au mieux dans les temps des religions. Il est significatif que le plus sagace des historiens de la philosophie soit un commentateur du Coran et un très grand historien des religions, qu'il soit le premier en date des savants qui, bien avant que la modernité occidentale ne crée un modèle positif de l'historisation des religions, a conçu et réalisé le projet d'une science des religions homogène à une théologie de l'histoire [12].

Dans le *Livre des religions et des sectes*, Shahrastânî dit que «le plus grand éloge que nous puissions faire» des philosophes, lorsqu'ils se sont inspirés de la lumière divine, est qu'ils ont établi fermement les fondations sur lesquelles les prophètes ont bâti leur propre activité législatrice: «Le but du prophète, écrit-il, est que l'ordonnance de ce qui existe lui devienne clair, pour que lui-même détermine par là ce qui est utile au peuple, de sorte que l'ordonnance du monde persiste et que s'ordonne ce qui est utile

aux hommes; cela ne se produit que s'il attire et
châtie, et s'il parle par figures et images. »[13]

Si les finalités de la philosophie et de la prophétie
sont différentes, puisque le philosophe tâche de «se
rendre semblable à Dieu dans la mesure du possible»
tandis que le prophète instaure l'ordre humain par
sa connaissance de l'ordre divin, leurs activités respectives prennent place dans l'ordre du monde. La
fondation de l'ordre humain est le lot du prophète,
elle est supérieure à l'activité philosophique, qui est
orientée vers le perfectionnement de soi; mais le philosophe, cherchant le bonheur par son amour de la
sagesse pratique, exerce son amour de la sagesse
théorique, et il explicite les symboles dont use le
langage des prophètes.

Cette convergence de l'enseignement prophétique
et de la sagesse philosophique est attestée, selon Shahrastânî, en deux points de doctrine de la théologie
musulmane: l'unicité divine et la science que Dieu a
des choses avant leur création. De telles convictions,
soutenues par la croyance en l'antériorité immémoriale de la science divine, justifient l'existence des
philosophes et des prophètes en chacun des âges,
si reculés soient-ils, ainsi que la correspondance
symbolique entre les images, les métaphores dont le
prophète use pour rendre accessible au peuple l'enseignement divin d'une part, et les notions de la
sagesse philosophique d'autre part. Ainsi, Anaximène
est-il censé emprunter «sa sagesse au tabernacle de
la prophétie», ainsi Empédocle se rend-il auprès du
prophète David, ainsi Pythagore est-il contemporain
de Salomon. La pratique exégétique des philosophes
peut s'autoriser des équivalences sémantiques entre
les symboles coraniques et les notions philosophiques: l'eau primordiale (Thalès) est l'eau sur laquelle
repose le Trône de Dieu lors de la création (11 : 17),

la matière primordiale (Thalès, Anaximène) est la Table bien gardée (85 : 22) ou le Calame divin (68 : 1)[14].

CROISSANCE OU DÉCLIN ?

Toute la question est de savoir si la longue durée de la philosophie, qui prolonge le temps de la prophétie, est orientée vers le meilleur. Y a-t-il un progrès des sciences philosophiques comme il existe un progrès des prophéties, dans la révélation d'une seule et même vérité divine ? Le passage des Anciens aux Modernes est diversement apprécié.

Deux schèmes de pensée peuvent être dégagés. Le premier, dont nous trouvons un exemple chez Shahrastânî, place aux origines le point de coïncidence entre la vérité prophétique et la sagesse philosophique. Les philosophes plus proches de nous, Aristote et ses disciples, les « philosophes de l'islam » sont plus éloignés de la vérité que ne l'étaient les Anciens. Tout comme d'autres adeptes de l'exégèse shî'ite — on sait aujourd'hui, grâce aux travaux de Guy Monnot, qu'il était un ismaélien — Shahrastânî conteste avec vigueur l'entreprise philosophique d'Avicenne, qui exprime, à ses yeux, une ambition condamnable[15]. Il existe, selon lui, un conflit d'autorité entre discours prophétique et discours philosophique. C'est pourquoi Shahrastânî sauve les anciens sages, exalte leur proximité et leur fidélité à la vérité prophétique, pour mieux dépeindre une décadence dont les péripatéticiens de l'islam seraient responsables[16]. Le schème historique est ici celui d'un déclin, funeste effet d'un éloignement, déclin des Modernes qui contraste avec la vigueur de l'enseignement prophétique et de son exégèse licite, le *ta'wîl* ou exégèse spirituelle des Imâms.

Le deuxième schème est celui de la continuité dans la permanence. Son explicitation revient à Sohravardî, dans le Prologue de son *Livre de la sagesse orientale*. Il y écrit : « Ne crois pas que la philosophie a existé à une époque récente mais non pas en une autre. Bien plutôt, le monde n'a jamais été privé de la philosophie, pas plus que d'une personne qui la soutienne par l'exercice de la démonstration rationnelle et des élucidations. C'est lui, le calife de Dieu sur Sa terre. Il en ira ainsi tant que dureront les cieux et la terre. Les philosophes anciens diffèrent seulement des modernes par leurs façons de s'exprimer et par leurs usages respectifs, qu'ils exposent ouvertement leurs pensées, ou qu'ils les présentent en des symboles allusifs. »[17]

Selon Sohravardî, l'unité de la philosophie a pour témoin la convergence des enseignements des sages. Tous ils parlent des « trois mondes », le monde sensible, le monde de l'Âme, le monde de l'Intelligence. Tous, ils « ont agréé à l'affirmation de l'Un ». La durée sans fin de la philosophie ne serait pas sans cette vision de l'histoire selon laquelle les modèles théoriques du néoplatonisme, les sources respectives de la « divinisation de soi » et de la démonstration dialectique ont toujours inspiré la spéculation philosophique.

Il importe peu qu'il s'agisse d'un régime d'historicité qui fait bon marché de nos critères, car Sohravardî ne fait pas œuvre d'historiographe, au sens où nous l'entendons. Il soutient l'autorité du philosophe, en thématisant la durée de la philosophie, selon la continuité transhistorique d'une mission, la mission califale que Dieu a conférée à Adam (2 : 30). Un tel

mode de temporalisation autorise Sohravardî à rela-
tiviser l'importance d'Aristote, à réhabiliter l'œuvre
de Platon, mais il lui permet aussi de légitimer le
recours à toutes les sagesses, et de les synthétiser
dans une œuvre qui est, selon lui, nécessaire *au
présent*, ce qu'il nomme la sagesse «illuminative».

La durée de la sagesse philosophique est l'expansion concentrique d'un présent vivant, d'un présent
éternel. Les cercles de plus en plus vastes d'une sagesse
pérenne expriment, à la façon d'une procession, le
point intelligible central, le foyer de la lumière.
Comme l'intérêt porté par un penseur ismaélien,
Shahrastânî, à l'histoire cyclique des prophéties a
justifié son gigantesque labeur d'inspection des «religions et des sectes», l'intérêt porté à la permanence
de la vérité philosophique, à sa connaturalité avec la
mission adamique originelle a justifié l'historiogra-
phie d'un disciple majeur de Sohravardî, Shahrazûrî, qui exemplifie le schème tracé par son maître[18].

Shahrazûrî, connu surtout pour le commentaire
du *Livre de la sagesse orientale*, rédigea au XIIIe siècle
de notre ère un vaste ouvrage, intitulé *La Promenade
des âmes et le jardin des gaietés*. Dans la tradition des
nomenclatures, y sont relevés les noms et les œuvres
des savants, des sages et des philosophes ainsi que
les points de doctrine les plus saillants. Notre auteur
poursuit l'entreprise de Abû Sulaymân al-Sijistânî et
son *Florilège* du *Coffret de la sagesse*, de Mubashshir
ibn Fâtik, auteur, au Xe siècle, du *Choix de sagesses*,
de Zâhir al-Dîn Bayhaqî et son *Complément* au *Coffret
de la sagesse*.

La Promenade des âmes mérite son titre poétique, il
ne s'agit pas d'une histoire objective des philosophies, mais d'un cheminement dans la mémoire vers
l'immémorial. L'âme y est invitée à faire retour à
l'origine de la sagesse et de la philosophie, dans la

personne d'Adam, calife de Dieu sur sa terre, point de coïncidence entre la révélation originelle de la vérité et la courbe naissante de l'humanité. Après Adam, vient Seth, identifié à Idrîs et à Agathodaïmon, puis vient Hermès. La figure légendaire d'Hermès est comme substituée à une autre figure, que l'on attendrait aux origines du monothéisme, celle du prophète Abraham. Shahrazûrî attribue à Hermès « l'appel » qui rassemble en un seul et premier message les fondements de la reconnaissance de Dieu et ceux de la sagesse morale et eschatologique : la Loi divine, l'unicité de Dieu, l'adoration du Créateur, la purification des âmes ici-bas, l'ascèse, la justice, la quête de la purification dans l'au-delà[19].

La suite des figures de la sagesse s'ordonne selon le schème présent dans le *Livre de la sagesse orientale*, schème de continuité entre les Anciens et les Modernes. La lignée des figures de l'ancienne philosophie comprend des noms de philosophes grecs, tels qu'Empédocle, Pythagore, Socrate, Platon, Aristote (qu'une addition au texte confirme en sa vocation de prophète), Anaxagore, Théophraste, Eudème, Démocrite, Cébès, Proclus, Plutarque, Thémistius, Alexandre d'Aphrodise, Zénon, etc. Elle insère en cette liste des noms de médecins (Asclépius, Galien), de poètes (Homère), de mathématiciens (Ptolémée, Euclide), de théologiens chrétiens (Grégoire de Naziance, Basile), de sages légendaires (Luqmân), ce qui nous confirme que la notion même de « philosophie » est indiscernable du domaine le plus vaste du savoir et de la sagesse. La lignée des Modernes est celle des penseurs de l'islam, à l'exception de noms chrétiens, comme celui de Jean le Grammairien (Jean Philopon) associés aux auteurs musulmans. La philosophie islamique est la philosophie des Modernes, et la philosophie « moderne » est la philosophie islamique. Mais si islamique qu'elle soit, la philosophie n'en prolonge pas moins le cours ancien, adamique, prophétique et grec de sa vérité. Depuis le chrétien nestorien de Bagdad Hunayn ibn Ishâq jusqu'à Sohravardî, l'histoire de la philosophie moderne est permanence de la sagesse, et elle donne leurs lettres de noblesse aux penseurs musulmans, en pensant le moment islamique de la sagesse, tout en donnant aux sages anciens une attestation de vérité, par la révélation de l'Hermès monothéiste et la garantie que confère à la philosophie son ancrage originaire dans Adam prophète.

TROISIÈME PARTIE

MÉTAPHYSIQUES
DE LA SOUVERAINETÉ

Qu'est-ce que la métaphysique?

Quel est l'apport des métaphysiciens de l'islam à l'histoire générale de la «question de l'être»? Ont-ils modifié sensiblement son cours? Ces questions sont tributaires de l'histoire des systèmes de la philosophie islamique en ses moments successifs. Quelle que soit leur grande diversité, il est possible de prendre acte de quelques constantes et des aspects les plus saillants de l'endurance métaphysicienne en islam. Première constante: depuis Fârâbî et surtout depuis la métaphysique d'Avicenne, le modèle et le guide de l'activité démonstrative est la recherche des significations de l'existant pris «en tant qu'existant». La réfutation de l'existence des Idées ou Formes platoniciennes, le choix raisonné de la notion aristotélicienne de la *substance* ont orienté les métaphysiciens qui se sont situés dans l'horizon de l'avicennisme dans un espace de réflexion qui est celui de la science des sciences, de la théologie aristotélicienne, telle que le livre *lambda* de la *Métaphysique* l'expose. Reconduite à ses causes finales intelligibles, la gradation des substances s'achève en Dieu, Être nécessaire par soi, Intelligence, Bien pur, acte d'être absolu dont l'essence n'est autre que l'existence.

Distinguant l'existence de la quiddité (le «ce que

c'est», le contenu de la définition de l'existant) la pensée d'Avicenne a exploité les richesses d'une remarque d'Aristote faite en son *Organon*, repérée avec sagacité par Fârâbî. La théologie philosophique peut ainsi déterminer précisément en quoi consiste l'essence réelle de l'Existant premier : elle est existence, acte d'être. La distinction logique de l'essence et de l'existence ne vaut que pour les existants émanés, à partir de cet existant premier, pour les êtres simplement possibles par eux-mêmes, nécessités à être par Dieu. Le monde des Intelligences, calqué sur le système péripatéticien des moteurs des sphères célestes, domine le monde des âmes célestes et des âmes qui sont formes des substances vivantes, animales et végétales. Ce sont des ensembles où la potentialité se mêle à l'activité et la suspend à la donation de l'être que confère aux possibles l'Être nécessaire par soi. Sur ce point, l'apport du néoplatonisme hellénique est décisif : la notion d'effusion (*fayd*), la notion d'émanation ou de procession (*nuzûl*) permettent aux métaphysiciens de concevoir le système général des existants hiérarchisés à partir du Premier.

Le retour au texte de la *Métaphysique* d'Aristote opéré par le *Grand Commentaire* d'Averroès a permis de débarrasser provisoirement la métaphysique de ces apports néoplatoniciens, ou du moins d'une grande partie d'entre eux, mais sans grand effet sur le cours ultérieur de la réflexion philosophique en islam. La crise ouverte par le génie d'Averroès n'a pas éclaté chez les musulmans, mais chez les juifs et les chrétiens, parce que les auteurs musulmans ultérieurs ont préféré l'ignorer, pour déployer la métaphysique et son ontologie immanente dans le droit fil d'un néoplatonisme toujours plus affirmé.

Récupérant les Formes platoniciennes, typifiant

les Intelligences en un monde intelligible, les âmes en un monde psychique qui se conçoit comme monde des formes intermédiaires, des formes imaginales (*al-suwar al-mithâliyya*), les métaphysiciens de la tradition de l'*ishrâq*, les disciples ou lecteurs de Sohravardî, ont identifié ces mondes, respectivement au monde de la Toute puissance divine (*jabarût*) et au monde du Royaume (*malakût*). Le monde sensible a été identifié au Règne (*mulk*). La dette reconnue et assumée envers les penseurs grecs n'interdit donc pas de penser que les systèmes de la métaphysique islamique s'orientent de plus en plus vers un horizon théologique nouveau. Ce dernier est le syncrétisme opéré par la pensée musulmane entre les catégories philosophiques et les catégories religieuses. Ce syncrétisme est la source des problèmes posés par la révélation à l'intelligence philosophique.

Deuxième constante : les idées régulatrices de la réflexion sur l'être et l'étant sont des idées religieuses, au sens précis que prend la révélation coranique pour les philosophes. L'idée de l'unité divine, l'idée de la souveraineté divine, l'idée de la prophétie sont autant de réquisits, de conditions *a priori* de la pensée. On ne sort pas de ce cadre qui est celui de la théologie rationnelle et de la cosmologie qui en dérive. Il est encore un autre état de fait qui mérite d'être mis en valeur. On sait que les systèmes du néoplatonisme, à partir de celui de Proclus, n'ont pas manqué de procéder à une corrélation entre les niveaux graduels de l'émanation de l'Un et diverses figures théologiques empruntées au panthéon, à l'univers mental du polythéisme.

La *Théologie platonicienne* de Proclus en est le témoin privilégié[1]. Une forme analogue de corrélation existe en islam, non plus entre les « anges du paganisme », les héros, les dieux, mais entre les êtres spirituels ou psychiques, entre les anges et les intelligences ou les âmes. Corrélation, encore, entre le Prophète (conçu comme entité métaphysique et non plus seulement comme personne physique et corporelle) ou les Imâms, et des réalités émanées de l'Un divin, la première Intelligence ou les Intelligences qui la suivent. Même les rangs inférieurs des hiérarchies humaines élues par Dieu ont été ainsi corrélés parfois à des rangs de la hiérarchie céleste. L'âme humaine, ayant son origine dans le *malakût* ou monde de l'Âme, se voit conférer progressivement divers niveaux d'existence, selon qu'elle informe le corps ou qu'elle s'en détache et qu'elle accède au monde supérieur intelligible. Ces corrélations permettent de traduire, en termes métaphysiques, le destin de la prophétie depuis Adam jusqu'à Muhammad, le destin eschatologique de l'âme en ses voyages ou « naissances » successives, depuis sa naissance dans le *malakût* jusqu'à son retour en Dieu, et le destin historique de l'humanité, calqué sur des structures qui appartiennent à la hiérarchie des Intelligences et des âmes. La temporalité vécue dans l'histoire comme dans le destin personnel de chaque homme se projette sur l'espace métaphysique qui va du Trône de Dieu jusqu'à la matière première.

Partie d'un bon pas de la métaphysique d'Aristote, la métaphysique islamique est parvenue, à son terme, à divers résultats qui, certes, ont aussi une origine grecque, néoplatonicienne, mais qui reçoivent une force, un renouvellement et une clarté d'exposition qui mériteraient mieux que quelques lignes allusives et quelques paragraphes dans nos histoires de la philosophie. J'en repère au moins trois : la réforme de la notion de « substance », la réforme de l'eschatologie biblique et coranique et la réforme de la notion de la liberté humaine.

Ces trois réformes sont les foyers générateurs de pensées originales, dérangeantes, inactuelles, dont la prise en compte par notre propre activité philosophique permettrait d'enrichir, c'est-à-dire de compliquer nos propres pensées. Si nous pouvions nous libérer quelque peu de l'injonction d'enclore dans le monde de la Grèce idéalisé par l'Allemagne le devenir de la pensée, nous aurions quelque chance de ne pas mépriser ces apports de la métaphysique islamique, au prétexte qu'ils sont consciemment rattachés à la pensée de l'ontologie de l'islam, qu'ils se veulent les interprétations métaphysiques des enseignements d'une révélation prophétique.

Indissociable d'une méditation constante de l'être divin, la philosophie islamique est conduite à définir la manière dont l'Être nécessaire exerce sa souveraineté sur les êtres qui procèdent de lui, qui se convertissent vers lui et qui possèdent leur propre existence grâce à lui. La révélation prophétique enseigne que seul Dieu est souverain. Il est le « Seigneur des mondes ». La sagesse divine est décrite dans le Coran sous les traits d'une providence et d'une autorité gouvernementale qui s'exerce sans partage sur l'ensemble des créatures. Le califat d'Adam est une délégation de cette autorité divine sur la terre, de sorte que toute autorité humaine ne se peut concevoir et légitimer qu'à la condition d'être fidèle au pacte originel, par lequel l'homme se reconnaît serviteur de la seigneurie divine. Les prophètes sont les parfaits représentants de ce califat humain, et leur pouvoir s'enracine dans le message divin et dans la révélation qu'ils ont reçue.

Troisième constante : les métaphysiques islamiques ont concurrencé le *Kalâm* dans l'exercice de l'intelligence, pour interpréter conceptuellement ces données scripturaires et penser la souveraineté divine et le gouvernement qu'elle exerce sur les mondes. La théologie politique, s'il faut l'appeler ainsi, n'est qu'une partie de cette théologie générale de la souveraineté. La fondation théologique du pouvoir politique n'est possible qu'à deux conditions : une doctrine de la prophétie et du califat humain, une autonomie relative du champ propre à l'activité gouvernementale humaine au sein de l'existant procédant de Dieu. Nous montrerons que les métaphysiques islamiques n'ont pas sécularisé cette théologie politique, ne l'ont pas libérée de ses liens avec la souveraineté universelle de Dieu, mais l'ont insérée et comme encastrée dans une «politique divine» qui s'identifie à l'ordre général de l'univers physique et métaphysique.

C'est la raison majeure de la crise interne de la théologie philosophique en islam. Selon un premier schème, néoplatonicien, le gouvernement providentiel de Dieu sur les mondes s'exerce comme fait la forme dans le réceptacle de la matière, par l'actualisation d'une potentialité, et comme fait la donation de l'être aux existants qui procèdent de l'Être nécessaire. Dans cette conception *ontologique* de la souveraineté, Dieu, acte pur d'exister est souverain parce qu'il est le donateur suprême de l'être, de la forme, de la vie. Toute la politique est divine, car il n'est de vrai gouvernement que de Dieu, qui gouverne en conférant l'être. Il n'est aucun besoin alors de politique spéciale, et nulle politique séparée, nul art du politique ne se peut concevoir dans une totale indépendance à l'égard de cette donation de l'être qui est l'acte souverain par excellence.

Alors la gestion politique n'a qu'un statut inférieur, réservé aux affaires de ce bas-monde, sans que la religion intérieure, qui dévoile au cœur du fidèle l'absolue souveraineté de Dieu, ne perde sa primauté.

Selon un autre schème, la souveraineté divine,

déléguée à l'homme élu par Dieu, le Prophète (auquel
succède, dans les théologies shî'ites, l'Imâm) est l'objet
d'une théorie rationnelle spéciale, la théorie du gouvernement du guide divin, philosophe et nomothète.
Rien n'interdit à cette théologie politique de s'harmoniser avec le schème néoplatonicien, mais il faut
lui reconnaître une certaine identité propre. Platonicienne en son inspiration, aristotélicienne en sa
manière, cette théorie du guide divin est la rationalisation des prophétologies. Le péril encouru par une
théologie politique de cet ordre n'est autre que la
substitution du «Dieu humain», l'État, à l'Homme
de Dieu, la sécularisation du message coranique sous
la forme de la théologie étatique dont les révolutions
islamiques contemporaines sont la réalisation.

Mais cette sécularisation, qui prendra la forme
d'une constitution de l'État islamique, est soumise à
une tension très vive entre deux polarités contradictoires.

D'une part, elle doit exprimer le règne de Dieu sur
la terre sous la forme d'une juridiction politique qui
prive la jurisprudence de sa finalité première et de
sa fonction distincte, en élevant le savant juriste à la
hauteur du guide étatique. D'autre part, elle ne peut
que produire une théologie de la représentation de
Dieu sur la terre, représentation elle-même divisée
entre ce qui relève des mondes métaphysiques, la
nature divine du représentant, et de ce qui relève du
monde naturel, sa nature humaine. Le conflit entre
ces deux polarités ne peut qu'éclater tôt ou tard,
comme on l'observe dans l'histoire du shî'isme ismaélien, et comme on l'observe aussi dans l'histoire la
plus récente, celle des théologies politiques modernes
nées de la rationalisation de la représentation de
l'Imâm caché, chez les shî'ites duodécimains. Nous
n'avons pas, dans les pages qui suivent, pour ambi-

tion de décrire tous les aspects de ces conflits métaphysiques et politiques, mais d'indiquer seulement en quoi la métaphysique islamique a pour signification immanente la crise de la souveraineté divine.

La philosophie islamique est soumise à deux grandes exigences. L'une est celle de l'attestation de l'unité divine, qui entraîne que le multiple soit soumis à un procès d'unification cohérent et intelligible. La passion de l'unité et de l'unification anime le désir philosophique en islam, par quoi notre temps, confronté aux exigences de la religion musulmane, est comme violé en son innocente passion du multiple et du divers. Comment peut-on croire en l'Un ? En cette passion de l'intelligence pour l'Un, en cet amour de l'unité, il n'y a pas seulement une provocation à douter de nos certitudes plurielles, de notre croyance en la valeur du pluralisme, il y a, en priorité, un geste théorique et théologique, qui est la conjuration du péril dualiste.

Nous imaginons mal à quel point les mythes et les représentations dualistes ont eu une importance philosophique et politique. Saint Augustin devrait cependant nous aider à concevoir ce «péril» comme une tenace représentation théologico-politique, et une menace pour le concept de l'ordre qui procède de la raison grecque. En une sainte alliance entre révélation monothéiste et raison hellénique néoplatonicienne, la philosophie islamique a verrouillé l'univers en interdisant à l'ontologie toute forme déterminante de la pensée de la guerre entre Lumière et Ténèbres. Cela ne l'a pas empêché d'en être hantée, non moins que le christianisme en ses premiers siècles. La question de la fondation de la souveraineté divine est l'autre foyer d'exigence que nous pouvons mettre en valeur avec quelque raison de le faire. C'est pourquoi nous aborderons ces deux questions dans les pages qui suivent.

Chapitre VI

L'INJONCTION MONOTHÉISTE

L'activité philosophique, telle qu'elle fut conduite, d'abord dans des cercles de traducteurs, puis de savants et enfin de maîtres spirituels, ne fut jamais sereinement contemplative. Exaltant la vie de contemplation, elle fut soumise à son exact contraire, aux effets ravageurs de la guerre civile, latente et ouverte, qui est le *tempo* de la vie politique des sociétés musulmanes. La vie philosophique paye un lourd tribut à la vie active et aux polémiques religieuses.

Le premier en date des «philosophes de l'islam», Abû Yûsuf al-Kindî reçut l'appui des califes abbassides al-Ma'mûn et al-Mu'tasim. À ce dernier il dédia son ouvrage *Sur la philosophie première*. En revanche, il subit les effets de la réaction anti-intellectualiste du calife al-Mutawakkil. La carrière d'Abû Nasr al-Fârâbî est celle d'un enseignant, sans qu'il jouisse toujours du pouvoir d'exercer la transmission paisible des savoirs dans un cadre civil fermement établi. La capitale des Abbassides, Bagdad, ne cessait d'être le théâtre de conflits, de soulèvements, de drames et de tragédies de palais. En 922, la vie de Hallâj s'achève par un procès et un supplice public, alors que les émeutes font rage, suscitées par la réaction hanbalite aux influents lobbies shî'ites. En 910, l'épopée du

Mahdî s'achève par la fondation du califat fatimide au Caire. En Occident, le califat omeyyade renaît à Cordoue en 926. La longue vie de Fârâbî se déroule sous cinq souverains abbassides, et lorsqu'il quitte définitivement Bagdad en 942, c'est pour séjourner d'abord à Alep, où en 944 un prince shî'ite hamdanide, Sayf al-Dawla, prend le pouvoir, puis en Égypte, où règne le calife-Imâm ismaélien Muhammad al-Qâ'im. Il aura fui Bagdad, la capitale secouée par la déposition et la mutilation d'al-Muttaqî, par le triomphe des Bouyides, une dynastie vizirale shî'ite.

C'est assez indiquer combien la philosophie naît et se développe dans le tumulte et les ressacs d'une tempête théologico-politique qui ne cessera jamais. La suite de l'histoire de la philosophie en islam ne démentirait pas un tel constat. La mise à mort de Sohravardî en 1191 sur l'ordre de Saladin fut l'effet d'une décision instruite par des juristes inquiets de l'influence du jeune philosophe sur le propre fils du Sultan ayyoubide, le gouverneur d'Alep, al-Malik al-Zâhir. Henry Corbin n'hésitait pas à voir dans le supplice infligé au *Shaykh al-Ishrâq* une réaction rigoureuse à la prise de Saint-Jean-d'Acre par Richard Cœur de Lion.

Que dire de la vie d'aventures du plus grand de tous, Abû 'Alî ibn Sînâ, notre Avicenne, né dans une famille ismaélienne à Afshâna, près Bukhâra, capitale des Samanides, refusant à l'âge de vingt et un ans de se joindre à la cour du conquérant sunnite Mahmûd de Ghazna, commençant alors une vie d'errance, médecin de cour sous divers princes persans, allant de Gurgân à Rayy, à Hamadân, où il sera emprisonné, d'où il fuira sous l'habit d'un derviche, se rendant à Ispahan où il fera une longue pause de quinze années, d'où il fuira encore les troupes ghaznévides pour retourner enfin à Hamadân où il mourra?

Comment ne pas évoquer aussi la vie de Abû l-Walîd

Muhammad Ibn Ahmad Ibn Rushd, notre Averroès, sa carrière indissociable de l'entreprise messianique du berbère Ibn Tûmart, fondateur de la réforme théologique et du pouvoir des Almohades ? Médecin, cadi, foncièrement attaché à la discipline juridique, il répondit favorablement à l'invitation pressante du pouvoir, l'idée d'expliciter le contenu des livres d'Aristote, tâche immense que son illustre ami, Ibn Tufayl avait renoncée. Tombé en disgrâce, il mourra à Marrakech. Sans la rencontre, ou le choc, d'une théologie spéciale, celle d'Ibn Tûmart, et d'un besoin de philosophie né au cœur de cette entreprise réformatrice, le travail monumental du Commentateur par excellence, et donc son prodigieux écho dans les pensées juives et chrétiennes médiévales, n'eût pas été effectué. La conception même qu'Averroès se fait de l'activité philosophique est indissociable de l'élan almohade et de son aventureuse ou contingente histoire.

Le contraste entre la sérénité apparente des œuvres et la romanesque vie de leurs auteurs, pris dans les conflits religieux, les invasions, les guerres, se pourrait illustrer par la plupart des biographies. Que l'on songe à la vie de l'un des savants les plus accomplis que l'islam ait connus, Nasîr al-Dîn al-Tûsî. Né à Tûs, en Iran, étudiant à Nishapur, initié à la philosophie d'Avicenne, il subit l'invasion mongole, se réfugie dans la province du Quhistân, où il se place sous l'autorité d'un prince ismaélien, 'Alâ' al-Dîn Muhammad. Se transportant en la forteresse d'Alamût, où notre philosophe séjourne auprès des Imâms *nizârîs*, il négocie la reddition de la citadelle et trahit le malheureux Rukn al-Dîn Khurshâh au profit du conquérant mongol, Hûlâgû. *Felix culpa* ! Accompagnant l'armée de Hûlâgû jusqu'à Bagdad, conseillant le chef mongol, il assiste au sac de la capitale abbasside en 1258. Il a déjà commencé de sauver du désastre subi par le monde de l'islam oriental l'essentiel de la culture arabo-persane. Nasîr al-Dîn recevra de Hûlâgû l'observatoire de Marâghah, reconstituera, de Hilla au Khorasân, l'édifice institutionnel des doctrines shî'ites duodécimaines (il était opportunément passé de l'ismaélisme au shî'isme imamite) et, avec d'éminents représentants de l'intelligentsia persane, dont le philosophe *ishrâqî* Qutb al-Dîn Shîrâzî, développera de façon spectaculaire tous les savoirs majeurs. Mathématicien de génie, grand astronome, philosophe de premier plan, théoricien du *Kalâm* shî'ite, il joue ainsi un rôle essentiel dans la rationalisation du shî'isme, tout en déployant la philosophie avicennienne dans le sens d'une spiritualité nourrie du soufisme. Tout cela dans une vie traversée par l'histoire, marquée par la chute de Bagdad et par la tourmente venue de l'empire des steppes.

LE RÊVE DE L'ORDRE DU MONDE

Revenons aux premiers temps de la philosophie et d'une histoire digne du théâtre de Marlowe, non pour la résumer, mais pour mettre en valeur le contraste entre l'histoire et le rêve philosophique, rêve d'ordre et de normalité.

Que la *falsafa* ait été jugée politiquement nécessaire par l'autorité califale abbasside, Dimitri Gutas en a fait la preuve[1]. La fragilité du califat était celle de ses fondements théologiques. Les deux problèmes récurrents étaient celui de la légitimation et celui de la transmission de l'autorité. Cette affaire de légitimité, qui est au centre des revendications shî'ites de toute sorte, était des plus préoccupante pour les Abbassides, lesquels se réclamaient de la famille du Prophète, sans en pouvoir persuader tous les musulmans. C'est d'abord une question de droit public, mais elle exige aussi une résolution théologique.

D'autre part, la légitimation de l'ordre politique devant dépendre d'une vérité révélée, il était nécessaire que la vérité de la révélation eût le renfort de disciplines intellectuelles aptes à réfuter, réduire à l'absurde et rendre vaines les spéculations incompatibles avec les données élémentaires de la dite révélation. L'attestation de l'unité divine, de la mission prophétique, de la légitimité de l'autorité califale obligèrent à des luttes incessantes avec des sectes ou des religions, encore très vivaces, parmi lesquelles les sectes dualistes et tous ceux qui furent stigmatisés sous le chef de la *zandaqa*.

La thèse de Dimitri Gutas met au goût du jour une ancienne hypothèse : l'emprunt d'un modèle de souveraineté iranien, antérieur à l'islam et garant de l'ordre sassanide, aurait valorisé l'usage de l'intelligence et de la sagesse philosophique. Cela expliquerait l'adoption d'un modèle iranien, celui du souverain éclairé, nimbé par la « Lumière de Gloire » et instruit par la sagesse. Telles seraient les prémisses et l'enjeu théologiques de l'encouragement institutionnel accordé à la raison philosophique et aux sciences de la nature chez les chercheurs de l'École de Bagdad.

Cette incitation encourage l'institution de la « Maison de la sagesse » (*bayt al-hikma*), faisant face à Byzance, peu favorable à la culture païenne. La sagesse doit aussi pacifier les sectes rebelles, que la philosophie a pour mission, comme le fait le *Kalâm* ou « théologie de la controverse », de ruiner intellectuellement. Cette hypothèse explique la fonction politique de la *falsafa* telle qu'elle se pratique sous le califat abbasside.

Mais, dans le cas des penseurs ismaéliens chargés de mission de propagande et de «convocation» sous le califat fatimide, c'est moins la souveraineté de la sagesse que la sagesse du souverain qui justifie l'effort philosophique. Enfin cette hypothèse pourrait éclairer le statut de l'entreprise d'Averroès, commentateur d'Aristote sous les Almohades.

Vaut-elle pour *tous* les philosophes? Nous ne le pensons pas. L'autorité du sage souverain, éclairé par l'intelligence, transposée sous les traits du *nomothète* ou du *guide divin*, n'est pas la seule figure de l'autorité philosophique. Aux côtés d'une telle forme juridictionnelle et législatrice, il est d'autres formes de l'activité philosophique, et donc d'autres buts fixés à la réalisation de son idéal : celle du pôle de l'autorité conçu dans le cadre de la «sagesse illuminative» chez les disciples de Sohravardî ; celle de la Réalité muhammadienne éternelle chez les philosophes disciples d'Ibn 'Arabî ; celle du savant universel chez Avicenne ; celle du solitaire ébloui de sa science chez Ibn Tufayl ; celle de l'exégète des mondes chez Haydar Âmolî, celle du sage exégète des secrets chez Qâzî Sa'îd Qommî ; celle de l'amant mystique chez Ahmad Ghazâlî, celle du savant intégral, image achevée du prophète, chez Mullâ Sadrâ. Ces schèmes de l'autorité philosophique se peuvent d'ailleurs combiner et composer, comme on le voit chez Nasîr al-Dîn Tûsî, dans la synthèse d'un Mullâ Sadrâ, chez les *falâsifa* eux-mêmes.

Il reste que le monothéisme et la théologie de l'autorité politique exigent une activité rationnelle qui discipline, encourage, apaise et domestique les efforts de la pensée. La philosophie islamique est un *discours de l'ordre*. Controversé pour ses audaces, le philosophe ne mettra jamais en doute que les mondes, le monde inférieur et le monde supérieur, expriment un ordre

surnaturel. L'ordre divin, dévoilé par l'activité philosophique, conteste le désordre du monde inférieur,
désordre provisoire, dérèglement moral et matériel
que prophétie et philosophie, réconciliées, stigmati-
sent, corrigent et réparent.

La souveraineté sera conçue de deux façons, ou
dans les termes d'une métaphysique de l'Un pur, ou
par une ontologie de l'Être nécessaire. Or, le Dieu
d'Aristote, le cosmos aristotélicien et le système des
Intelligences, des Âmes célestes et des formes corporelles n'est pas prédisposé à s'adapter aisément à
une configuration de la souveraineté divine conforme
à l'eschatologie coranique et à la conception prophétique de l'autorité divine. Dans le cas des théologies
de l'histoire prophétique, le modèle se doit combiner
à une histoire orientée vers un événement dont le
sens est présent dès l'origine, à une histoire tournée
vers un *eschaton*. Sans doute, l'ismaélisme et le
shî'isme duodécimain adoptent-ils progressivement
des schèmes néoplatoniciens ou aristotéliciens. Mais
une telle adoption ne leur était point naturelle. Le
but final de la *falsafa*, qui est le bonheur de l'homme
par l'actualité de l'intelligence, n'est pas immédiatement conformé à la finalité d'un temps prophétique,
au schème de l'histoire eschatologique.

La *falsafa* eut à discipliner, endiguer et parfois
alimenter tout un ensemble de spéculations eschatologiques qui naissaient dans les mouvements in-
surrectionnels de l'islam et dans les spéculations
ésotériques du shî'isme. Ce mouvement triomphant
de l'intelligence philosophique se développa jusqu'à
la synthèse finale de l'avicennisme, de la philosophie
«orientale» de Sohravardî et des structures théologiques et mystiques du soufisme d'Ibn 'Arabî chez les
penseurs shî'ites duodécimains de l'École d'Ispahan.
Sans la considération de cette courbe, qui va du xe au

xviiᵉ siècle, le concept de la philosophie islamique est incompréhensible. Remarquablement, les théologoumènes, les pensées eschatologiques et les aspirations mystiques survécurent au triomphe de la *falsafa* et entrèrent dans la philosophie islamique. La pensée de l'ordre, la philosophie intégra ainsi les désordres ou les pensées non rationnelles qu'elle avait tâché de rendre vaines.

La philosophie renaissant en islam a participé à la conjuration du péril dualiste, en liaison avec la littérature de controverse. L'effort de fondation du *tawhîd* par le premier des philosophes d'islam, Abû Yûsuf al-Kindî, en témoigne[2]. Le mouvement d'intégration de la théologie à l'ontologie sera le triomphe de la pensée de l'ordre divin et de la providence intégrale sur toute forme de tentation dualiste.

La lutte contre les sectes dualistes, les manichéens, les bardesanites et les marcionites enracina la philosophie dans le sol de l'islam, dans la défense du monothéisme contre des doctrines qui professaient le «dualisme ontologique»[3]. Il fallait exclure les dualistes des «*ahl al-kitâb*», les «Gens du Livre», les fidèles des religions non musulmanes protégés par un statut spécial prévu dans le Coran. Instrumenté par la dialectique et le pouvoir de l'éloquence, ce combat prit la forme d'une répression violente. Du iiᵉ siècle au ivᵉ siècle de l'hégire, nous assistons à la progressive extinction des sectes dualistes assez vigoureuses pour intéresser le califat abbasside, au point que le terme péjoratif de *zandaqa*, terme qui désignait le manichéisme, finit par désigner toute forme d'hérésie[4].

Ce n'est pas que la philosophie ait été le principal vecteur d'une telle entreprise de démolition, puisque le *Kalâm* mu'tazilite fit servir sa dialectique à la réfutation des dualismes. Mais elle réussit, mieux que ne le faisait la littérature de controverse, à fonder la nécessité et la causalité, l'ordre rationnel procédant du principe, à exténuer toute objection dualiste et libérer l'eschatologie de la tentation millénariste. La philosophie fut concurrente du *Kalâm*, mais elle le fut dans une compétition théologique dont la palme serait accordée à celui qui aurait au mieux conjuré le péril dualiste et la menace des dogmes chrétiens.

Les zoroastriens connurent un sort plus heureux que les manichéens ou les marcionites. Il ne manqua pas de polémistes musulmans pour les combattre, il ne manqua pas de doctrinaires zoroastriens pour leur répondre. Mais cela se passait entre gens qui aimaient l'ordre. Tandis que le clergé zoroastrien, ou ce qu'il en restait, pouvait prétendre à un statut ambigu, les Mages étant, tour à tour, remis à leur place ou mis à l'honneur, les manichéens furent, comme avaient été les chrétiens en d'autres temps, les vrais «ennemis du genre humain». «Les Abbassides ne considéraient pas les manichéens comme de simples partisans d'une religion étrangère ou même d'un faux prophète, ils les regardaient comme les gens dont les mœurs, les principes et les croyances étaient contraires à la nature, à la société et à l'État.»[5] Les marcionites[6] et les manichéens mettent en cause, par leur seule existence, la Loi et les institutions califales. Suspecter les extrémismes shî'ites de «dualisme» sera façon de les disqualifier, pour conjurer le péril politique qu'ils incarnaient, leur mise en cause de l'ordre fondé sur la *sharî'a* de l'islam, la contestation du califat, et les formes de pouvoir théologique et politique que leurs espérances soutenaient.

Normaliser l'art de l'exégèse, endiguer les intempérances de la spéculation messianique, bâtir un système du monde où le cours de l'esprit fût canalisé dans les pacifiques pratiques de la contemplation et de l'action rationnelles, établir un juste milieu entre l'excès de légalisme et le défaut de légalité, tels furent les objectifs convergents de la théologie rationnelle et de la *falsafa*. Au sein des courants les plus vigoureux du prophétisme islamique, ce travail de normalisation prit une forme plus souple, domestiquant des tendances dualistes sans les éteindre, les contrôlant sans les étouffer. La philosophie néoplatonicienne des auteurs shî'ites ismaéliens y veillera. La philosophie et le *Kalâm* du shî'isme duodécimain sauront unir harmonieusement les données les plus radicales du combat intérieur, de la guerre cosmique entre les forces de Dieu et celles de ses Adversaires, et un monisme pointilleux.

Le principal grief que les théologiens de l'islam firent aux manichéens fut d'encourager le scepticisme, l'agnosticisme, le relativisme. Du fait que les « manichéens » faisaient du mal un problème, ils encourageaient le doute au sujet des messages et des lois prophétiques. Ils contestaient la providence. Ils menaçaient donc le culte, qui exige des pratiques codifiées et collectives. Ceux qu'ils convertissaient, tel ce Bashshar b. Bord dont Georges Vajda trace le portrait[7], affichaient libertinage moral et doctrines étranges ; ils dédaignaient les rituels publics du culte. Bashshar passait pour shî'ite, misanthrope, poète bachique, ivrogne, absent à la prière collective, négligeant le pèlerinage, adepte de la métempsychose. Il tomba sous le chef d'accusation de *zandaqa*.

Sur le plan de l'eschatologie, le manichéisme, le marcionisme et le bardesanisme proposaient des modèles séduisants, ceux de la tragédie cosmique et de l'odyssée de la lumière divine s'affrontant au mal. La théologie rationnelle de l'islam, qu'elle fût celle du *Kalâm* ou celle des *falâsifa*, réfuta le modèle cosmologique et eschatologique de la guerre, au profit

d'une théodicée. Il fallait que Dieu fût insoupçon-
nable et que Muhammad eût le dernier mot de la
révélation des fins ultimes, du salut ou de la damnation. Tous les débats philosophiques, autour de la
science parfaite (*'irfân*), de son existence, de sa validité, de sa légitimité auront pour horizon cette sourde
menace, toujours latente, pesant sur une eschatologie
pacifique, et provenant des espérances d'une eschatologie belliqueuse.

Ces espérances n'avaient pas attendu l'islam pour
se manifester. Elles serviront la cause des Abbassides,
après avoir alimenté mainte révolte shî'ite, avant
de se retourner contre les Abbassides et les shî'ites
modérés. Cette traversée de l'histoire religieuse par
un souffle unique de révolution spirituelle et sociale
ravive le souvenir des menaces que le mazdakisme
avait fait peser sur l'ordre social sassanide, en mêlant
une doctrine sociale faite d'utopies communisantes
et de rêves égalitaires à un dualisme radical. Dans la
notice qu'il lui consacre, Shahrastânî nous dit qu'Anûsharvân fit mettre à mort Mazdak[8]. Or, le sage roi de
la Perse reste un modèle, pour ne pas dire *le* modèle
de la sagesse par excellence, de la sagesse théologique,
morale et politique.

Insensiblement, la dialectique théologique prépare
la voie à l'ontologie, la guidance spirituelle à l'éthique
péripatéticienne ; la «politique divine» prend place
dans les degrés de la politique rationnelle. Cependant,
la forme philosophique de la rationalité ne remplace
pas entièrement la forme théologique du discours
probatoire, non plus que les traditions et le texte
révélé. Elle les intègre. Elle les interprète. Elle les
vivifie. Alors, alors seulement, le fil de l'interrogation
grecque, la question de l'être de l'étant, brisé un
temps par la force du verbe prophétique abrahamique, se renoue. La théologie philosophique, science

de «l'Être nécessaire par soi», prend en charge le legs de la prophétie, en un syncrétisme non moins étrange et non moins rationnel que la synthèse de la philosophie grecque et de la révélation chrétienne.

La transmission fut une métamorphose, une création autant qu'une fidélité. Si l'activité philosophique est production d'œuvres originales, elle commence par la traduction, la refonte, l'attribution, l'interprétation des anciens sages, et par la formation d'un lexique technique. Voilà qui ne pouvait prétendre à l'autorité fondatrice des sciences coraniques, qu'elles fussent exégétiques, traditionnistes, ou juridiques. Mais par l'effet remarquable des systèmes de la *falsafa*, par les synthèses successives que les philosophes de l'islam surent opérer, ces savoirs acquirent une autorité inattendue. Il faudrait désormais compter avec la philosophie. La philosophie ne pourra cependant jamais s'émanciper de ses origines. Respectée ou menacée, la philosophie ne sera jamais unanimement reconnue comme «la science des sciences» qu'elle aura la prétention d'être.

Les philosophes de l'islam eurent en commun de nommer et, pour cela, de comprendre la réalité infinie de Dieu, en s'attachant à une tâche rationnelle : concevoir l'ordre que Dieu instaure. Le réel inconditionné de la vérité divine, source de tout ce qui est, ils avaient à le penser dans l'exigence de la foi, qui est l'axiome du *tawhîd*, de l'attestation monothéiste. Ils le firent en recevant le souffle vivant qui ne s'interrompt pas depuis les Grecs, et les thèmes hellénistiques de la purification de l'âme, de l'examen de soi, de la divinisation de soi, les conduisirent à faire retour à l'examen du Principe divin unique. La philosophie islamique est la variation infinie d'un thème, l'unicité de Dieu ; elle en déploie les virtualités dans l'ensemble des disciplines du savoir.

Cette fidélité à la nécessité de l'être, à la puissance générative de l'unité, la volonté de reconduire toute multiplicité à l'unité, justifient, en métaphysique, en morale, en politique, l'attachement des philosophes de l'islam aux penseurs hellénistiques, ainsi que les synthèses et concordances entre le souci théologique, le goût de l'ordre et de la cohérence hiérarchique des existants. La spécificité des philosophes de l'islam réside en l'harmonie entre la sagesse antique, une activité dont le monde antique leur a légué le style, et une incitation que la révélation coranique leur imposa : concevoir le sens de cette révélation et, en conséquence, le sens du monothéisme islamique.

LA NEUTRALISATION PHILOSOPHIQUE

Le programme général des connaissances et des pratiques philosophiques s'est islamisé à partir d'un fond commun, d'une sorte de définition très générale qui convenait aux philosophes, quelle que fût leur appartenance à l'une ou l'autre des religions monothéistes. Nous en avons un témoignage éloquent dans le commentaire que le philosophe nestorien Abû l-Faraj 'Abd Allâh Ibn al-Tayyib (c. 370/980-435/1043) a consacré à l'*Eisagoge* de Porphyre[9].

Ibn al-Tayyib analyse les définitions de la philosophie. La première définition porte sur le sujet de la philosophie : « La *falsafa* est la science de l'ensemble des réalités existantes en tant qu'elles sont existantes. » La deuxième définition distingue, au sein de la science universelle de l'existant, la science qui porte sur les réalités divines et celle qui étudie les réalités humaines. La troisième définition est nominale, elle énonce que la philosophie est «l'amour de la sagesse» (*îthâr al-hikma*). La philosophie est une activité léguée par les Anciens, qui la distinguaient des autres sciences, en la jugeant digne du nom «la sagesse», car ce qu'elle enseigne est *plus grand* que ce qu'elles enseignent. L'autorité de la sagesse philosophique tient à l'extension maximale du savoir transmissible. Selon une tradition adoptée par notre auteur, ces trois définitions seraient le fait de Pythagore.

Si nous cherchons maintenant la cause finale de la philosophie, son objet et non plus son sujet, voici les définitions que Platon en a données : la finalité prochaine de l'activité philosophique est «l'amour de la mort» (*îthâr al-mawt*), la préoccupation de la mort, le souci de mourir volontairement à soi-même, à ses passions, grâce à la domination de la partie rationnelle de l'âme sur les parties inférieures. La mise à mort des passions conduit à la fin ultime de l'activité philosophique, «se rendre semblable à Dieu». Une telle assimilation (*tashabbuh*) se produit grâce à la théologie philosophique («l'aptitude humaine à connaître le Réel divin») et à la morale philosophique («accomplir le bien»). La métaphysique reçoit sa définition d'Aristote : elle est la science des sciences, l'art des arts, celui dont les autres arts ont besoin, la connaissance des premières causes et des premiers principes. Cette définition exprime la relation de la philosophie avec les autres sciences.

Ibn al-Tayyib dit que ces six définitions épuisent le sens de la philosophie et que la liste en est cohérente et définitive. Quant au nom, la philosophie est «amour de la sagesse». Quant au sujet, elle est philosophie théorique, connaissance de l'existant comme tel, et philosophie pratique, connaissance des âmes humaines. Quant à l'objet, la philosophie théorique vise la connaissance des essences tandis que la philosophie pratique vise à renforcer les âmes, à les purifier, selon un arrangement convenable (*tahdhîb*). Lorsque la connaissance de la totalité des essences des existants est atteinte, lorsque l'âme s'est entièrement purifiée, ces deux ordres de l'esprit, l'ordre des sciences, l'ordre des bonnes conduites opèrent la conjonction avec Dieu (*ittisâl bi llâh*) qui est « se rendre semblable à Lui ».

Dans l'explication qu'il fournit de ces définitions un peu sèches, Ibn al-Tayyib nous fait comprendre leurs présupposés. Tout un univers de perception se déploie. La première définition exprime une théorie de la connaissance. La connaissance est de trois espèces : sensible, imaginative, intellective. L'activité philosophique est la connaissance intellective, la saisie qu'a l'intellect de ce qu'il intellige. Or, il est deux sortes d'intelligibles : ceux qui subsistent dans la nature originelle de l'intellect, ceux qui sont cachés à l'intellect. Appartiennent à cette seconde sorte d'intelligibles la Cause première, toutes les réalités divines, l'intelligence, etc. Grâce à la technique de la démonstration, le philosophe passe du connu à l'inconnu, en une connaissance intellective qui conduit au monde divin et aux essences immatérielles.

Ainsi sommes-nous reconduits au schème des mondes dont Aristote a fixé le modèle : un monde soumis à la génération et à la corruption, domaine où les choses humaines sont les plus nobles, un autre monde, celui des réalités éternelles où les choses divines sont les plus nobles. Ce sont deux régions de l'existant, où le moins noble se rattache au plus noble, à la divinité dans le monde céleste et à l'humanité dans le monde terrestre, régions de l'être entre lesquelles il existe une hiérarchie et un lien de filiation, selon la parole d'Homère : « Zeus est le père des dieux et des hommes. » Dieu, le Dieu des chrétiens, des juifs et des musulmans, remplace Zeus, et règne sur la totalité des univers, ce qui a pour conséquence que la connaissance de Dieu gouverne l'ensemble de la connaissance philosophique, comme la souveraineté de Dieu est la souveraineté providentielle régnant sur les mondes.

La préoccupation de la mort, l'assimilation à Dieu supposent la distinction entre la mort naturelle et la mort volontaire, expressément référée au texte de *Phédon*. La mort de Socrate a une fonction régulatrice de la vie morale. Interprétée en des termes stoïciens, la mort volontaire, la séparation de l'âme d'avec le corps couronne le gouvernement de l'ensemble des facultés corporelles, la juridiction tempérante (*ta'dîl*) des actions. Quant à l'assimilation à Dieu, notre auteur la conçoit prudemment comme une assimilation aux attributs divins, générosité, puissance, sagesse, et non à l'essence de Dieu. Ces attributs sont naturels à Dieu, en qui ils sont éternels, ils sont l'objet d'une acquisition par le philosophe accompli.

Un tel programme, capable d'inspirer un philosophe, sans que sa fidélité à telle ou telle révélation ne soit impliquée en l'activité philosophique, est le programme de la *falsafa*. Il a pour finalité ouverte la fondation métaphysique de la souveraineté de Dieu. Il a pour finalité cachée la neutralisation des conflits théologiques. C'est celui d'une théologie philosophique, *qui n'est pas une théologie naturelle*, mais la théologie philosophique *du monothéisme*. Le texte du philosophe nestorien a son équivalent chez les maîtres de la *falsafa*. Comme l'a justement dit Philippe Vallat, la philosophie, telle que Fârâbî la situe dans la perspective qui est la sienne — déterminer ce que doit être le guide de la cité parfaite —, c'est la philosophie première. Or, « la philosophie première, en tant que principe de toute excellence, de tout art et de toute sagesse, est bien la science architectonique par excellence, et non pas la politique qui n'existe-rait, tout simplement pas sans elle » [10]. La philosophie première est la philosophie de la souveraineté, tandis que la politique est dérivée, seconde. Si la philoso-phie première ne neutralisait pas les conflits théolo-giques, n'instaurait pas, sur la ruine des dualismes, l'injonction monothéiste, aucune politique sérieuse du gouvernement humain ne pourrait s'installer. Pédagogie intellectuelle, la philosophie pourra concur-rencer la prophétie dans l'exercice politique, parce qu'elle l'aura concurrencée d'abord dans l'exercice cognitif.

Chapitre VII

LES PREMIÈRES
THÉOLOGIES PHILOSOPHIQUES

L'UN, L'INSTAURATION ET LA SOUVERAINETÉ

L'un des dogmes les plus importants de l'islam énonce que Dieu crée, fait vivre, mourir et renaître par sa seule volonté. La transcendance de Dieu le protège de toute espèce d'investigation dans l'ordre secret de sa providence. Or, l'activité métaphysicienne de la philosophie islamique établit par les voies de la raison l'existence de Dieu, interprète le sens et la nature de la souveraineté divine. Si cette souveraineté se réduisait au gouvernement du monde inférieur, qui est le monde des choses sensibles et humaines, la théologie philosophique se pourrait satisfaire d'être une théologie politique, *stricto sensu*. Mais les mondes se hiérarchisent, au-dessus du monde sensible inférieur, en d'autres degrés encore. La métaphysique, qui prétend être la vraie théologie, doit rendre concevable l'intégrale souveraineté de Dieu sur l'ensemble des degrés de l'être. La question de l'être et de l'étant, la question des substances et de leurs degrés ou modes d'être, sont liées à la question théologique de la souveraineté. C'est ce lien essentiel qui sauve la métaphysique islamique de n'être rien d'autre qu'une spéculation inoffensive sur des notions abstraites et privées de tout enjeu sérieux.

En vertu de ses propriétés, l'activité philosophique justifie sa noblesse et sa prétention à être celui des savoirs *humains* «qui a la dignité la plus haute, le rang le plus noble»[1] grâce à l'édification de la «philosophie première», qui est «la science du Réel premier qui est la cause de tout réel». La connaissance du «Réel premier» est science de la souveraineté divine et science de l'unité divine, en une compréhension du *tawhîd* exigée par la vérité prophétique. Elle est connaissance de la cause première et savoir de l'ensemble de l'ordre hiérarchique des causes qui sont enveloppées en elle, et, par conséquent, science de l'ensemble des existants effectifs, des choses éternelles et universelles[2].

C'est ainsi que la «philosophie première», telle qu'al-Kindî la conçoit, est théologie en deux sens : elle a pour sujet le plus élevé la cause des causes, qui est le Réel premier, et elle a pour environnement conceptuel une représentation du monde qui dépend de l'élaboration islamique de la notion de «réel». En une synthèse qui forme le socle de l'activité philosophique, la méditation musulmane de l'unité divine et l'héritage néoplatonicien des théologies grecques païennes servent à une «intégration de la *falsafa*» à l'islam, à une «islamisation» de l'héritage des Grecs[3].

Pour accomplir sa mission pédagogique, l'activité philosophique produit une science architectonique. Tandis que la sagesse coranique est éloquence persuasive, exercice spirituel, mise en pratique de préceptes vénérables, la sagesse philosophique harmonise deux méthodes et deux perspectives : l'analyse rationnelle conduisant au système organique de la totalité des existants, culminant en une métaphysique ou théologie véritable, et la philosophie comme réalisation

de soi, exercice de la liberté authentique. Nous savons
que ces deux perspectives, le savoir universel, la
quête du salut ne se contrarient pas l'une l'autre,
puisque la connaissance est la condition du salut et
que le salut réside dans la perfection de la connaissance.

La philosophie pratique et la philosophie théorique
sont solidaires; connaître le vrai est la condition du
bien agir. Ces deux ambitions se heurtent à l'objection
principielle des fidèles de la religion scripturaire. Si
l'activité philosophique n'est pas une lecture fidèle
des données de la révélation, si elle ne prend pas
départ dans ces données littérales, dans la sagesse
des prophètes, n'est-elle pas, *ipso facto*, arbitraire et
vaine?

Al-Kindî répond: ceux qui soutiennent les privilèges des sciences religieuses contestent les droits de
la philosophie, parce qu'elle serait incapable d'établir la vérité de la révélation prophétique, de l'unicité de Dieu et de sa souveraineté sur toutes les choses
créées. Or, cette affirmation est sans fondement. Parmi
les divers objets que vise l'activité de l'intelligence
philosophique, «dans la science des choses en leurs
vérités», il est les objets des savoirs qui sont précisément ceux que le discours de la religion tire de la
révélation religieuse: la «science de la souveraineté»,
«la science de l'unicité», la «science de la vertu», «la
science de tout ce qui est utile, la voie qui y mène,
l'éloignement et la vigilance à l'égard de ce qui est
nuisible».

Le contenu entier de la science prophétique, sur le
plan de la connaissance de Dieu comme sur celui de
la guidance morale, est présent dans la science philosophique. Or, dit al-Kindî, quelle acquisition les
prophètes ont-ils offerte aux hommes de la part de
Dieu? Ils nous enseignent à reconnaître «la souve-

raineté de Dieu *seul* » et à « nous attacher aux vertus qu'Il agrée, à nous écarter des vices, qui sont par essence contraires aux vertus, et à préférer celles-ci ». Par conséquent, la philosophie est apte à dévoiler ce qu'est la véritable unicité de Dieu, elle a l'autorité du discours *le plus adéquat* à la souveraineté divine, elle est intransigeante envers toute confusion entre Dieu et les créatures, envers toute idolâtrie.

Que Dieu *seul* possède unité réelle et souveraineté, cela justifie une fidélité à l'idéal de l'intelligence, et ceux-là qui parlent au nom de la religion doivent la reconnaître et l'accepter : « il mérite d'être dépouillé de la religion, celui qui s'oppose avec acharnement à ce qu'on acquière la science des choses en leurs vérités », autrement dit la science philosophique[4]. Ainsi, la philosophie, culminant en la « philosophie première » revendique-t-elle une autorité que le juriste, le commentateur du Coran, le maître spirituel passaient pour avoir meilleur droit à exercer. Elle installe la pensée en l'*état métaphysique*, pour qu'elle soit la science des causes et des raisons, la vraie *théologie*.

Il s'ensuit deux conséquences.

D'abord, l'objet de la philosophie *première* l'emporte en dignité sur tous les autres objets de la philosophie, parce que cet objet est, tout ensemble, l'unicité *et* la souveraineté divine. La philosophie première est une philosophie de l'Un. Elle doit déduire l'existence et la réalité de ce que Kindî nomme « l'Un réel », « l'Un vrai », et cela par la méthode qui consiste en une analyse du vocable « un ».

La philosophie première fait reposer son mode de déduction sur une analyse linguistique. En démontrant que la compréhension littérale du terme numérique « un » conduit logiquement à l'attestation de la réalité effective de l'Un *réel*, la philosophie première réalise une opération rationnelle comparable à bien d'autres formes de démonstration de l'existence de Dieu. Elle conduit de l'analyse rationnelle d'un concept à l'évidence d'un réel qui transcende l'ordre des mots. Elle passe de l'ordre des mots et des concepts à l'ordre des choses et du réel. En analysant l' « un » et l' « unité », elle en fait son *sujet*, et le philosophe raisonne comme si ce sujet de l'analyse devait être aussi l'*objet* dont il recherche l'effectivité et l'établissement, comme s'il allait de soi que l'ordre des mots soit homogène à l'ordre des choses.

Sujet de la philosophie première, l'« un » est un terme du langage. Objet de cette philosophie, la réalité effective de l'Un réel est le résultat de l'analyse du vocable « un ». En ce premier temps de la *falsafa*, l'activité philosophique n'est pas conçue selon le modèle aristotélicien, puisqu'elle ne se donne pas pour sujet « l'existant en tant qu'existant ». Elle emprunte la voie de l'hénologie, science de l'un, et non celle de l'ontologie, science de l'être. Elle atteint son objet dans ce que Kindî nomme l'Un réel, situé au-delà des genres de l'existant, au-delà de toute qualification, ce qui s'entend en une fidélité têtue au *tawhîd*, à l'attestation monothéiste.

La seconde conséquence est la constitution d'un modèle *philosophique* de la science de la souveraineté, dont un maître du soufisme comme Tirmidhî a dit qu'elle est la sagesse même, la *hikma*. Désormais, l'exercice de cette souveraineté, l'exégèse de son sens, la définition de sa nature sont objets de l'attention du métaphysicien. Rien ne va moins de soi qu'une telle ambition. Le Coran invite le fidèle à se confier à Dieu sans chercher à comprendre les desseins de Dieu. Le soufisme a pratiqué l'abandon confiant (*al-tawakkul*), la « remise confiante à Dieu ». Il existe un lien entre le souci que le spirituel prend de soi-même et son abandon à Dieu. Ne songeant ni au passé, ni au futur, mais au présent, il fait le meilleur usage de son ignorance des causes et des raisons. Il se concentre dans l'instant, et dans ce qu'il convient d'y exercer de vigilance, de vraie sagesse et de générosité[5]. Ne pas chercher comment s'exerce la souveraineté de Dieu évite de se disperser en recherches futiles et en craintes ou espérances imaginaires. Entre l'atomisme des théoriciens du *Kalâm* mu'tazilite et la concentration soufie dans la seule perception de l'instant, il y a quelque solidarité. Au contraire, la philosophie entend concevoir l'inconcevable, et franchir les infranchissables abîmes de la providence.

Le livre *Sur la philosophie première*, tel que nous en disposons, nous dit peu de chose de l'action gouvernementale du Réel, du Principe. Mais il démontre que l'unique dépositaire de la souveraineté est l'Un réel. Pour comprendre quelle idée précise al-Kindî se fait de cette souveraineté quand elle est active, et qu'elle se déploie dans le gouvernement des choses, il nous faut nous tourner vers d'autres traités. L'idée directrice est celle de l'instauration (*ibdâ'*). L'action divine est l'instauration de l'exister à partir du néant. Dieu est l'Un réel, et son unité ineffable, seulement dite par la négation intrépide de toute confusion entre elle et l'unité numérique ou les autres propriétés de l'existant, se traduit dans la spontanéité ineffable de l'Agent divin.

Dieu est agent parce qu'il est *un* selon son unité singulière qui se soustrait à l'ensemble, au tout qu'il instaure par instauration immédiate. La souveraineté est exception, soustraction et non point addition d'un étant suprême à la série des êtres soumis à sa juridiction. La soustraction de l'Un réel à la série numérique, sa distinction d'avec l'un qui est le premier de la série numérique, la distinction entre l'Un absolument séparé et l'un numérique qui dénote un étant quelconque, sont l'opération conceptuelle qui préserve la solitude transcendante du souverain, le non-partage de sa souveraineté. Sans partage, transcendant, l'Un n'exerce pas sa souveraineté par une procession qui en ferait le premier terme d'une chaîne, mais par l'acte pur d'une instauration immédiate.

Le modèle de la souveraineté selon al-Kindî est fait d'exception. Le souverain, Dieu, est celui qui décide en une situation qui est *toujours* exceptionnelle puisque l'exception, c'est Lui. Le souverain n'est pas celui qui s'ajoute aux autres, fût-ce à leur sommet, c'est celui qui s'en excepte, qui est d'une singularité absolument originale. Quant à sa décision souveraine, elle est aussi incompréhensible que son essence, puisqu'elle est instauration immédiate de ce qu'il domine en le faisant être. Aucune délégation ou représentation n'est pensable dans un tel modèle de la souveraineté. C'est pourquoi elle convient si bien à la critique du christianisme — que fait Kindî — et à la critique des dualismes. Le règne n'appartient qu'à l'Un, et le gouvernement ne fait qu'un avec son règne.

Dieu est le « donateur de l'être » (*al-mu'ayyis*), celui qui fait être le tout hors du non-être (*al-laysa*). La notion philosophique de l'instauration interprète l'une des données les plus importantes de la révélation : la soudaineté, l'efficience parfaite et la puissance de l'impératif divin (*al-amr*). Fidèle, sur ce point, au chrétien Jean Philopon, al-Kindî refuse le modèle aristotélicien de la génération, du mouvement de passage de la puissance à l'acte, qui semble porter atteinte à l'absolue souveraineté de Dieu, pour plus de fidélité à l'instantanéité instauratrice de l'impératif divin[6].

La souveraineté divine est principe de la donation

de l'être. Dieu règne généreusement et gouverne sagement. La donation ne saurait être que donation de l'unité à ce qui est porté à l'existence par l'instauration souveraine du Réel. De l'Un ne peut s'instaurer que de l'un. En communiquant l'être et l'unité, l'Un qui s'excepte produit l'un qui participe à son être ineffable, sans s'égaler à lui. Reconnaître la souveraineté de Dieu seul, c'est éprouver qu'on participe de façon ineffable à l'Un, sans que celui-ci devienne pour autant participable. Qu'il s'agisse ici de la reprise d'un schéma proclusien, conforme aux leçons dialectiques des *Éléments de théologie*, ne semble pas contestable[7].

La donation de l'être, constitutive de l'étant instauré, est donation de l'unité et non de la multiplicité. C'est en cela que réside la présence souveraine de l'Un réel et transcendant en chacune des hénades d'existence qu'il instaure. L'ordre du monde est un ordre monadologique. La différence entre les étants soumis à la souveraineté instauratrice de l'Un réel et l'unité souveraine de Dieu est la différence de nature entre ce qui possède l'unité par essence et ce qui ne la possède que par accident, parce qu'elle lui est advenue sans qu'il en soit la cause première : «Ainsi tout *un* autre que l'Un en vérité est l'*un* par extension et non en vérité. Donc chacun des effets de l'unité va de son unité à sa non-existence. Je veux dire qu'il ne se multiplie pas en tant qu'il existe ; mais il est multiple et non *un* absolu, je veux dire absolument *un*, qui ne se multiplie aucunement et dont l'unité n'est rien d'autre que son existence. »[8]

Ce qui n'est pas éternel, écrit Kindî, est instauré. Il l'explique ainsi : son identité, son «lui» — autrement dit son existence — provient d'une cause. Puisque la cause de cette identité, de cette constitution d'une ipséité, est l'Un vrai premier, la cause de l'instaura-

tion est l'Un vrai premier. Or, ce que nous nommons
«le moteur», c'est l'agent. L'Un vrai, l'Un réel est
l'agent, et cela dans la mesure où il cause le début du
mouvement d'existentiation. Ce mouvement est le
commencement du pâtir. Entre l'instauration et l'instauré, il y a toute la différence de l'action et de la
passivité. La souveraineté divine est action pure,
tandis que la soumission de l'instauré se traduit en
sa passivité relative. L'Un divin est bien le Dispensa-
teur, le Créateur, le Puissant, Celui qui maintient, et
sa transcendance est exaltée au-delà de tous les attributs qu'on lui prête : l'unité de chacun des instaurés
est l'action de sa puissance et de sa générosité ontologique, tandis que sans elles, «chaque chose fluerait
et se répandrait».

La *prise* que Dieu a sur les choses n'est autre que
l'unité qu'il leur confère avec l'existence, unité qui
est au cœur de l'identité et de l'essence de ce qui n'a
point d'unité ni d'existence par soi, et la souveraineté divine est donation d'unité. Ainsi l'un résiste-t-il
aux flux du multiple, manifestement identifiés à l'in-
distinction du non-être[9]. Comme le dit Peter Adamson,
la *genesis* n'est pas *kinêsis*[10].

En son commencement, dans la philosophie d'al-
Kindî, la métaphysique préserve l'exception souveraine. Nous n'en sommes pas encore à découvrir dans
l'ordre des existants les raisons d'attester une nécessité de l'être qui fonde l'émanation intelligible de
degrés médians et médiateurs entre le souverain et
les plus bas degrés de ses servants. Le concept d'*instauration*, que la théologie philosophique de l'ismaélisme valorisera tout comme le fait al-Kindî, protège
l'inaccessible seuil de l'impératif souverain.

On comprend que les califes abbassides favorables
au mu'tazilisme aient patronné une telle entreprise.
Si le calife est le successeur du Prophète de Dieu, il

se souvient du premier califat, qui est le modèle du sien, le califat d'Adam. Délégation de l'autorité divine, le califat est royauté, juridiction et sagesse universelle. En devenant le successeur du Prophète, et non plus le lieutenant direct de Dieu, le calife abbasside occupe une place ambiguë : il n'a pas d'autorité prophétique, mais il tient son *autorité* de sa fidélité au Prophète, tandis qu'il reçoit son *pouvoir* d'une insurrection qui se réclamait des droits de la Famille du Prophète. C'est ainsi qu'il ne peut combattre les prétentions shî'ites à la fondation d'un imamat inspiré de l'autorité éternelle de la prophétie, qu'en calquant son pouvoir temporel sur le modèle divin : il sera aussi exceptionnel sur la terre que Dieu est exception dans les cieux, et son règne sera instauration spontanée de l'ordre, comme Dieu instaure spontanément l'être.

Pourtant, la philosophie d'al-Kindî peut se lire autrement. Elle réserve à Dieu *seul* la souveraineté exceptionnelle. Le califat n'a donc aucune des propriétés de la souveraineté absolue, mais il n'est, comme le Coran des mu'tazilites, qu'une dimension créée de la succession califale du divin. C'est parce qu'il est garant de l'exception divine que le calife abbasside peut être et doit être le prince sage et fidèle à Dieu, le prince légitime. Paradoxalement, la légitimité du calife n'est pas fondée sur une ressemblance impossible avec Dieu, mais sur leur dissemblance. Cette interprétation permet, à notre sens, de comprendre le caractère de la théologie philosophique d'al-Kindî. Proche de la théologie mu'tazilite d'une part, elle reste d'autre part foncièrement sunnite, puisque l'Image de Dieu en est proscrite, elle qui est nécessaire aux théologies de l'imamat tel que le rêvent les shî'ites « extrémistes ».

LA THÉOLOGIE ISMAÉLIENNE
DE L'INSTAURATION

Si le concept de l'instauration permet de concevoir l'unité du Principe et son activité productrice
autant que gouvernementale, il s'agit de savoir si le
discours le plus adéquat est bien, comme l'affirme
al-Kindî, la philosophie première. Or, au temps initial
de la philosophie islamique, la contestation de l'autorité du discours de la *falsafa* se fait au nom de la
prophétie. Une telle contestation est argumentée par
des traditionnistes, mais aussi par ceux qui, dans la
prédication et la propagande shî'ite ismaélienne,
carmate puis fatimide, entendent ruiner les prétentions de la *falsafa*. Ils le font selon une stratégie argumentative qui vise à sauver la *hikma*, en vue de la
distinguer de la *falsafa*, puis de la faire s'harmoniser
avec le dire prophétique, dans la perspective eschatologique. Or, ces penseurs n'ont pas moins soutenu
un *tawhîd* sans faille et une théorie de l'instauration
que ne le fait, avec al-Kindî, la *falsafa* naissante.

L'un des plus importants chefs de mission carmates, Abû Hâtim al-Râzî (m. 322/934-5) a rédigé,
sous la forme de la controverse, une vigoureuse critique du médecin et philosophe Muhammad ibn
Zakariyyâ al-Râzî. Son ouvrage a l'avantage, pour
nous, de condenser un bon nombre des arguments
que le fidèle de la sagesse prophétique peut opposer
au *faylasûf*.

Les *falâsifa*, dit Abû Hâtim, prétendent construire
une science totale de l'existant qui s'élève jusqu'à
l'inconditionné, «connaître grâce à leurs propres intelligences le comment du Créateur», ils prétendent

savoir les principes, «comprendre la sphère céleste et ce qu'il y a au-delà, percevoir la consécution intégrale des choses et la naissance de l'ensemble des créatures, de l'origine jusqu'à la fin, sans l'aide du Messager envoyé par Dieu»[11]. Or, le vrai savant, le philosophe véridique, *al-hakîm*, et le philosophe nouveau venu, *al-faylasûf*, diffèrent l'un de l'autre, car le premier s'instruit des prophètes et le second s'en émancipe. Il revendique son indépendance — et tel est bien le cas du médecin Râzî. Il est le philosophe sans maître, celui qui prétend s'en passer.

Pire encore, le *faylasûf* s'imagine que tous les hommes, s'ils consacraient leur énergie à la philosophie, atteindraient le but que les philosophes ont atteint. En puissance chez tous, la philosophie aurait pour seul préalable la conscience que chacun a de ses capacités. Selon lui, la philosophie est à la portée de tous, même s'il arrive que plusieurs ne s'en soucient pas[12]. En prétendant que la *himma*, l'énergie de l'esprit que chaque homme possède en soi-même et par soi-même, suffit à poursuivre les plus hauts objectifs de la philosophie, le médecin philosophe soutient que, naturelle à l'homme, universelle en son pouvoir, sans limite en sa compréhension, la *falsafa* serait un domaine de savoir illimité, indépendant des prophètes, supérieur à leurs enseignements et libre de toute chaîne de transmission.

Or, objecte Abû Hâtim, «as-tu jamais vu un philosophe faire des recherches en philosophie par sa propre nature, avant d'avoir appris les fondements de la philosophie et avant d'avoir commencé par étudier ses premiers fondements?»[13]. Il faut donc un maître qui enseigne, il faut un enseignement (*ta'lîm*).

Abû Hâtim distingue deux sortes de philosophie. Il ne condamne pas toute philosophie, mais la fausse. Il oppose l'un à l'autre deux cas d'espèce, celui du faux philosophe et celui du vrai, car il a en tête la réconciliation de la vraie philosophie et de la vraie prophétie, en vue de réaliser une science eschatologique qui fonde la souveraineté de Dieu dans l'histoire. Il s'agit de la philosophie de l'histoire de l'humanité, qui nous conduira bientôt au règne du Résurrecteur, au terme des six périodes qui se seront déroulées depuis Adam jusqu'à Muhammad, et au terme enfin du septième cycle, qui s'achèvera par le triomphe apocalyptique du Résurrecteur.

Le signe auquel on reconnaît la liberté du philosophe authentique, différant en cela du faux philosophe, est qu'elle s'éprouve dans l'accueil qu'il ménage à l'assistance de Dieu. Liberté paradoxale, cet accueil en fait un membre des «gens de l'assistance divine» (*ahl al-tayyîd*), comme les nommera Nâsir-e Khosraw. Cette liberté est paradoxale, car elle n'est pas libre-arbitre, décision contingente, invention ou opinion, à la façon de la «force d'âme» alléguée par le médecin al-Râzî, elle n'est pas la libre recherche du vrai sans soumission à l'enseignement prophétique. La liberté du savant véritable réside dans la pratique de l'art des correspondances (*ta'wîl*) ou exégèse du sens spirituel des prophéties.

Or, cet art présuppose l'accueil initial des textes sur lesquels porte l'exégèse. D'un côté, il y a un savoir qui tourne le dos à l'univers du Livre, de l'autre, un savoir qui approfondit le sens de cet univers et qui n'en prétend pas sortir. Si la philosophie consiste en un art des correspondances, elle exprime la capacité qu'a l'intelligence de montrer quels sont les rapports structuraux qui existent entre trois mondes ou sphères de l'existant: le «monde de la religion», fait des représentants légitimes de l'autorité divine sur la terre et dans le ciel, le cosmos et le degré inférieur du gouvernement humain. Il convient que cette activité assume sa responsabilité, qui est, non de chercher de façon erratique une vérité douteuse, mais de *guider*.

La philosophie est *guidance*, et le gouvernement de l'esprit prend source dans la révélation. La liberté du sage diffère de la fausse liberté du *faylasûf* en ceci qu'elle reçoit l'assistance divine afin de fonder la vraie théologie de la souveraineté divine, puis de l'autorité légitime des prophètes, enfin de la souveraineté eschatologique du Résurrecteur dont le retour est attendu, en une théologie qui ne fait qu'un avec l'art de l'exégèse.

Les faux philosophes divergent entre eux parce qu'ils ne s'en tiennent pas à ce que disent les Anciens sages. Abû Hâtim a une attitude ambivalente envers les Anciens. Il les tient pour les seuls vrais philosophes, parce qu'ils ont puisé, selon lui, leur science à la source de la prophétie. Ils ont composé leurs ouvrages d'astronomie, de médecine, de géométrie, de science naturelle, parce qu'ils étaient les «guides de leur temps» à qui Dieu octroyait l'aide d'une révélation venant de lui, par laquelle il leur enseigna cette sagesse[14]. Mais déjà, il y eut des divergences entre eux, signes de leur possible insuffisance. La divergence, la multiplicité, le manque au devoir d'unité est l'indice du faux. «Certains disent que Dieu est l'Intelligence, et qu'il est l'Intelligence de ce monde, tandis que d'autres disent que le Créateur est la science, la volonté, la grâce, la puissance, la justice, le bien et d'autres puissances encore.»[15]

Le statut des Anciens est comparable à celui des prophètes, ce pour quoi leurs divergences *ne sont pas* le signe du faux, mais l'indice d'un besoin, le besoin de l'exégèse. Ils divergent dans le sens apparent de leurs œuvres, qui sont des symboles, tout en restant fidèles à un sens caché qui est une vérité unique. Il est donc possible de leur faire confiance.

Au contraire, il faut se défier des *falâsifa* qui se réclament d'une inspiration (*ilhâm*) personnelle.

La philosophie naturelle est trompeuse tandis que la sagesse est la vraie philosophie, enracinée en des maîtres authentiques, dont l'ésotérique est un. Au total, le partage entre l'ésotérique et l'exotérique permet de concevoir deux autres partages. D'abord celui qui distingue l'unité ésotérique des prophéties, dont le sens caché se révèle après le cycle de la prophétie de Muhammad, dans la réapparition et le retour du Septième Prophète, Muhammad ibn Ismâ'îl. Il sera le Prophète des derniers temps et il apportera une législation spirituelle, condensant la religion éternelle, ésotérique de l'ensemble des législations temporelles désormais révolues. Ensuite, celui qui distingue l'unité ésotérique des vrais philosophes, lesquels ont puisé à la source de la prophétie ésotérique, de la diversité arbitraire des faux philosophes, des *falâsifa*. La philosophie de la souveraineté divine ne peut être que l'ésotérique unifié du *ta'wîl* philosophique et du *ta'wîl* s'exerçant sur le dit prophétique.

Ce partage, entre *falsafa* et *hikma*, nous permet de comprendre la vigueur avec laquelle la philosophie entendra s'imposer comme le véritable discours de l'unité et du vrai. Autant la *falsafa* d'un Râzî subira les foudres de la critique, celle d'Avicenne comme celle des ismaéliens, autant la *falsafa* qui s'inaugure avec al-Kindî entendra résister à cette critique par la force de sa rationalité et par sa volonté de dire la vérité de la *sharî'a* prophétique. Ce sera, par ailleurs, l'enjeu tout entier de l'argumentation magistrale d'Averroès, qui adoptera significativement le vocable *al-hikma*[16].

Du point de vue ismaélien, quand la philosophie se nomme elle-même *hikma*, elle se place dans la perspective de la transmission, de la maîtrise authentique, remontant à des fondateurs éclairés et à une inspiration divine, pour laisser la *falsafa* à son libre exercice, inutile et incertain. Il est d'autant plus remarquable que la défense et l'intégration de la philosophie au savoir prophétique se soit produite, parallèlement à l'essor de la *falsafa*, et cela en milieu ismaélien, aux Xᵉ et XIᵉ siècles. Nous en avons les témoignages de ferveur croissante chez deux chefs de mission ismaéliens, Abû Ya'qûb al-Sijistânî et Nâsir-e Khosraw. L'ouvrage majeur du second de ces penseurs, Nâsir-e Khosraw, *Le Livre réunissant les deux sagesses*, a un titre assez clair pour qu'il suffise, pour le détail de son argumentation, de renvoyer à la copieuse introduction dont Henry Corbin a fait précéder l'édition du texte persan[17].

Abû Ya'qûb al-Sijistânî, à qui nous nous attacherons maintenant, passe pour avoir poursuivi l'entreprise, amorcée par al-Nasafî, qui visait à remodeler la cosmologie messianique de l'ismaélisme primitif sous une forme empruntée au néoplatonisme[18], peut-être à celui de la *Théologie* dite d'Aristote.

Selon lui, la vérité appartient aux prophètes, qui réalisent le plus haut degré de l'humanité. Le prophète est l'aboutissement de la Création. Selon la gradation de l'Intelligence, de l'Âme et de la Nature, Sijistânî conçoit un influx qui émane de l'Intelligence, passe vers les degrés inférieurs et configure l'homme prophète qui récapitule en lui tous les degrés de la Création, capable de contempler le degré du *malakût* (le Royaume) ainsi que celui qui lui est supérieur, le *jabarût* (la Toute-Puissance divine). Le prophète, dont l'essence est ainsi interprétée dans la langue de la philosophie, possède un pouvoir temporel et une autorité spirituelle[19]. La *sharî'a* contient «les couleurs» du monde spirituel et les dispositions des lois présidant à l'indispensable gouvernement des hommes, le *zâhir* et le *bâtin*, l'exotérique de l'autorité, qui consiste dans le pouvoir pénal, le privilège de la violence légi-time, et l'ésotérique de l'autorité, qui est enseigne-ment de la sagesse et de la science.

Sur tous ces points, comme sur l'origine adamique de la science prophétique, sur les six périodes de la prophétie précédant l'avènement messianique du Mahdî, Sijistânî suit ce que disait Abû Hâtim al-Râzî, quelles que soient les critiques qu'il lui adresse par ailleurs. Le prophète, disait Abû Hâtim, est le maître des mots et des savoirs linguistiques, le fondateur des langues, et la *sharî'a* repose sur la *hikma*[20].

Ce dernier enseignement est capital. La *sharî'a* n'est pas toute la sagesse, elle en est l'enveloppe exté-rieure, l'exotérique, tandis que la sagesse des pro-phètes, la *hikma* est l'ésotérique de la *sharî'a*. En vertu du principe selon lequel l'ésotérique est supérieur à l'exotérique, parce que l'intérieur soutient, dans l'être, l'extérieur, la sagesse ou la philosophie est le soutien de la *sharî'a*, non parce qu'elle se distingue de la sagesse prophétique, mais parce qu'elle en est l'ésotérique. Le *dâ'î*, le propagandiste ismaélien, est le philosophe militant d'un ésotérique qui est vérité de la souveraineté de la parole divine, et c'est en cette activité que réside la justification de la philosophie.

La philosophie est, pour Sijistânî, la science par excellence (*al-'ilm*), la science ésotérique des pro-phètes. Qui dit connaissance spéciale, enseignement ésotérique, dit une synthèse entre des thèmes gnosti-ques et le modèle philosophique des trois degrés de l'être. L'instauration de l'être à partir du Principe inconnaissable et de son mystère est conçue selon l'exégèse de l'ordre divin «Sois!». Cette exégèse repose sur la croyance en la valeur concrète des deux consonnes composant le mot arabe, présent dans le Coran, *KuN*.

Voici ce qu'écrit Abû Ya'qûb al-Sijistânî dans son

Kitâb al-iftikhâr, probablement composé aux alentours de l'an 361/971-72 : « J'entends par là le surgissement dans l'être opéré par l'Instaurateur [de ce qui est instauré] par lui, en accord avec la sagesse qui le parfait. On désigne cet impératif par les deux lettres que sont le *Kâf* et le *Nûn*. » Le verset coranique 36 : 82 « Son impératif est seulement : lorsqu'Il veut une chose, Il lui dit sois ! Et elle est » prédispose symboliquement à découvrir la réalité absolue, formée des deux lettres *Kâf* et *Nûn* qui désignent le Précédent et le Suivant, eux-mêmes respectivement identifiés aux deux notions philosophiques que sont l'Intelligence universelle et l'Âme universelle. Les quatre lettres du mot *yakûnu* (« elle est ») correspondent aux « quadratures » qui sont indispensables à l'existence des réalités corporelles, aux natures, aux cieux et à la terre[21].

Ce qu'il y a de plus profond, dans cette gnose philosophique, c'est la volonté qu'a son auteur ou transmetteur de concevoir la souveraineté de l'impératif divin. Sijistânî ne conçoit pas l'impératif créateur de Dieu comme un acte séparé de ce que cet acte produit. Il dit qu'il est inséparable du monde instauré : « Puisqu'il est impossible qu'existe ce dont nous venons de parler avant que n'existe le monde mis à l'être par l'impératif divin, l'un des deux [impératif et monde] ne se sépare jamais de l'autre, fût-ce le temps d'un clin d'œil. Ni le monde de l'impératif, ni l'impératif du monde. Mais plutôt tous deux s'interpénètrent-ils, en une interpénétration éternelle et permanente. »

L'impératif pénètre dans le monde, car les diverses parties du monde ont besoin de permanence. Tel est l'effet cosmique de l'acte ineffable par lequel s'instaure la réalité. La souveraineté de l'impératif, d'où procèdent ensuite les divers niveaux de l'existant ne s'exerce pas comme un acte contingent, mais dans la forme où il préside à la structure intelligible du monde et à sa permanence. Elle s'exerce de façon universelle. Mais, en retour, le monde pénètre dans l'impératif, ce qui veut dire qu'il participe à l'impératif par l'indépendance de la totalité du monde en sa perfection. Or, cette forme de perfection du monde réside en l'homme, et plus précisément dans cette prééminence de l'homme qui est la connaissance de l'unité divine. Le Précédent et le Suivant, ces deux réalités hypostatiques, l'Intelligence et l'Âme des néoplatoniciens, seront homologués aux deux figures transhistoriques du Prophète et de l'Imâm. Elles annoncent le processus d'anthropomorphose des hypostases ou degrés de l'étant, qui est le fondement de la métaphysique de la souveraineté dans la pensée ismaélienne.

La souveraineté impérative de Dieu nous conduit ainsi à une méditation sur la destinée de l'homme, qui prend en charge la sagesse et l'intelligence. Sans pouvoir ici développer toutes les résonances d'une telle doctrine, convenons qu'elle conduit inévitablement la philosophie à se faire médiatrice du sens ésotérique de la lettre prophétique et dévoilement du sens eschatologique de la destinée humaine.

Ces conceptions reposent, de toute évidence, sur le modèle néoplatonicien de la participation et de l'imparticipable. L'impératif divin est imparticipable, il est exception et il est liberté souveraine. Le monde, dont la réalité éternelle est l'Intelligence, ne participe pas à ce qui l'instaure. Mais, aussitôt, nous devons nier cette transcendance au nom de l'immanence de l'impératif dans le monde. Cette immanence nous reconduit, à son tour, à la transcendance. L'*impératif* est la notion coranique, qui s'identifie à la notion philosophique de l'*instauration* primordiale. L'impératif prend place entre l'Un, conçu comme totalement supérieur à l'être, et l'étant intelligible, psychique et cosmique. L'impératif est le Verbe créateur, le Logos qui ne fait qu'un avec l'Un, mais s'en distingue par sa fonction gouvernementale. L'Un, qui exerce sa souveraineté dans le monde par l'impératif, gouverne le monde qui participe au Logos. Ce gouvernement s'exerce dans la perspective eschatologique de l'indépendance du monde, qui elle-même dépend de l'achèvement des périodes de son histoire, de l'avènement du Mahdî.

C'est pourquoi l'activité gouvernementale de l'Intelligence et de l'Âme universelle, des deux hypostases corrélées au Prophète et à l'Imâm, dépend du Logos, de l'impératif, et exprime ce Logos dans l'exotérique et dans l'ésotérique de la religion, qui est le noyau eschatologique du monde. La philosophie néoplatonicienne, modifiée par l'ajout capital de l'impératif instaurateur, autorise la compréhension eschatologique de l'histoire mondiale et sa corrélation avec la philosophie de la nature.

Selon Sijistânî, les philosophes authentiques, ceux qui possèdent la sagesse exégétique, subdivisent la science en trois parties, en fonction des trois degrés de l'étant qui procèdent de l'impératif: la science suprême correspond au *lâhût*, degré de la divinité révélée dans le monde angélique; l'astronomie correspond au degré médian ou monde céleste; la physique et les disciplines scientifiques correspondent au degré inférieur. Quant à la philosophie pratique, elle se subdivise en art de gouverner commun, art de gouverner particulier et art de gouverner effectif. La politique, ou art de gouverner la communauté, préside à l'ordre des rassemblements humains, dont un exemple est le pèlerinage.

Le modèle de la politique est le rassemblement pacifique et égalitaire que permet et qu'impose la

sharî'a prophétique dans le culte rendu à Dieu. Il n'est
ni contrat ni représentation, mais mouvement de
l'humanité rassemblée et tendue vers le futur, vers la
promesse abrahamique réalisée. L'art de gouverner
effectif, vrai, réel, c'est celui qui enseigne le vrai,
forme au vrai, la pédagogie spirituelle et le contrôle
moral des hommes. L'art de gouverner particulier
est le souci moral de soi, le soin que chacun prend de
soi-même, de son âme et de son corps, des bonnes
mœurs aux techniques cultuelles du corps, coiffure,
art du manucure, ablutions, purification.

Toutes ces sciences, théoriques et pratiques, appartiennent au prophète. L'intégration de la science, des
arts et de la philosophie à la prophétie est ce par quoi
se justifie la *hikma*, la vraie philosophie[22]. La science
prophétique se subdivise, en effet elle aussi, en trois
grandes disciplines : la science de l'exégèse des symboles de la *sharî'a* (*ta'wîl*), la parole théologique
(*kalâm*) et la jurisprudence. Ces trois disciplines correspondent, terme à terme, aux trois sciences philosophiques. La philosophie première, ou «divine»
correspond à l'art de l'exégèse, ce qui signifie que la
métaphysique a le même statut que l'exégèse symbolique de la *sharî'a*. L'astronomie, science médiane,
correspond à la parole argumentative, la physique
du monde corporel correspond à la jurisprudence.
Nous allons ainsi du plus haut au plus bas.

La science pratique se subdivise en deux disciplines
gestionnaires, l'une des propriétés et des biens, l'autre
des corps. Elles sont les analogues de l'art de gouverner général et de l'art de gouverner particulier.
Sijistânî n'en conclut pas que la philosophie est nécessaire à la prophétie, comme le fera Averroès, mais, à
l'inverse, que la prophétie est indispensable à la philosophie.

La thèse commune à notre penseur ismaélien et à

ceux qui chercheront à unir le destin de la philosophie à celui de la *sharî'a* est qu'il n'y a pas de distinction radicale entre les «gens de l'intelligence». Mais
pour lui, en un sens symétrique de celui que confère
Averroès à la philosophie, la philosophie est sans
doute justifiée devant la sagesse prophétique, mais
c'est en raison du fait que la métaphysique est analogue à l'art de l'exégèse symbolique du sens caché
de la *sharî'a*, parce que les trois degrés de l'étant, en
leur gradation, déterminent l'ordre des savoirs, et
que la politique morale reste entre les mains du législateur prophétique[23].

LA *THÉOLOGIE* DITE D'ARISTOTE, MODÈLE DE LA SOUVERAINETÉ

Le modèle complet de l'ordre instauré, il semble
qu'il faille le trouver dans une œuvre à laquelle al-
Kindî a prêté la main, la *Théologie* dite d'Aristote,
une œuvre qui est le produit de l'atelier de traduction
qu'il supervisa[24]. Composée d'une paraphrase arabe
de divers emprunts aux traités de Plotin recueillis
dans *Ennéades* IV-VI, qui est l'arrangement fait par
Porphyre, la *Théologie* est «Le livre d'Aristote le philosophe (*al-faylasûf*) nommé par les Grecs *theologia*
(*uthûlûjiyya*) ce qui est le discours sur la souveraineté divine». En se présentant sous la forme d'un
discours construit, et non sous l'aspect d'un recueil
d'apophtegmes, la dite *Théologie*, malgré la diversité
des sujets qu'elle traite, possède une certaine unité
d'intention. L'attribution à Aristote de la dite *Théologie* a contribué à la synthèse du modèle néoplatonicien et de la physique péripatéticienne. Les premières

pages, vraisemblablement rédigées par Kindî, en exposent le programme : « Notre but, en ce livre, est le discours premier portant sur la souveraineté [divine] et son explicitation : elle est la cause première, l'éternité et le temps sont au-dessous d'elle ; elle est la cause des causes et leur principe instaurateur, de par une certaine sorte d'instauration. La puissance lumineuse effuse, depuis elle, sur l'Intelligence, et depuis elle, par la médiation de l'Intelligence, sur l'Âme céleste universelle, et depuis l'Intelligence, par la médiation de l'Âme, sur la Nature, et depuis l'Âme, par la médiation de la Nature, sur les choses soumises à la génération et à la corruption. Cette activité en procède sans mouvement ; le mouvement de l'ensemble des choses en procède et [se produit] à cause de Lui ; les choses se meuvent vers Lui, en vertu d'une espèce de désir et d'inclination. Puis nous mentionnerons, après cela, le monde intelligible, et nous décrirons sa splendeur, sa noblesse et sa beauté ; nous mentionnerons les formes divines, élégantes, excellentes, splendides qui sont en lui ; et que c'est de lui que procède la parure de toutes les choses et leur beauté ; et que les choses sensibles en totalité se rendent semblables à lui, à ceci près qu'à cause de ce qui les recouvre, on ne peut faire le portrait du modèle du Réel à partir de leur description. Puis nous mentionnerons l'Âme céleste universelle et nous décrirons comment la puissance effuse depuis l'Intelligence sur elle et comme elle se rend semblable à l'Intelligence. »[25]

Tandis que l'œuvre de Plotin, composée par Porphyre sous les traits des six *Ennéades*, prend l'allure d'une ascension graduelle vers le Principe, la *Théologie*, qui s'achève, elle aussi, par des considérations portant sur ce qu'elle nomme l'Un pur (*al-wâhid al-mahd*) infléchit le sens de cette ascension philosophique dans le sens de la révélation du rapport fondamental entre le Principe et la réalité totale de l'existant instauré, le rapport complexe entre la transcendance de l'Un et son immanence en la réalité totale de l'être : « L'Un pur est la cause de toutes les choses et n'est aucune des choses. Non, mais il est l'origine de la chose, et il n'est pas les choses qui, toutes, sont en lui, tandis qu'il n'est dans aucune des choses. Et cela parce que toutes les choses procèdent de lui, sont manence en lui et se convertissent en lui. »[26]

Le Principe est au-delà de l'être. On ne peut lui accorder d'ipséité, et en cela la *Théologie* diffère de ce que la *Philosophie première* d'al-Kindî conservait encore à l'Un pur. L'Un est radicalement ineffable. En situation exceptionnelle, il n'en est pas moins intelligé par l'acte de contemplation de l'Intelligence, dans la mesure où celle-ci, formée de l'ensemble des existants ou archétypes immatériels de l'existant, contemple l'Un et reçoit l'être de cette contemplation, en une procession qui ne fait qu'un avec sa conversion. Ineffable, l'Un se donne à connaître dans le miroir de l'Intelligence, du Tout. Le Tout, en son ordre, est la médiation indispensable à la reconnaissance de l'Un et de sa souveraineté. La souveraineté divine s'exerce dans le Tout, dans l'Intelligence, qui est l'intégralité des existants réels, elle est exception au Tout, mais elle est contemplée par le Tout et il existe une voie d'accès à l'exercice de cette souveraineté, dans la connaissance philosophique de l'Intelligence, de la réalité immatérielle et unifiée de l'étant.

L'Un selon la *Théologie* est une interprétation philosophique de la révélation coranique de Dieu, pour ceci qu'il demeure le Principe transcendant, et que sa manifestation est le Tout, l'étant ou lieu intelligible, l'Intelligence. Dieu qui se révèle en son pouvoir instaurateur et régulateur, se déploie dans l'ordre de l'Intelligence. Sans la moindre duplication de l'Un, en un Dieu caché et un Dieu révélé, mais en une dialectique du Principe, caché et révélé par son effusion dans l'Intelligence, la théologie philosophique déplace l'accent depuis l'Un ineffable, pôle lointain, et l'Intelligence entièrement et manifestement lumineuse, pôle de la méditation sur l'ordre cosmique et sur l'ordre humain. La souveraineté ineffable appartient à l'Un, l'ordre gouvernemental appartient au Tout, à l'Intelligence. Les Figures qui seront identifiées à ce Tout gouvernemental, le Prophète, le calame divin, ou le philosophe complet, seront donc bien des Figures du gouvernement divin.

Si le monothéisme coranique conjoint en une révélation homogène le règne du «Roi du Jour du Jugement» et son gouvernement des mondes, le modèle de la *Théologie* en diffère subtilement, tout en conservant son réquisit foncier d'unité. La souveraineté absolue du Principe, correspondant à l'essence absolument une de Dieu, est ineffable. L'Un est inconnaissable et retranché de l'ordre qu'il institue, tandis que son gouvernement cesse, lui, d'être incompréhensible, pour être la donation d'existence et la lumineuse unité de l'existant dans l'Intelligence.

Le Principe n'est pas seulement parfait, mais il est encore «au-dessus» de la perfection, il est en excès de perfection, par une intensité infinie de perfection. Le gouvernement divin est l'activité de l'Un, telle qu'elle se réfléchit dans l'essence ordonnée et ordonnatrice de l'Intelligence, qui devient le modèle d'imitation de tout bon gouvernement, en son acte fondateur : l'Intelligence contemple l'Un qui lui communique sa réalité, et la fait être, L'action de l'Intelligence, modèle du gouvernement des choses, ordre parfait, est contemplation. C'est pourquoi l'Intelligence sera homologuée au *jabarût*, à la Toute-Puissance divine, tandis que l'essence divine, identifiée à l'Un restera dans la solitude du *lâhût*.

L'Intelligence est la réalité parfaite, la somme totale de l'existant dans la présence de l'unité. Sa conversion vers l'Un la « remplit de lumière » et d'être, et elle devient Intelligence en cette conversion. L'activité de l'Intelligence se réfléchit en celle de l'Âme, ce qui affecte le bon ordre des choses d'impermanence et d'instabilité.

L'Âme artisanale, démiurgique ne peut que produire, en la multiplicité de ses actes, quelque ombre et quelque dégradation, dont témoigne la naissance du temps. Dégradation sans grave conséquence, car nous ne sommes pas ici dans le domaine de la matière opaque et des corps naturels. Le monde médian de l'Âme est le monde des formes. Il est le moyen du gouvernement de la nature. L'Âme est l'image de l'Intelligence[27]. Elle sera homologuée au *malakût*, au Royaume, et au régime du gouvernement particulier des choses dans le temps, que désigne le terme de *al-qadar*. Ce terme, souvent traduit par *la prédestination*, désigne la détermination particulière, tandis que le décret divin universel, *al-qada'*, sera homologué à l'instance gouvernementale suprême, l'Intelligence. L'Âme universelle, la détermination particulière seront identifiées, entre autres courants de pensée dans les spéculations philosophiques du shî'isme, à la Figure transhistorique de l'Imâm. Ainsi, la structure métaphysique de la souveraineté divine, déployée, sous la transcendance de l'Un, dans les degrés de l'Intelligence (le Tout synthétique) et de l'Âme (le Tout analytique) correspondra à la structure religieuse de la souveraineté humaine, prophétie et imamat. La théologie politique est théologie eschatologique, elle est aussi et surtout l'un des termes de la théorie générale de la souveraineté divine. L'adoption massive du modèle de la *Théologie* dite d'Aristote s'explique par l'aisance et l'élégance de ce modèle.

Quant aux réalités sensibles, elles procèdent, à un degré encore inférieur, de cette activité graduelle, et elles possèdent «une certaine organisation», «une certaine ordonnance». Cet ordre inférieur «tombe dans l'erreur», «tandis que l'ordonnance des réalités supérieures est noble et il est impossible qu'elle tombe dans l'erreur parce qu'elle est éternellement juste»[28]. Le monde sensible de la Nature sera homologué au monde du Règne, *al-mulk*. L'ordre inférieur du Règne sera celui du gouvernement hiérarchique des hommes et des choses par les gradations diverses d'autorités douées de pouvoir et de savoir. C'est en ce degré que l'on peut parler, le plus directement, de pensée de l'ordre politique du monde.

Le Principe se situe, par conséquent, au-delà de la hiérarchie des ordres décroissant de l'Intelligence, de l'Âme, de la Nature. La *Théologie* fournit un modèle aux théories de la souveraineté, en retranchant le Principe souverain de tout l'ordre du discours et de l'étant, en le situant au-delà du discours qui porte précisément sur l'exercice de sa souveraineté. Paradoxalement, parce qu'il n'entre pas en jeu directement dans l'exercice de cette activité ordonnatrice, laquelle n'est repérable que dans le regard que porte l'Intelligence vers l'Un, le Principe est absolument libre et absolument souverain. «L'Agent premier est le principe de l'activité de son acte.»[29]

Les théories islamiques de la souveraineté structurées par le modèle de la *Théologie* se focaliseront sur l'examen de l'Intelligence, de la Toute-puissance, du décret, et seront centrées dans la théorie du monde intelligible, tout en réservant à ce non-lieu, ce point situé au-delà même de l'éternité, hors philosophie par conséquent, le plus important, l'Un pur[30].

Un premier exemple nous en est fourni par la doctrine des Frères de la Pureté. Ils homologuent l'âme rationnelle en sa pleine actualité à l'intellect acquis qui, chez eux comme chez Fârâbî, est l'âme du législateur homologuée au monde de l'Intelligence. Cette homologie leur permet de concevoir l'Imâm, cette personne élue par Dieu pour gouverner légitimement, comme la manifestation de l'Intelligence universelle. Dans la mesure où la Loi révélée est immanente à la nature de l'homme, l'intellection de chaque intelligence acquise participe, sous un certain mode, à cette Intelligence et cette coappartenance au monde intelligible fonde une Cité spirituelle dont l'Imâm est le chef, cité qui s'organise autour d'une hiérarchie de grades, les *abdâl*.

Cette Cité spirituelle se configure, au travers de l'histoire, dans l'union secrète des fidèles autour d'Aaron et de Moïse, des philosophes autour de Socrate, des combattants autour de Muhammad à la bataille de Badr. La Cité spirituelle, qui ne se confond pas avec la cité terrestre, mais fait irruption dans l'histoire dont elle est le moteur et le ressort secret, a un sens eschatologique. L'Intelligence et l'Âme du monde, se manifestent pleinement dans la personne du Guide divin, brisent l'histoire en manifestant le secret que cette histoire, sise dans le monde inférieur, ne reconnaîtra qu'au Temps final de la parousie du Résurrecteur. En attendant, dans les interstices du temps historique, la Cité spirituelle unit les sages et les véridiques qui entendent se sauver de la géhenne, qui n'est autre que ce monde-ci, soumis aux injustes et aux tyrans[31].

Un deuxième exemple de théorie de la souveraineté articulé aux trois degrés de l'émanation nous est donné par Sohravardî. Son *Livre des verbes du soufisme* témoigne d'une volonté d'acclimater les leçons des soufis aux vérités philosophiques. Il expose une doctrine de l'âme rationnelle, conçue comme l'équivalent du « verbe » (*kalima*) et du « cœur » (*qalb*). En citant une grande quantité de versets coraniques, de traditions prophétiques et de dits des maîtres du soufisme (Bastâmî, Hallâj) Sohravardî distingue le *pneuma* vital de l'*esprit*, identique au verbe prophétique, au verbe que Dieu projette en Marie et insuffle en Jésus. Après avoir exposé ces corrélations, Sohravardî déploie les échelons successifs de la procession de l'esprit, du verbe, de l'intelligence — tous termes dont la signification converge vers un seul centre — à partir de l'impératif divin.

C'est en ce moment que le court traité de Sohravardî, se modelant sur le schème des trois mondes, devient un traité de la souveraineté divine. Le rang supérieur de la hiérarchie céleste est celui des Lumières archangéliques primordiales, ici homologuées aux Chérubins, qui sont les verbes majeurs. La Première Intelligence est l'impératif divin lui-même (par quoi Sohravardî se sépare des auteurs ismaéliens, pour qui l'impératif instaurateur est supérieur au degré de l'Intelligence). Viennent ensuite les « verbes médians » constitutifs des âmes célestes qui gouvernent le mouvement des cieux. Chaque sphère céleste est douée d'un verbe pensant et, conformément à Avicenne, d'une volonté propre et totale. L'amour (encore un thème avicennien) commande la motion de ces volontés vers l'Intelligence chérubinique. Enfin, le troisième degré est celui du monde sensible et matériel. Or, ce modèle théorique n'est pas seulement un modèle cosmologique et angélologique. Il est aussi le modèle du gouvernement divin.

Sohravardî écrit : « Ainsi les mondes sont trois : le

monde de l'Intelligence, qui est le *jabarût*, le monde de l'Âme et du verbe, qui est le *malakût* et le monde du corps qui est le *mulk*. Et le corps obéit à l'Âme qui obéit à l'Intelligence, qui obéit à son Principe. »[32]

Le monde médian, le monde de l'Âme, sera identifié, par les commentateurs de Sohravardî, au monde où se configurent les formes de l'imagination. Expliquant le processus par lequel les formes sont imaginées ou projetées dans les miroirs, Shahrazûrî soutient que les formes imaginatives qui parviennent à notre connaissance ne siègent pas en une partie du cerveau, ne sont pas de purs néants et doivent donc posséder un substrat qui est un autre monde, que l'on nomme le monde imaginal. Ce monde, écrit Shahrazûrî, est d'un degré supérieur au monde sensible et il est inférieur au monde de l'Intelligence. Par conséquent, il est intermédiaire entre les deux mondes. « L'ensemble des formes d'apparition imaginative, douées de dimensions corporelles ainsi que de mouvements, positions, aspects corporels, tout cela existe dans le monde médian, et c'est l'Image (ou le modèle archétype, *al-mithâl*). Les formes réfléchies dans les miroirs subsistent toutes par elles-mêmes dans ce monde-là et les miroirs sont leurs lieux de manifestation [sensible]. Ces formes [imaginales] sont en suspens, elles ne sont pas en un certain lieu spatial, elles ne sont pas en un substrat. »[33]

L'homologation du monde imaginal au monde de l'Âme, tel qu'il est conçu dans la *Théologie* dite d'Aristote, a eu des conséquences considérables en philosophie islamique. Il suffit, pour les reconnaître, de lire les travaux du philosophe Henry Corbin, à qui l'on doit la plus grande partie des exégèses de ce thème fondamental, et qui en a valorisé et découvert le premier l'importance.

Un troisième exemple sera emprunté au traité de

gouvernement que constitue le chapitre rédigé par Mullâ Sadrâ, dans sa somme des *Quatre voyages de l'intelligence*, et qu'il consacre au «rassemblement de tous les existants en Dieu y compris les minéraux et les végétaux comme le montrent les versets du Coran»[34]. Ces pages importent spécialement à leur auteur, qui en a donné une autre version, dans un traité séparé, dont nous avons publié la traduction[35]. Or, quitte à chanter la palinodie, nous devons reconnaître que le mot «rassemblement» *al-hashr*, désigne, en l'affaire, la résurrection spirituelle de tous les existants au Jour du Jugement sans doute, mais aussi, et mieux encore, le sens caché de leur ordre qui est leur rassemblement structurel sous l'égide du gouvernement divin.

En décrivant l'exercice hiérarchisé de ce gouvernement, Sadrâ soutient, selon nous, une thèse hostile à toute forme de confusion entre théologie *de la souveraineté* et théologie *politique*. Si la politique divine s'exerce, elle le fait par la donation d'existence à tous les degrés successifs de l'étant. Ce gouvernement est procession et conversion de l'étant à la source de son acte d'exister, dans le degré immédiatement supérieur au sien. Le gouvernement exercé par Dieu, dans la spontanéité du mouvement essentiel de l'être, est si parfait, si unique, qu'il décourage toute autre autorité que ce soit. Le modèle explicite du gouvernement des êtres par l'Intelligence, l'Âme, la Nature est une critique voilée de toute traduction de l'autorité divine en théorie du pouvoir, ce qui priverait les représentants authentiques de ces émanations divines (le Prophète et l'Imâm) de leur autorité. Celle-ci n'est pas, *stricto sensu*, politique, mais elle est, d'abord, essentiellement, l'expression de la donation d'être divine. Or, ce qui, chez l'homme, ressemble le plus à cette donation d'être, c'est l'être. L'acte d'exister le plus

intense, c'est l'activité de l'intelligence. Par conséquent, l'expression de l'autorité divine en l'homme
est l'exercice de la science, et non celui du pouvoir
politique. C'est Dieu et Dieu seul qui opère, en immanence, dans chaque être, car c'est l'acte d'exister qui,
en chaque être, opère son gouvernement ordonna-
teur. La seule politique qui vaille est celle de l'inten-
sification croissante de l'acte d'exister, en chaque
être, aussi humble qu'il soit, elle est intrinsèquement
« révolution ontologique » (*inqilâb al-wujûd*) et non
révolution politique.

De façon voilée, Sadrâ use du modèle de la souveraineté emprunté à la *Théologie*, qu'il cite abon-
damment, pour montrer que ce gouvernement, cette
« politique divine » n'est pas exercée par une autorité
humaine représentative, mais par la providence
divine et elle seule. Il hiérarchise les existants en six
rangs : les réalités immatérielles intelligibles, qui sont
la forme de la science de Dieu sises dans le *jabarût*,
les trois sortes d'esprits régents qui composent le
monde de l'Âme, ou *malakût*, les esprits régents qui
gouvernent d'une régence universelle les corps supérieurs célestes et inférieurs terrestres, les esprits
régents doués d'une régence particulière et les âmes
douées d'imagination, attachés aux corps les plus
vils, ceux des démons et des djinns, enfin les âmes
végétales. Vient enfin le monde de la Nature, le *mulk*,
subdivisé en deux sortes de natures, les natures qui
se répandent dans les corps et qui les informent, et
les corps eux-mêmes, qui sont le plus bas degré de la
hiérarchie.

La philosophie est ici l'exercice de la pensée quand
il s'attache à intégrer au tout de l'ordre intelligible le
détail de l'ensemble des événements de la nature,
événements qui se dévoilent à la fin des temps. C'est
alors que le « rassemblement » s'opère, en une résur-

rection qui est la seconde naissance de chacun des ordres intelligibles, psychiques ou naturels, seconde naissance qui est aussi la révélation de leur soumission intégrale au gouvernement divin.

Pour revenir aux théories de l'ismaélisme, observons que le messianisme professé par les théologies ismaéliennes fait qu'elles sont messianiques, non parce qu'elles sont philosophiques, mais parce que la théologie philosophique de l'Intelligence est conduite à sa limite, qui est l'impératif où s'exprime le Réel, la réalité effective ineffable, celle du Principe. La réalité ineffable de ce Principe se donne à connaître, au terme de l'histoire prophétique et des périodes ou cycles de la « religion », en la manifestation de l'impératif instaurateur se donnant mystérieusement un Visage dans la personne de « l'Homme de Dieu » attendu, du Mahdî, du Résurrecteur. Or, cette Figure de l'impératif ne peut être, en son destin messianique, que *le dehors de la philosophie*, tandis qu'*au-dedans de la philosophie*, l'Intelligence, l'intelligible, uni à l'impératif créateur, est cela que la philosophie peut dire, nommer, identifier. La philosophie est le discours voué pour l'essentiel à la considération de l'intelligible qui conduit au seuil de la décision impérative et messianique. Il en ira comme dans l'intuition fameuse de l'Ange de l'histoire selon Walter Benjamin[36].

En revanche l'eschatologie des philosophies du shî'isme duodécimain, comme celle qui est présente chez Mullâ Sadrâ, insistera sur un autre aspect de la théologie philosophique méditée en ce texte fondateur. Ce sera l'unité de l'essence divine et de l'Intelligence, unité du caché et de l'apparent, unification de l'essence et de sa manifestation conforme à l'enseignement des Imâms, unité paradoxale en ce qu'elle réserve la transcendance sans ruiner l'immanence

des attributs intelligibles de Dieu en son essence ineffable. C'est pourquoi «l'homme de Dieu», l'Imâm
attendu, le XIIe Imâm, achevant de révéler la nature
éternelle de la prophétie et de l'imamat, sera conçu
dans le cadre d'une philosophie de l'Intelligence qui
ne laisse rien hors d'elle, qui ne réserve pas à l'*eschaton* une place hors du champ de l'intellection
philosophique.

Hors du temps, l'*eschaton* imprévisible n'en sera
pas moins la fin rationnelle de toute chose en Dieu,
le terme du retour (*ma'âd*) conçu comme la conversion néoplatonicienne du multiple en l'Un. En une
synthèse remarquable entre l'avicennisme, les doctrines de l'Homme Parfait empruntées à Ibn 'Arabî
et les traditions des Imâms soumises à leur exégèse,
les philosophes conduiront leur quête jusqu'à la figure
intelligible de la Réalité muhammadienne intégrale,
qui sera «rationalisée» sous les traits conceptuels de
la première Intelligence, du *Noûs* plotinien. L'eschatologie cessera d'être une histoire ouverte sur un
événement imprévisible et mystérieux, le retour de
l'Imâm, pour devenir le destin croissant de l'âme
transfigurée, depuis sa condition naturelle jusqu'à la
condition intelligible. L'homme intelligible entrera
au cœur de la philosophie.

LE GOUVERNEMENT
DE L'HOMME INTELLIGIBLE

La hiérarchie qui commence au degré de l'Intelligence pour s'achever dans le monde sensible est identique à la hiérarchie qui la redouble, celle qui part de
l'*homme intelligible* pour s'achever en l'*homme sen-*

sible. L'homologie entre la structure des mondes (Intelligence, Âme, Nature) et la structure de l'homme (homme intelligible, homme psychique, homme corporel) permet, à l'évidence, d'établir une correspondance, parfois une identification, entre l'activité ordonnatrice effusant de l'Intelligence et l'activité contemplative et gouvernementale de l'homme qui s'est dépouillé entièrement des propriétés de la matière, qui vit selon la vie intellective.

La souveraineté divine fonde ainsi le gouvernement légitime de l'homme intelligible, la légitimité de l'autorité dévolue au plus haut degré de l'existence humaine, celui de l'Anthropos parfait. Il suffira aux théories eschatologiques de projeter cette gouvernance intellective sur le cours de l'histoire, sur la personne du Guide, pour transformer la théologie mystique en théorie des grades et pouvoirs spirituels. Le parallèle avec l'œuvre du Pseudo-Denys est frappant[37]. Au lieu de la hiérarchie dionysienne des grades ecclésiastiques, nous aurons la hiérarchie des « dignitaires » ou celle des fonctionnaires de la Cité parfaite. Mais, *a contrario*, il suffira aux théories de l'ascension spirituelle de situer ce pôle intelligible au terme de l'évolution de la substance de l'homme singulier pour en faire la base d'une eschatologie personnelle, d'une gnose, guidant la conversion de l'homme sensible en l'homme de l'intelligence[38].

Sans oublier que son « programme » initial ne régit nullement le plan des dix chapitres de la « version brève » de la *Théologie*, et sans omettre non plus les problèmes liés à la découverte d'une « version longue », nous pouvons dire que ce texte a une fonction paradigmatique[39].

Dans le premier chapitre (*De l'âme*), la *Théologie* démontre que l'Âme n'est pas une réalité corporelle, qu'elle est impérissable et éternelle. Elle quitte le

monde de l'Intelligence, descend dans le monde corporel sensible et entre dans le corps. Le désir est la
raison de cette descente car «lorsque l'Intelligence
reçoit le désir dirigé vers le bas, l'Âme en est confi-
gurée»[40]. L'Âme est une Intelligence qui a reçu la
forme du désir. Or, ce désir est double. D'une part, il
est désir universel (*shawq kullî*). En vertu de ce désir
universel, l'Âme configure les formes universelles en
acte et elle exerce un gouvernement universel intellectif. Le mot qui désigne cette activité gouvernementale signifie aussi «mise en ordre», c'est le mot
tadbîr. Cette gouvernance universelle se traduit par
les effets du désir particulier (*shawq juz'î*). En vertu
de ce désir, l'Âme embellit, soigne, guérit, et elle
gouverne les formes que prennent les formes universelles, les formes des existants particuliers, en veillant
à exercer sur elles un gouvernement supérieur à celui
qu'exerce la cause prochaine de ces réalités, soit les
corps célestes. L'activité gouvernementale de l'Âme
universelle, manifestation de son désir, est graduelle,
puisque l'Âme se meut depuis le premier monde, le
monde intelligible, jusqu'au deuxième, le monde psychique, pour se diriger vers le monde de la Nature.
Grâce à elle, le gouvernement de l'Intelligence met
en ordre la Nature. Par son désir elle autorise la
beauté du monde de la Nature.

Car c'est sur ce point qu'il convient ici d'insister.
Le gouvernement de l'Intelligence est un art. Non
qu'il soit l'art politique tel que nous le connaissons,
mais qu'au contraire il soit le modèle de toute production, dont l'art politique ne sera que l'une des
réalisations. L'Intelligence artiste confère sa puissance
au monde sensible. «L'art imite la nature et la nature
imite l'Intelligence.»[41] La beauté de la nature nous
reste cachée, car nous n'avons pas le pouvoir de voir
l'intérieur de la réalité (*bâtin al-shay'*); nous ne le

recherchons pas et nous voyons seulement l'extérieur (*zâhir*). Or, le mouvement substantiel des choses a son origine dans l'intérieur de la réalité, et c'est là qu'est la Nature, elle qui aime à se cacher, c'est là qu'il convient de la découvrir, en suspendant son regard dans la perception de la forme extérieure[42]. L'ésotérisme de la théorie philosophique de la connaissance, le geste d'aller de l'extérieur vers l'intérieur, révèle l'ordre réel de la nature, il dévoile sa beauté cachée, il est consubstantiel à la quête du gouvernement providentiel que l'Intelligence exerce, par l'Âme, sur la Nature. Quant à l'Âme elle-même, elle est le foyer central d'une interrogation sur la gouvernance divine, sur l'exercice de la souveraineté dans le détail du gouvernement, interrogation inséparable d'un regard esthétique qui perce les apparences pour atteindre aux formes secrètes.

THÉOLOGIE NATURELLE
OU THÉOLOGIE RÉVÉLÉE ?

La *Théologie*, par sa diffusion et sa sacralisation, au titre de référence autorisée en métaphysique et théologie, n'inclinera pas les œuvres qui s'en inspireront vers une «théologie naturelle» comme le soutient Zimmermann. Sans doute, le simple fait que le traducteur de ce texte soit un chrétien, et que des auteurs fidèles aux trois religions monothéistes le sollicitent donne à penser que l'ouvrage est neutre, et qu'il neutralise les conflits religieux. Il convient cependant d'éviter une terminologie qui emprunte ses catégories à la philosophie de l'Âge classique européen. Il n'y a pas de philosophie «naturelle» là où un écart entre philosophie soumise à la révélation et philosophie émancipée de la révélation n'est historiquement pas possible. Nous préférons dire, avec Cristina D'Ancona, que la terminologie plotinienne permet à Kindî et à ceux qui puiseront à la source de la *Théologie* de concevoir l'unité et la parfaite simplicité de Dieu et son gouvernement providentiel.

Car il s'agit bien de cela, en un modèle de la production ou émanation des trois mondes structurant la réalité — le monde intelligible, le monde de l'Âme et le monde de la Nature — selon l'instauration exercée par l'Un pur, «cause de toutes les choses, qui n'est comme aucune des choses»[43]. Ce modèle permet de réconcilier la transcendance absolue de l'Un et l'intelligibilité de ses effets bénéfiques en toute chose, graduellement procédant de lui et en lui. Le modèle unit procession des mondes, conversion de chaque chose dans le degré supérieur et à terme en Dieu, immanence du tout en l'Un ; il prépare les esprits à la tâche de penser l'unité de Dieu et l'unification de la création (repensée en termes d'émanation et de procession) dans le principe créateur (conçu comme principe instaurateur). L'Intelligence est l'Un multiple, l'étant absolu, la réalité effective, l'Un sorti de sa solitude et de son secret. Elle est la vérité révélée de l'Un. Elle se place au centre de la philosophie, et la théologie philosophique ne pourra manquer d'être une philosophie de l'Intelligence, ou des Intelligences. L'Intelligence divine, l'intelligence humaine sont les foyers de la philosophie. Ils ne sont plus séparés l'un de l'autre que par les voies problématiques de leur conjonction.

Or, le modèle de la production de l'existant à partir de l'Un, situé au-delà de l'étant, doit aussi être le modèle de la souveraineté divine s'exerçant sur les trois degrés qui procèdent médiatement ou immé-

diatement du Principe. Le simple fait que la science
théologique authentique que la *Théologie* expose,
soit dite « discours sur la souveraineté » montre bien
que le souci des rédacteurs de l'ouvrage n'est pas
désintéressé des affaires gouvernementales, qui sont
au cœur de la révélation monothéiste, et pour Kindî
au cœur de la révélation coranique. Il faudra que la
méditation sur l'Un et l'Intelligence croise la méditation sur l'essence divine et les « noms les plus beaux »,
singulièrement le nom *al-rabb*, le Seigneur.

Dans la première sourate du Coran, *l'Ouvrante*, ce
résumé de toute la révélation, Dieu énonce d'abord
deux de ses noms, *al-Rahmân*, *al-Rahîm*, qui sont de
même racine et désignent sa clémence, sa miséricorde. Le deuxième verset énonce : « Louange à Dieu
Seigneur des mondes, le Clément le Miséricordieux,
le Roi du Jour du Jugement ». L'expression « Seigneur
des mondes » revient un très grand nombre de fois
dans la suite du Livre. Elle désigne une propriété
essentielle de Dieu, au point qu'elle soit synonyme
du nom divin primordial et qu'elle se substitue à lui,
lorsque le verset exige que l'accent soit mis sur la
souveraineté divine[44]. Le mot « *rabb* » signifie « seigneur » et la souveraineté est dite « seigneurie ». Son
intention de signification est *direction*, *providence*
particulière, *donation* de tout ce qui est nécessaire
à la créature, *guérison*, *décision* de vie et de mort,
pardon des fautes. Le vrai Dieu, à la différence des
idoles décevantes, exerce une souveraineté universelle, une complète et bienveillante souveraineté particulière sur chaque homme, depuis sa naissance et
l'octroi de l'existence jusqu'à sa mort et à sa vie future.
Il est le nourricier, le juge, le directeur, le médecin et
le conseiller intime de son serviteur.

Le vocable *al-rubûbiyya*, la *seigneurie* ou *souveraineté*, est un concept philosophique majeur. Absent

du Coran, il n'en conserve pas moins toutes les significations présentes dans le vocable *al-rabb*. La souveraineté divine est le modèle du bon gouvernement, et non celui d'un règne indifférent aux besoins et aux devoirs des serviteurs. Elle ne serait pas ce qu'elle est sans l'existence des trois niveaux de l'être, le plan des intelligibles, le plan des êtres psychiques, le plan des êtres naturels. En interprétant la puissance divine dans les termes d'une théorie de l'instauration et de la procession, le néoplatonisme de la *Théologie* interprète, selon la gradation de l'un multiple (l'Intelligence), du multiple unifié (l'Âme), de l'un et multiple (la Nature) toutes les nuances gouvernementales de la souveraineté divine enseignée dans le Coran. Il substitue un schème et des concepts structurés par les premières hypothèses du dialogue *Parménide* de Platon à des noms et attributs divins. Un tel écart entre la langue du Coran et la dialectique platonicienne de l'Un et de l'étant exige tout un art des correspondances.

C'est la raison pour laquelle l'héritage de la *Théologie* dite d'Aristote a déterminé le cours d'une bonne partie de la philosophie islamique dans le sens d'une théologie de la souveraineté divine. L'étonnant n'est pas le succès considérable du modèle qu'elle propose, mais plutôt le fait que le plus éminent des *falâsifa*, Avicenne, ne lui ait pas emprunté le schème directeur de sa philosophie. Il connaît la *Théologie*, qu'il a lue et glosée. Mais il tourne le dos à l'hénologie plotinienne pour adopter un modèle métaphysique péripatéticien. La *falsafa*, la philosophie de «tradition aristotélicienne», pour reprendre le concept polémique de Dimitri Gutas, n'est pas un moment contingent de la philosophie islamique. Sa nécessité, sa triomphante domination sur le cours de la philosophie rendent plus difficile de comprendre, après qu'elle aura systématisé une théologie de la souveraineté fondée sur le cosmos d'Aristote et sur une ontologie pleinement assumée, pourquoi la *falsafa* des systèmes de Fârâbî et d'Avicenne sera intégrée et relevée dans des systèmes qui renouent avec l'hénologie de la *Théologie*.

LA PHILOSOPHIE, IMAGE DE DIEU

Parmi les noms des commentateurs d'Aristote, relevons celui de Jean Philopon, chrétien monophysite qui vécut au vie siècle de notre ère, représentant de la synthèse qu'Alexandrie avait réalisée entre néoplatonisme et théologie chrétienne. On attribue à Jean Philopon un commentaire sur le *De anima* qui détermina l'essor de la spéculation musulmane sur l'Intellect agent et sur son homologation à l'archange Gabriel. Surtout son *Contre Proclus sur l'éternité du monde*, où Jean Philopon entend réfuter la thèse aristotélicienne adoptée par les néoplatoniciens (thèse de l'éternité du monde qui étonnera encore les néoplatoniciens de l'islam au xviie siècle), produit une exégèse de la Genèse, du discours autorisé de Moïse. L'inquiétude philosophique, en des questions aussi graves que celle de l'éternité ou de l'adventicité du monde dans le temps, naît donc bien du contact entre deux préoccupations, deux exigences aussi pertinentes l'une que l'autre, celle de la prophétie et celle de la philosophie. La rigueur de la démarche néoplatonicienne se heurte à la fidélité au sens symbolique du texte sacré[45]. Des problèmes aussi délicats que ceux qui naquirent de la divergence entre la croyance philosophique en l'immortalité de l'âme et la croyance religieuse en la résurrection des corps, ou du conflit d'autorité entre le prophète et le philosophe, avaient leurs prémices dans les débats antérieurs à l'islam, remontant aux Écoles d'Athènes et d'Alexandrie.

Des questions telles que celle de la nature finie ou infinie de l'univers, ou celle que posent les catégories de la logique grecque se soumettant la morphologie et la syntaxe d'une langue sémitique, effaçant les modes d'analyse des grammairiens, sont autant de signes préfigurant une filiation épistémologique. D'anciennes façons de penser Dieu, l'homme, le monde, la cité, troublent les claires notions qui guidaient l'effort des juristes et l'herméneutique des commentateurs du Coran. L'ontologie, dépendante des catégories d'Aristote, s'apprête à remodeler entièrement la conception grammaticale des paroles sacrées, l'interprétation de la nature et des attributs de Dieu. Ces ruptures sont sensibles à la conscience musulmane, mais elles ne sont, sur une plus longue durée, que les inflexions de thématiques travaillées et débattues dans tout l'Orient chrétien. En quoi témoignent-elles d'une orientation, d'une réévaluation de la philosophie, qui en fera l'image de Dieu, de sorte que l'homme en sa perfection soit le philosophe, et qu'il rejoigne, en son destin, l'image par excellence qu'est l'Homme Parfait ?

Un siècle avant la naissance de l'islam, en 529, Justinien ferma l'École d'Athènes. On hésite encore à conclure que le départ du dernier grand philosophe néoplatonicien païen, Damascius, à Séleucie/Ctésiphon fut une ambassade près le grand Roi pour obtenir une médiation favorable à la liberté des philosophes. Deux tendances s'incarnent en deux Écoles, un enseignement païen et philosophique dans l'École des Hellènes à Harrân, un enseignement religieux, chrétien nestorien, théologique, à Nisibe, l'École des

Perses. En une activité spéculative inspirée de Plotin, deux schèmes, promis à un bel avenir dans la philosophie islamique, prennent une forme très élaborée : le schème *cosmologique*, définissant toutes les interrogations sur le monde, sa finitude ou son infinité, son gouvernement et sa relation rationnelle avec la providence lumineuse de Dieu ; le schème *sotériologique*, où sont disposés, comme autant de problèmes moraux et médicaux, les bienfaits de la philosophie, la santé, la force, la puissance, l'autorité, le pouvoir, la royauté, la paix, les droits, les lois, tout ce qui deviendra le contenu de la philosophie morale et politique en islam. Nous en avons conservé le témoignage en l'œuvre de Paul le Perse[46].

La philosophie justifia son droit à l'existence en se présentant comme l'image du divin. Javier Teixidor nous rapporte cette définition de la philosophie, qui est de Théodore Bar Koni : « La philosophie est l'art de tous les arts et la sagesse de toutes les sagesses. D'autre part, la philosophie est l'image du divin, autant que les hommes peuvent lui ressembler. Dieu connaît et produit et les philosophes, à l'image de Dieu, connaissent et pensent [mais] à travers une représentation. »[47]

Cette théologie de l'Image repose sur la révélation biblique (Genèse I 27 « Dieu dit : Faisons l'homme à notre image, comme notre ressemblance »). L'idée selon laquelle la philosophie réalise ou exprime l'image du divin aura une portée considérable en islam. Le schème chrétien, d'expression syriaque, de la relation entre le modèle divin et son icône, conçu par l'activité de Dieu, inspire l'essor, en philosophie islamique, du schème de l'émanation divine, dont l'intellect humain en sa perfection, l'activité philosophique, est l'image. Mais il faudra justifier une telle importation et, pour cela, s'appuyer sur une tradi-

tion attribuée au Prophète Muhammad, selon laquelle
«Dieu créa Adam à son image», tradition controversée, tant elle semble offenser le dogme de la transcendance absolue du Dieu révélé à Muhammad[48].
Cette tradition autorise le savoir philosophique à ressembler à la science divine, et le philosophe à désirer
devenir l'image de l'«Homme Parfait», l'image par
excellence du Dieu révélé. L'ontologie islamique
progressera, depuis son moment initial, le moment
avicennien, jusqu'à devenir la topographie visionnaire d'une cataracte d'images dans les systèmes de
la philosophie iranienne islamique, dans l'Iran safavide, aux XVIIe et XVIIIe siècles de notre ère.

   La perfection humaine est celle de l'homme qui
possède une parfaite intellection. L'intelligence est
l'idéal de l'homme. Dans l'histoire de la philosophie
islamique, l'homme à l'état de perfection sera l'homme
qui imite Dieu en ses actes et en ses connaissances,
dans la mesure de ses moyens. La philosophie se
voudra la véritable *mimesis*. Activité de l'intelligence,
elle en viendra à voir en l'intelligence une épiphanie
angélique.

   Le but du perfectionnement de l'homme en retour
vers son Seigneur sera de devenir semblable à l'ange,
en se dépouillant des passivités et des souillures de
la matière. Tel sera le sens final de «l'assimilation
à Dieu». L'horizon éthique et sotériologique de la
philosophie islamique naît tout armé des théologies
chrétiennes syriaques de l'Image. Le modèle n'aura
aucune peine à se fondre avec des schèmes tout semblables, présents dans les plus anciennes spéculations,
portant sur «l'Homme de Dieu». Entre le néoplatonisme christianisé des Écoles de Perse, l'aristotélisme de l'École d'Athènes et de l'École d'Alexandrie
et l'anthropologie messianique de l'Homme parfait,
la synthèse philosophique produira une théologie de

l'Image métaphysique et une physique de l'invisible. Le couple des concepts du *modèle* et de l'*image* gouvernera la compréhension des hiérarchies cosmiques. La philosophie a le désir de *la belle totalité*, de l'image parfaite de l'ordre divin. Elle voudra que *le vrai* ce soit *le tout*. Ce que démontre l'activité philosophique rejoint l'enseignement des prophètes, car la belle totalité du vrai est l'idéal de la guidance, qui fait taire les autorités humaines illégitimes, au nom de l'ordre divin qui se réfléchit dans le miroir du monde.

Chapitre VIII

L'AUTORITÉ DE L'HOMME PARFAIT

DE LA THÉOLOGIE DE L'IMAGE
À LA PHILOSOPHIE

Ce sont des problèmes *théologiques* qui ont déterminé le passage de la philosophie des Grecs au monde de l'islam. L'adoption des configurations théoriques du néoplatonisme par les *falâsifa* et par les penseurs ismaéliens reflète un partage qui avait eu lieu, antérieurement, dans le conflit entre christianisme et philosophie païenne.

Il est possible de distinguer l'une de l'autre deux évolutions du néoplatonisme hellénique : d'une part, une exégèse théologique de l'œuvre de Platon, faite en vue d'une «théologie platonicienne», comme en réalise Proclus, théologie qui ne prendra l'allure d'une théologie politique que lors de la brève tentative de résistance au christianisme associée au nom et à l'aventureuse existence de l'empereur Julien. D'autre part, la préférence accordée par les Alexandrins à l'œuvre métaphysicienne et physicienne d'Aristote. Ammonius (m. c. 517), chef de l'École d'Alexandrie, prit la décision de se tourner vers Aristote, dont la neutralité théologique n'offensait pas l'autorité chrétienne, et de se détourner des exégèses platoniciennes, qui étaient assimilées au polythéisme et au paganisme.

Sous la forme qu'Ammonius donne à la philosophie alexandrine, sous une forme où l'analyse logicienne de l'*Organon* et le programme de la science de «l'étant en tant qu'étant» dominent, la philosophie sera transmise aux *falâsifa* de l'islam, spécialement à Fârâbî, lequel ouvre la voie de l'interprétation de la métaphysique d'Aristote à Avicenne[1].

Peut-on parler d'une dévalorisation du schème néoplatonicien, plus précisément plotinien, des «trois mondes» émanés de l'Un divin, Intelligence, Âme, Nature, au profit du modèle aristotélicien des substances intelligibles, célestes et sublunaires? L'affirmer, ce serait réduire la philosophie islamique à la seule *falsafa*, et tirer des conclusions unilatérales des conflits religieux qui ont agité la vie intellectuelle d'Alexandrie. Sans doute est-il exact que la neutralité religieuse, nourrie de la prudence d'Ammonius, se retrouve dans la discrétion de l'enseignement d'un Fârâbî ou dans le plan du livre *La Guérison* d'Avicenne. L'École de Bagdad, au Xe siècle, se peut étudier dans la voie ouverte par l'autonomie relative de l'aristotélisme. Mais la métaphysique aristotélicienne devient le fondement d'une théologie dont on imagine mal qu'elle soit exempte de toute confrontation avec la Loi islamique. On n'oubliera pas non plus qu'à côté de cette réévaluation de l'aristotélisme, la tradition néoplatonicienne s'est placée sous le primat accordé à l'œuvre de Platon, conçue non seulement comme le projet de la Cité parfaite, mais comme une cosmologie et une théologie de l'Un et de ses émanations, dans l'horizon des spéculations hellénistiques sur le dialogue *Parménide*.

Le modèle d'historisation qui trace une voie droite

«d'Alexandrie à Bagdad» doit beaucoup à l'écho considérable reçu par l'étude fameuse de Max Meyerhof, parue en 1930[2]. Sur cette voie, la place remarquable des «Sabéens» de Harrân a suscité mainte interrogation. Furent-ils une école de pensée platonicienne? Une école professant la religion astrale? Une école philosophique à l'écart des grands courants du monothéisme? Quoi qu'il en soit, la voie droite n'est pas la voie unique. Il ne faut pas sous-estimer une autre source de la transmission et celle-ci n'est pas alexandrine mais perse. Là encore, l'héritage est multiple, hétérogène, complexe.

Il faut relever l'importance du christianisme nestorien dans l'empire perse des Sassanides. Deux fait sont à distinguer. D'une part, l'émigration des Nestoriens en Perse et leur reconnaissance par l'empire sassanide eurent pour conséquence que la logique aristotélicienne, pratiquée pour la défense de la doctrine nestorienne, fut spécialement étudiée et développée par les penseurs chrétiens issus de l'École d'Édesse. La théorie de l'harmonie entre Platon et Aristote, chère à Ammonius, tout comme l'écho d'Alexandre d'Aphrodise ont reçu, par ces voies théologiques, un singulier retentissement. Nous la retrouvons chez les philosophes de l'islam.

D'autre part, la pensée de Nestorius a irrigué tout un ensemble de terrains théologiques que la philosophie islamique devait arpenter à son tour et situer en un nouveau cadre dogmatique. Rappelons que Nestorius, élu patriarche de l'église d'Antioche en 428, prêcha contre ceux qui attribuaient à Marie le titre de *Theotokos*, Mère de Dieu. Par là-même, il mit au centre des questions christologiques le problème de l'Incarnation. Sans entrer dans le détail des querelles qu'apaisera, tant bien que mal, le concile d'Éphèse, il est utile de mettre en lumière la problématique qui préside aux décisions de Nestorius. Partant du *Credo* de Nicée (325), deux voies principales s'ouvraient. L'une, la théologie unitaire auquel s'attache le nom d'Athanase d'Alexandrie, soutient que «Dieu porte une chair» et que Jésus n'est pas un «homme porteur de Dieu». Le Verbe, le Logos, prend la place de l'âme végétative et de l'âme raisonnable, pour vivifier le corps du Christ.

On sait que l'autre, l'arianisme, soutiendra que le Logos est inférieur au Père, qu'il est tiré du néant, créé dans le temps. Apollinaire de Laodicée (361) apercevra l'antinomie christologique née du *Credo* : ou c'est Dieu lui-même qui meurt sur la Croix, ou Dieu ne meurt pas, ce qui est la position de thèse de l'arianisme. La théologie du Logos risquait alors de revenir au docétisme, doctrine selon laquelle seule meurt sur la Croix une apparence du Christ. Un tel docétisme avait pour souci de préserver la nature divine de l'épreuve de la mort. La réaction antiochienne s'insurgea avec justesse contre les conséquences que la thèse avait pour la vérité de l'Incarnation, et Théodore de Mopsueste distingua, dans le Christ, la nature divine de la nature humaine. Une telle christologie ne pouvait conduire qu'au refus du dogme de la Vierge Theotokos.

Or, les propositions de Nestorius restent prisonnières des dilemmes nés d'une telle antinomie. Son œuvre est aujourd'hui évaluée avec plus de bienveillance qu'elle ne le fut lors de sa condamnation. Nous retiendrons, pour ce qui concerne l'avenir de ses spéculations, non dans le christianisme, mais en islam, des assertions qui s'appuient toutes sur le concept de *prosôpon*, lequel nous semble avoir de grandes affinités avec la notion de *mithâl*, image, en théologie et philosophie islamiques. La problématisation de l'Image de Dieu s'est nourrie, me semble-t-il, en islam, de cette notion du *prosôpon*. Elle soutient la distinction du Dieu invisible et du Dieu visible : « Dieu a été uni à la chair crucifiée, mais il n'a pas souffert avec elle », « Je ne puis adorer un Dieu mort et enseveli », « À cause de celui qui le porte, je vénère celui qui est porté, à cause de celui qui est caché, j'adore celui qui est visible ». La relation entre « celui qui est invisible » et « celui qui est visible » est incommensurable. Ainsi le Verbe incarné est-il l'Image de l'invisible, dans l'unité avec l'invisible[3].

Qu'il s'agisse du refus de la Passion divine intégrale ou d'une gradation du visible et de l'invisible, nous nous trouvons devant des thèses christologiques dont l'équivalent se retrouvera dans le néoplatonisme des théologies eschatologiques du shî'isme comme dans la doctrine d'Ibn 'Arabî. Elles s'accordaient trop avec le dogme coranique concernant Jésus, et spécialement le refus de la Passion, pour ne pas avoir un écho indirect mais structurant. Or, de telles données christologiques ne pouvaient venir que de la Perse.

Selon Ibn 'Arabî, l'homme fut créé « selon la forme » du nom divin Allâh, qui totalise l'ensemble des noms divins. Cette totalité est la manifestation première de l'essence divine absolument une, elle manifeste cette unité ineffable en l'unité totale dont l'Homme Parfait est le *mazhar*, le « lieu de manifestation ». Cette unité totale est le *prosôpon* de l'essence divine. Le microcosme, l'Homme et le macrocosme, l'univers sont tous deux créés selon la forme du nom Allâh, ce qui explique leur concordance et leur correspondance.

C'est ainsi que l'Homme Parfait résume en lui toutes les réalités cosmiques ; il est la Face de Dieu, le Dieu manifeste. Entre l'essence divine inconnaissable et le Dieu manifeste par lequel elle se donne à connaître, passe la distinction nestorienne du Dieu

caché et du Dieu visible. Or, cette première manifestation de Dieu se dévoile, chez Ibn 'Arabî, dans ce
qu'il nomme, avec d'autres, « la Réalité muhammadienne ». Qu'il s'agisse de l'autorité prophétique dans
l'ordre de la *sharî'a*, ou de la dimension spirituelle
de la prophétie, le fondement s'en trouve dans le
plan des noms divins eux-mêmes, et singulièrement
au plus haut niveau, dans le nom Allâh. Le nom de
l'Homme désigne le réceptacle, le lieu de manifestation du nom de Dieu[4].

De la doctrine complexe des noms divins, relevons
ce qui nous paraît nécessaire à la compréhension de
la question de la souveraineté divine et du gouvernement du monde, de la théologie de la souveraineté
et de la théologie politique. Pour être moins incom-
plet, il conviendrait de mentionner aussi tout ce qui
concerne, chez Ibn 'Arabî, les figures du sceau de la
walâya, ou sceau de la sainteté. Nous renvoyons sur
ce point aux ouvrages classiques de Henry Corbin,
Michel Chodkiewicz et William C. Chittick[5].

Ibn 'Arabî consacre le chapitre quatre de ses *Révélations mecquoises* à « la cause du commencement
du monde et des rangs des noms divins de beauté du
monde tout entier »[6]. Il y montre comment le monde
est produit par un certain effet des noms divins innom-
brables, comment chaque réalité est en propre la
manifestation d'un nom divin, et comment la relation entre le nom divin et la réalité générique, rassemblant un certain nombre de réalités individuelles,
est la relation entre le « seigneur », le nom divin, et
son « servant », la réalité individuelle. La production
des réalités de l'univers coïncide avec leur gouvernement par les noms divins, tandis que la souveraineté
divine se révèle dans ce gouvernement. Gouverner,
c'est enchaîner l'une à l'autre deux productions ; la
création du concret consiste à produire des existants

à partir de la production de leurs essences. La doctrine de la démiurgie divine est *ipso facto* la doctrine du gouvernement divin. Si l'essence ineffable de Dieu s'excepte de l'univers, en sa souveraineté, ce n'est pas elle, à proprement parler, qui gouverne, mais son émanation au plan de l'unité participée, qui est le plan des noms divins.

Le gouvernement divin est intégral et il s'analyse selon la hiérarchie des noms divins, dont les significations nous renseignent sur la nature de ce gouvernement. L'existenciation de chaque réalité exige le nom «le puissant», sa perfection exige le nom «le savant», sa distinction spécifique exige le nom «le voulant», son apparition exige les noms qui désignent la vue de Dieu (*al-basîr, al-râ'î*, le voyant). Ibn 'Arabî discute la question des attributs divins, telle que le *Kalâm* l'a définie, et il met en lumière la prééminence de ce qu'il nomme les «mères des noms divins», que sont les noms «le vivant», «le savant», «le voulant», «le parlant», «le puissant», «le généreux». Il analyse la relation gouvernementale qui régit l'exercice de la souveraineté divine. Si les réalités existantes sont toutes des «servantes» des noms divins, elles ne procèdent pas seulement de ces noms, elles se convertissent vers eux, elles *tournent leur face* vers eux. Cette conversion (*tawajjuh*) les confirme dans l'être, les fait subsister.

Le gouvernement est guidé par ceux des noms qu'Ibn 'Arabî nomme les Imâms des noms divins : «le vivant», «le parlant», «l'auditant» «le voyant». Deux noms divins ont pour fonction spéciale le gouvernement de l'ordre du monde : le nom divin «le régent» (*al-mudabbir*) et le nom «le séparateur» (*al-mufassil*). Mentionnons aussi le nom «le roi» (*al-malik*). La science divine est l'Image, la *forme de l'Image* (*sûrat al-mithâl*) prenant naissance dans «le savant», tandis que les deux noms, «le régent» et «le séparateur» régissent et subdivisent le monde.

Le modèle du bon gouvernement se trouve dans l'Image qu'est la science, tandis que son exercice se fait par la double activité de division et de mise en ordre. Le décret divin ordonne (c'est ce que typifie le nom «le voulant») et le gouvernement (typifié par «le régent») réalise le décret. Tel est le centre générateur de l'imamat divin.

Les autres noms, dit Ibn 'Arabî, ne connaissent pas ce processus tant que n'apparaît pas l'Image[7]. Lorsque l'Image se produit au sein du plérôme des noms, chacune des réalités qui sont les «lieux de manifestation» des noms divins entretient un lien d'amour avec le nom respectif. L'amour les conduit à rechercher l'existence d'une forme identique à l'Image, et en cette quête d'amour le pouvoir (*sultân*) des noms se manifeste. Ce gouvernement du nom divin se confond avec l'existence des réalités où le nom se manifeste. Le gouvernement n'est pas une activité qui s'exerce sur l'existant, mais en lui ; il n'est pas une politique divine extérieure à son objet, mais l'existence même de l'existant sur lequel, en lequel elle s'exerce. Exister, c'est être gouverné, être le servant du nom divin et se convertir vers ce nom.

L'autorité gouvernementale qui coïncide avec l'activité créatrice des noms divins repose sur le lien d'amour entre le serviteur et le Seigneur. Elle implique toute une logique de la conversion qui inspire, chez les disciples d'Ibn 'Arabî, dans le soufisme sunnite et en milieu shî'ite, la doctrine de l'Homme Parfait. La synthèse entre la doctrine de l'Homme Parfait et la doctrine shî'ite duodécimaine a été parachevée, au point de constituer une philosophie organisée, par Haydar Âmolî, chez qui nous découvrons un ensemble

de correspondances qui sont le fruit de l'exégèse spirituelle (*ta'wîl*) du Coran.

Le shî'isme duodécimain n'est pas monolithique.
Son histoire nous montre qu'il s'est développé, selon
des styles successifs d'élaboration dogmatique, qu'il
n'est pas loisible de résumer en ces quelques pages,
mais dont nous devons rapidement rappeler la
teneur[8].

Une première période, qui va jusqu'à l'occultation
du douzième Imâm (329/940), est caractérisée par la
prédication vivante des Imâms, par leur enseignement ésotérique qui sera consigné en d'importantes
collections de *hadîths*, elles-mêmes devenues plus
tard l'enjeu de luttes pour instaurer tel ou tel type
d'autorité du savant en matière de religion. Ce
shî'isme imamite originaire n'est ni philosophant ni
théologisant. La deuxième période, qui s'étend jusqu'au viie/xiiie siècle, voit naître un shî'isme des docteurs et des théologiens, empruntant son style propre
au *Kalâm* rationaliste, redoublé d'une réflexion juridique approfondie. La troisième période, qui va de
la chute de Bagdad et du califat sunnite abbasside
jusqu'à l'instauration de la dynastie safavide en Iran
(xe/xvie siècle), est celle où un shî'isme imamite, spéculatif, mystique et philosophique voit le jour.

L'élan de la pénétration de l'œuvre d'Ibn 'Arabî
dans les milieux shî'ites, de l'influence plus générale
du soufisme, de l'enseignement des philosophes inspirés de textes néoplatoniciens, cet élan permettra
au shî'isme des spirituels et des philosophes de
contrarier le shî'isme juridique, au point qu'il ne
serait pas absurde de soutenir que le shî'isme tardif,
celui qui triomphe au xviie et au xviiie siècle dans
l'Orient du monde musulman, renoue intimement
contact avec l'originaire inspiration des dits des
Imâms, et construit enfin une théologie *philosophique*.

Dans un tel élan qui dure quatre siècles, quelques grands penseurs ont joué un rôle initial très important et nul doute que Haydar Âmolî ne soit l'un de ces auteurs majeurs.

Né en 720 h./1320 à Âmol, dans le Tabaristan, au sud de la mer Caspienne, Sayyed Haydar passa la première partie de sa vie à la cour du roi Fakhr al-Dawla, jusqu'à ce que celui-ci périsse, victime d'une conjuration conduite par son propre frère, le trop bien nommé Afrâsiyâb, en 1349. Alors Sayyed Haydar se convertit à une vie ascétique, abandonne richesses et pouvoir, famille et compagnons, pour « s'engager dans la voie du *tawhîd* »[9]. Nous perdons la trace de celui qui mène désormais la vie des soufis après 787 h./1385-86. Il nous a laissé, entre autres œuvres, trois livres considérables. Une exégèse du Coran, connue sous deux titres : *Le Suprême Océan et la Montagne culminant : sur l'exégèse du Livre de Dieu précieux et inébranlable*, et *Le Suprême Océan et la Vaste Mer : sur l'exégèse du Livre de Dieu précieux et inébranlable*[10]. Un commentaire des *Fosûs al-hikam* d'Ibn 'Arabî, intitulé *Nass al-nosûs*, *Le Texte des Textes*, dont la seule introduction forme un volume de plus de cinq cents pages[11]. Une Somme de doctrines shî'ites spéculatives, intitulée *Jâmi' al-asrâr wa manba' al-anwâr*, *La Somme des mystères et la source des lumières*[12].

Selon Haydar Âmolî, la structure des versets coraniques correspond à la structure de l'univers. Les lettres, les mots, les versets du Coran et les « signes » du Livre constitué par l'ensemble des existants s'interprètent mutuellement et réciproquement. Or, au principe de l'émanation des mondes, nous trouvons l'Intelligence universelle, puis l'Âme universelle. L'Intelligence correspond à la Mère du Livre, à l'archétype du Livre saint présent dans le monde divin

(Coran 13 : 39), tandis que l'Âme correspond au « Livre clair » mentionné dans le texte coranique (6 : 59). Comme l'Intelligence se dévoile dans l'Âme, l'archétype du Livre se rend manifeste dans le Livre révélé, le Livre clair.

Connaître les existants, se connaître soi-même, connaître Dieu autant qu'il est possible, dans sa révélation, telles sont les trois activités qui résument au mieux ce que les philosophes entendent pratiquer. Or, les voici qui se pratiquent selon une vaste doctrine du signe et de la signification. Tout est signe de Dieu, parce que, dit Haydar Âmolî, le sens du verset coranique où Dieu mentionne « les feuillets bénis, exaltés, purifiés » (80 : 13) est cette exégèse, où Dieu parle : « Il n'est aucun existant, aucune chose qui ne soit un feuillet de nos mystères et de nos commandements, un manuscrit de nos noms et de nos actions, mieux dit un lieu de manifestation de notre essence, de nos attributs, car il n'y a dans l'être d'autre réalité que nous, autre que nos noms, nos attributs, nos actions, selon le sens qu'exige le verset "Il est le Premier et le Dernier, l'Apparent et le Caché et il est de toute chose savant" (72 : 3). »[13]

Cette écriture universelle produite par le calame divin, correspondant à la première Intelligence, est révélation de Dieu dans ses trois « Livres », le Livre saint, le Livre de l'univers (ou « des horizons »), le Livre de l'homme (ou de l'âme). La somme de ces révélations, qui sont autant de créations et d'existants, se concentre dans l'Intelligence qui les produit, et qui est le Dieu révélé lui-même.

Cette doctrine du Dieu révélé dans la personne de l'Homme Parfait, identifié à la Réalité muhammadienne, instruira la philosophie exégétique des philosophes, tel Mullâ Sadrâ qui organise l'ensemble de son commentaire du Verset de la Lumière (Coran 24 :

35) autour de cette interprétation de l'Homme de Dieu, et qui écrit : « L'Homme Parfait est un verbe qui rassemble et un modèle contenant ce qu'il y a dans les livres divins, qui sont tous des lumières écrites par la main du Bienveillant, imprimées sur les feuillets des existants, voilées aux yeux des aveugles, de même que l'esprit suprême rassemble tout ce qu'il y a dans le macrocosme, parce qu'il est le principe du tout. »[14]

L'Homme, que la sagesse coranique dote du califat, est en sa perfection le prophète Muhammad, et la Réalité muhammadienne est le sens caché de la Lumière divine qui se diffracte, elle est « Image de sa lumière », selon le verset commenté. Une telle théologie de l'Image fonde l'autorité temporelle et spirituelle du Prophète et de l'Imâm. Une phrase attribuée à l'Imâm 'Ali résonne à la façon des paroles de Nestorius que nous citions plus haut : « Je ne pourrais pas servir un seigneur que je ne verrais pas. » La théologie de l'Image gouverne ainsi la conception de l'autorité divine.

L'AUTORITÉ DE L'HOMME DIVIN

Les Bienheureux sont « ceux qui désirent la Face de Dieu » (30 : 38). Il s'agit d'une thématique morale, où la promesse du bien suprême est accordée à celui qui « prend sur son bien pour se purifier », donne aux déshérités de façon désintéressée, « seulement pour rechercher la face de son Seigneur » (92 : 20). La Face de Dieu est la présence, la révélation de Dieu en toute chose qu'Il créa. Rien d'étonnant, donc, à ce que les philosophes et les spirituels aient élu un verset comme celui-ci : «À Dieu sont l'Orient et l'Occident et, quelque part que vous vous tourniez, là est la Face de Dieu. Dieu est vaste, omniscient» (2 : 115). Un autre verset a eu une singulière fortune : «Ne prie, à côté de Dieu, aucune autre divinité ! Nulle divinité sauf Lui ! Toute chose va périssant hormis Sa Face. À Lui le jugement, vers Lui vous serez ramenés» (28 : 88).

Il est possible de comprendre «toute chose va périssant hormis Sa Face» de la façon suivante : le monde des créatures disparaîtra, tandis que seul Dieu subsiste éternellement. Cette interprétation est justifiée par le contexte du verset, qui est une invitation à ne prendre aucune chose créée pour idole de sa foi, car toutes les créatures sont passagères et décevantes. C'est l'esprit des versets consacrés à l'expérience d'Abraham, c'est l'esprit même de toute la prédication prophétique, qui vise à opérer un partage très strict entre le vrai monothéisme et toutes les formes possibles d'association entre Dieu et le monde créé.

Mais il est également possible de comprendre : toute chose est périssable, elle a pour état de ne pas posséder de stabilité dans l'existence, sinon sous l'aspect où elle révèle la Face de Dieu. La phrase coranique voudrait dire alors que les choses sont vouées à l'anéantissement, mais que demeure à jamais une dimension mystérieuse de ces choses périssables, qui est leur pouvoir de manifester Dieu, d'en exprimer l'essence dans le miroir de la création. Ce qui est stable et échappe au périr, c'est cette Face de Dieu. La phrase en question serait alors l'amorce d'une théologie de la souveraineté qui est une théologie de la théophanie.

C'est cette interprétation qu'a privilégié le corpus des traditions des Imâms commentées par les philosophes. Voici comment Henry Corbin résume l'inter-

prétation que propose Qâzî Sa'îd Qommî, dans son
Commentaire du *Kitâb al-Tawhîd* de Shaykh Ibn
Babûyeh Sadûq : «L'homme ne peut en effet se
tourner que vers un Dieu qui lui révèle et lui montre
sa Face ; c'est par cette Face que l'homme peut chercher son Dieu et se présenter à Lui.» En conséquence
de quoi, les Imâms «étant la forme ou la Face de la
foi chez l'homme, ils sont la Face impérissable de
l'être humain, celle de son moi spirituel. [...] L'Imâm
est à la fois *ce qui* enfante Dieu en nous, et *ce qui*
nous enfante à ce Dieu, parce qu'il est simultanément *ce que* Dieu enfante en nous»[15].

Le cadre est fixé. On y distinguera l'essence insondable et absolument transcendante de Dieu de sa
manifestation dans la personne de l'Homme de Dieu,
l'Imâm. C'est ce Dieu révélé que désigne l'expression «la Face de Dieu», et c'est vers ce Dieu révélé
que s'oriente la conversion de l'âme, au point d'atteindre la certitude expérimentale de l'unité des deux
Faces, celle de l'homme tournée vers Dieu, celle de
Dieu tournée vers l'homme. «Quand on dit *wajh Allâh*,
Face de Dieu, on entend, dit Qâzî Sa'îd Qommî, ce
qui oriente, ce grâce à quoi l'on se tourne vers Dieu,
de sorte que le mouvement de "conversion" vers Dieu
implique *eo ipso* que Dieu fait face au pèlerin, dès le
moment où le pèlerin lui fait face.»[16]

Le Prophète, l'Imâm ont une personnalité sensible,
tangible, humaine, historique, mais ils possèdent aussi
une réalité lumineuse, spirituelle, éternelle, pour tout
dire énigmatiquement divinisée[17]. Comment ne pas
succomber alors au piège d'une confusion, d'autant
plus dangereuse qu'elle serait déguisée ? Comment
voir en l'Imâm, dans sa nature éternelle, la Face de
Dieu ? Comment faire que cette Face de Dieu se révélant dans la personne humaine et divine de l'Imâm
soit le pôle vers lequel se tourne la face du fidèle en

sa conversion ? Tel est le problème posé à une théologie du gouvernement de l'Imâm que menace le
péril de se dégrader en une théologie politique
laïcisée.

À la question « Qu'est-ce que la Face de Dieu ? »
Sayyed Haydar répond : c'est l'essence même de
Dieu. Cette réponse nous enjoint de ne pas séparer,
par une abstraction ruinant le *tawhîd*, Dieu tel qu'il
se manifeste à celui qui se tourne vers lui et l'essence
de Dieu. Nous pourrions être tentés de figer le Dieu
caché et le Dieu révélé en deux plans abstraitement
séparés, alors que c'est leur unité paradoxale qui fait
l'objet de la contemplation de l'authentique tenant
de l'Unité. L'essence de Dieu n'est pas *seulement
Deus absconditus*, Dieu caché, mais aussi bien Dieu
révélé ! Les noms et attributs divins ne sont pas seulement *Deus revelatus*, Dieu révélé, mais aussi bien
Dieu caché, voilé aux degrés inférieurs de la procession, aux degrés des réalités instaurées par le souffle
créateur. Le caché, l'*absconditum* et l'apparent, ce
qui se révèle au fidèle, la Face, forment un couple qui
structure chaque plan ou degré de la divinité, comme
il structure chaque plan ou degré des mondes créés.
Que le caché soit, par le fait même qu'il est caché, ce
qui se révèle, l'apparent, tel est le paradoxe de la
Face de Dieu. Voici qui nous mène au cœur de la
méditation que Haydar Âmolî consacre à la notion
d'unité. Il en offre bien des versions, toutes instruites
de sa lecture de l'œuvre d'Ibn 'Arabî. Celle que voici
nous permet de comprendre comment il résout le
problème posé par la distinction, au sein de l'essence
divine elle-même, puis en chaque degré de révélation
de Dieu par Dieu, d'une dimension cachée et d'une
dimension révélée[18].

Il commence par poser l'existence de la réalité
absolue, libre de tout lien, absoute de toute détermi-

nation. C'est la réalité agente, celle qui est, par essence, productrice d'effets. Existence nécessaire par soi, elle est la réalité de Dieu, la réalité du Réel. Puis, Sayyed Haydar pose l'existence de la réalité qui est « agie » par essence, « enchaînée », déterminée par les relations de causalité, effectuée, inférieure, réceptive, dotée de l'existence par la réalité absolue. C'est elle qui est la théophanie, l'effusion (*fayd*) et l'autorévélation (*tajallî*). Enfin, il pose une troisième réalité, une « unité synthétique » qui opère la synthèse des contraires, que sont l'absolution et l'enchaînement, la liberté et la détermination. Cette troisième réalité a la propriété d'être aussi bien la priorité originaire de l'être que sa postériorité ultime. En cette synthèse, « elles deux sont une, mais Lui, en elles deux et par elles deux, se pluralise et se divise, puisque l'un (*al-wâhid*) est principe du nombre et que le nombre est division de l'un »[19].

La réalité agente et la réalité agie, sa théophanie, s'unissent en un fondement commun, qui en assume la synthèse productive. Telle est la résolution métaphysique du problème de l'unité et de la pluralité simultanée, respectivement sises dans l'essence et dans la Face. La réalité première, absolue, produit une première détermination, par l'acte de conférer la réalité. *En elle-même*, cette première détermination n'est susceptible d'aucune nomination, d'aucune description, elle n'a aucune figure, aucune propriété. Dans la mesure où elle est la forme du Réel divin essentiel, elle est, en elle-même, informe. Mais elle est l'objet d'une multiplicité de nominations, qui sont autant de perspectives, de points de vue pris sur elle, aussi bien par la connaissance que dans la réalité concrète. Les noms divins l'expriment, et c'est pourquoi elle est nommée, en termes philosophiques, la première Intelligence.

Nous voyons quel est le paradoxe de la forme de Dieu : informelle, elle est formelle, parce qu'elle est la forme de la première détermination, qui se multiplie, dans l'unité, par la science que Dieu a de soi-même. Elle est la première détermination, car elle est le premier existant en lequel *se* détermine l'essence absolue, qui n'en est pas moins transcendante à l'ensemble des perspectives, ou points de vue pris sur elle et grâce à elle. Elle est l'acte de présence à soi de l'unité, le substrat de la différenciation mutuelle des noms divins *dans* la présence même de l'unité absolue.

On relèvera l'usage, propre aux disciples d'Ibn 'Arabî, de deux termes distincts pour désigner deux modes de présence de l'unité au sein même de l'unité : *al-ahadiyya*, terme formé sur *ahad*, *un* au sens absolu, et *al-wâhidiyya*, terme formé sur *wâhid*, *un* pris au sens d'origine de la chaîne des nombres. Ces deux unités, correspondant à deux statuts de l'essence, ne sont pas à figer respectivement en un *Deus absconditus* et un *Deus revelatus*, car ces deux niveaux de la divinité se pourraient dangereusement concevoir selon une extériorité mutuelle qui menacerait leur identité. En revanche, si l'on intègre l'occultation et la révélation de l'essence divine en un processus intérieur à l'unité essentielle, ces deux termes désigneront le paradoxe de l'unité, ce que nous proposons de nommer l'*Un paradoxal*, qui ne peut être nommé et qui pourtant se nomme, Face de Dieu informe et formelle, occultation et révélation nominale de l'essence[20].

Ce paradoxe s'exprime lorsqu'on met au contact l'un de l'autre deux versets que nous mentionnons plus haut, Coran 2 : 115 et Coran 28 : 88. Voici ce qu'écrit Sayyed Haydar : « Où que vous vous tourniez, d'entre les lieux, et vous convertissiez, d'entre les orientations spatiales, là est son essence et son existence. En effet, Il est l'Enveloppant, et tel est le mode d'être de l'Enveloppant. Je veux dire qu'Il n'est pas déterminé à envelopper telle chose et non telle autre, pas plus qu'Il n'est attaché à telle place plutôt qu'à telle autre. La Face, par convention, c'est l'essence, et Dieu indique ce qu'il en est de la permanence de Son essence et de la disparition de tout ce qui est autre que Lui en disant: "Toute chose va périssant sinon sa Face, à Lui le statut réel (*hukm*). Vers Lui vous retournerez" (28 : 88). Voici la signification véritable de ce verset : toute chose est liée, existe en relation à l'être absolu, qui est sa Face et son essence. Toute chose est éternellement vouée à périr et évanouissante, car son être est simplement relatif et non pas effectivement réel. Or, les relations n'ont pas d'existence concrète. "À Lui le statut réel. Vers Lui vous retournerez" signifie : à Lui la permanence perpétuelle et l'être éternel et Il est permanent, en vertu de son absolution, après soustraction de ces relations et après élimination de ces perspectives. *Vers Lui vous retournerez* : la totalité des existants, après soustraction de leurs relations et élimination de leur perspective. »[21]

Sayyed Haydar distingue l'être absolu de Dieu des « perspectives » qu'expriment toutes les choses créées, lesquelles manifestent les noms divins selon un certain point de vue, une certaine relation à l'essence. Or, fidèle à un lexique métaphysique que l'École d'Ibn 'Arabî a fixé, notre auteur n'accorde aux relations et aux êtres relatifs qu'une existence dérivée, fondée en l'existence suprême de Dieu, l'être absolu. La catégorie de la relation est une catégorie qui désigne un prédicat de l'être substantiel. Comme tous les prédicats, elle n'a pas d'existence qui lui soit propre, mais elle n'existe que par l'existence de ce qui est la source de la relation. Tirant des conséquences nouvelles de la doctrine péripatéticienne des catégories, Haydar Amolî passe de ce constat à la thèse selon laquelle ce qui est « en relation » est par soi « relatif ».

Il est donc permis de penser que toute existence relative et toute perspective prise sur Dieu par cette expression de Dieu sont la Face même de Dieu, sa manifestation, et qu'elle subsiste par Celui dont elle est la manifestation. Mais aussi, il faut soutenir qu'en soi et par soi, cet « être relatif » est un être de néant, voué au néant, et que le retour de toute chose à Dieu se traduit par l'effacement, la disparition de ces perspectives dans le centre générateur dont elles procèdent, la Face de Dieu, entendue cette fois au titre de l'Essence divine elle-même. Le retour dit la vérité de l'origine, et le « périr » des choses créées n'est pas une corruption naturelle, ou accidentelle qui surviendrait sans affecter l'être des choses, *mais leur être même*, dont le statut éternel est d'être périssable, tandis que le statut divin est d'être, lui, éternel. On remarquera au passage que le mot *al-hukm* ne se peut traduire, dans le cadre de la présente exégèse, comme le fait Régis Blachère, par « le jugement ». Sayyed Haydar justifie sa lecture par une citation du Shaykh Sa'd al-Dîn Hamûyeh[22] : « *Al hukm* est formé du *hâ'*, du *kâf* et du *mîm*. Le *hâ'* désigne la vie (*haya*) qui s'écoule en l'ensemble des existants qui sont l'empreinte de l'Ipséité divine, qui sont sortis de l'océan de Celui qui confère l'être (*al-qayyûm*), de Celui par lequel se produit le lever de l'être (*qiyyâm*) de toute chose selon le dire : "Nulle divinité sinon Lui, le Vivant, Celui qui confère l'être" (2 : 256). Le *kâf* désigne le tout (*kull*) et le *mîm* désigne les existants (*mawjûdât*). C'est dire que c'est par Lui qu'est la vie de tous les existants et leur lever dans l'être, et c'est vers Lui qu'ils retournent après l'abolition de leurs déterminations et la cessation de leur être relatif à Lui. Et vers Lui ils retournent, par le retour de la nature primordiale à l'océan après la disparition de leur détermination et la cessation de leur être-relatif. »[23]

SE TOURNER VERS LE SOUVERAIN

La conversion est la reconnaissance que le serviteur fidèle éprouve envers la souveraineté de son Seigneur. Elle commence par le changement de sa perception. Il perçoit en Dieu. Les choses cessent alors d'être stables pour celui qui les considère, elles deviennent pour lui comme elles sont en vérité, passagères, évanouissantes, non parce qu'elles réfutent l'existence de Dieu, mais au contraire parce qu'elles sont des lieux épiphaniques où se manifeste la stabilité de l'essence divine.

Le sentiment théophanique n'est pas idolâtrie, au contraire du regard profane que nous jetons sur les choses, regard qui les absout à tort de leur précarité, mais il pressent en chaque chose la présence de la Face de Dieu, tout en rendant la chose à Celui qui confère l'existence. Le sentiment de la vanité des choses et le sentiment de la dignité que possède en elles l'apparition théophanique vont de pair. De là que Sayyed Haydar donne de la Face de Dieu deux définitions qui semblent se contredire mais qui, en vérité, s'impliquent l'une l'autre : la Face est l'Essence de Dieu et elle est l'Essence accompagnée de ses concomitants et de ses perfections, en bref de ses attributs indissociables[24]. En théologien, Sayyed Haydar professe l'unité de l'Essence et de ses attributs et, en lecteur d'Ibn 'Arabî, il soutient que ces attributs de perfection se manifestent dans les miroirs constitutifs des choses créées.

La conversion du regard est expérience de l'apparaître divin, unie à celle du retrait de l'essence divine dans le silence de son occultation. Seule cette unité des contraires peut être fidèle à l'unité divine, qui est celle d'une dimension cachée et d'une dimension révélée : « C'est cela, je veux dire son apparition et sa dissimulation, sa multiplication et son unité, la synthèse des deux, l'apparition par les formes de l'opposition et la subsistance par les réalités qui se distinguent les unes des autres et qui s'opposent les unes aux autres, ainsi que les autres merveilles et choses qui surprennent en son apparition par les formes de ses lieux de manifestation multiples, indissolublement liée à son unification par elles — c'est cela que désigne le Pôle des pôles des seigneurs du *tawhîd*, le maître des amis de Dieu et des héritiers prophétiques, le dépositaire des sciences des prophètes et des messagers, 'Alî ibn Abî Tâlib, en divers endroits, comme celui-ci : "Sa dissimulation ne le prive pas d'apparaître, et l'apparition ne le prive pas de la dissimulation. Il est proche et il est lointain. Il est haut et il est bas, il apparaît et il se cache, il se cache et il est évident, il s'abaisse et il ne s'abaisse pas." »[25]

Il fallut concevoir ce pôle de conversion, synthèse de retrait et d'apparition, sans consentir à ne professer que l'unité abstraite de Dieu, sans menacer pour autant la profession de l'unité. Pourquoi le Réel divin se manifeste-t-il ? La réponse à cette question réside dans la perfection infinie du Réel. Parce qu'il totalise l'ensemble des perfections qui se rattachent à Son essence, aucune perfection ne saurait lui manquer. C'est ainsi que le Réel possède une science de soi, dont la conséquence est la science qu'il a des choses, en totalité. Science sans représentation, antériorité ou postériorité, la science divine est intimement révélation de soi à soi.

Se révéler hors du retrait de son secret, sortir hors de soi — tout en restant en soi — procéder à partir de soi à une multiplication expansive produite par la puissance infinie de sa propre unité, tout en restant transcendant et libre à l'égard de ses manifestations infinies, tout cela est perfection. En priver Dieu serait le limiter et, par conséquent, manquer au devoir d'en attester la vérité. La manifestation de Dieu a pour fondement cet aspect de Dieu qui est sa science et l'infinité de sa perfection surabondante. De même que cela que Dieu sait est un avec sa science, l'objet su n'étant point autre que le sujet qui sait, de même Celui qui apparaît, l'acte d'apparition et le lieu d'apparition ne font qu'un : « Il y a pour Lui et pour son essence, par chaque perfection un attribut, par chaque attribut un nom, par chaque nom une opération, par chaque opération un lieu épiphanique, par chaque lieu épiphanique un savoir, par chaque savoir un effet et un mystère, par chaque mystère des mystères. Les mystères, les effets, les savoirs, les lieux épiphaniques, les opérations, les noms, les attributs et les perfections sont infinis. »[26]

La conversion de l'âme répond à cette procession des existences, qui sont miroirs de l'unité divine. Le contemplatif, dit Sayyed Haydar, voit la Face de Dieu dans ces miroirs, parce que les miroirs ne le séparent pas de la Face, *non plus que la Face ne le sépare des miroirs*[27]. Si le vertige de l'unité voilait la multiplicité des lieux épiphaniques, leur beauté singulière, le reflet qui est unique en chacun de la perfection qui s'y dépose, la conséquence ne serait pas moins grave qu'au cas où le multiple ferait obstacle à l'intuition de l'unité. La conversion se parachève en contemplation lorsque nous contemplons «la Face *avec* les miroirs et le miroir *avec* la Face»[28].

La vérité d'une telle contemplation selon la Face est le mode dont il est question dans le «verset de la Lumière» (24 : 35), verset qui suffit, selon Sayyed Haydar, à révéler la véritable signification du *tawhîd*. Il nous reconduit au centre des lieux épiphaniques, qui est l'Homme parfait.

La forme humaine, dont la perfection se révèle dans le Prophète et dans l'Imâm, résume tous les lieux de contemplation, en vertu d'une correspondance exacte entre les lettres, les mots et les versets du «livre des âmes», ceux du «livre des horizons» et ceux du Coran[29]. Microcosme et macrocosme ont leur raison ultime en l'Homme de Dieu, qui permet de contempler le Réel qui se révèle dans les trois livres. Sayyed Haydar cite cette tradition du VIe Imâm, Ja'far al-Sâdiq : «La forme humaine est la plus grande preuve de Dieu pour ses créatures. Elle est le livre qu'il a écrit de sa main, elle est le temple qu'il a bâti de sa sagesse. Elle rassemble la forme des deux mondes, elle est le résumé des sciences sur la Tablette préservée, elle est le témoin de tout mystère, elle est la preuve à opposer à quiconque nie, elle est la voie droite vers tout bien, elle est la voie tracée entre le Jardin et le Feu.»[30]

Cette tradition nous conduit au sens de l'autorité prophétique et de l'imamat. Ce sens s'exprime dans divers propos attribués à Muhammad : «Qui m'a vu a vu le Réel», «J'eus avec Dieu un temps où ne pouvaient me contenir ni ange rapproché ni prophète messager». Ce secret de l'autorité est celui des Imâms, comme en témoignent diverses traditions, tel le prône fameux où le Ier Imâm, 'Alî ibn Abî Tâlib, prononce ces mots : «Je suis la Face de Dieu, je suis le côté de Dieu, je suis la main de Dieu, je suis le Trône, je suis

le tabouret, je suis la Tablette, je suis le Calame [...]
je suis le Premier, je suis le Dernier, je suis l'Apparent, je suis le Caché. »[31]

La conversion du fidèle a un moyen et une fin. Le
moyen est la conversion à la Face de Dieu se manifestant en son lieu épiphanique le plus remarquable,
la personne du Prophète ou de l'Imâm. Il s'agit alors
de réaliser en soi la fidélité à la prophétie et à la
walâya. La fin, c'est l'anéantissement de soi en l'essence divine, où se réalise la parfaite obéissance :
« Le terme final de tout cela, le voici : lorsque l'individu contemple le Réel par la lumière du Réel, il ne
lui reste plus qu'un seul degré. C'est le degré de sa
disparition (*fanâ'*) en Lui, nommé la disparition de
celui qui sait en l'objet su, ou du témoin dans ce dont
il témoigne en contemplation, ou du serviteur dans
le Seigneur, etc. Cela n'a lieu que parce qu'a été ôtée
toute dualité due à la perspective, et parce que s'évanouit la multiplicité créaturelle, que s'efface le "Je"
qui empêche l'atteinte effective, comme le dit [al-
Hallâj] : "Entre moi et toi se tient un c'est moi qui me
nargue, alors ôte de toi-même ce c'est moi qui s'in-
terpose." Comme le dit un autre : "Lorsque s'achève
la pensée réflexive, c'est Lui Dieu." Comme le dit
encore un autre [Abû Yazîd al-Bastâmî] : "Gloire à
moi ! Que très haute est ma condition !" Comme le dit
un autre [al-Hallâj] : "Je suis le Réel" et comme le dit
notre Imâm et notre maître, le pôle des seigneurs du
tawhîd, le prince des croyants ['Alî ibn Abî Tâlib] :
"Je suis la Face de Dieu." »[32]

Le pèlerinage de l'âme s'achève lorsqu'elle s'anéantit
en Dieu, et qu'elle parachève la conversion au vrai,
au Réel par un retour au sein de l'essence divine. Les
citations des phrases célèbres prononcées par divers
grands mystiques, leurs « locutions théopathiques »
semblent nous inviter à tenir l'anéantissement en

Dieu (*fanâ' fî llâh*) pour l'ultime degré dans l'ascension spirituelle du fidèle : «Lorsque cette station devient effective pour le maître spirituel, lorsque son existence et son essence s'anéantissent en l'essence et l'existence du Réel, lorsque son empreinte s'efface, que son empreinte s'évanouit de lui comme se fondent les lumières des astres et de la lune en la lumière du soleil, il contemple le Réel par le Réel, tel qu'Il est, dans les lieux épiphaniques de ses perfections, de ses attributs et de ses noms. Il sait alors ce que signifie *Toute chose va périssant sinon Sa Face* et il se réalise le secret intime de ce que Dieu dit : "Où que vous vous tourniez, là est la Face de Dieu." Il s'élève aux mystères qui se trouvent sous ce dit de Dieu : "Tout ce qui est sur elle est disparaissant et demeure la Face de ton Seigneur." Se dévoile pour lui le mystère du dit de l'Imâm : "Si l'enveloppe est levée...", et de ce verset : "Et Nous faisons voir à Abraham le royaume des cieux et de la terre" (6 : 75). »[33]

Sayyed Haydar opère une synthèse expérimentale comparable à la synthèse métaphysique qu'il a produite, entre l'essence divine absolue et l'essence déterminée. Cette dernière, la première Intelligence est la première manifestation de l'essence absolue. Elle est la Face de Dieu. Par son indétermination elle est unité absolue, par sa détermination de science divine, elle est unité comprenant l'océan infini du multiple. C'est pourquoi l'extase qui saisit le maître en l'évanouissement de soi lui donne enfin accès à la joie de percevoir la Face de Dieu en toute chose. Cette perception extatique se paye désormais de l'expérience du «toute chose va disparaissant», quand cette chose qui disparaît et reconnaît son disparaître foncier est l'âme même du maître. Une autre synthèse expérimentale est celle de l'effacement de la lumière pâle de l'âme, semblable à celle des astres décevants qu'Abraham n'aime pas, en la lumière la plus violente, celle du soleil de l'être absolu. Cette synthèse est celle de la connaissance de l'essence divine intégralement déployée en ses noms et attributs. Le nom suprême est Allâh. Il correspond à la première Intelligence. Son lieu épiphanique est l'Homme parfait, le Prophète, la Réalité muhammadienne intégrale, comprenant les Quatorze Immaculés.

L'expérience de Hallâj ne fut pas si complexe. Elle eut la simplicité d'une épreuve absolue de l'amour envers Dieu, amour exclusif conduisant à la damnation dans l'au-delà et au supplice justement subi ici-bas. Voici que cette expérience de la consumation, le corps flagellé, amputé, crucifié, brûlé et jeté dans le Tigre, où s'est réalisée la vérité de l'amour, n'est plus, selon Haydar, contraire à l'expérience théophanique, qui culmine dans la perception de la Face de Dieu en la Face des hommes de Dieu, les Imâms. C'est dans la tragédie de l'expérience théophanique que la brûlure de l'amour divin engendre l'Imâm dans le cœur du fidèle, non pour lui permettre de préserver une personnalité chancelante, mais pour qu'il atteigne au point où son existence et son essence propres se volatilisent. La persistance de l'âme en Dieu suppose sa consumation en Dieu, afin que la Face de Dieu ne soit plus l'objet de la contemplation mais le sujet contemplant, et que la Face soit perçue par la Face. C'est le point où le miroir se brise.

L'AUTORITÉ DU PROPHÈTE ET DE L'IMÂM

La prophétie (*nubuwwa*) est faite des enseignements des vérités essentielles divines : la connaissance de l'essence du Réel, de ses noms, de ses attributs, de ses commandements. Il y a deux espèces de prophétie : la prophétie *enseignante*, qui porte sur la connaissance de l'essence, des noms et des attributs divins, et la prophétie *législatrice*, qui comprend tout cela, plus l'imposition des commandements, l'éducation morale, l'enseignement de la sagesse, le maintien de la politique prophétique. Cette prophétie relève en propre du *message* (*risâla*)[34].

La *walâya*, amitié envers Dieu dévolue aux Imâms, amis de Dieu et à leurs fidèles, c'est le «lever dans l'être» du serviteur tourné vers le Réel divin, en fonction de sa propre extinction à soi-même. C'est l'état où s'opère la conversion, puisque Dieu prend possession de son amant, jusqu'à le conduire au terme de la proximité et de l'investiture spirituelle.

La prophétie et la *walâya* se disent en deux sens, un sens absolu et un sens restreint, un sens commun et un sens propre, en un sens *législatif* et un sens *non législatif*. Le sens restreint, limité de la prophétie est le statut de la prophétie législatrice. En son sens absolu, la prophétie est fondamentale, originaire, essentielle, elle s'actualise dès la prééternité, demeure dans la postéternité, selon le témoignage de Muhammad : «J'étais prophète, alors qu'Adam était encore entre l'eau et l'argile.» La prophétie originelle et réelle désigne l'intelligence prophétique, intelligence qui embrasse les essences de tous les existants. C'est pourquoi celui qui la possède, lieu épiphanique de la première Intelligence, est nommé le calife suprême, le pôle des pôles, le makranthropos, l'Adam réel. C'est dans le miroir de sa personne que se révèlent le Calame suprême, la première Intelligence, l'esprit suprême (tous termes synonymes). C'est à cette Intelligence et à cette fonction que les traditions suivantes font allusion : «Dieu a créé Adam selon sa forme»,

« celui qui me voit, voit le Réel », « la première chose que Dieu créa, ce fut ma lumière », « la première chose que Dieu créa, ce fut mon intelligence », « la première chose que Dieu créa, ce fut le Calame », « la première chose que Dieu créa, ce fut l'Esprit »[35].

L'ésotérique de cette prophétie absolue est la *walâya* absolue, qui désigne le statut de celui qui rassemble toutes ces perfections, mais selon leur ésotérique. C'est pourquoi la réalité essentielle de 'Alî est connaturelle à celle de Muhammad, et cela de toute éternité. Sayyed Haydar cite des traditions célèbres dans le monde shî'ite : « J'étais *walî* quand Adam était entre l'eau et l'argile », et les *hadîths* du Prophète : « Moi et 'Alî sommes d'une seule et unique lumière », « Dieu a créé mon esprit et l'esprit de 'Alî ibn Abî Tâlib avant de créer la création, en un millenium universel » et « 'Alî a été suscité avec chaque prophète en secret, et avec moi ouvertement ».

À partir de ces définitions, Sayyed Haydar peut s'engager en l'exposition des relations entre *nubuwwa* (prophétie), *risâla* (prophétie législatrice porteuse d'un message) et *walâya* (ésotérique de la *nubuwwa*). En résumé, la prophétie législatrice est comme l'enveloppe extérieure, la prophétie est comme le cœur de l'amande, et la *walâya* est comme son huile. De là que la *sharî'a* ne concerne que les pratiques extérieures de l'islam, la *tarîqa* ou voie prophétique est médiane et procure la foi, tandis que le degré le plus intérieur, la *haqîqa*, ou vérité essentielle, correspondant à la *walâya*, procure la certitude.

Pour éviter de sombrer en une conception hostile à la fonction législatrice, ou du moins susceptible de la dévaloriser, Sayyed Haydar énonce ce qu'il dit être « une subtilité ». Ce que l'on veut dire, quand on affirme que la *walâya* est supérieure à la prophétie, c'est que la dimension de la *walâya*, en un certain

individu déterminé, est toujours supérieure à la prophétie, et que celle de la prophétie est toujours supérieure à celle de la prophétie législatrice : en cet
individu, l'Homme parfait, la *sharî'a* est secondaire,
eu égard à la voie spirituelle (*tarîqa*) et celle-ci est
inférieure à la certitude intérieure. Mais cette hiérarchie n'entraîne pas que le *walî*, l'Imâm, soit supérieur au Prophète, ni que le Prophète soit supérieur
au Messager, chargé d'une religion législatrice. Ainsi
Muhammad est-il à la fois prophète, messager et
walî. Il possède les trois degrés de vérité, exotérique,
médiane, ésotérique.

Cette « subtilité » est dirigée de façon polémique
contre les ismaéliens, qui soutiennent que l'ésotérique
est supérieur à l'exotérique — n'ont-ils pas aboli la
sharî'a ? En sa polémique, Haydar Âmolî prend aussi
pour cible les Nusayrîs. Cette subtilité montre à l'évidence les grandes qualités de dialecticien de notre
auteur imamite, mais aussi une contradiction intérieure à son dispositif théorique[36]. Cette contradiction, entre la supériorité ou antériorité de la certitude
ésotérique et la priorité de la prophétie intégrale, est
apparemment résolue. Elle n'en reste pas moins la
raison ultime de tous les conflits animant les doctrines philosophiques de la souveraineté divine et
humaine, aussi bien dans l'islam shî'ite que dans le
soufisme sunnite spéculatif. Le spirituel, l'ésotérique,
l'emporte sur le temporel, l'exotérique, mais le temporel, l'aspect extérieur du spirituel, qui contient en
soi le spirituel, est indispensable à sa manifestation.

Revenons à la conversion. Elle est pleinement située
au cœur de l'expérience de la *walâya*. Elle prend
exemple sur l'ascension céleste du Prophète, et se
présente comme une ascension spirituelle : « Cette
ascension (*mi'râj*) désigne la contemplation des réalités essentielles des existants tels qu'ils sont, selon

ce qu'a dit le Prophète : "Nous voyons les choses comme elles sont." C'est la traversée des choses et l'atteinte à la présence du Réel divin, de l'être absolu pur, par la voie du *tawhîd* véritable [...] Sans nul doute, cette ascension ne nécessite aucun mouvement de la forme apparente, aucun voyage corporel, mais nécessite, au contraire, l'absence de tout mouvement, extérieur ou intérieur. Le but du mouvement, dans le monde extérieur, c'est le voyage, et dans le monde intérieur, c'est la pensée discursive. Or la pensée discursive, dans cette voie, est un voile, comme l'a dit un bon connaisseur de la souveraineté divine : "Je connais Dieu par le fait d'ôter les pensées discursives." Ce n'est rien qu'un clin d'œil, quant à sa durée et sa persistance : la prééternité des prééternités et la postéternité des postéternités. Ce qu'a dit le Prophète, "J'étais avec Dieu en un temps où ne me comprenaient ni un ange rapproché ni un messager", ne porte pas sur ce sujet, mais a été prononcé à propos de la prophétie législatrice et de la prophétie. L'espace ouvert entre ces ceux-là, tel est le temps de la conversion vers la présence de Dieu. »[37]

Les états de la conversion sont l'objet de ces lignes, qui ont pour souci l'intériorisation de l'expérience d'Abraham : «En premier, ce qui commence dans le cœur du sage, c'est sa joie, joie de ce qu'il veut Dieu, et c'est une lumière. Puis cette lumière devient éclat radieux, puis elle devient rayonnement, puis elle devient astres, puis elle devient lune, puis elle devient soleil. Lorsque la lumière paraît dans le cœur, ce bas monde se refroidit en son cœur, par ce qui est en lui, et lorsque la lumière devient éclat radieux, il abandonne ce bas monde et il s'en sépare. Lorsque la lumière devient astres, il se sépare de ses plaisirs et de ses objets d'amour. Lorsqu'elle devient lune, il renonce à l'autre monde et à ce qu'il contient, et lorsqu'elle devient soleil, il ne voit plus ni ce bas monde et ce qu'il contient, ni l'autre monde et ce qu'il y a en lui. Il ne connaît plus que son Seigneur. Son corps alors devient lumière, son cœur devient lumière, sa parole devient lumière et il est lui-même "lumière sur lumière" (24 : 35). » [38]

Chapitre IX

LE DISCOURS DE L'ORDRE

L'ORDRE TAXINOMIQUE

Que la philosophie soit le discours de l'ordre qui règne au sein des existants, et elle devra veiller à ordonner d'abord les sciences et leurs sujets respectifs. La classification des sciences et la hiérarchisation des êtres sont deux tâches solidaires. La philosophie décrit l'ordre des savoirs, parce qu'elle y voit le reflet de l'ordre des êtres, et la belle totalité des mondes entre dans l'harmonie encyclopédique. Rien n'est étranger à la connaissance philosophique, puisque rien ne lui échappe. Elle sait tout, et rien ne peut exister sans être classé dans une espèce connue. C'est ainsi que Fârâbî peut écrire : « Les objets des sciences sont nécessairement soit théologiques, soit physiques, soit politiques, soit mathématiques, soit enfin logiques. C'est la discipline de la philosophie qui découvre ces objets et les met tous en lumière, de sorte qu'*il n'existe aucune chose parmi les êtres du monde où la philosophie ne pénètre*, au sujet de quoi elle n'ait quelque dessein et dont elle n'ait, dans la mesure de la capacité de l'homme, quelque savoir. »[1]

Le philosophe réalise l'idéal d'une classification

intégrale des sciences qui est une activité privilégiée[2]. L'*intégration*, tel est le maître-mot de cette
classification. Il signifie soumettre à l'autorité de la
philosophie tous les savoirs, sans exception, depuis
la linguistique, la logique, les mathématiques, la physique, la métaphysique, jusqu'à la science politique,
la jurisprudence et le *Kalâm*. La pédagogie élémentaire, grammaire, écriture, lecture, poésie, les traités
de l'*Organon* d'Aristote, l'arithmétique, la géométrie,
l'optique, l'astronomie, la science des poids, la mécanique, la physique d'Aristote ouvrent la voie à l'apprentissage de la métaphysique.

La science de «l'étant en tant qu'étant» est aussi
l'étude des premiers principes des sciences particulières. Elle culmine en une théologie rationnelle qui
établit l'existence du Premier être, parfait et éternel,
qui est l'Un, le Réel, Dieu. Elle est un discours sur la
providence, une théodicée, qui conjure les périls du
dualisme, réfute toute pensée contraire à la simplicité et à l'unicité divine, elle est le vrai discours du
tawhîd. C'est de la métaphysique que peut et doit s'instruire la science pratique, politique et morale. Il n'y
a donc pas de politique séparée de l'exercice général
de l'intelligence, et moins encore de primat de la
politique sur les sciences théorétiques. Si la science
politique démontre la nécessité, pour la Cité parfaite,
d'un guide éclairé par l'intelligence, si la jurisprudence et le *Kalâm* s'intègrent à cet exercice et lui
sont subordonnés, la philosophie pratique a pour but
de procurer le véritable bonheur. Non la jouissance
éphémère des plaisirs de ce monde, mais les joies de
la vie future. La morale et la politique ont une visée
commune qui est eschatologique, le salut spirituel
préparé par la vie vertueuse. Aux fins de la vie théorétique s'accorde la «résurrection spirituelle», interprétée en termes hellénistiques, le bonheur de l'intellect

prenant la place des récompenses sensibles du paradis. La hiérarchie des savoirs, leur complétude, l'insertion organique de chacun en l'ordre de tous, l'extension de la connaissance philosophique à tout ce qui est, sans limitation et sans réserve, telles sont les capacités qui font de la philosophie la science des sciences.

Déjà ce goût de l'ordre et de la classification éclairante inspirait la définition de la *hikma* que nous délivrait Ibn Muqaffa'. Mais au schème de la hiérarchie qui va du plus haut des sujets étudiés jusqu'à l'instrument de l'étude, son modèle préfère une dichotomie ; la sagesse, dit-il, est de deux sortes. Il y a, d'une part, ce que le cœur (ici le siège de la connaissance) contemple et qu'il perçoit avec l'aide de la pensée réflexive. C'est le domaine de la connaissance (*'ilm*). D'autre part, il y a ce qui est mû par les mouvements du cœur et sa force, et que l'on nomme la pratique (*'amal*). Ces deux domaines se subdivisent respectivement en trois parties. La science inférieure est la science des corps, correspondant à ce bas monde, et elle comprend aussi la médecine et les autres arts qui traitent de tout ce qui advient au corps. La science moyenne est celle de la culture, et elle comprend l'arithmétique, la géométrie, l'astronomie, etc., tous savoirs qui sont des exercices du cœur (de l'âme) en vue de sa purification, de son embellissement. Cette éducation conduit à la science supérieure, la connaissance de l'invisible, la perception des intelligences. La science pratique se définit par la mise en ordre et elle est l'art du gouvernement.

Le mot que nous traduisons souvent par « politique », *al-siyâsa*, ne désigne pas une « philosophie politique » séparée et indépendante. Ibn Muqaffa' ne sépare pas la pensée politique, qui porte sur le gouvernement des cités, des autres formes de gouvernement moral.

La mise en ordre des actions (*al-tadbîr*) est la définition la plus générale de l'activité gouvernementale,
qui se ramifie en trois savoirs : le gouvernement des
cités, celui des maisonnées, celui des mœurs et
des actions, la politique générale, l'économique, la
morale particulière[3]. Nous sommes dans le droit-fil
d'Aristote.

LE MODÈLE AVICENNIEN DE L'ORDRE

Le but est bien de tout rassembler, de tout classer
et de tout éclairer. Ainsi Avicenne écrit-il, dans le
Prologue de son livre *La Délivrance* (*al-Najât*), qu'il
s'agit pour lui « de rassembler, pour ceux qui recherchent l'acquisition des connaissances philosophiques », ce qui est nécessaire à la connaissance, en vue
d'avoir une connaissance complète des principes de la
philosophie. Ce rassemblement organique et hiérarchique conduira de la logique à la physique et à l'arithmétique, à la théorie de la démonstration mathématique,
puis à la géométrie. Les mouvements, les corps, les
dimensions occupent le centre du domaine de la
science, d'où l'on s'élève vers les astres (astronomie)
et vers la mathématique spéciale qu'est la musique,
avant d'atteindre à la métaphysique, qui est la « science
divine ». Ces sciences instruisent la pratique, c'est
surtout le cas de la dernière, la métaphysique, qui est
la première par sa dignité, en ce qu'elle dit la vérité
de la résurrection promise aux bel-agissants, le
« retour » (*ma'âd*).

La métaphysique est le fondement de la morale
parce qu'elle s'achève dans des vérités morales. Dans
la mesure où les fins dernières de la vie, plaisir ou

douleur dans la vie future, reçoivent pour signification la vie intelligible ou la vie sensible supérieure, la
vie paradisiaque, la métaphysique s'accomplit en une
guérison de l'existence qui est le bonheur. La morale
n'est pas une science extérieure à la métaphysique,
mais l'accomplissement de la métaphysique dans la
connaissance rationnelle de la rétribution des mœurs
et des actions. C'est pour cela que la philosophie est
le salut, la délivrance (*al-najât*), qui donne son titre à
l'ouvrage d'Avicenne[4]. Le titre de la plus vaste encyclopédie scientifique d'Avicenne, *al-Shifâ'*, *La Guérison*, n'emprunte-t-il pas au Coran ? Si le Coran se
présente comme le remède (« et nous révélons du
Coran ce qui est guérison » 17 · 82) c'est désormais *La
Guérison*, la philosophie comme système des sciences,
qui remplit la mission que la prophétie s'octroyait[5].

   Le travail de rassemblement, de concentration,
d'exposition met à la portée de l'élite un résumé des
vérités suffisantes au salut de l'âme. L'esprit encyclopédique ne se départit pas d'une intention morale et
d'une mission salvatrice. Devenir « semblable à Dieu »,
s'élever dans les hauteurs, ne pas se tourner vers la
terre mais vers le ciel, tous ces motifs qui animaient
la quête platonicienne ou l'endurance des stoïciens,
qui justifiaient la vie philosophique selon Plotin
(*Ennéades*, II, 9, 9) supposent l'encyclopédique savoir
des vérités hiérarchisées, culminant en la science du
« retour à Dieu ». Le savoir encyclopédique n'est pas
une science désintéressée de notre salut, mais la réalisation de ce salut par la voie de la science. De là
vient l'harmonieuse gradation qu'Avicenne imprime
à ce « concentré » comme il l'appelle, qu'il rédige en
persan pour les membres de la cour du prince 'Alä'
al-Dawla, et sur l'ordre de celui-ci : « La logique, qui
est comme une balance pour les autres sciences ; la
science de la nature, connaissance des choses qui

tombent sous les sens et qui sont en mouvement et changement ; l'astronomie, connaissance du système de l'univers, du mouvement des cieux et des astres (y sera démontrée la manière par laquelle il faut connaître la vraie nature du mouvement) ; la musique qui montre la cause de l'harmonie et de la discordance des sons et qui expose la composition des mélodies ; la science de ce qui se trouve au-delà de la nature physique (la métaphysique). »[6]

Chez Avicenne, les intentions de la classification des sciences sont plus nettement orientées vers la destination finale du «retour en Dieu», qu'elles ne l'étaient chez Fârâbî. La philosophie est savoir total et elle sauve l'homme qui possède ce savoir complet parce que la perfection du bonheur est la conséquence de l'actualité parfaite de l'intelligence. Intégrité des mœurs et de l'intelligence, intégration de la science, intégralité du bonheur sont les aspects complémentaires d'une seule et même vie, la vie philosophique. «La philosophie est un art théorique, utile à l'homme pour saisir la totalité de l'être en lui-même et ce qui est nécessaire, ce qu'il faut que l'action de l'homme acquière pour que son âme soit ennoblie, se perfectionne, et devienne un monde intelligible correspondant au monde existant, et pour qu'elle se prépare ainsi au bonheur suprême dans l'au-delà, selon la capacité humaine. »[7]

Avicenne fait s'harmoniser théorie et pratique dans l'esprit hiérarchique de la science aristotélicienne. Significativement, les trois parties de la philosophie théorique sont ordonnées de l'inférieur au supérieur, de la physique des corps à la métaphysique de l'immatériel par la médiation des mathématiques. La philosophie pratique, qui s'occupe du gouvernement de soi par soi (l'éthique), de la maisonnée (l'économique), de la cité (la politique) prend son sens et s'organise à partir du concept central de *nomos* (*nâmûs*). Il ne s'agit pas, pour Avicenne, de substituer le *nomos* des Grecs à la Loi religieuse, mais d'instaurer entre eux une correspondance et une réciprocité.

La prophétie et la Loi ont, dans le système des sciences pratiques de la philosophie islamique, la place correspondant au *nomos* contenu dans les *Lois* de Platon. On reconnaîtra l'influence de l'*Épitomé* des *Lois* procuré par Fârâbî. L'herméneutique de la Loi religieuse est philosophique, elle est celle que Platon nous offre. «C'est dans les *Lois*, écrit Leo Strauss, dans lesquelles Platon transforme les "lois divines" de la Grèce archaïque, selon une méthode exégétique qui anticipe l'interprétation philosophique de la Loi révélée chez les penseurs du Moyen Âge, pour en faire des lois véritablement divines et les reconnaître ainsi comme des lois véritablement divines, que Platon se trouve sans conteste au plus près de la loi révélée.»[8]

Le *nomos* platonicien, qu'Avicenne entend assimiler au contenu exégétique de la Loi de l'islam n'est pas contingent, il n'est pas fait de «ruse et tromperie». Il est cela même qui descend avec la révélation octroyée par l'ange Gabriel au Prophète et «les Arabes appellent *nâmûs* l'ange qui descend avec la révélation». Le *nomos* est angélique, il *est* l'ange de la révélation, porteur de son monde, le *malakût*, révélant le monde des Intelligences archangéliques qui ne fait qu'un avec le monde des Intelligences que le métaphysicien dévoile. Le gouvernement selon la Loi divine est gouvernement selon la parole et l'être même de l'ange.

LE STATUT DE LA PROPHÉTIE

Avicenne soutient que la politique «nous fait connaître l'existence de la prophétie et le besoin qu'a l'espèce humaine de la loi religieuse pour son existence, sa pérennité et sa vie future». La philosophie trouve sa finalité pratique dans la Loi religieuse ; en retour, la prophétie qui porte le message de la Loi a besoin de la philosophie pour être reconnue. Le but que se fixe le philosophe est d'ôter les doutes, de lever les hésitations touchant la véracité de la prophétie, comme l'explique Avicenne en un traité *De l'établissement des prophéties et de l'exégèse de leurs symboles*[9]. Avicenne y établit l'existence du type d'homme que l'on nomme «prophète» en désignant par ce vocable, non point l'homme inspiré par une révélation divine supra rationnelle, mais l'animal raisonnable qui actualise parfaitement et habituellement la réception de l'intelligible depuis l'Intelligence agente universelle. En identifiant l'intellect agent et l'ange Gabriel, le philosophe domestique l'indomptée puissance prophétique, il la pacifie, lui ôte sa vigueur révolutionnaire pour lui octroyer, en échange, la vive clarté de la contemplation. Il substitue le nomos ésotérique au commandement exotérique. Le prophète est seulement privilégié par ceci qu'il intellige le message divin, sans qu'il y ait besoin d'une médiation entre son intellect et l'Intelligence angélique. Cet homme exerce le gouvernement, il est le chef de l'ensemble des hommes. La révélation est la parole qui se répand et dont la source est le prophète. Celui-ci exerce le pouvoir royal, qui est la puissance reçue par le prophète comme si elle était, pour lui, conjointe à l'effusion de l'Intelligence angélique sur son intellect.

Au chapitre treize du court traité qui s'intitule *Les États de l'âme*, Avicenne établit, en termes philosophiques, le statut de la prophétie. Il le fait, non en s'appuyant sur une autorité scripturaire, mais sur la cosmologie péripatéticienne. Les existants qui ne sont pas nécessaires par eux-mêmes tirent leur nécessité de quelque cause ; en effet, tout causé dépend de sa cause pour exister. Comment la prophétie serait-elle un savoir complet, si le prophète n'avait pas la connaissance des particuliers ? Comment une telle connaissance est-elle possible ? Partons des mouvements célestes ; ils sont volontaires, pense Avicenne, et ils ont pour cause une libre volonté de l'âme céleste. D'autre part, ces mouvements sont tous particuliers. Il est donc nécessaire que ces mouvements procèdent d'une libre volonté particulière, et que le moteur de la sphère céleste perçoive des réalités particulières. La connaissance du particulier est possible, elle est le fait de l'âme céleste. Il ne s'agit pas, dit Avicenne, d'une Intelligence pure, mais bien d'une âme céleste usant d'un instrument corporel, le corps de la sphère. Or, et c'est là qu'est le plus intéressant pour nous, Avicenne parle bien d'un mode d'intellection propre à l'âme céleste, intellection des particuliers, qui se conjoint au plus haut degré de l'imagination, l'imagination pratique ou active (*takhayyul 'amalî*).

La cosmologie, cette physique des sphères, ainsi que la métaphysique des âmes et des intelligences célestes nous servent de laboratoire intellectuel où apprendre ce qu'il en est de l'imagination prophétique. Le monde céleste est tel que rien n'y tombe dans l'oubli. Aussi bien dans le détail que de façon condensée, toutes les parties s'y conservent en s'y configurant. Le monde des âmes célestes nous permet de comprendre la lucidité du prophète.

Quelles sont les trois sortes de causes ? Il y a les

causes naturelles, la libre volonté et le hasard (la «rencontre»). Or, dit Avicenne, les choses qui sont «par nature» sont nécessitées par leur nature ou par une autre nature. Les choses qui sont «volontaires» impliquent le libre-choix. Celui-ci, qui advient après n'avoir pas été, possède une raison d'être. Le libre-choix n'échappe donc pas au principe de raison, au régime général de l'existant, la «causativité». Enfin, les choses qui sont «par hasard» sont des «collisions», des rencontres (comme il est dit dans la physique d'Aristote) entre réalités naturelles et réalités volontaires. Elles sont nécessitées, non par leur propre essence, mais par la relation à leurs causes. Au total, le possible n'est nullement contingent. Il n'y a aucune contingence dans l'univers, mais seulement une détermination plus ou moins complexe, puisque les réalités soumises à la génération, les choses particulières, celles qui ne sont pas éternelles, peuvent être connues telles qu'elles sont, avant le devenir où elles surgissent, avant la génération. Elles sont alors perçues, non du point de vue où elles sont des «possibles», mais du point de vue *de la nécessité*.

Nous autres, ajoute Avicenne, nous ne les percevons pas ainsi, dans leur nécessité, parce que l'ensemble de leurs causes nous est caché, ou encore parce que certaines de leurs causes nous apparaissent tandis que d'autres nous sont cachées. Nous présumons l'existence des choses dans la mesure où nous percevons leurs causes, et nous en doutons dans la mesure où une autre partie de ces causes reste voilée. Dans le monde des sphères célestes, les moteurs psychiques des sphères enveloppent l'ensemble des états antérieurs pris ensemble. Il faut donc, dit Avicenne, qu'ils enveloppent aussi l'ensemble des états *ultérieurs* pris ensemble. Entre l'Intelligence, où les états successifs sont concentrés simultanément, et l'âme céleste, où la succession temporelle se déploie, il n'y a aucun voile.

Le voile existe seulement en nos facultés humaines, à cause de leur faiblesse ou en vertu de leur occupation. Mais si notre intellect pratique prend à son service l'activité de l'imagination, notre âme obtiendra, des substances psychiques supérieures (les âmes des sphères), une connaissance des réalités particulières, présentes et futures, tandis que notre intellect théorétique lui, obtiendra des Intelligences la connaissance des réalités universelles et permanentes[10]. Tout est affaire de force ou de faiblesse, d'orientation de l'esprit vers le haut ou vers le bas, vers le monde divin ou vers le monde des substances élémentaires. Avicenne jette ainsi les bases d'une philosophie de l'imagination, qui se développera de façon originale chez Sohravardî et ses disciples. L'imagination, délivrée des préoccupations du monde sensible, devenue la servante de l'intellect pratique et de lui seul, devient l'imagination prophétique.

Le philosophe est celui qui intellige, qui reçoit les formes universelles avec l'aide et selon la lumière de l'intellect agent, qui est la dixième Intelligence. Le prophète use de l'intellect pratique et de l'imagination qui projette dans la fantaisie et dans le sens commun les images venues du monde d'en haut. L'un est l'homme de la connaissance universelle, l'autre lui ajoute la connaissance prédictive des particuliers. Eux deux, en une solidarité remarquable, expriment, dans le monde des hommes, la levée du voile qui a lieu perpétuellement, entre l'Intelligence et l'âme qui anime le mouvement de la sphère céleste[11].

Le philosophe accompli est l'homme de la science, celui qui procure par sa science la bonne ordonnance (*salâh*) au monde intelligible, à l'ensemble des réalités perçues par l'intelligence. Littéralement, « il sauve les phénomènes ». Or, si la prophétie s'explique par l'imagination active des âmes célestes, et si la philosophie a le pouvoir d'expliquer le pouvoir prophétique, en revanche, la philosophie s'identifie à la prophétie et cesse d'être autre chose qu'un des pouvoirs de la prophétie. C'est le prophète qui procure les connaissances intellectuelles. C'est encore le prophète qui, tourné vers le monde sensible, lui procure l'ordre politique. La bonne santé politique est, en bas, ce que la bonne santé intellective est en haut. Au rôle octroyé par Platon à l'Âme universelle dans les *Lois*, contemplation et démiurgie, se substitue la double fonction prophétique, connaissance tournée vers le haut, gouvernement orienté vers le bas.

Nous retrouvons le partage entre ésotérique et exotérique. Citant un passage prétendument tiré des *Lois*, « Celui qui ne comprend pas les symboles des Messagers n'obtient pas le royaume de Dieu (*malakût ilâhî*) », Avicenne affirme que l'obtention du *malakût* est le résultat de la compréhension exégétique (*ta'wîl*) des paroles des Prophètes chargés d'un message divin. L'exercice de l'exégèse est ésotérique, comme le reproche fait par Platon à Aristote le montre. Avicenne rapporte que Platon a reproché à Aristote d'avoir révélé au grand jour la sagesse (*hikma*) et d'avoir diffusé la science (*al-'ilm*). Entendons : la science secrète de la divinité. Aristote se défend de cette accusation, en disant avoir passé sous silence, en ses livres, de nombreux secrets. Ces préliminaires préparent Avicenne à l'exégèse d'un verset capital du Coran, le verset dit « de la Lumière » (24 : 35). Cette exégèse est très importante. Elle entend montrer que les degrés de l'intellect humain correspondent aux symboles par lesquels le verset nous révèle, en une parabole ou image symbolique, la nature de Dieu, « lumière des cieux et de la terre » et l'illumination prophétique produite par la lumière divine. La connaissance intellective est la vérité ésotérique de la connaissance prophétique, et la révélation prophétique est le symbole dont le verset de la lumière nous dit qu'il est octroyé par Dieu. Une seule et même lumière, constitutive de Dieu, irradie en symboles par la lampe de la prophétie, et en significations intellectives par l'actualisation de l'intellect humain par la lumière de l'intellect agent.

La sotériologie politique est une partie de la sotériologie morale, laquelle dépend d'une science de l'âme et de l'intelligence humaines. Elle s'appuie sur une métaphysique qui n'est pas seulement l'étude des notions générales, identité, unité, pluralité, concordance, différence, continuité, puissance, acte, cause et effet, qui ne se réduit pas à la connaissance des premiers principes des sciences, mais qui aboutit à une théologie détaillée. Elle démontre l'existence du Réel premier, de l'Être nécessaire par soi, elle déduit les attributs divins et les substances spirituelles premières et secondes.

La théologie devient une théorie de la souveraineté divine, en identifiant le royaume angélique à la hiérarchie des Intelligences. Le rang premier des substances angéliques est celui des anges chérubins, les «anges rapprochés» qui entourent le Trône. Le rang second est celui des anges qui exercent le gouvernement du monde, anges porteurs du Trône, anges chargés des cieux (le ciel est le Trône de Dieu), anges qui ordonnent la nature, anges qui se chargent de ce qui se produit dans le monde de la génération et de la corruption. La politique divine est une politique angélique, elle est la hiérarchie des anges. Sohravardî développera cette angélologie avicennienne, pour concevoir le gouvernement divin de la Lumière des lumières sous les traits de la hiérarchie des lumières émanées, depuis les lumières archangéliques primordiales jusqu'aux anges «seigneurs des espèces». La relation gouvernementale sera celle de l'amour de l'inférieur pour le supérieur et de la domination du supérieur sur l'inférieur. Domination impérieuse et amour sont les deux formes réciproques de la maîtrise et de l'obéissance[12].

La métaphysique a pour dérivé le savoir du «retour», la science des miracles, la doctrine de l'inspiration prophétique, la connaissance de l'esprit de sainteté (*rûh al-qods*). Si la raison philosophique complète, nous dit Avicenne, est, pour une part, identique à la prophétie, c'est qu'elle enseigne la vérité de la vie après la mort, et «la raison seule est la voie vers la connaissance du bonheur spirituel. Quant au bonheur corporel, rien ne peut l'établir si ce n'est la révélation et la Loi religieuse»[13]. La fonction *inférieure* de la prophétie est de réaliser l'ordre du monde, le Règne ici-bas, tandis que sa fonction *supérieure*, philosophique, est la vie future. Le partage, interne à la prophétie et à la philosophie, entre Loi (*sharî'a*) gouvernementale et sagesse salvifique (*hikma*) redouble le partage entre le monde d'en bas et le monde supérieur, entre deux vies, la vie présente et évanescente, la vie future, qui est l'éternité de l'intelligible.

La métaphysique a-t-elle pour finalité d'établir l'existence et la nécessité de la prophétie? A-t-elle pour but de montrer comment le califat humain doit se réaliser par l'instauration d'un ordre juste dans la Cité? Dans les *Indications et remarques*[14], Avicenne introduit une brève évocation de la science politique dans sa vaste description du savant accompli (*al-'ârif*) dont il parle principalement. Il résume les fondements de la politique, empruntés à Aristote (dont *La Politique* n'est pas connu des auteurs musulmans[15]). Plutôt que d'une «politique», il s'agit, plus exactement, d'expliquer la nécessité, pour l'ordre public et la concorde entre les hommes, d'une législation religieuse (*shar'*) et du législateur (*shâri'*). Le législateur, dit Avicenne, se distingue par sa légitimité, son droit à être obéi. Or, ce droit, il le doit aux signes venant de son Seigneur, signes indubitables. S'il existe ainsi nécessairement une Loi religieuse, privée de sanction elle serait vaine. Il faut donc qu'il y ait rétribution des actions, mauvaises ou bonnes, et le bel agissant doit connaître celui qui le rétribue et qui institue la Loi. Le texte est assez allusif pour glisser sans précaution du législateur humain au législateur divin qui, manifestement, est la source réelle de la Loi et de la rétribution.

Pourquoi Avicenne introduit-il le thème de la législation religieuse dans un exposé de la nature et des propriétés du *'ârif* ? Avicenne a d'abord distingué le *'ârif*, qui est le vrai savant et le philosophe accompli, de deux autres figures du servant de Dieu, l'ascète et le dévot. Comme eux, il se conforme à la Loi divine mais, à la différence de l'ascète et du dévot, le sage ne fait pas le bien parce qu'il serait mû par la crainte et l'espérance. Il ne procède pas à un marchandage avec Dieu. Il n'échange pas son renoncement aux plaisirs d'ici-bas avec la gratification des plaisirs de l'au-delà. Les hommes du commun font au mieux ce que leur ignorance leur permet d'accomplir, ils pratiquent les dévotions recommandables pour obtenir une récompense au Jardin et éviter les douleurs éternelles du Feu. C'est pour ces hommes-là et, *a fortiori*, pour ceux qui seraient tentés de désobéir à la Loi divine, que la rétribution, sanction de la Loi religieuse, est un enseignement indispensable à l'activité législatrice.

Voilà pourquoi il est nécessaire que, dans l'exposition de la sagesse, Avicenne établisse succinctement ce qu'est la récompense et ce qu'est la rétribution.

Ainsi doit-il remonter jusqu'à la source de leur enseignement, qui est la *sharî'a* prophétique. Dans la perspective des *Indications et remarques*, la *sharî'a* est la religion des ignorants, tandis que l'*irfân* est la science philosophiqtue des sages. L'une attache l'homme à ses obligations naturelles, l'autre le libère de la crainte et de l'espérance et le voue à la connaissance de Dieu, dont la seule fin est de vouloir Dieu et rien d'autre et de ne préférer rien à ce savoir et à l'expérience qu'il procure. Spinoza ne dira pas autre chose.

La *sharî'a* est la Loi naturelle parce qu'elle est la Loi divine. Loi naturelle, puisque, Nasîr al-Dîn Tûsî le rappelle en son commentaire : «l'homme est *par nature* un animal politique», et qu'il n'est de législation civile légitime sinon dans la langue de la *sharî'a*. La nature politique de l'homme se vérifie dans la nécessité de se rassembler en une société (*ijtimâ'*) et d'y respecter la mise en ordre (*intizâm*) de la vie sociale. La *sharî'a* prophétique empêche que la convoitise entraîne l'injustice et le désordre. Quant au signe qui authentifie le législateur, c'est le miracle. Le commun et ceux qui ont des intelligences faibles ont tendance à vouloir contourner la Loi. C'est pourquoi la législation ne suffirait pas à produire l'ordre civil, si elle n'enseignait à cultiver deux passions raisonnables, la crainte et l'espérance en la rétribution future. Nâsir al-Dîn al-Tûsî définit la sagesse par la conservation de l'ordre et la Miséricorde par le don d'une abondante récompense dans la vie future. Et il ajoute : «Tout ce qu'a mentionné le Shaykh [Ibn Sînâ], au sujet des réalités de la Loi et de la prophétie relève de ce sans quoi l'homme ne peut vivre. Mieux encore, l'ordre exigé par la conservation de la vie pour le commun des hommes, ainsi que le "retour" à Dieu ne se peuvent perfectionner sans elles. Il suffit à l'homme, pour vivre, qu'il existe une espèce de gouvernement politique qui conserve le rassemblement indispensable des hommes. Or, il y faut une sorte de domination violente (*taghallub*). » [16] Tandis que, selon Sohravardî, l'authentique autorité se passe du *taghallub*, voici que, selon Tûsî interprète d'Avicenne, le salut des ignorants exige que la force soit au service de la justice.

La place de la science politique est fixée : c'est la philosophie qui institue la validité de la Loi religieuse au titre de Loi naturelle et de fondation de la vie sociale. Cette place est à la fois considérable et restreinte. La Loi, ses promesses, ses sanctions sont indispensables, sous la forme d'une législation positive, au commun des hommes, à l'écrasante majorité. Mais les sages, l'élite, ont de la Loi une autre vision, une vision philosophique où l'énonciation prophétique des promesses et des sanctions compte moins que la connaissance contemplative et l'amour exclusif de Dieu.

Dans le livre X de la *Métaphysique* du *Shîfâ'*, par lequel s'achève la *Métaphysique*, la perspective est un peu différente, quoiqu'elle ne contredise pas ce que seront les *Indications et remarques*. Avicenne y développe ce qu'il entend par nécessité de la prophétie et nécessité des lois. C'est un don de la providence divine, qui pourvoit à l'ordre, à la justice et aux conditions élémentaires de la vie humaine. Il serait irrationnel et contraire à la providence qu'un homme comme le prophète législateur n'existât pas. Mais il revient au philosophe de dire ce qu'enseigne le prophète, s'il s'en trouve un. Il enseigne l'unicité du Créateur, le droit du Créateur à être obéi, la rétribution finale des actes humains, en vertu de la promesse divine. Car c'est elle qui pousse les hommes à accomplir la Loi, par crainte et espérance [17]. Les pratiques de dévotion (*'ibâdât*) — ce chapitre traditionnel de sciences religieuses — sont le sujet d'un examen philosophique.

Les *'ibâdât* sont les pratiques qui accomplissent les devoirs fondamentaux du fidèle, prescrits par le Prophète, comme sont la prière, le jeûne, le *jihâd*, le pèlerinage. La plus noble de ces pratiques est la prière. Par son rite, elle habitue les hommes à la pureté et à l'humilité. Plus généralement, l'institution du rituel enseigne au commun des hommes l'obéissance rigoureuse et l'ordre. L'élite elle-même en tire profit, pour le retour à Dieu. L'élite n'est donc pas au-dessus de la Loi, mais elle accomplit le rituel légal pour obtenir le « retour réel » qui ne s'obtient que par le *tanzîh* de l'âme, par la délivrance de ses facultés inférieures animales et sa concentration en sa faculté supérieure, l'intellect. Le retour réel, selon la lettre du Coran, c'est la résurrection corporelle. Selon Avicenne, la résurrection des corps naturels est le contenu imaginaire et utile à l'ordre établi de la croyance du commun des fidèles, elle est métaphore du retour véritable à Dieu, qui est la délivrance de l'âme. Résumant la position de thèse des philosophes, concernant la résurrection, Fakhr al-Dîn al-Râzî dira que les philosophes s'accordent à dire que les âmes douées de savoir et purifiées des caractéristiques corporelles possèdent la béatitude[18]. Or cette délivrance de l'âme, qui est la vie éthique, suppose des pratiques répétées d'abandon des mauvaises dispositions, l'acquisition de bonnes habitudes. Pour l'élite, le culte est utile, dans son usage moral[19].

Avicenne introduit, dans la suite de la *Métaphysique*, un chapitre de droit civil[20], consacré à l'explicitation des raisons qui justifient les lois sur le mariage, la séparation des époux et le statut de la femme et des enfants. La science morale de l'économie est ainsi soumise à la science religieuse des statuts juridiques, quant à sa matière, tout en dominant celle-ci quant à la forme, ou plutôt quant à la fondation.

La doctrine avicennienne du politique est une théorie du califat. Selon Avicenne, l'auteur de la *sunna*, des règles gouvernementales prescrites à la communauté, est le Prophète, qui révèle la Loi divine. Or, ce Prophète a un successeur. Avicenne rédige, au terme de sa *Métaphysique*, un chapitre qui porte sur le thème le plus général de la politique en islam, le thème de l'imamat et de la succession prophétique.

La politique n'est pas une science séparée de la théologie, laquelle traite de la prophétie, mais elle est *théologie politique* quand elle traite de la succession du Prophète. À quel signe reconnaissons-nous ici une théologie politique? Nous la reconnaissons dans le fait que la question de l'imamat n'est pas traitée par Avicenne comme une question de guidance spirituelle, mais comme un problème de gouvernement. La guidance spirituelle, nous l'avons compris, revient au sage, au philosophe accompli, et elle n'a aucun effet direct dans les affaires politiques, elle est destin personnel. Les Récits avicenniens ne parlent que de ce salut personnel, et Ibn Tufayl, reprenant à son compte le motif du Récit de *Hayy ibn Yaqzân*, «le vivant, fils du vigilant», et le composant à sa façon, saura élever le genre du «récit d'initiation» au rang de chef-d'œuvre de la littérature morale universelle. Spinoza a-t-il connu le roman d'Ibn Tufayl? Certains le soutiennent. L'énigme de cette rencontre transhistorique, entre Spinoza et l'éthique post-avicennienne, se lèvera-t-elle? Quoi qu'il en soit, le destin personnel de l'âme singulière, passant de la puissance pure à l'actualité est, chez Ibn Tufayl comme chez Spinoza, élévation éthique depuis la servitude jusqu'à la liberté conquise et la rencontre avec la vérité divine.

La guidance politique, distinguée avec soin de cette

épopée solitaire de l'âme et de l'intelligence, est d'une autre sorte. La théologie philosophique se divise en deux. D'une part, elle engendre une théologie morale, d'autre part une théologie politique. La théologie morale s'accomplit en une métaphysique de la résurrection, la théologie politique fonde une conception rationnelle de l'imamat. Aucune autre hypothèse que celle d'un Imâm juste n'est recevable, s'il s'agit de penser la fonction et la personne du détenteur de la décision politique, qui succède au détenteur de la décision résolue (*al-'azm*), le Prophète législateur.

Comment décider de la désignation du successeur du Prophète? Avicenne rappelle que cette désignation doit être faite par le Prophète lui-même ou bien par l'*ijmâ'*, l'accord mutuel des «*ahl al-sâbiqa*», des gens de l'époque antérieure à la mort du Prophète. On sait que l'ensemble des sectes shî'ites s'entend sur le fait que Muhammad a bien désigné 'Alî ibn Abî Tâlib pour lui succéder, tandis que les sunnites soutiennent qu'en l'absence de désignation claire, ce sont les Compagnons qui ont dû procéder à une consultation et à la désignation d'Abû Bakr.

Avicenne, d'abord, ne tranche pas. Il expose. Puis il dit sa préférence pour la désignation nommée *al-nass*. Ce terme se peut traduire par «l'investiture écrite»; c'est un terme technique du lexique shî'ite. Le *nass* est l'attestation textuelle de la transmission du «legs» prophétique à l'Imâm authentique. L'Imâm est le légataire du Prophète, il reçoit la charge de maintenir en vigueur les prescriptions et les enseignements du Livre et d'exercer l'autorité après lui. Son legs, *al-wasiyya*, est, selon les shî'ites duodécimains, l'héritage de la lumière spirituelle de la prophétie, et le *nass* n'est que la transcription exotérique de cette *wasiyya*, utile aux fidèles, mais inessentielle[21]. Or, Avicenne ne dit mot de la *wasiyya*, entendue au sens plein de transmission surnaturelle de la lumière prééternelle de la prophétie. Il ne parle que du *nass*, qu'il juge utile à la paix religieuse : le *nass* ne conduit pas à la division en groupes, à la sédition et à l'opposition mutuelle[22].

Avicenne exprime sa préférence pour la solution shî'ite du problème de l'imamat, sans adopter la conception pleine et entière du legs prophétique telle qu'elle a déjà été recensée et enseignée dans les compilations des Docteurs duodécimains, et telle qu'il la connaît, si l'on ose dire «de naissance», par les traditions ismaéliennes. Il le fait en philosophe, à partir du double constat, historique et rationnel, des effets inévitables de la discussion portant sur la succession du Prophète dans la communauté musulmane. Il a en tête, et sous les yeux, les conséquences de la discorde provoquée par la désignation des califes Abû Bakr, 'Umar, 'Uthmân et 'Alî, les califes «bien guidés» selon les sunnites, les trois usurpateurs et le seul Imâm bien guidé selon les shî'ites. Il voit dans la guerre civile le plus grand danger encouru par la Cité. Il déduit de cela, rationnellement, la meilleure solution au problème fondamental du politique, soit le *nass*. Ce faisant, il n'est pas shî'ite, mais philosophe, il offre à la métaphysique un rôle nouveau et novateur en islam, dont les conséquences seront considérables, puisqu'il fonde en Dieu, en la science divine, l'autorité politique, tout en la désacralisant, en la rationalisant.

La théologie politique est le résultat de la *falsafa*, quand elle désacralise l'imamat et le prive de ses résonances aux trois degrés de l'intelligence, de l'âme et du corps, pour distinguer un imamat politique de la salvation morale et philosophique. Philosophe, l'Imâm ne fait pas de philosophie, mais il guide la Cité. Imâm de soi-même, le philosophe ne fait pas de politique, mais il guide son intelligence vers l'ange.

Le fondement ultime du califat sera, sans doute, philosophique. Le calife doit posséder des qualités morales et intellectuelles exceptionnelles. Il possède toutes les vertus aristotéliciennes, il est un *'ârif*, il a pour l'essentiel, l'intelligence et l'administration : il conçoit bien et il sait gérer les affaires. La *walâya* de l'Imâm s'est transformée en sens aigu de l'administration des choses et des hommes. La sagesse de l'Imâm ne se traduit-elle pas dans son sens politique, qui est le souci de l'accord et de la concorde, par ceci qu'il consulte volontiers ? Non sans humour, non sans prudence irénique, Avicenne en donne pour exemple conjoint les deux adversaires ici réconciliés, 'Umar et 'Alî[23].

Nous ne pouvons cependant pas dire que la fin ultime de la *falsafa* soit la politique. S'il est vrai que la *Métaphysique* du *Shifâ* traite, *in fine*, des questions fondamentales du droit public et de la décision politique, la finalité absolue de l'activité philosophique est de perfectionner l'intelligence pour que le philosophe devienne l'authentique *'ârif*. La fin est le perfectionnement de soi. Mais les exigences de la vie humaine imposent à l'homme de vivre une vie morale, fondée sur la pratique habituelle des vertus acquises, celle dont l'éthique aristotélicienne enseigne l'ordre. La purification des mœurs entraîne à son tour des obligations politiques et religieuses que la *sunna* prophétique, fondée sur la *sharî'a* doit enseigner. Le commun des hommes se suffit de cette législation, tandis que le *'ârif*, qu'il soit ou non l'Imâm de la communauté, a besoin des lumières de l'intellect théorétique, illuminé par l'intellect agent. La philosophie politique est une conséquence de la philosophie ou théologie rationnelle, ainsi que de la psychologie. Toutes deux enseignent ce qu'il en est de l'intellect théorétique et pratique. Voilà pourquoi la philosophie est indispensable, selon Avicenne ; voilà pourquoi, même et surtout dans les questions fondamentales du politique, elle l'emporte en dignité sur toutes les autres sciences.

L'ORDRE
ET LA PERFECTION ÉPISTÉMOLOGIQUES

Dans son exposition du système de la science, qui prend place au début de son *Eisagoge* — le traité de logique intitulé *Al-Madkhal*, Avicenne écrit : « Le but de la philosophie est de s'étendre à la totalité des réalités essentielles des choses, dans la mesure où l'homme le peut. »[24] L'activité philosophique vise à connaître deux sortes de réalités, celles qui ne dépendent pas de notre libre vouloir, celles qui en dépendent. La division de la philosophie en activité théorique et activité pratique, entre science contemplative et science de l'action, organise le savoir universel. Théorique ou pratique, la philosophie est perfectionnement de l'âme (*takmîl al-nafs*). La connaissance de la nature, de ce qui ne dépend pas de ma volonté est, par elle-même, perfectionnement de soi, tandis que la connaissance de ce que je dois faire est aussi perfectionnement de l'âme.

En ordonnant le savoir théorique en science naturelle, science mathématique, théologie, et la philosophie pratique en politique, économique et éthique, Avicenne a conscience de revendiquer, au nom de la raison, une connaissance que la prophétie possède en propre, et qui est la connaissance du bien. Il substitue une connaissance du *bien* à la révélation de *ce qui est bon* : « Le but final de la philosophie théorique est la connaissance du Réel divin et le but final de la philosophie pratique est la connaissance du bien. »[25] Une telle représentation suppose divisions et concepts qui sont comme des invariants de la pensée : le partage entre ce qui est en mouvement, le monde de la nature, et ce qui n'est pas en mouvement, l'Intelligence, Dieu ; la forme et la matière, la substance et l'accident, la cause et l'effet. L'idée régulatrice est celle de l'ordre. La philosophie pratique est *mise en ordre*, la philosophie théorique est *contemplation de l'ordre*. Bien, ordre et hiérarchie sont schématisés en un modèle des mondes, culminant en un point, Dieu, Intelligence, existence pure, donateur de l'ordre et cause finale de tout bien.

Dans sa présentation synthétique des « intentions des philosophes », Ghazâlî nous offre un tableau des sciences philosophiques où l'idée de l'ordre gouverne la topographie de l'activité intellectuelle[26]. Conformément à l'enseignement d'Avicenne, qu'il résume pour mieux le réfuter, Ghazâlî distingue deux sortes de choses : les choses existantes qui dépendent de nos actions, « qu'elles soient politiques, qu'elles soient gouvernementales, au sens le plus général, ou qu'elles appartiennent au domaine des pratiques du culte rendu à Dieu et des exercices spirituels, des combats et efforts d'application » ; les choses dont l'existence ne dépend pas de nos actions, « par exemple, le ciel, la terre, les végétaux, les animaux, les minéraux, les essences angéliques, les Djinns, les démons ».

La science philosophique se divise en deux parties : la science pratique, qui enseigne les pratiques « par lesquelles *seront mises en ordre* les choses qui nous sont bénéfiques » en ce bas-monde, et ce « en vertu de quoi notre espoir en la vie future sera récompensé » ; la science théorique, « par laquelle on connaît les états des existants afin d'atteindre en nos âmes la caractéristique de l'être tout entier selon *son ordre hiérarchique*, tout comme s'actualise la forme de ce qui se réfléchit dans le miroir».

Qu'il s'agisse de bien agir, d'agir conformément à la philosophie, ou de contempler, l'idée de l'ordre est l'idée directrice. La «mise en ordre» des actions (*intizâm*) a pour répondant la contemplation de l'ordre hiérarchique (*tartîb*) de l'être dans le miroir de la philosophie. La philosophie théorique est spéculative parce qu'elle est spéculaire. La philosophie pratique est régente parce qu'elle est ordonnatrice. Le «miroir de Dieu» que la philosophie prétend être se conçoit comme miroir de l'ordre divin, et l'image qui s'y réfléchit instruit l'action réfléchie de l'homme guidé par son intelligence pratique.

Selon le schème adopté par Ghazâlî pour présenter l'activité de la science philosophique, la science pratique se subdivise en trois parties. D'abord, la science du gouvernement et de la coopération mutuelle des hommes entre eux. Les philosophes croient à la sociabilité naturelle des hommes, à la nécessité de leur coopération pour obtenir les biens utiles à leur entretien. Cette conception aristotélicienne de la société humaine fonde les sciences politiques, «qui portent sur le gouvernement (*tadbîr*) des cités et l'ordonnancement hiérarchique de leurs habitants». Ces sciences forment le contenu philosophique de la *sharî'a*, et la *sharî'a* se dérobe sous le visage philosophique de leur vérité gouvernementale et hiérarchisante. Ensuite vient la science du gouvernement de la maisonnée, l'économique, «grâce à laquelle on connaît comment vivre avec l'épouse, l'enfant, le serviteur». Enfin vient la morale, la «science des mœurs» (*'ilm al-akhlâq*), qui est la connaissance des vertus.

La science théorique se divise en trois sciences particulières: la «science divine» ou philosophie première, la science mathématique et la science physique. Fidèle au programme avicennien, cette gradation des sciences est commandée par la gradation de l'être qui nous conduit du plus haut vers le plus bas. Manifestement, si l'on en croit Ghazâlî, la philosophie théorique part de la connaissance de Dieu pour aboutir à la connaissance de la nature, selon un ordre qui en fait la véritable théologie, la théologie philosophique.

L'ordre est fondé sur des concepts qui supposent l'élaboration avicennienne de la question de l'être. La quiddité de l'existant est déterminée par sa forme essentielle, cette forme essentielle peut être intelligée, elle est séparable de la matière, dans notre esprit ou dans le concret. Si la quiddité de l'existant est séparable et séparée de la matière dans le concret, cet existant est l'Être nécessaire par soi, Dieu ou l'Intelligence. Mais la réalité intelligée «séparée de la matière et de l'attache avec les corps soumis à l'altération et au mouvement» comprend aussi les concepts qui sont séparés de la matière dans notre esprit, tout en représentant des réalités formelles qui existent dans les corps comme hors des corps : les concepts de la cause et du causé, de l'unité, de la congruence et de la divergence, de l'être et du non-être. Il faut distinguer les concepts qui représentent des réalités formelles ayant besoin pour exister d'une matière déterminée, la chair, le bois, le fer des concepts qui représentent des réalités formelles qui n'ont besoin que d'une matière indéterminée, comme sont les nombres et les figures ainsi que leurs propriétés.

Ainsi allons-nous de Dieu, absolument immatériel en son existence concrète, à l'Intelligence, puis du degré absolument immatériel à celui des objets mathématiques, dont la séparation détache les formes de matières indéterminées, jusqu'au degré le plus bas, celui de la nature, où chaque forme est com-

posée d'une matière déterminée. La raison philosophique a tort de concevoir le monde physique en
faisant abstraction de l'action divine — avertit Ghazâlî,
mais elle n'en est pas moins théologique, elle dessine
les contours d'un univers de l'être qui est un univers
hiérarchisé, ordonné selon la gradation qui va de ce
qui est absolument libre de la matière jusqu'à ce
qui reçoit une détermination existentielle dans la
matière.

Chapitre X

LA THÉOLOGIE
PHILOSOPHIQUE INTÉGRALE

L'ORDRE INTÉGRAL
DE LA THÉOLOGIE PHILOSOPHIQUE

Pour illustrer la vocation de la philosophie à devenir l'authentique théologie, évoquons le programme des études philosophiques élaboré par celui que l'on considère comme le fondateur de l'École d'Ispahan, Mîr Dâmâd[1]. Nous passons ainsi, par-delà six siècles de philosophie, du temps d'Avicenne à celui d'un de ses interprètes majeurs, l'un des plus importants philosophes de l'islam moderne.

L'un des gestes théoriques les plus remarquables, parmi ceux qu'il accomplit, est l'insertion de concepts et de problèmes traditionnels du *Kalâm* dans la hiérarchie des sciences philosophiques. Il harmonise, en quelque sorte, les questions philosophiques et les questions théologiques. Mîr Dâmâd intègre à l'exercice philosophique un ensemble de notions qui relèvent de la conception théologique la plus traditionnelle : l'essence divine, les attributs divins, le décret et la détermination particulière, la rétribution finale et la résurrection. Dieu, le monde et l'homme, ces trois grands thèmes de réflexion philosophique, sont les

sujets fédérateurs des disciplines réconciliées de l'exégèse coranique, de la philosophie et de la théologie.

Selon Mîr Dâmâd, l'exigence à laquelle la révélation prophétique soumet l'exercice de la philosophie
est une exigence théologique. Sauf à proposer une
interprétation rationnelle de l'existence de Dieu et
des réalités surnaturelles, la philosophie ne saurait
prétendre à la moindre véridicité. Considérons la
science à son plus haut degré, la «science suprême»
(*al-'ilm al-a'lä*), la «science divine» (*al-'ilm al-ilâhî*).
Cette théologie est la science philosophique de ce qui
est au-delà de la nature et elle se définit ainsi: «la
connaissance des lumières intelligibles et des réalités
immatérielles saintes est la plus parfaite connaissance du plus parfait objet de connaissance»[2].

Le sujet de la métaphysique est «la nature de la
réalité fermement établie dans l'être», la nature de
«l'existant en tant qu'existant», absolument parlant,
ainsi que ses accidents essentiels[3]. Cette «fermeté
dans l'être» ou «ferme établissement» est la persévérance dans l'être (*taqarrur*). La connaissance de ce
qu'est l'existant en tant que tel conduit à s'interroger
sur la nature de sa persévérance dans l'être, et à poser
la question «qu'est-ce que l'être?». Qu'est-ce qui
constitue un existant pour autant qu'il existe? Avec
Mîr Dâmâd, fidèle à la priorité de la quiddité sur
l'acte d'exister, la question de l'être prend une importance singulière dans l'histoire de la métaphysique
islamique aux temps modernes. Ses élèves, ses successeurs, à Ispahan, à Shîrâz, à Qom, à Kermân, dépla-
ceront ainsi le centre de gravité de la métaphysique,
depuis l'examen des preuves de l'existence de Dieu,
jusqu'à son préalable, la solution des difficultés liées
à la notion même de l'être. Cessant de disserter sur
l'être abstrait, sur la notion générale et vide de l'être,
il sera question de l'être concret, effectif, du «ferme

établissement», comme le nomme Mîr Dâmâd, bref de l'existence. Le droit-fil de la métaphysique péripatéticienne conduira de l'existant à l'existence.

Science de l'existant dans son essence d'existant, méditation démonstrative de ce qu'il en est de l'existence, la métaphysique a encore une autre responsabilité : elle fonde les sujets et les principes des sciences particulières. Non seulement elle les détermine en leur définition essentielle, mais elle établit et démontre l'existence (*wujûd*) de tout sujet de science, l'existence de quelque chose que ce soit. La métaphysique établit la nécessité de l'existence de ce qui est, en tant qu'il est. Enfin, elle a cette autre propriété : tandis que les sciences particulières traitent des êtres composés, la métaphysique traite des êtres simples. Rien ici qui ne contredise le programme avicennien. Dans ce programme, l'*irfân* isole et valorise la question de l'être, et en fait le préalable indispensable à toutes les autres questions. L'ontologie devient, clairement et méthodiquement, la première des sciences philosophiques.

La métaphysique se divise en deux sections. Une section universelle (*shatr kullî*) et une section qui porte sur la souveraineté divine (*shatr rubûbî*). L'ontologie est la matière de la science universelle, puisqu'il n'est rien de plus général que l'être. Sans doute est-ce vrai de la notion, du transcendantal «être». Mais c'est de l'être concret qu'il faut connaître la vérité, parce que l'être concret, effectif, est ce qu'il y a de plus général, non seulement dans le concept, mais dans la réalité. Pour Mîr Dâmâd, la section universelle traite de la recherche des caractères généraux des accidents de «l'existant en tant qu'existant» et de la recherche des prédicaments essentiels et des natures des réalités effectives. La grande réforme que son élève Mullâ Sadrâ apportera à cette science générale de l'être consistera à substituer à la seule recherche des catégories de l'être la recherche de l'existence effective, conçue, non comme catégorie de l'existant, mais comme présence effective, acte d'exister. Que l'être soit prioritairement l'acte pur d'exister, l'être-là, sera la grande découverte métaphysique de Mullâ Sadrâ. L'ontologie des essences devient pleinement une ontologie de l'acte d'exister, de l'existence effective. Cette révolution métaphysique prend naissance dans le programme avicennien renouvelé, comme on le voit ici, par la mise en valeur de la métaphysique générale, conçue comme ontologie, et placée en tête des sciences philosophiques.

La section qui porte sur la souveraineté divine, est métaphysique spéciale. Elle «s'occupe des essences qui sont exemptes de tout mélange de matière et de toute attache avec la matière». Son souci est de prouver: que tout principe (*mabda'*) ne peut être ni être conçu sans qu'il possède, en son essence, les propriétés que le nom divin *al-qayyûm* exprime: il est fermement existant et il confère à l'autre que soi cette fermeté ontologique, nécessaire en soi. Il s'en déduit que tout ce qui persévère dans l'être et qui est causé (*ma'lûl*), en tant qu'existant, procède de lui. Le Principe est principe de l'effusion génératrice de l'être (*fayd*).

La souveraineté divine est ainsi objet de la métaphysique. Elle l'est parce que l'ontologie conduit à la considération de la subsistance de l'être, que cette subsistance ne peut appartenir qu'au principe, et que le principe, unique, ne peut être que le donateur de l'existence. La méditation du nom divin *al-qayyûm* et la déduction de l'Être nécessaire sont une seule et même chose, une déduction de l'être essentiel du Principe. La souveraineté dévoile ainsi son pouvoir dans l'opération qu'est l'effusion émanatrice et génératrice de l'être. L'Être absolu, nécessaire n'est pas seulement subsistant, substance, il est aussi provident, providentiel. L'ontologie de l'essence divine s'articule nécessairement à une ontologie de la providence, de la génération de l'existence par quoi le subsistant se révèle être le provident.

Cette métaphysique de la souveraineté se subdivise, à son tour, en deux approches du Seigneur (*rabb*), et de la souveraineté de ce Seigneur : une théologie négative (*tanzîh*) et la théologie positive. La démarche qui consiste à nier du Seigneur toute assimilation au créé met au jour la souveraineté dans ce qu'elle a d'absolu et d'ineffable, tandis que la démarche positive, affirmative, met au jour le mode de gouvernement dont Dieu dispose et qu'il exerce sur l'ensemble de la création. Le Principe divin est étudié sous les deux aspects qui dérivent de son essence. Le premier est sa subsistance, et il ne peut être atteint que par la démarche négative, le *tanzîh*, qui élimine tout ce qui nuit à sa transcendance. Le second est sa providence, et il ne peut être conçu sans une théologie de la Gloire (*al-tamjîdât*). La théologie positive est l'énoncé des attributs divins exprimant la Gloire de Dieu, la glorification de Dieu dans et par l'existence qu'il communique providentiellement aux existants.

Mîr Dâmâd compte six attributs, propriétés ou réalités divines dont s'occupe la théologie de la Gloire, qui est la métaphysique du gouvernement divin : la justice divine (*'adl*), la sagesse (*hikma*), la bienveillance (*jûd*), la providence (*'inâya*), le décret (*qada'*) et la détermination particulière (*qadar*). Selon cette démarche théologique, Dieu est cause agente et cause finale de tout, il est agent et principe de perfection.

Le décret exprime l'ordre unique du multiple, le multiple un, tel qu'il apparaît dans la science divine, en tant que Dieu a la science de son unité, laquelle est la cause agente et complète. Tandis que la détermination particulière est la séparation, l'analyse et la causalité productrice des existants particuliers, un par un, telle qu'il n'y en ait plus après elle[4].

Vient ensuite le détail du gouvernement divin qui se déploie selon la hiérarchie des mondes. D'abord, l'étude des hiérarchies angéliques, puis l'étude de la relation entre Dieu et les couples ou dualités qui constituent l'ensemble des existants qui procèdent de lui ; ensuite, la détermination de la première des actions divines, qui confère l'existence aux essences qui effusent de Dieu. Cette étude prépare à l'examen de l'organisation hiérarchique des deux mouvements réciproques, celui de la procession des existants et celui de leur conversion vers le principe, organisation dont la loi fondamentale est l'*ordre du bien* (*nizâm al-khayr*). L'ordre hiérarchisé du bien commence avec les substances intelligibles angéliques, se poursuit par les substances angéliques psychiques, conduit aux sphères célestes, puis aux divers degrés des substances corporelles, jusqu'au plus bas degré de l'être : l'homme qui n'aurait pas atteint le degré de l'intellect acquis. En un coup d'œil enveloppant les trois mondes, celui des intelligences, celui des âmes, celui des corps, le philosophe passe de l'immatériel au matériel, et achève sa course au plus bas du monde sublunaire, la matière, ce dont le symbole est l'âme humaine privée de connaissance, celle dont l'intellect est resté intellect matériel, en puissance.

Si Mîr Dâmâd arrête la procession providentielle du gouvernement divin au rang de l'homme, c'est qu'il entend parachever le programme de la métaphysique par une théologie morale : pour actualiser les potentialités de l'intellect humain, *la guidance prophétique est indispensable*. La théologie morale suit la connaissance intellective, qui s'assimile à la doctrine de la prophétie, sous deux aspects : invocation de Dieu et réponse. La dualité de la doctrine s'explique, chez Mîr Dâmâd, par l'exigence propre de sa pensée théologique, qui est celle d'un shî'ite duodécimain. La prophétie proprement dite est la prophétie législatrice dont l'histoire s'achève avec le sceau des prophètes, Muhammad. Une autre partie de la guidance, celle qui concerne l'imamat ou autorité légitime, est exercée par les lignées des Imâms, et, dans le cas de la prophétie muhammadienne, par les Douze Imâms. Le prophète fonde la législation divine (*sunna ilâhiyya*) et l'Imâm la conserve. Cette partie de la science théologique doit donc exposer ce qu'il en est des divers pouvoirs de guidance : inspiration, révélation, miracle.

Le dernier domaine de la théologie philosophique est l'anthropologie, la théorie de l'âme humaine et de son « retour à Dieu ». Dans ses grandes lignes, la métaphysique de l'âme (on remarquera qu'il ne s'agit plus d'une simple physique) est une doctrine du gouvernement du corps. L'âme gouverne le corps en ce bas-monde pour advenir au monde qui est le sien, le monde divin (*'âlam al-qods*), le monde de la sainteté ou monde immatériel. La philosophie annexe donc le domaine réservé au prophète, celui de la rétribution de l'âme, de la récompense et du châtiment divins. Cette théologie de la résurrection est une métaphysique de la perfection intellective. Elle dévoile la science que possédera l'âme quand elle atteindra le monde intelligible, le monde réel (*al-'âlam al-'aynî*). Elle est une théorie du chemin de l'âme vers le bonheur, dont la perfection est dans le souverain bien, le retour vers le Créateur, au terme de deux conditions ou « naissances », l'une matérielle ici-bas, l'autre immatérielle dans l'au-delà[5].

Tel est, en sa totalité, le programme de l'*irfân*.

Voici maintenant comment un commentateur, Sayyed Ahmad 'Alawî, fait le lien entre ce programme de l'*irfân* et la philosophie avicennienne, qui est à ses yeux le modèle de la *falsafa*[6]. La métaphysique générale étudie les accidents de l'existant absolu et ses concomitants. L'étude de l'existant pris absolument trouve sa fondation chez Avicenne, dans le deuxième chapitre du livre I de la *Métaphysique* du *Livre de la guérison*. Les accidents de l'être sont, ou bien des individuations (*afrâd*), telles que l'intelligence, l'âme, la matière, la forme, etc., ou bien les réalités communes universelles. Ensuite — et la décision est importante — selon notre penseur, la logique, que les *falâsifa* plaçaient au commencement de la philosophie, n'appartient pas à la philosophie, entendue au sens de *hikma*, ou philosophie accomplie, centrée sur l'activité métaphysique.

Alors qu'Avicenne, en son *Livre de la guérison* et en ses *Ishârât*, fait précéder la physique et la métaphysique par un *Organon*, c'est pourtant à ce même Avicenne que le commentateur de Mîr Dâmâd emprunte des arguments pour disjoindre l'activité logicienne de la métaphysique, qui devient la philosophie proprement dite, la *hikma* : « Il est licite de soutenir que ce qu'il [Avicenne] entend par les réalités essentielles des existants, ce soit purement et simplement leurs essences, en tant qu'ils sont existants, sans considération du comment ni du pourquoi. Il est donc évident que les intelligibles seconds, qui sont le sujet de la logique, peuvent relever de la *hikma* en tant qu'ils sont existants, même s'ils n'en relèvent pas en tant qu'ils sont des intelligibles seconds. Qu'ils soient étrangers à la *hikma* selon ce point de vue ne contredit pas le fait qu'ils appartiennent à la *hikma* selon cet autre point de vue. »

Sayyed Ahmad raisonne ainsi : l'art de la logique

permet de passer du connu à ce qu'on ignore grâce aux intelligibles premiers. Mais la recherche des intelligibles seconds, *en tant qu'ils existent*, relève, elle, de la philosophie première, ou métaphysique. Partons du concept le plus général, celui de « la chose » (*al-shay'*). La « chose » est intelligée selon des intelligibles « premiers », comme « corps », ou « animal », etc., puis selon des intelligibles « seconds ». Ainsi, concevra-t-on « la chose » de façon universelle, particulière ou singulière. L'universalité de « la chose », sa particularité ou sa singularité, sont sujet de la science de la logique, non en tant qu'elles existent : leur existence relève de la métaphysique. C'est à la métaphysique qu'il revient de fonder leur existence et le mode de cette existence : s'agit-il d'une existence concrète ou d'une existence mentale, d'un être extérieur ou d'un être conceptuel « dans l'âme » ? Les conflits théoriques portant sur ces sujets ne sont pas des conflits logiques mais des problèmes métaphysiques. En lecteur qui se veut fidèle à Avicenne, notre penseur distingue la logique, qui est, entre autres choses, un art du raisonnement, et la métaphysique qui prend sur elle la question de l'être, concret ou mental, et la place au centre de la réflexion humaine.

C'est ainsi que le genre, la différence, l'espèce, le propre et l'accident commun relèvent, non de la logique, mais de la métaphysique. La démarche rationnelle veut que l'on commence par déterminer, en métaphysique, l'être de l'universel générique ou de l'universel spécifique, pour, ensuite, en faire des sujets d'interrogation logicienne, examiner quels sont les accidents essentiels ou concomitants de ces universels. Il revient aussi à la logique de codifier les diverses modalités de l'existence, la nécessité, l'impossibilité et la possibilité.

Ce renversement de la priorité et de l'ordre des

disciplines philosophiques nous permet de comprendre quel chemin a été parcouru depuis Avicenne
jusqu'à Mîr Dâmâd. Sans doute, Avicenne lui-même
donnait-il un sens éminemment métaphysique à la
doctrine logique de la modalité de l'être. Mais il n'eût
pas accordé aussi clairement que le fait ici Sayyed
Ahmad, commentateur de Mîr Dâmâd, une priorité
absolue à l'ontologie, entraînant la logique en son
sillage. Du moins, si l'on se fie au plan du *Livre de la
guérison*. Il est manifeste que les auteurs de l'École
d'Ispahan se glissent avec plus d'aisance dans le plan
du *Livre de Science* qu'Avicenne rédigea en persan, et
qui donne la priorité à la métaphysique. Quelles que
soient les références avicenniennes de notre auteur,
sa fidélité à un ordre des disciplines qu'il juge vrai a
la plus grande importance historique. Le geste le
plus significatif est, en effet, celui du renversement
de perspective, qui accentue l'importance et la domination de la métaphysique. Il n'est guère surprenant
que de la priorité de la métaphysique se déduise
qu'elle soit, *ipso facto*, théorie de l'Être nécessaire,
puisque l'Être nécessaire l'emporte infiniment en
réalité sur l'être possible. Que les modalités de l'être
soient des concepts métaphysiques entraîne que l'Être
nécessaire est non seulement l'*objet*, le but, mais le
sujet de l'ontologie. La métaphysique de l'être se
convertit ainsi inévitablement en théologie, mieux
encore en théorie de la souveraineté divine.

Le sujet principal de la théologie philosophique
de la Gloire, la théologie positive, est la providence
divine. Que Dieu soit «providentiel» est un donné de
la révélation coranique. Les notions du décret divin
(*qada'*), ou de la détermination particulière (*qadar*)
sont des concepts exégétiques venus du lexique théologique. La notion de «providence» ne se réduit pas
au déterminisme causal que la physique étudie. Si la

physique place « ce en vue de quoi » se meuvent les
substances composées de matière et de forme dans
l'ordre des causes naturelles, cette connaissance
conduit au terme final de toutes les fins ou perfections. Or, ces perfections et la perfection ultime s'intègrent, dans le savoir de la science intégrale (*'irfân*)
en une architectonique de la science divine. En quelques lignes d'une extrême densité, Sayyed Ahmad
concentre plusieurs schèmes philosophiques. Cette
concentration, cette harmonisation nous fait accéder
à la configuration la plus précise de la métaphysique
islamique, lorsqu'elle s'achève sous les traits de
l'*irfân*.

L'objectif de cette synthèse doctrinale est la justification de l'ordre divin intégral. C'est une théodicée.
Pour l'atteindre, il convient de prouver l'omniscience
de Dieu, sa providence générale et particulière. Le
décret divin est providence générale, connaissance
synthétique que Dieu a des mondes créés et des
existants ordonnés. La détermination particulière
est connaissance analytique du moindre accident.
La science divine, agent de ces deux variétés de
l'unique providence, ne fait qu'un, dans l'essence
divine, avec la volonté créatrice et le pouvoir créateur. La connaissance divine ne se distingue pas, en
Dieu, de la production effective de l'existant, c'est-à-
dire de l'actualisation de l'existence des possibles.
Dans le concret, il y a des existants qui, quoique simplement possibles, sont doués d'une existence éternelle et immatérielle, d'une stabilité dans l'être
(*qarâr*).

Le décret désigne « les formes qui résident de façon
stable dans le monde intelligible de façon universelle
et synthétique, rassemblées qu'elles sont et synthétisées par l'instauration divine ». Il y a, plus bas dans
l'ordre de l'être, des existants soumis à la génération

temporelle et à l'instabilité dans l'être (*lâ qarâr*). La détermination particulière «désigne l'actualisation des formes des existants dans le monde de l'âme sur le mode particulier et analytique, en accord avec ce qu'on trouve dans les matières extérieures des formes, avec les accidents qui s'ensuivent des natures, en fonction de la diversité des dispositions des matières réceptives, connectées aux principes agents des lumières supérieures intelligibles, des âmes angéliques et des corps célestes par tout ce qui s'y rattache, lieux, mouvements, accidents, caractéristiques, en conséquence de leurs moteurs, de leurs causes finales proches ou lointaines, ainsi que de la providence prééternelle qui est symbolisée par l'enveloppement de l'ensemble des existants».

La métaphysique aristotélicienne et les systèmes de Fârâbî ou d'Avicenne préservaient une distinction claire entre le monde sublunaire et les sphères célestes douées de principes moteurs. L'ordre des cieux et l'ordre des Intelligences étaient plus nobles que le monde des existants soumis à la génération et à la corruption, monde des corps élémentaires et des substances minérales, végétales et animales. Dans le monde d'en bas, les actions libres des hommes, quoiqu'elles soient contenues dans la providence générale, sont soumises aux passions et aux désirs intempérants, injustes, vicieux. C'est pourquoi le monde inférieur avait besoin d'une politique spéciale, d'un art du gouvernement qui ne fût point réduit à l'exercice de la souveraineté *directe* de Dieu ou, indirecte, de son Envoyé. Entre le monde divin, exprimant sa lumière en la Xe Intelligence, l'intellect agent, et le monde des hommes, la médiation de l'intellect du philosophe nomothète était indispensable.

Il me semble que l'existence de la politique, de la philosophie politique se justifie, dans la *falsafa*, spé-

cialement chez Fârâbî, chez Ibn Rushd, chez d'autres
éminents penseurs, par le fait que la philosophie
n'intègre pas encore rationnellement et complète-
ment les données de la théologie du *Kalâm*. Il est à
noter que Nasîr al-Dîn Tûsî a été le maillon décisif de
cet enchaînement de la philosophie avicennisante et
du *Kalâm*. C'est par lui et grâce à lui que la politique
devient pleinement exercice prophétique et pratique
dévolue à l'Imâm élu par Dieu, plutôt qu'au philosophe nomothète[7].

J'en veux pour témoin son ouvrage intitulé *Tajrîd
al-i'tiqâd*. Accompagné du commentaire qu'en a
rédigé le grand théologien shî'ite al-'Allâma al-Hillî[8],
cet ouvrage est devenu l'une des bases de l'enseignement doctrinal. Or, il s'agit, au vrai, d'un traité complet
de philosophie ! Son plan se divise ainsi : la première
partie du traité porte sur « les généralités » métaphysiques, l'être et le non-être, la quiddité et ses concomitants, la cause et le causé. La deuxième partie
porte sur « la substance et les accidents », complétant
ainsi la métaphysique. La troisième partie porte sur
« l'établissement de l'Artisan divin, de ses attributs et
de ses opérations », synthétisant ainsi la métaphysique
spéciale, qui démontre l'existence de l'Être nécessaire et les problèmes spécifiques du *Kalâm*, ceux de
l'essence et des attributs de Dieu. Or, voici que la
quatrième partie traite de la prophétie, la cinquième
de l'imamat, et la sixième du « retour à Dieu » et du
sens philosophique des événements eschatologiques.

La finalité de la métaphysique, la conception intelligible de l'autorité du successeur du Prophète, identifié au nomothète éclairé par la philosophie, se voit
transformée : c'est désormais le couple formé par le
prophète et l'Imâm qui prend la relève du philosophe
législateur, tel que Fârâbî ou Avicenne l'avaient conçu.
La science du *Kalâm* absorbe la philosophie. Les

termes solennels par lesquels commence le commentaire d'al-Hillî ne laissent aucun doute à ce sujet : « La perfection de l'homme n'a lieu que grâce à l'actualisation des connaissances divines et la perception des perfections seigneuriales, puisque c'est par l'attribut de la science qu'il se distingue du commun des animaux. C'est pourquoi la connaissance de Dieu est plus parfaite que tout [autre] objet de recherche et *n'atteint sa complétude que par la science du Kalâm*, car c'est [elle] qui garantit la réalisation de ce désir. Il est donc nécessaire à tout [homme] autorisé de faire effort rationnel (*ijtihâd*), de dissiper les ambiguïtés, par la vue intellectuelle des démonstrations, et de rechercher le vrai par la juste détermination. Il est nécessaire à tout vrai savant (*'ârif*) d'entre les ulémas, d'avoir la direction (*irshâd*) des porteurs de cette science et la mise en bonne voie de ceux qui ont une vue intellectuelle. »[9]

L'autorité en matière de science divine est passée des mains fragiles du métaphysicien dans les mains du *'ârif*, tel que le conçoit le maître du *Kalâm*. L'autorité se prépare à devenir celle du « savant en religion ». Il suffira, quelques siècles plus tard, au juriste, au *faqîh* de se substituer au tenant de la science du *Kalâm* pour que la voie mène de la figure de l'autorité du philosophe à celle du *faqîh*. La description du prophète telle que la procure Nasîr al-Dîn Tûsî en son traité est encore faite dans les termes de l'imamat selon Fârâbî[10]. Le temps du régime politique du « primat de l'autorité du *faqîh* », telle que l'a théorisée la communauté des savants gagnés à la cause d'une révolution islamique, commencera lorsque le juriste deviendra agent du politique et se substituera au savant philosophe, en une place que celui-ci se sera octroyée. En retour, c'est cette substitution du savant juriste au philosophe, en une place qui n'est plus celle du juriste mais du nomothète, qui vaudra à *l'irfân*, résistant à cette lente rationalisation et à cette politisation de la philosophie, tracas et persécutions, et à la philosophie l'ambiguïté de son statut institutionnel.

Au temps des Safavides, lorsque la philosophie connaît son moment conclusif, dans les grands systèmes de Mîr Dâmâd, de Mullâ Sadrâ, la politique n'a plus de place, parce que, en quelque façon, *elle occupe toute la place*. Elle n'est plus, du coup, une science politique pleinement développée, mais elle se métamorphose en méditation sur le gouvernement intégral des trois mondes et de la souveraineté divine. On renoue alors, de façon exemplaire, avec le programme de la *Théologie* dite d'Aristote, programme commenté, évoqué, cité sans relâche par les auteurs de l'École d'Ispahan.

Le modèle prévalent n'est plus celui de la métaphysique d'Aristote, *stricto sensu*. Les neuf cieux d'Avicenne perdurent. Mais ils sont intégrés à une conception des mondes qui doit tout au système plotinien, celui que la *Théologie* dite d'Aristote transmet à l'islam. Les Intelligences motrices des sphères et la dixième Intelligence, l'intellect agent, s'intègrent en un monde intelligible qui s'homologue au décret divin. Les âmes motrices des sphères s'intègrent à un monde de l'Âme, tandis que les corps sublunaires constituent un monde des corps denses et soumis à l'instabilité ontologique, qui est la face métaphysique du mouvement physique. Le partage entre l'exercice du gouvernement divin par le décret de la science, de la volonté, de la puissance de Dieu, et celui de la détermination particulière n'est plus un partage. Il s'homologue au lien essentiel entre le monde intelligible et le monde de l'âme tournée vers le monde de la nature. Ce lien s'exprime, dans la métaphysique de

Mîr Dâmâd, par la hiérarchie de l'éternité absolue, qui n'appartient qu'à l'essence divine une et unique, la pérennité (*dahr*) qui est la motion existentielle du décret divin, liant ce qui change à ce qui est stable, et le temps (*zamân*), scandant la motion existentielle de la détermination particulière, liant ce qui change à ce qui change. L'ensemble est harmonisé selon l'ordre «enveloppant» de la providence, dont le concept est néoplatonicien.

Enfin, la totalité de ces hiérarchies s'homologue au discours coranique. L'*irfân* se veut, explicitement, exégèse philosophique du Coran. En effet, selon Sayyed Ahmad, l'ordre de l'être (*nizâm al-wujûd*) est mentionné dans le Coran, sourate *Hûd*, verset 1 : «*Alif. Lâm. Râ.* Un livre dont les versets sont ferme-ment établis. Puis ils sont divisés par un Sage parfai-tement savant.» L'exégèse procure l'interprétation suivante : Le «livre» signifie *l'ordre de l'être*, analogue à un individu unique, il a pour sens caché le décret divin, le calame divin et l'Intelligence. Le décret (*qada'*) désigne les formes éternelles des êtres qui résident, stables, dans l'intelligence divine. Il corres-pond assez bien à ce que Leibniz conçoit, à la même époque, sous le chef de l'intellection divine des pos-sibles. La détermination (*qadar*) est l'actualisation de ces formes qui, synthétisées dans l'Intelligence, se diversifient et se déterminent dans l'Âme. Ce degré d'être correspond assez bien à l'existence concrète effectuée par la volonté providentielle. C'est ainsi que «Puis ils sont divisés» signifie ce même «livre», mais en prenant ses versets de façon analytique. Ces mots ont pour sens caché la détermination particu-lière des existants, l'Âme du monde et la Tablette bien gardée.

Les existants concrets n'ont pour réalité essentielle rien d'autre que les effets du décret et de la détermination. En tant que leurs existences sont liées à Dieu, ils sont décret, et en tant qu'ils sont déterminés à exister singulièrement, dans la «limite» ou définition de leurs âmes — dans leur ordre monadique — ils sont détermination. L'ordre intégral de l'être est donc bien décret et détermination.

Le Réel premier, Dieu, perçoit les réalités instaurées par sa science, et cette perception les synthétise dans le décret. Il leur communique l'être singulier dans les formes analytiques, dans la détermination. Sa perception ne dépend pas de ces réalités, sa science ne provient pas des réalités qui procèdent de Lui. Dieu ne perçoit pas comme nous faisons, à partir de ce que sont les choses pour nous. La science divine ne provient pas d'une quelconque saisie de choses extérieures à Lui. «Non, Dieu perçoit les choses par soi-même, par son essence même et non de l'extérieur.»

L'homologation finale du décret et de la première Intelligence, ou Intelligence universelle, du calame divin mentionné dans le Coran et de la «Réalité muhammadienne» autorise une harmonie de la prophétie éternelle, du califat humain, de la science divine, de la providence, de la puissance déterminante synthétique de Dieu et de l'existence conférée par l'effusion divine. L'*irfân* opère ainsi une totale intégration de la métaphysique aristotélicienne, des leçons de Plotin, de la conception de la «Réalité muhammadienne» ou Homme Parfait que le soufisme d'Ibn 'Arabî a théorisée, et des trois «livres» de Dieu, le Coran intégral, le Monde et l'Homme. Quelle place aurait, en une telle configuration, une science autonome de la politique ? Aucune. En revanche, empruntant l'expression à Jean Baruzi, il est possible de parler d'une «organisation religieuse de la terre»[11].

Notre penseur peut alors se référer à Avicenne, en une sorte de relève philosophique où l'ensemble de

374 Qu'est-ce que la philosophie islamique ?

la philosophie islamique se retrouve comme enveloppée. Citant *La Guérison* (*Métaphysique*, 9, 6), «la providence éternelle consiste en ce que toute chose soit nécessitée selon le plus haut degré de perfection de ce qui est possible pour elle en fait d'ordre», il adhère à la thèse fondamentale d'Aristote, qu'il interprète, cela va sans dire, en des termes que le Stagirite n'eût pas approuvés sans réserve : La providence divine enveloppe l'ensemble. Lorsqu'elle s'attache aux réalités post-éternelles, elle crée un ordre qui n'est entaché d'aucune imperfection. Cet ordre n'est pas affecté ni contredit par l'ordre de la procession qui conduit l'être du degré de la pérennité à celui des choses temporelles, de sorte que, selon la thèse qui pourrait passer pour devise de l'*irfân* «le Tout est en unité »[12].

En ce «tout» harmonieux règne une seule souveraineté, conformément à ce que soutenait, à l'aube de la philosophie islamique, al-Kindî, celle de Dieu. Dans l'ordre de la connaissance, il n'existe qu'une seule autorité légitime, celle du vrai savant (*'ârif*), celle de «celui qui intellige» (*al-'âqil*). En tête de sa somme des sciences philosophiques, les *Quatre voyages de l'intelligence*, Mullâ Sadrâ, le plus célèbre des élèves de Mîr Dâmâd, place le programme des sciences telles qu'il les juge indispensable à l'homme de l'intellect[13]. Vient en premier la connaissance de Dieu, de ses attributs, de ses anges, de ses Livres révélés, de ses Envoyés. Cette science, désormais entièrement islamisée, est la métaphysique, la science de l'être en tant qu'être, avec l'ensemble des concepts qui déploient la connaissance philosophique des réalités que la révélation impose comme autant de données fondamentales de la foi. Dans la métaphysique, conçue comme science divine, il n'y a aucune place pour la différence d'essence entre la foi et le savoir, l'exégèse et l'activité démonstrative, parce que l'intelligence pleinement active fait entrer en correspondance les données scripturaires, en leur sens caché, et les vérités intellectives.

Vient ensuite le programme de la gouvernementalité providentielle : «la connaissance de la manière dont les choses procèdent de Lui (= le Principe, l'Acte absolu d'exister) sur le mode le plus parfait, selon l'ordre le meilleur (*al-nizâm al-afdal*), la connaissance de la manière dont a lieu Sa providence et Sa science de ces choses, ainsi que le gouvernement que Dieu exerce sur elles». L'ontologie, la physique et l'ensemble des sciences qui en dérivent sont ainsi mises en corrélation avec la science divine elle-même. L'unité de la philosophie est l'unité de l'intelligence, de l'objet intelligé et du sujet qui intellige, unité qui n'est rien d'autre que celle du seul et unique sujet, Dieu.

Or, cette connaissance n'est possible qu'à la condition de connaître ce qu'il en est de l'âme. La science philosophique de l'âme humaine n'est plus une partie de la physique, bien qu'elle intègre en elle les leçons de la physique, celles qui nous renseignent sur les stades inférieurs de l'existant, le stade minéral, le stade végétal, le stade animal. La connaissance de l'âme n'est pas physique, mais métaphysique, parce que l'âme humaine, dont la racine est dans le monde du *malakût* (le monde de l'Âme selon la *Théologie* d'Aristote) est le miroir complet qui réfléchit l'ensemble des trois mondes procédant de l'essence divine. L'étude du chemin de l'âme humaine vers la vie future, la connaissance de son destin eschatologique qui est dans l'accomplissement de l'esseulement de l'âme, de son dépouillement de toute matière, est l'étude de sa libération. Comme l'écrit ailleurs Mullâ Sadrâ, «l'Homme parfait est semblable à un résumé manuscrit où se rassemble la totalité des mondes du devenir et des mondes intelligibles ainsi que ce qu'il y a entre eux. Celui qui le connaît, connaît le tout et celui qui l'ignore, ignore le tout »[14].

Connaître l'homme en sa perfection, son intégralité, nature, âme, intelligence, c'est connaître les trois mondes où se réfléchit l'essence divine. L'univers entier est un univers en intériorité. Les mondes extérieurs à l'homme sont ses propres degrés d'être intérieurs. La doctrine de la liberté humaine n'est donc plus une doctrine politique, mais bien une philosophie eschatologique et mystique. Elle ne se sépare pas de la visitation intellectuelle des trois mondes, le monde inférieur de la nature, le monde du *malakût* où s'immerge l'âme lorsqu'elle se délivre de la multiplicité et conquiert son unité native, le monde du *jabarût*, le monde intelligible. Cette gradation s'harmonise, selon Mullâ Sadrâ, avec l'essentiel de la doctrine coranique de la résurrection, puisque l'âme, au terme de son ascension graduelle, « prend place dans le corps des habitants du *jabarût* ».

Cette métaphysique de l'âme est l'éthique elle-même, parce qu'elle est connaissance salvifique, et parce que la délivrance, la purification des passions, la conversion de l'âme au combat contre les choses obscures, son abstinence à l'égard des mouvements (le non-agir !) et son indépendance conquise sur les déterminations astrales (symbolisant le règne de la nécessité) tout cela est la connaissance de l'âme et la connaissance des mondes. L'âme, miroir des mondes, se délivre des degrés inférieurs de l'être en connaissant ce qui se réfléchit en elle. Nous avons affaire à une connaissance qui, peu ou prou, est semblable à l'amour intellectuel de Dieu, et Sadrâ pourrait donner sens à la proposition énigmatique et claire de Spinoza :

« La béatitude n'est pas la récompense de la vertu, mais la vertu elle-même. »[15]

Quelle place, en un pareil programme, la philosophie pratique peut-elle avoir? La philosophie pratique disparaît, au profit de la pratique des exercices spirituels et des rituels de la *sharî'a*. Il s'agit de purifier son âme, afin de préparer l'essor de l'intelligence. L'intelligence est l'acte d'obédience éclairée, le véritable acte de reconnaissance de l'état de serviteur et de la souveraineté du Seigneur. Mais l'obéissance purificatrice prépare cet acte, dans l'intérieur du cœur humain, par les exercices spirituels, et dans l'extérieur, dans le corps, par les rites de la *sharî'a*. La *sharî'a* n'est donc plus l'horizon du salut, mais l'un des modes préparatoires au salut, elle n'est pas la Loi intégrale, mais le code éthique des conduites que le Prophète a ordonnées, afin de refréner la soumission du corps aux passions. La *sharî'a* n'a pas pour fin d'entraver les désirs authentiques de l'âme, mais de les délivrer des faux désirs, des désirs qui ne sont pas les siens, et qui lui viennent de la composition étroite avec la matière, qui lui naissent de ce qu'elle est encore vivante d'une vie corporelle. Le régime de la *sharî'a* n'a de sens et d'utilité qu'en la première et inférieure condition d'être de l'âme.

Il est évident, par conséquent, que l'activité philosophique ne s'y soumet plus, et que le vrai savant, sans renier les exercices, est celui qui ne se contente pas de ces exercices purificateurs. La *sharî'a* est la religion de l'ignorant, sur la voie de sa conversion à l'intelligence. Elle n'exprime pas la colère divine, mais la miséricorde de Dieu : « Procède de la miséricorde divine et de la *sharî'a* miséricordieuse l'ordre de contenir les puissances impérieuses par l'âme apaisée, grâce aux prescriptions légales de la religion et grâce aux pratiques dictées par le gouvernement divin. Tel est, selon moi, le gouvernement politique divin sur les hommes (*al-siyâsa al-ilâhiyya*), tel qu'il consiste en un exercice du corps et de ses passions, d'un combat de l'âme humaine contre les organes de ses facultés, afin qu'elle entre avec elles dans les rangs de la Couronne, du côté du Réel divin. »

La politique est ainsi devenue, au sens plein du terme, « politique divine ». Elle n'est pas le gouvernement *de la cité* — dont Sadrâ ne dit rien ici, mais gouvernement des mondes, et sa destination finale est le gouvernement *de soi*. Elle occupe une place dans le traitement des passions, afin que les organes corporels connaissent, dans l'âme et par l'âme, un salut, une purification qui ne se trouve que dans le corps de résurrection. Cette vision eschatologique, profondément fidèle au Coran, n'est pas moins fidèle à un programme qui se veut intrinsèquement philosophique.

CONTEMPLATION ET ACTION

Un tel programme ne peut que s'achever par la théorie philosophique de la prophétie et de l'autorité humaine. Il est à remarquer ceci : selon l'image qu'un Mullâ Sadrâ se fait de la philosophie, celle-ci n'est autre que la conduite de la vie conforme au mouvement essentiel de l'être, aux métamorphoses qui transforment et intensifient les degrés de l'être, depuis la matière jusqu'à l'immatériel. Maintes fois, notre philosophe expose ce devenir dans des comparaisons imagées des règnes naturels. Dans l'un de ses plus beaux livres, *Les Témoins de la seigneurie divine*, il articule cette méditation morale sur le devenir de l'être, le destin de l'homme accompli, et la doctrine de l'autorité prophétique.

Le sens général de l'existence est le mouvement qui métamorphose les essences. C'est pourquoi l'homme passe par des métamorphoses incessantes. Il ressemble d'abord au ver de terre, car il ne possède alors que la connaissance sensible, puis à l'insecte volant, incapable de ne pas plonger dans la flamme qui l'a déjà éprouvé ; puis il ressemble à l'oiseau qui, par la puissance de l'imagination, sait éviter de revenir jamais là où il a subi un dommage, puis il ressemble au cheval, animal accompli, qui possède assez d'estimative pour supputer l'existence du danger. Enfin, il devient homme, «et il perçoit les choses qui n'existent pas dans les sens, qui ne se configurent pas dans l'imagination, non plus que dans l'estimative, il évite les choses qui se présentent à lui et il ne se met pas seulement en garde en cette vie temporelle, mais, percevant des réalités qui sont cachées aux sens, à l'imagination et à l'estimative, il recherche la vie future, la permanence éternelle »[16]. C'est pourquoi, dit Sadrâ, le nom même de l'*humanité*, au sens vrai du terme, a pour signification la recherche de la vie éternelle. L'homme est celui qui a la nostalgie de l'éternité.

Voici donc que s'ouvre pour l'homme «la porte du *malakût*». La vie humaine parfaite, selon Sadrâ, c'est la vie contemplative. Ceux qui la vivent sont les praticiens de l'ascension céleste, à l'image du Prophète de l'islam[17]. Ce sont les Anciens qui ont eu un rang élevé dans le pèlerinage spirituel, Platon, «qui en a fait le récit pour ce qui le concerne», Socrate, Pythagore, Empédocle et d'autres, parmi lesquels Aristote «comme l'indique son livre connu sous le titre *Théologie* »[18]. Le monde du *malakût* est un pays que la vue du contemplatif explore, pays très vaste, sans limite. La marche du philosophe dans le monde du *malakût* est semblable à la marche sur les eaux, car ce pays est celui de la vie intelligible. Il est, dans la description brève de Sadrâ, configuré comme ces palais des miniatures persanes de son temps, étagé en gradins ascendants. L'espace de la contemplation est un espace de la vision. Le philosophe n'y arrête pas sa course. « Il s'élève, depuis ce monde-là, jusqu'à un autre degré encore, dont le symbole ici-bas est la marche dans les airs. C'est pourquoi, lorsqu'on dit au Prophète que Jésus avait marché sur l'eau, il répondit : si sa certitude avait été plus forte encore, il eût marché dans les airs ! »

Trois conditions humaines ont fait trois vies : l'une consiste à marcher sur la terre, et c'est la vie du commun, qui se contente de certitudes sensibles, et risque de tomber en un monde inférieur, celui des démons ; l'autre est la condition des contemplatifs ou des prophètes antérieurs à Muhammad, qui vont jusqu'à marcher sur les eaux, enfin la troisième est celle du contemplatif accompli, du *'ârif*, qui, à l'instar du Prophète, marche dans les airs.

Le monde démoniaque, en lequel le commun risque de glisser, c'est le monde sans consistance propre, le monde de l'imaginaire, du fantasme, du *wahm*. Le monde des lubies, des vains désirs n'est pas un monde différent du monde de l'imagination ou de celui de l'intelligence, mais il est ce lieu indistinct où la tromperie, l'illusion provoquée par le mauvais régime moral, défigure les réalités imaginales et intelligibles. Le mal est privation, et le démon ou le tyran ne possèdent rien, ils sont les gens attachés à l'illusoire, au futile. Tout ce qu'ils gagnent, dit Sadrâ, tend à la ruine, à la perdition. Comme le fait Ibn 'Arabî parfois, Sadrâ conçoit la géhenne, l'enfer, comme le pire lieu de souffrance, non parce que l'on y souffre de tourments physiques, mais parce qu'on souffre des imaginaires désirs et des peines fictives de son âme, on y souffre de soi.

Les mondes, en leur hiérarchie et leur totalité, sont, pour Sadrâ, les étapes de la guidance prophétique et philosophique. Chaque homme transite par une étape à laquelle le peut fixer le degré de sa perception. Il cite, à ce propos, une tradition remontant à 'Ali ibn Abî Tâlib : « Les hommes sont les fils de ce à quoi ils accordent créance. » Au terme de ses métamorphoses, l'homme qui fut un ver, un insecte, une bête, un cheval, peut devenir un ange. Le monde angélique est lui-même graduel. Il se compose des anges gardiens des choses terrestres, des anges gardiens des choses célestes et des anges rapprochés du Trône de Dieu, qui ne s'occupent ni de la terre ni du ciel, « mais se concentrent dans la vision contemplative de la majesté seigneuriale ». Ils n'accèdent pas à l'essence transcendante de Dieu, mais à la Face du Seigneur, à la Face du Dieu manifeste. Là est la vie éternelle dont l'homme a la nostalgie, là est l'objet de la quête et de la course du philosophe : « Ils sont pour l'éternité au pays de la permanence puisque ce qu'ils contemplent, c'est la Face permanente. »

Mais la vie philosophique est plus haute encore, puisque son vrai parachèvement est dans l'extinction de soi (*fanâ'*) dans l'unité de la divinité insondable. Cette expérience est celle que tous vivront au Jour de la Résurrection, quand le ciel et la terre passeront, s'anéantiront, et aussi quand s'anéantiront le nouveau ciel et la nouvelle terre, et que tout rentrera dans l'Un. Cette apocatastase, le contemplatif l'expérimente au terme de sa démarche.

La démarche intégrale de la philosophie permet de comprendre le statut de l'autorité prophétique.

Le Messager de Dieu, le prophète chargé d'apporter une *risâla*, possède une puissance théorétique supérieure à celle du philosophe, dans la mesure où il n'a pas besoin d'acquérir, par étapes, sa science, non plus qu'il ait besoin d'un enseignement humain, mais qu'il la doit à une science immédiate, la science intuitive (*'ilm ladunî*). Il possède une puissance imaginative très forte qui lui permet de voir ou d'entendre se configurer les formes imaginales cachées, celle du monde du mystère ou monde imaginal. Il accède ainsi sans difficulté au degré médian du *malakût*, symbolisé par les Cités d'émeraude, dont la plus importante est Hûrqalyâ. Enfin, sa force d'âme lui permet des miracles physiques consistant à ôter ou à ajouter à volonté une forme, à faire disparaître ou apparaître des corps animés, etc.

Plus généralement, les prophètes récapitulent et rassemblent en leur substance toutes les lumières intelligibles, imaginatives et sensibles. C'est pourquoi le prophète a trois degrés d'existence et trois types de pouvoir : il est ange, ciel ou sphère céleste et il est roi. L'ange correspond au monde supérieur, au *malakût* supérieur, au monde intelligible. La sphère céleste correspond au monde de l'Âme, et le pouvoir royal correspond à la Nature et au monde corporel. Ces trois mondes correspondent aux trois puissances que sont l'intellect, l'imagination et les sens[19]. L'autorité royale correspond assez bien à la fonction politique du prophète, lorsqu'elle s'exerce dans le gouvernement de sa communauté. Le pouvoir de l'âme prophétique s'exerce dans la réception des images angéliques ou des paroles divines de la révélation. Enfin, la puissance de l'intuition intellective s'exerce dans la vie théorétique supérieure du prophète.

La philosophie n'est pas la prophétie ou l'imamat. Elle est science d'acquisition, tandis que la prophétie est révélation et l'imamat est inspiration. L'autorité suprême n'est donc pas une autorité philosophique, mais bien une autorité prophétique ou inspirée. Le philosophe dépasse le degré de la science acquise quand il gravit les degrés de la contemplation directe, et devient pleinement un *'ârif*. Mais ce salut philosophique qui s'achève en l'extinction n'est pas ce qui pourrait constituer une autorité politique, puisqu'il est abandon complet des voiles corporels, vie solitaire et contemplation pure. Le prophète et l'Imâm ont, d'emblée, la contemplation que le philosophe n'acquiert que par étapes, mais ils ont aussi conservé en totalité leurs autres pouvoirs. Ils totalisent les trois modes d'être, et ne sacrifient pas le plus bas au plus haut. C'est à eux que revient l'autorité. La philosophie est la voie du salut personnel, tandis que la prophétie et l'imamat sont, tout ensemble, accès au salut personnel et suprême, expérience mystique, et pouvoir politique. Hormis eux, aucun pouvoir politique n'est légitime. Quant au vrai savant, il n'est ni le juriste, ni le *mutakallim*, moins encore le politique, mais le contemplatif.

La théologie philosophique a modifié la définition nominale de l'activité philosophique et déplacé la frontière entre connaissance et pratique. Nous en avons un témoin en l'auteur d'une œuvre, mineure sans doute, mais représentative de la philosophie islamique au XVIIIe siècle de notre ère, *Le Miroir de la sagesse* (*Â'îne-ye hekmat*) rédigé en persan par le fils de 'Abd al-Razzâq Lâhijî, Hasan ibn 'Abd al-Razzâq Lâhijî, philosophe iranien mort en 1121/1709-10[20].

Cet auteur consacre trois chapitres à l'excellence de la sagesse, qui est synonyme de philosophie. Dans un premier temps, il rappelle les définitions reçues du fond des âges.

La connaissance théorique des essences des existants dont l'être ne dépend ni de l'action ni du libre vouloir des hommes satisfait l'intérêt de la raison théorique en résolvant les plus hautes questions métaphysiques, la cause ultime de l'existant et l'activité causale de cette cause divine. L'intérêt théorique est donc bien l'intérêt théologique de la raison humaine. Le modèle est celui de l'art et de l'artisan ; il faut connaître Dieu (*shenâkhtan-e khodâ*) et connaître le monde (*shenâkhtan-e 'âlam*) comme l'ouvrage de l'artisanat divin.

La connaissance pratique est celle des actions, des êtres qui dépendent du libre vouloir. L'intérêt de cette connaissance est l'éducation du genre humain. Les exercices spirituels sont l'éducation morale dont la finalité est la bonne santé et le bien agir en ce monde (on ne parle pas de bonheur en cette vie) et la perfection, qui est la forme du salut dans la vie future. En résumé, la science théorique s'élève à la connaissance surnaturelle et la sagesse pratique culmine en la perfection surnaturelle du bel-agissant, celle que vivent les hôtes du paradis. Nous vérifions l'imbrication désormais acquise de la philosophie, ou vie salutaire et de la sagesse coranique.

Les deux divisions de la philosophie conduisent notre auteur à placer ses pas dans la voie d'une anthropologie métaphysique. L'homme est au cœur de la philosophie, parce que Dieu est à sa tête. « La nature de l'homme, écrit-il, est située au milieu des natures des existants en devenir ; l'homme est la nature la plus noble et la plus parfaite de toutes. » Cette noblesse consiste en ce que l'homme soit celui qui est capable de monter les degrés de la perfection, en une ascension qui peut le conduire au degré suprême, la proximité de la Face du Créateur. Or, telle est la faiblesse de l'homme que son éducation a besoin de la mission des prophètes, des Messagers et des Imâms, successeurs des prophètes. L'anthropologie philosophique, ainsi que la fonction pédagogique de la philosophie tout entière reconduisent à un enseignement *non philosophique*, enseignement prophétique, *nubuwwa*, contenu législatif des Livres saints apportés par les Messagers, *risâla*, enseignement ésotérique des Imâms, *walâya*.

Le «programme» de la sagesse philosophique est pleinement théologique. Il se distribue selon l'ordre des trois statuts suivants : 1. Ceux qui relèvent de la science, le *tawhîd*, la prophétie, la vie future. 2. Ceux qui relèvent de l'éthique, probité, respect du pacte divin (*'amânat*), piété (*diyânat*), générosité, justice (*'edâlat*), etc. 3. Les obligations statutaires, la prière, l'aumône, le jeûne, le *jihâd*, etc. Il s'en déduit une gradation entre les hommes : 1. Celui qui possède la science, même si ses mœurs ne sont pas à la mesure de ce qui convient. 2. L'ignorant qui a de bonnes mœurs. 3. L'ignorant privé de vertu morale, mais pratiquant le culte extérieur. Le plus haut degré est celui du savant, quand même il manquerait à quelque devoir moral ou cultuel, le degré médian est celui du fidèle bel-agissant, le dernier degré est celui de l'homme qui ne connaît de la religion que l'exercice extérieur de la prière, du jeûne, etc.

En un deuxième temps, le *Miroir de la sagesse* nous explique comment savoir philosophique et savoir religieux s'harmonisent au sein de la philosophie intégrale, de l'*irfân*. La vertu de la philosophie est propre à instituer une relation entre sagesse philosophique et religion révélée. Il s'agit d'une relation organique entre deux types de vérité convergents, identiques en leur fond, mais s'obtenant par deux voies : l'intellect (*'aql*) et la transmission religieuse (*shar'*). Cette dernière apporte les preuves de l'existence et de l'unité de Dieu (*tawhîd*) et l'attestation de sa Gloire (*tamjîd*). Lorsque l'intellect use de la pensée réflexive « sur la voie de l'équité », lorsqu'il est « soucieux de rectitude », de sincérité, de droiture (*râstî*) il s'accorde sur ces deux points essentiels avec la tradition religieuse, qui est le discours authentique de la souveraineté divine. Ce n'est pas l'intellect rationnel qui soutient cette thèse concordataire, mais la tradition ésotérique des Imâms. Notre auteur cite deux propos du VIᵉ Imâm, Ja'far al-Sâdiq : « Le meilleur des services d'adoration est de beaucoup exercer sa réflexion à la connaissance de Dieu, de sa puissance et de son œuvre » or « Dieu a montré les preuves à ses prophètes et leurs successeurs, qui sont ses garants auprès des hommes, possédant des intelligences parfaites, une parfaite guidance et le pouvoir d'ennoblir l'exposition et la monstration complètes par la gloire du degré d'assistance qu'ils obtiennent. C'est à eux qu'il a montré les preuves de sa souveraineté, grâce à des symboles complets, les preuves subsistantes des effets de sa puissance et les signes de sa miséricorde. »

Ainsi, la preuve de la philosophie réside-t-elle dans la garantie offerte par le témoignage prophétique. Le modèle de la connaissance évidente, de la guidance morale et de l'éloquence, c'est le prophète ou l'Imâm. Le philosophe ne revendiquera pas la guidance prophétique, mais c'est le prophète qui instruira la pédagogie philosophique. Entre le nomothète conçu par al-Fârâbî et le philosophe conçu par Hasan Lâhijî, il n'y a pas d'autre distinction que celle qui sépare un modèle de son reflet inversé. Le *faylasûf* était l'image inversée de l'Imâm, le *'ârif*, guidé par l'Imâm, est l'image inversée du *faylasûf*.

La relation entre philosophie et religion (*dîn*) s'en trouve éclairée. La sagesse est-elle antérieure à l'apparition de la religion ? Les sages sont-ils différents des prophètes ? Nous retrouvons, une fois encore, la certitude affichée de la pérennité de la philosophie et de la religion. Les convictions et les bonnes mœurs, qui sont les premières sortes de religion, se rattachent aux vérités universelles, aux réalités stables du monde, et elles ne dépendent pas des variations temporelles et de la diversité des coutumes humaines. Voici les vérités éternelles : l'unicité de Dieu, la justice, la prophétie, les vérités élémentaires de la cosmologie (les états de la terre et du ciel, le jour et la nuit). Ce sont des signes et des symboles de la connaissance de Dieu, une sorte de théologie spontanée.

Il en va de même des vérités morales. Il existe une sagesse éternelle qui croit à la bonté de la justice, de la véridicité, du courage, de la générosité, qui croit que les vices existent, injustice, mensonge, envie, etc. L'histoire des religions est l'histoire de la diversification de cette religion et connaissance primordiale de la juste et providentielle souveraineté de Dieu et de la morale originelle. Dans toutes les religions, ces formes de la sagesse se perpétuent. C'est pourquoi ceux qui possèdent des intellects parfaits, des pensées guidées par la justice, *même s'ils n'appartiennent pas tous à une affiliation confessionnelle*, à une religion, manifestent une juste appréciation du vrai (*tasdîq namâyand*).

En distinguant les croyances et les actions universellement valables de celles qui sont des coutumes (*'orf*), notre auteur introduit une distinction capitale entre le plan temporel où les pratiques diffèrent selon les religions, et le plan spirituel. Les possesseurs de la sagesse, au sein même de la religion instituée, possèdent un bien, la sagesse, qui *va au-delà de la prophétie* : « Par sa puissance, Dieu, le Miséricordieux octroie aux facultés des sens de pouvoir percevoir les réalités sensibles particulières. De même, sa miséricorde octroie à la faculté de l'intellect de comprendre les réalités ésotériques universelles. »

L'intelligence, compréhension du sens intérieur, de la vérité cachée de la religion, sens universel, est donc antérieure à la diversité des religions historiques, des prophéties législatrices et à leurs particularités. Elle est plus vaste qu'elles.

Partis du renversement du rapport, en miroir, entre philosophie et prophétie, au profit de cette dernière, nous voyons s'opérer un ultime renversement, qui se fait au nom même de la religion intérieure, ésotérique. Il ne rétablit pas les droits d'une intelligence philosophique abstraite, mais institue ceux de l'universalité concrète du sens intérieur des religions et de la raison divine et humaine. Tel est le sens ultime de la philosophie, conçue comme sagesse intégrale.

SHARÎ'A ET LIBERTÉ PHILOSOPHIQUE

Le Coran impose aux fidèles de prêter attention aux multiples transgressions de la Loi. La jurisprudence codifie cette attitude et permet au pouvoir politique légitime de maintenir la communauté dans l'obéissance. Le mot *liberté* est-il vide de sens en islam? Notre question porte sur le fait religieux lui-même. Rend-il possible des figures diverses de la liberté? Et si oui, est-il possible d'établir un parallèle avec les concepts occidentaux de la liberté?

Commentant la conception que le grand théoricien hanbalite Ibn Taymiyya se fait de la loi de l'islam, Henri Laoust rappelait que la Loi constitue un exposé complet des prescriptions divines, dans leurs prin-

cipes généraux comme dans leurs applications particulières.

Ce résumé de l'état de la question semble régler
notre affaire. Il appelle cependant plusieurs remarques. La première concerne son objet. Il s'agit de la
conception que se fait de la *sharî'a* Ibn Taymiyya. Né
en 661 h./1263, il assiste à la déferlante mongole sur
le territoire de l'islam. Il voit se liguer, contre ce qu'il
estime être l'islam authentique, les efforts des chrétiens, les «déviances» des shî'ites, les «innovations»
des philosophes, les «aberrations» des soufis, la décom-
position du califat, et tous les maux possibles et ima-
ginables. Lorsqu'il meurt en 728 h./1328, après des
séjours répétés en prison ou en résidence surveillée,
il a bâti une œuvre considérable, vouée, bien plus
tard, à devenir la charte intellectuelle de l'islam
wahhabite, et l'inspiration actuelle des courants fon-
damentalistes sunnites. Sa grande intelligence, l'acuité
de ses jugements en font un excellent témoin de cette
conception totalisante de la *sharî'a* à laquelle nous
sommes enclins d'identifier la foi musulmane tout
entière.

Il fut loin de faire autorité, et sa conception de la
sharî'a n'allait pas de soi. Pourquoi? Précisément
parce qu'elle faisait bon marché de distinctions
majeures et opérait une raréfaction résolue du sens
de la *sharî'a*. Ibn Taymiyya soutenait que la lecture
du Coran et des traditions prophétiques, seule source
de vérité, devait être littérale[21]. Le littéralisme réduit
la *sharî'a* à l'autorité des commandements et des
révélations sans autre interprétation que celle du
langage prophétique. Le littéralisme est, à sa manière,
un hommage sans concession rendu à la souveraineté prophétique. Que la *sharî'a* soit normative, c'est
l'évidence. Le mot arabe signifie primitivement «la
voie», il désigne, entre autres, le cours d'eau que l'on

suit pour se diriger vers le but souhaité. De là qu'il vienne à désigner l'ensemble de la révélation, qu'il s'agisse des prescriptions, des histoires prophétiques, ou des très nombreux versets apocalyptiques ou eschatologiques du Coran. En couplant littéralisme et compréhension de la *sharî'a*, notre auteur élève le savant de la lettre à une hauteur exceptionnelle, puisqu'il le fait juge de ce que doit être le pouvoir temporel suprême. Or ce que les philosophes de l'islam pensent est très éloigné d'une telle position, lorsqu'ils ajoutent à la lettre la connaissance de la *hikma*.

Pour illustrer ces quelques remarques, j'aimerais lire une seule d'entre ces exégèses nombreuses comme les vagues de l'océan. Elle porte sur un verset coranique qui est souvent allégué pour soutenir diverses formes de liberté religieuse, ou pour entériner l'aspiration à la tolérance. Il s'agit du verset célèbre qui énonce : « Pas de contrainte en religion », *Lâ ikraha fî l-dîn* (Coran 2 : 256). Nous la trouvons dans le commentaire du Coran rédigé par Mullâ Sadrâ[22].

Sadrâ admet l'opinion de certains commentateurs antérieurs, qui veulent que *al-dîn* ne s'entende pas sans relation à ce qui le détermine : la religion est religion de Dieu (*dîn Allâh*). Or, selon la racine arabe, *al-dîn* renvoie à tout un ensemble de significations qui désignent une sujétion, une conquête, et même une humiliation. Pour le moins, le mot renvoie à la relation entre l'homme et Dieu dans la rétribution juste que Dieu lui accordera, comme dans le verset que cite Sadrâ, « *a 'innâ lâ-madîdûna* », « Serons-nous rétribués » (37 : 53), où *dîn* a le sens de *jazâ*, punition.

Tout l'effort de Sadrâ va porter sur la nature même de l'obédience que l'homme doit à Dieu. La religion, c'est cette obédience même, la soumission à Dieu (*taslîm*). Comment serait-elle « sans contrainte » ? Elle suppose le consentement, l'acceptation du décret divin, la connaissance spirituelle qui conduit à l'entier abandon à Dieu, tout ce qu'implique le terme *al-ridâ'*. Or, cette acceptation ne peut venir que des fermes positions nées de la science authentique. Il faut atteindre à ce stade où le socle ferme de la foi ne fait qu'un avec la science illuminative du cœur. Ces bases ne s'obtiennent que par la contemplation, la pratique assidue de la pensée, le dévoilement (*al-kashf*) et la certitude (*al-yaqîn*). Telles sont les étapes de l'obéissance véritable : effusion de Dieu sur le cœur apaisé, contemplation, dévoilement de la présence de l'acte d'exister divin en chaque existence, certitude. Le cœur apaisé, c'est le cœur qui a vaincu les passions, celui que désigne le célèbre verset : « Ô toi, âme apaisée, retourne vers ton Seigneur, agréante et agréée » (89 : 27-28). Sadrâ écrit : « De même que les sciences obligatoires s'actualisent dans le cœur par la seule effusion, sans contrainte, sans violence coercitive, de même les sciences théorétiques et les connaissances métaphysiques s'actualisent seulement pour qui suit les premiers principes et les démarches introductives, soit par l'inspiration soit par l'enseignement, par la seule projection dans le cœur et la seule effectuation dans l'intériorité [de l'âme], par la projection dans le cœur, sans violence exercée sur l'être extérieur [de cet homme] et sans contrainte sur le réceptacle [de la science]. »[23]

Le terme décisif est celui de donation par effusion (*ifâda*). Il désigne l'irrésistible spontanéité créatrice de Dieu, le flux émanateur (*fayd*), qui fait naître l'ensemble des actes d'exister des existants, du plus humble au plus noble. C'est aussi bien l'acte auquel procède le soupir de miséricorde divine, qui fait sortir les noms divins de leur silence et de leur réserve initiale, pour leur offrir autant d'épiphanies qu'il y aura de formes réelles dans l'univers. Les essences éternelles des choses, selon le schème d'Ibn 'Arabî sous-entendu ici, se révèlent dans l'existence concrète et expriment l'acte d'être divin. Cette théophanie générale et particulière en toute chose créée ne fait qu'un avec la spontanéité de la lumière de la connaissance sur les âmes humaines. Or qui dit spontanéité et effusion rejette, *ipso facto*, toute contrainte. Dans l'âme apaisée, comme en chaque chose de ce monde, se réfléchit, sans contrainte, la lumière divine transformante. Telle est la puissance libre à laquelle répond la liberté authentique du croyant, dans son obéissance véritable, qui est acceptation du décret, parce qu'elle est acceptation et contemplation de l'épiphanie divine en toute image (*mathal*) de beauté, et en tout événement créaturel.

L'obéissance a pour sens l'acceptation de ce flux émanatour et illuminatif. Sadrâ rejoint ici bien des enseignements du soufisme antérieur : « Selon Junayd : l'acceptation du destin, c'est abandonner le libre arbitre (*ikhtîyâr*), selon Dhû l-Nûn, c'est le contentement du cœur, quand le décret divin suit son cours. »[24] Encore Junayd : « L'acceptation, c'est le deuxième degré de la connaissance (*ma'rifa*) ; chez celui qui accepte, la connaissance de Dieu est irrésistiblement réalisée, par le fait qu'il agrée constamment ce qui vient de lui. »[25] Sadrâ soutient, lui aussi, que l'acceptation est second degré. Quel est alors le premier degré ?

Le premier degré correspond à l'adhésion aveugle. Elle est, sans doute, méritoire, mais elle n'en est pas moins trompeuse. Le musulman fidèle, respectant l'islam sous sa forme cultuelle extérieure, respectant les commandements, reste prisonnier du monde inférieur. Il persiste à voir en Dieu une puissance étrangère, transcendante et menaçante, à laquelle il obéit par nécessité et sous la contrainte de la Loi. Sadrâ écrit : « Celui qui obéit par adhésion aveugle à la religion, en étant opprimé par elle, porte sa charge, tout en étant troublé, molesté, irrité par l'état de serviteur, sans être humble de cœur et sans être simple et docile dans l'obéissance qui est requise par l'obédience véritable (*tâ'a*). Il n'obéit pas à la *sharî'a* sans contrainte et sans appréhension, il reste prisonnier de la passion et de ses désirs, il est, en fait, le serviteur des idoles des passions, il ne sert Dieu et ne l'invoque que pour obtenir l'objet de ses désirs, comme un moyen de son propre repos et de son contentement. C'est alors lui qui, au sens vrai, est maître de son Seigneur, et qui réduit son maître à l'état de serviteur. »[26]

À l'opposé de cette obéissance aveugle à une contrainte légale extérieure, se situe l'intrépide expérience des Gens du Blâme, dont l'inspiration vivifie les œuvres majeures de la poésie persane et du soufisme oriental : « L'un d'eux a dit aussi : en matière de foi, le serviteur de Dieu n'atteindra le niveau des hommes de spiritualité que lorsqu'il cessera de penser au passé et à l'avenir et qu'il vivra le moment présent en conformité avec la volonté de Celui à qui il appartient. Et ce comportement a pour effet de suspendre la responsabilité du serviteur de Dieu devant la Loi. »[27]

Lecteur assidu d'Ibn 'Arabî, Sadrâ a pu s'inspirer du commentaire coranique attribué à celui-ci, mais qui est l'œuvre de 'Abd al-Razzâq al-Kâshânî. Sur le verset « pas de contrainte en religion », Kâshânî écrit quelques lignes : « La religion, c'est en réalité la guidance obtenue par la lumière du cœur, concomitante de la nature originelle de l'homme, impliquée par la foi faite de certitude. L'islam, qui est l'exotérique de la religion, repose sur elle. C'est une réalité qui n'admet pas que la contrainte pénètre en elle. La preuve en est que l'ésotérique de la religion et sa vérité essentielle, c'est la foi, de même que son exotérique et sa forme extérieure, c'est l'islam. »[28]

La distinction, classique chez nos spirituels, entre *islam* et *imân*, permet d'établir une hiérarchie. L'islam, religion exotérique, est l'apparent de la religion, tandis que la foi, culminant dans la certitude vécue, est l'ésotérique de la religion, parce qu'elle est religion ésotérique, illumination du cœur, et qu'elle est la réalité essentielle de la religion, correspondant à l'essence de l'homme, sa *fitra* adamique.

Sur de telles bases, Sadrâ construit une stratégie interprétative, afin d'éviter le double piège tendu au lecteur du verset. Si l'on comprend le verset comme un encouragement au libre arbitre, si l'on entend platement que chacun est libre de décider quelle est la vérité religieuse, on affronte en un combat direct les docteurs de la Loi, qui ne manqueront pas d'invoquer tous les versets coraniques dont le sens évident est l'obligation pour l'homme d'embrasser l'islam, de respecter les commandements de Dieu et la *sunna* du Prophète. On tombe alors dans d'inextricables difficultés, on se voue à la persécution, et l'on adopte, qu'on le veuille ou non, la problématique du musulman légaliste, dont on stigmatisait l'obéissance aveugle. Libre arbitre et obéissance extérieure ont, en effet, en commun d'être les deux branches d'une seule alternative, en une problématique où la *sharî'a* se ramène à un ensemble de prescriptions extérieures, dont les juristes sont les enseignants sourcilleux. Si l'on identifie religion et prescription légalitaire, si l'on entend, d'emblée, par *sharî'a*, le discours des écoles juridiques, on attribue aux hommes le pouvoir réservé à Dieu. Au total, on confond les deux niveaux, celui de l'ésotérique et celui de l'exotérique.

Sadrâ procède autrement. Il soutient que la religion est projection dans le cœur (*al-qadhf fî l-qalb*) sans aucune contrainte dans le registre de l'apparent, de l'exotérique. Pour qu'éclose la foi authentique, il suffit que Dieu fasse effuser ses lumières dans l'intériorité du fidèle. La religion est une dictée dans l'esprit dont l'effectuation ne peut avoir lieu que dans l'intérieur de l'âme. De là sa thèse majeure : « la religion est chose intérieure » (*al-dîn amr bâtinî*). Elle est affaire de vie intérieure et ne s'exprime que dans le secret de l'âme.

Sadrâ accorde que Dieu a tout pouvoir sur sa créature, aussi bien sur sa réalité extérieure que sur sa réalité intérieure, mais cette autorité ne fait qu'un avec la manifestation de Dieu en elle, et surtout elle exclut toute autorité humaine de contrainte. Très habilement, il congédie ceux qui veulent intervenir en matière de foi, et qui nient ce qu'ils prétendent réaliser, l'autorité de Dieu. L'exercice du pouvoir divin ne se partage pas, il suspend le pouvoir des hommes sur les âmes. Comment la religion serait-elle une contrainte, si elle n'est pas de l'ordre de la requête, comme le dit une tradition prophétique ? Sadrâ ne refuse pas la législation religieuse dans l'ordre de l'apparent (*al-shar' zâhiran*), mais il lui donne un pouvoir limité au domaine de l'apparent. L'obéissance véritable, la vérité de la foi, ont leur domaine situé dans la vie intérieure. Tel est le sens vrai du verset : « la religion de Dieu est l'islam » (3 : 19).

Le centre de la religion, c'est l'attestation de l'unité divine, unité dans l'essence, les attributs et les opérations de Dieu. Telle est la voie de l'obéissance (*tarîq al-'ubûdiyya*), de la reconnaissance que le serviteur a rendu à Celui qui sera, par excellence, servi (*ma'bûd*). Se délivrer de toute contrainte en religion, c'est s'élever au-dessus de l'état où l'on est en proie à la crainte et à l'espérance, où l'ignorant « n'atteint pas le rang du service divin » (*'ibâda*), et « témoigne que son dieu et l'objet de son adoration, c'est soi-même »[29].

L'acceptation délivre de la contrainte. Elle n'est que le commencement de la délivrance, « car ce rang est incapable d'atteindre aux rangs des parfaits, qui jouxtent la limite inférieure de la perfection. En effet, celui qui pratique l'acceptation du décret divin doit posséder une existence qui correspond à son acceptation. Et il a un domaine où il exerce son abandon par son libre vouloir. Cela entraîne une certaine forme d'association dans l'existence et dans l'exercice de l'autorité. Mais Dieu est exalté bien au-delà de ce qu'Il possède un associé, ou qu'avec Lui il y ait quelqu'un qui exerce l'autorité ! ».

Le sens le plus subtil de la contrainte est la séparation, la multiplicité, contraire à la vérité de l'unité absolue de l'être divin. Dieu est seul agent véritable de l'existence, parce qu'il est la source de l'effusion existentielle. Au stade de l'abandon confiant en Dieu, le fidèle est encore séparé de Celui à qui il s'abandonne, il ne dépouille donc pas toute contrainte, et suppose encore en soi un libre vouloir, par lequel il veut s'abandonner à Dieu. Professer qu'il n'y a « pas de contrainte en religion », c'est professer l'absolue maîtrise de Dieu sur tout ce qui le manifeste, c'est être le servant authentique dans l'extinction en Dieu.

Le séjour de la pure liberté, c'est la liberté divine, l'essence libre et nécessaire de Dieu. Elle ne se rejoint que dans la station de l'extinction pure (*maqâm al-fanâ' al-mahd*), station de l'effacement de toute effectivité (*mahw al-athar*). Dans la pensée sadrienne, ce degré d'élévation spirituelle est celui où la troisième condition d'être de l'homme le conduit, mode d'être intelligible, où l'être s'intensifie au point de se transformer radicalement, en faisant retour à son origine. Il s'agit de la fine pointe du monde de l'impératif, dont provient l'esprit humain, et où il fait retour, s'élevant depuis les différents degrés du monde de la création.

La station ultime de l'effacement est la demeure des Gens de l'unité absolue : « Je ne dis pas le *tawhîd*, car celui-ci est encore la recherche d'une unité contrainte, et je ne dis pas l'unification, car celle-ci, bien qu'elle soit par nature et non par contrainte, est telle que s'exhale d'elle le parfum de la multiplicité. »[30]

Sadrâ emprunte à la physique aristotélicienne le couple de concepts mouvement contraint/mouvement naturel (*bi l-qasr/bi l-tab'*). L'unité divine dont l'attestation est témoignage (l'exercice du *tawhîd*) est dite contrainte, puisque la séparation du sujet qui atteste et de l'unité attestée est signe d'une telle absence de spontanéité. L'unification de l'intelligence humaine et de l'Intelligence agente divine, présentée si souvent par Sadrâ comme le terme de la croissance intelligible, est dite naturelle, car elle est la spontanéité de l'acte intellectif illuminatif dans l'intelligence humaine. Ce n'est pourtant pas le terme absolu de l'extinction en Dieu, la levée de toute contrainte, car il y règne encore une multiplicité, la dualité provisoire de l'intelligence humaine et de l'Intelligence divine.

La demeure de l'extinction en l'unité divine est le terme d'un pèlerinage qui commence, nous l'avons vu, par la station de l'acceptation du décret. Cette acceptation signe l'entrée dans le monde de l'impératif, elle est la conséquence pratique de l'intelligence en acte. Celui qui connaît toute chose, bonne ou mauvaise, du point où elle manifeste un nom divin, une expression de la science et de la providence divine, connaît Dieu et accepte son décret. Sadrâ écrit : « Or tout ce qui existe dans le monde de l'impératif est plus élevé et plus éminent que ce dont l'actualisation s'opère, soit par la contrainte (*al-jabr*), soit par le libre vouloir (*al-ikhtîyâr*). Il a lieu bien plutôt par la voie de l'acceptation, et l'acte qui s'actualise par l'acceptation est ce dont l'existence est identique à la volonté (*al-mashiyya*), à la dilection amoureuse (*al-mahabba*), à l'amour ardent (*al-'ishq*) et au désir (*al-shawq*). »[31]

Le couple de concepts *al-jabr/al-ikhtîyâr* relève du vocabulaire de la théologie dogmatique du *Kalâm*[32]. Sadrâ semble proche des Ash'arites, en ce qu'il professe l'absolue subjectivation des actes en Dieu, et qu'il critique la position mu'tazilite. Mais il ne donne pas son assentiment total à l'ash'arisme, quelle que soit sa dette à l'égard d'al-Ghazâlî. Il renvoie dos à dos les deux Écoles, en disant que l'acceptation du décret divin est un dépassement de l'opposition entre contrainte nécessitante et libre vouloir. C'est pourquoi le verset énonce « Pas de contrainte en religion ». Sadrâ examine l'interprétation mu'tazilite du verset : « Dieu n'a pas fait reposer la réalité de la foi sur la contrainte et la force contraignante (*al-ijbâr wa l-qasr*), et l'a fait seulement reposer sur le gouvernement de soi, la capacité (*al-tamakkun*) et le libre vouloir (*al-ikhtîyâr*). » Il la commente ainsi : « Le fondement de la foi, c'est la ferme attestation absolument certaine, et c'est ce dont il n'y a pas d'entrée pour le libre vouloir. En effet, c'est la connaissance même, or la connaissance, comme les autres états du cœur, s'actualise par l'effusion de Dieu, sans agent intermédiaire, et ne s'actualise donc pas par le libre vouloir, de même qu'est instituée par la connaissance l'authentique expérience cordiale, et le fait qu'elle ne soit pas fonction du libre vouloir n'implique pas qu'elle soit actualisée par la contrainte, cela pour être conforme au verset "Pas de contrainte en religion". »[33]

La connaissance, l'amour, la volonté, le désir sont les prédicats de l'esprit revenu à son Seigneur, uni à l'impératif divin, par-delà le libre vouloir et la contrainte.

Cette stratégie interprétative a un but : distinguer ce qui relève de la religion, l'intériorité de la foi, et ce qui est laissé au domaine de la juridiction extérieure, les actes nécessaires à la purification morale en ce bas monde. Séparer le domaine du philosophe, de l'amoureux de Dieu, et le domaine de la jurisprudence. Il ne s'agit pas exactement de ce que nous nommons « la séparation du religieux et du politique », mais plutôt de celle de la religion et de l'expérience vécue, singulière, qui est chose intérieure, et doit être libre de toute intervention humaine, et, d'autre part, du domaine des pénalités infligées à l'incroyant, qui ne pratique pas les commandements majeurs.

C'est ainsi que Sadrâ écrit : « Oui, il est possible de prendre la défense de cette partie de ce que dit celui qui s'appuie sur la doctrine mu'tazilite, car les actes sont une partie de la foi. Ils sont comme le fait de pratiquer les obéissances : la prière, le jeûne, l'aumône, le pèlerinage, etc., ôter ce qui est interdit par la Loi religieuse. Le tout [de ces actes] est actions librement choisies, volontaires, et nulle coercition ne s'exerce sur lui. Mais il veut dire par là que la contrainte (*ikrâh*) est autre que la coercition (*ijbâr*). Car l'une des deux relève de la nature, tandis que l'autre est le fait de l'âme. Nier l'une des deux entraînerait qu'on niât l'autre. Disons mieux, les actes prescrits par la Loi religieuse, comme la prière, l'aumône, etc., lorsque celui qui est légalement capable s'abstient de les accomplir, voici qu'alors il mériterait juridiquement la contrainte et la répression, et même la mise à mort.

Comment cela n'entraînerait-il pas de contrainte?
C'est pourquoi il est dit "Le verset est abrogé". »[34]

L'abrogation du verset «Pas de contrainte en religion», qui a fait couler beaucoup d'encre, s'interprète
ici en un sens précis. Si l'on nie qu'il y ait contrainte
sur les actes qui relèvent de l'obéissance à la Loi, il
faut aller jusqu'au bout de cette logique, et l'objection poindra, du fait de la légitimité du droit pénal
qui s'exerce sur l'infidèle. C'est donc que, dans le cas
de l'infidélité manifeste aux prescriptions de la Loi, il
faut concevoir que le verset est abrogé. Il ne concerne
donc pas le droit pénal, mais bien la religion intérieure.

Sadrâ cite plusieurs versets coraniques qui prou-
vent, selon les mu'tazilites, que Dieu laisse, en ce
monde, à chacun, la responsabilité de sa foi, «Que
celui qui le veut, croie donc, et que celui qui le veut,
soit incroyant» (18 : 29), «Si ton Seigneur l'avait voulu,
tous les habitants de la terre auraient cru» (10 : 99),
«Il se peut que tu te consumes de chagrin parce qu'ils
ne sont pas croyants. Si nous le voulions, nous ferions
descendre du ciel un signe vers eux. Leurs nuques se
courberaient alors devant lui» (26 : 3-4). Or, comme
il l'a énoncé précédemment, Dieu, lorsqu'il a présenté les preuves du *tawhîd*, «en une claire exposition qui coupe court à toute excuse» déclare qu'après
cela il ne reste aucune excuse à l'infidèle pour per-
sister dans son infidélité. Il doit donc être soumis à la
coercition. Il ne reste, dit-il, après les preuves mani-
festes et les évidences de la foi révélée par Dieu, que
la méthode de la force, de la contrainte et de la
coercition.

Soit! Mais ajoute Sadrâ, *cela n'appartient pas à ce
qui est possible en ce bas-monde*, qui est le pays de
l'épreuve. Il faut entendre que c'est la demeure de
l'affliction, et que c'est aussi le pays de la mise à

l'épreuve de l'homme. La vie, ici-bas, est la vie où nous sommes soumis à l'examen de nos actes et de nos intentions. Or, dit Sadrâ, dans la coercition et dans la violence, c'est la signification même de la mise à l'épreuve qui disparaît. En effet, celui qui est soumis à la coercition et au châtiment ici-bas n'a plus la possibilité de se réformer, il n'est plus « en examen », il est jugé.

Le châtiment réel des incroyants et des transgresseurs est dans l'autre monde, dans leur transformation en bêtes sauvages ou en démons, comme Sadrâ l'explique longuement dans ses chapitres eschatologiques[35]. Le corps de résurrection bestial, sauvage ou satanique est le châtiment que le mal agissant trouve dans la tombe, par l'effet terrifiant de son imagination créatrice. Cela fait partie aussi du domaine de la religion, mais ne relève pas du droit pénal. Le droit de punir est légitime, mais son application semble impossible, car il est contradictoire de mettre à l'épreuve et de faire cesser l'état de la mise à l'épreuve. Sadrâ ne peut faire autrement que d'admettre l'exercice de la justice contraignante, mais il l'isole, le circonscrit, et en libère, selon l'intrépidité de l'inspiration du soufisme, l'ensemble des pratiques authentiques de la liberté spirituelle, qui seules reconnaissent la seigneurie intégrale de Dieu sur les hommes. La mise à l'épreuve aura des conséquences, dans le châtiment de la tombe, mais le châtiment ici-bas, tout légitime qu'il soit, relève de ce qui tombe hors religion, puisque le verset « Pas de contrainte en religion » doit être tenu pour abrogé lorsque le droit pénal religieux s'exerce sur l'infidèle.

Conclusion

Quelques mots de conclusion. Les discussions qui portent sur la question de la liberté en islam me semblent viciées, d'ordinaire, par quelques préjugés qui en obscurcissent les termes. Ainsi, se demande-t-on comment la loi de l'islam peut être compatible avec les grandes figures de la liberté que l'Occident a érigées : la liberté naturelle de l'homme à l'état de nature, la liberté de la volonté dans l'exercice où elle se soumet à une loi que la raison se donne à elle-même, la liberté de l'individu dans la société civile etc. Ce faisant, on n'a guère de peine à découvrir des incompatibilités absolues. Le verset coranique 7 : 172 énonce, en effet, que l'homme fut originairement créé au titre de témoin de la seigneurie divine, et que le pacte primordial passé entre l'homme et Dieu est un pacte de vasselage, celui qui unit indissolublement le Seigneur et le servant, ou le serviteur.

L'homme ne naît pas libre, au sens où sa nature serait étrangère au pacte de témoignage originaire. Le Coran ignore la liberté pour le bien ou pour le mal, si l'on entend par là une liberté antérieure au pacte. Pourtant, l'homme consent au pacte, par un mouvement spontané d'adhésion. Il reste que la raison ne peut s'identifier, en islam, à ce que ce concept recouvre depuis Descartes en Occident. Il s'agit d'une raison divine, émanée en l'homme par la force de son intellect, force qui lui vient de Dieu par l'entremise de l'intelligence agente, homologuée à l'archange Gabriel. Cela a pour conséquence le fait que la philosophie politique, en islam, ne saurait être une philosophie libérale.

Les philosophes, par exemple al-Fârâbî, Miskawayh ou Nasîr al-Dîn al-Tûsî, ont eu le sentiment qu'il n'est rien de plus difficile que de donner une législation à des hommes rassemblés. Comme fera Rousseau, en des pages célèbres de son *Contrat social*, ils disent volontiers que c'est une tâche qui sollicite la pureté et l'abnégation d'un dieu, plutôt que la faiblesse humaine. Malheureusement, le législateur ne saurait être un ange, car les anges sont des êtres tout spirituels, et il n'est pas au pouvoir de l'homme de voir l'ange sous la forme de l'angélicité. Les prophètes, les Imâms reconnus par les shî'ites, les hommes élus voient les anges sous une forme humaine. Encore s'agit-il de l'élite. Les hommes du commun, pour qui est faite l'autorité politique, ont besoin d'un maître visible, qui aura pourtant des propriétés surhumaines, un homme seigneurial, ou homme divin (*insân rabbanî*) qui sera un Seigneur humain (*rabb insânî*), le calife de Dieu dans le monde terrestre. L'analogie avec le dieu mortel de Hobbes est frappante.

Fârâbî soutenait que les hommes se rassemblent sous l'autorité d'un gouvernement, afin de corriger, selon des normes justes, les différences nées de leurs actions, les discordes engendrées par les buts différents qu'ils s'assignent : le plaisir, l'honneur, la richesse, le pouvoir, etc. Le gouvernement qui mérite d'être dit *politique* est celui qui retient la main de chacun d'usurper le bien des autres, de dominer injustement les autres ; est *politique* le gouvernement qui maintient le droit et qui respecte un état de droit. C'est pourquoi les trois attributs du gouvernement politique traduisent un idéal de justice : une monnaie, des lois, un législateur. Nous sommes ici au cœur de l'aristotélisme politique.

Mais la fonction politique ne s'arrête pas là. La perspective se veut progressiste et historique, en fonction du temps de la prophétie, préludant au Jugement dernier. Il faut donc que la gouvernance (*tadbîr*) soit en accord avec le principe et l'exigence de la sagesse divine, afin d'être cette pédagogie spirituelle qui mène les hommes au perfectionnement moral. C'est alors que la politique mérite vraiment d'être dite politique divine (*siyâsa ilâhîya*). Nous retrouvons Platon, dont *Les Lois* sont commentées par al-Fârâbî, et jouent un rôle majeur dans la politique des philosophes de l'islam, comme l'avait bien vu Leo Strauss[1].

L'accord spontané des acteurs sociaux ne peut pas exister. C'est un imaginaire sympathique, mais nos auteurs n'y croient pas. Ils se tournent plutôt vers les jugements les plus sombres de Platon. Il est nécessaire de contraindre par des lois, et pour que ces lois soient justes et efficaces, il faut un individu au sommet du pouvoir, qui se distingue par l'assistance divine, un législateur instruit par Dieu, doté du pouvoir d'instaurer et de faire respecter les normes. Il faut une démiurgie royale.

La liberté ne peut ainsi se découvrir que dans les interstices, dans le jeu de trois grands types d'autorité : celui du juriste, celui du roi philosophe, celui du sage instruit de l'intelligence mystique. L'autorité du juriste fonde une liberté négative, si elle n'est l'adhésion nue à la norme transformée en prescription et en interdit. N'est libre que l'action ou le désir qui ne provoque pas une éventuelle objection religieuse. Si le juriste en vient à se confondre avec le législateur, et comme cette objection est toujours possible, le champ des libertés est menacé en permanence de se réduire comme peau de chagrin. L'autorité du roi philosophe est restée un pur idéal de pouvoir, un thème de controverse avec les juristes et les pouvoirs établis, surtout en milieu shî'ite. Autorité spirituelle, le gouvernement de l'Imâm a un sens eschatologique, dont l'effectivité se réalise à la fin des temps, dans l'histoire (selon les ismaéliens) ou hors du temps de l'histoire (selon les thèses les plus subtiles de la philosophie duodécimaine). Mais, quoi qu'il en soit, seule la voie philosophique a conduit à des théologies de la souveraineté qui ne confondent jamais la Cité idéale des justes et la gestion du pouvoir. Seule, elle a dessiné les traits d'une eschatologie personnelle, seule elle semble ouvrir les portes d'une distinction majeure, entre monde extérieur et monde intérieur, et par là, les voies d'une distinction entre religion intérieure et pouvoir civil. Sous une forme très différente de celle du judaïsme libéral du XVIIIe siècle, l'islam philosophique est ainsi la grande ressource que possède l'idée de liberté en islam.

APPENDICES

Glossaire

'abd : serviteur, servant.

abdâl : substituts, substitués, sages qui entourent le pôle de sainteté.

adab : belles-lettres, bonne éducation, belle conduite, bien-séance.

'adl : justice, vertu morale et catégorie juridique.

afrâd : individus, individuations, singularités.

ahadiyya : unité, unité parfaite de l'essence divine.

akhbâr : paroles, messages attribués au Prophète ou aux Imâms.

akhira : vie future, tout ce qui concerne la vie après la mort.

akhlâq : mœurs, manières de vivre, éthos.

'âlam : monde, univers, degré dans la hiérarchie de l'être.

'âlam al-amr : le monde de l'impératif divin, le degré de l'incréé.

'âlam al-'aql : le monde de l'Intelligence, le monde intelligible.

'âlam al-ghayb : le monde du mystère, des réalités invisibles.

'âlam al-khalq : le monde de la création, le monde des réalités créées.

'âlam al-mithâl : le monde imaginal, intermédiaire entre l'Intelligence et la Nature.

'âlam al-nafs : le monde de l'Âme universelle.

'âlam al-shahâda : le monde perçu par les sens.

'âlam al-tabî'a : le monde de la Nature.

'âlim : savant. Nom divin, désigne aussi le savant accompli, le philosophe.

'alîm : savant. Nom divin.

'allâm : très savant. Nom divin.

amr : impératif, ordre, mais aussi chose, réalité, affaire.

'aqâ'id : pl. de *qâ'ida*, positions de thèses, convictions.

'aql : intelligence, intellect, Intelligence émanée de Dieu, Intelligence motrice.

'aql awwal : première Intelligence émanée du Principe divin.

'aql fa''âl : intellect agent.

'aql qudsî : intellect saint.

'ârif : sage et savant, savant intégral, philosophe.

a'râf : terme coranique. En philosophie, médiations, voiles, degré médian entre enfer et paradis.

baqâ' : permanence, existence permanente de l'âme après la mort.

bâtin : intérieur, caché, ésotérique.

dâ'î : qui procède à l'appel; grade initiatique de l'ismaélisme, en charge de la mission de propagande et d'organisation.

dahr : perpétuité.

da'wa : appel, convocation; organisation en faveur d'un prétendant religieux et politique, plus spécialement organisation ismaélienne.

dîn : religion intérieure, religion universelle.

diyâna, *diyânat* : piété.

dunyâ : bas-monde.

falsafa : philosophie.

fanâ' : effacement, extinction.

faqîh, pl. *fuqahâ'* : juriste.

fayd : effusion, émanation divine.

faylasûf, pl. *falâsifa* : philosophe.

fi'l : action, acte, activité.

fiqh : droit musulman, jurisprudence.

futuwwa : combat spirituel, chevalerie spirituelle.

hadd, pl. *hudûd* : définition, limite, prescription juridique, grade initiatique.

hadîth : parole, histoire recensée, tradition prophétique.

hads : intuition.

hakîm : sage, savant, nom divin, métaphysicien (pl. *hukamâ'*).

haqîqa : vérité, réalité essentielle, essence réelle.

haqq : vrai, réel, nom divin : le Réel.

hâl : état mental, mode d'être.

haya : vie.

hikâya : imitation, histoire.

hikma : sagesse, philosophie.

hikma ilâhiyya : science divine, métaphysique.

himma : force d'âme, inspiration intérieure de l'âme.

hubb : amour.

huda : guidance.

hukm : statut, décision, opinion, juridiction, pouvoir gouvernemental.

'ibâda, pl. *'ibâdât* : devoir cultuel envers Dieu, pratique d'adoration, service divin.

ibdâ' : instauration.

'idâla, *'edâla* : sens de la justice.

ifâda : flux émanateur.

ijbâr : coercition.

ijmâ' : accord mutuel, consensus.

ijtihâd : effort d'induction juridique et théologique.

ikhtiyâr : libre-arbitre.

ilâhiyyât : les réalités divines, les réalités métaphysiques.

ilhâm : inspiration.

'ilm : science.

'ilm a'lä : science supérieure, métaphysique.

'ilm al-balâgha : science de l'emprise par la parole, rhétorique.

'ilm al-kalâm : science de la controverse, science théologique.

'ilm ladunî : science inspirée, science directement communiquée par Dieu.

'ilm al-mantiq : science du discours, logique.

'ilm al-yaqîn : science de la certitude.

imâm : guide. Imâm : guide par excellence, successeur du Prophète, selon les shî'ites.

'inâya : providence, prévision divine de tout ce qui advient.

insân kâmil : homme parfait.

intizâm : mise en ordre.

iqtidâr : pouvoir, capacité.

'irfân : connaissance intégrale, parfaite de Dieu, du monde et
de l'homme.

irshâd : guidance spirituelle et temporelle.

ishâra : indication.

'ishq : amour ardent.
ishrâq : illumination, lever de l'aurore, doctrine «illuminative».
ishrâqiyyûn : adeptes de la philosophie «illuminative» de Sohravardî.
îthâr : désir, amour.
ittihâd : unification.
ittisâl : conjonction.

jabarût : Toute-Puissance divine; monde de l'Intelligence.
jabr : contrainte.
jalâl : souveraineté.
jasad : enveloppe corporelle.
jazâ : rétribution, récompense, punition.
jihâd : effort sur le chemin de Dieu, combat spirituel, combat.
jûd : grâce divine, prévention, attention bienveillante.

kalâm : discours, science théologique de la controverse.
kalima : parole, verbe.
kashf : dévoilement.
khalîfa : successeur, tenant-lieu.
khayyâl : imagination.
kun : «sois!» impératif créateur.

lâhût : monde divin.
laysa : non être.

ma'âd : retour, résurrection, terme final.
mabdâ' ou *mabda'* : origine.
mahabba : amitié, amour.
mahdî : bien guidé, Résurrecteur, Imâm ou prophète des derniers temps.
majâz : métaphore.
ma'nä : signification, chose signifiée.
mashiyya : volonté.
mathal : symbole.
malik : roi.
malak : ange.
malakût : royaume, monde angélique.
mantiq : la logique.
ma'rifa : connaissance, connaissance spirituelle.
mawjûd : existant, étant.

mi'râj : ascension, ascension céleste du Prophète.
mithâl : image.
milla : religion.
mu'ayyis : donateur de l'être, faisant être.
muhaqqiq : savant confirmé dans la science du vrai.
mulk : règne, monde sensible.
muqaddima : introduction, prolégomènes.
mutakallim, pl. *mutakallimûn* : savant spécialisé dans la science du *Kalâm*.

nafs : âme, soi.
nafs nâtiqa : âme parlante, âme pensante, âme intellective, rationnelle.
najât : délivrance.
nâmûs : loi.
nass : lien de transmission héréditaire, lien textuel, texte.
nâsût : nature humaine, réalité humaine.
nizâm : ordre harmonieux et organique.
nubuwwa : prophétie.
nuzûl : descente, procession, révélation.

'orf : bienveillance, douceur.

pîr : ancien, sage, maître du soufisme.

qada' : décret divin, synthétique, intégral.
qadar : détermination.
qadhf : projection.
qalam : calame, instrument divin de l'écriture des livres, Intelligence divine.
qalb : cœur.
qayyûm : subsistant, donateur de la permanence dans l'être, provident. Nom divin.
qiyâs : analogie.
qiyyâm : ferme persévérance dans l'être.

rabb : seigneur.
rahma : miséricorde.
rahmân : clément, miséricordieux. Nom divin.
rahîm : miséricordieux. Nom divin.
ra'y : opinion personnelle.

ridâ' : satisfaction.
risâla : message, prophétie législatrice.
rubûbiyya : seigneurie, seigneurie divine, souveraineté.
rûh : esprit, pneuma.
rûh qudsî : esprit saint, sanctifié, immatériel.

sa'âda : bonheur, béatitude.
safar, pl. *asfâr* : voyage.
salah : santé.
shar' : religion révélée.
sharî'a : loi religieuse, chemin vers le vrai, ensemble des vérités
    révélées ; commandements exotériques.
shay' : chose, réalité.
shawq : désir.
shifâ' : guérison.
sira : chemin, voie, mode de vie.
sirr, pl. *asrâr* : secret, mystère, intime de l'âme.
sunna : enseignement du Prophète, législation prophétique.
sûra, pl. *suwar* : forme.

tâ'a : obéissance.
ta'alluh : divinisation de soi.
ta'aqqul : intellection, auto-intellection.
tabî'a : nature.
tadbîr : organisation, bon gouvernement.
ta'dîl : modération, restitution à l'état de juste mesure.
tahdhîb : purification.
tahdhîb al-akhlâq : purification éthique, purification des mœurs.
tajallî : manifestation de soi en pleine lumière, théophanie.
ta'lîm : enseignement.
taqarrur : ferme persévérance dans l'être.
taqlîd : imitation d'un modèle.
tafsîr : explication, commentaire littéral du Coran ou d'un
    autre texte.
taghallub : domination violente, tyrannique.
tajarrud : séparation, ascèse.
tajrîd : séparation, abstraction, ascèse.
tahsîl : obtention, atteinte.
taklîf : adhésion aveugle.
takmîl al-nafs : perfectionnement de l'âme.
tamakkun : autorité, maîtrise de soi.

tamjîd : glorification.
tanbîh : remarque, allusion.
tartîb : ordre hiérarchique.
tasallut : domination, autorité politique.
tasawwuf : soufisme.
tashabbuh : assimilation, conformation.
tashbîh : assimilation, confusion entre Dieu et la créature.
taslîm : soumission.
tawajjuh : action de tourner sa face, conversion.
tawakkul : abandon à Dieu.
tawhîd : attestation de l'unité divine.
ta'wîl : exégèse spirituelle.

'usûl al-fiqh : les fondements du droit.

wâhid : un.
wâhidiyya : unité synthétique des noms divins.
wajh : face.
walâya : amitié divine, propre des saints et des Imâms.
walî : ami, maître amical.
wasiyya : legs, testament.
wujûd : être, existence, acte d'être.

yaqîn : certitude.

zandaqa : libertinage, impiété.
zâhir : extérieur, extériorité, exotérique.
zindiq : manichéen, dualiste, libertin, impie.
zuhd : ascèse, renoncement.

Bibliographie

Nous ne reproduisons pas ici tous les titres des ouvrages cités en note. On trouvera des bibliographies détaillées dans les ouvrages généraux indiqués et dans les études et traductions que nous signalons, selon un choix inévitablement restreint. Nous ne mentionnons pas les éditions des textes arabes et persans seuls. Les spécialistes les connaissent et leur mention serait inutile au chercheur ou au lecteur non orientaliste. On en trouve la référence dans les ouvrages généraux signalés.

I

OUVRAGES GÉNÉRAUX

BADAWÎ, 'Abdurrahmân, *Histoire de la philosophie en islam*, Paris, Vrin, 1972.

CORBIN, Henry, *Histoire de la philosophie islamique. Des origines jusqu'à la mort d'Averroës (595-1198) — Depuis la mort d'Averroës jusqu'à nos jours*, Paris, Gallimard, coll. Folio essais, 1986.

CRUZ HERNÁNDEZ, Miguel, *Histoire de la pensée en terre d'islam*, traduit de l'espagnol et mis à jour par Roland Béhar, Paris, Éditions Desjonquères, 2005.

D'ANCONA, Cristina (dir.), *Storia della filosofia nell' Islam medievale*, Turin, Einaudi, 2 vol., 2005.

Ess, Josef van, *Theology und Gesellschaft im 2. und 3. Jahrhundert Hidschra. Eine Geschichte des religiösen Denkens im frühen Islam*, Berlin et New York, Walter de Gruyter, 6 vol., 1991-1997.

FAKHRY, Majid, *Histoire de la philosophie islamique*, traduit de l'anglais par Marwan Nasr, Paris, Éditions du Cerf, 1989.

LEAMAN, Oliver, *Islamic Philosophy. An Introduction*, Cambridge, Polity Press, 2009.

LIBERA, Alain de, *La Philosophie médiévale*, Paris, PU.F. [1993], 2ᵉ éd., 1995.

MONTGOMERY WATT, William, *Islamic Philosophy and Theology*, Édimbourg, Edinburgh University Press, 1964.

NASR, Seyyed Hossein, et AMINRAZAVI, Mehdi, *An Anthology of Philosophy in Persia*, tome I, *From Zoroaster to 'Umar Khayyâm*, tome II, *Ismaili Thought in the Classical Age From Jâbir ibn Hayyân to Nâsir al-Dîn Tûsî*, tome III, *Philosophical Theology in the Middle Age and Beyond from Mu'tazilî and Ash'arî to Shî'î Texts*, Londres, New York, I. B. Tauris Publishers in association with the Institute of Ismaili Studies, 2008-2010.

NASR, Seyyed Hossein, et LEAMAN, Oliver (dir.), *History of Islamic Philosophy*, New York, Routledge [1996], 2007.

ROSENTHAL, Franz, *The Classical Heritage in Islam*, traduit de l'allemand par Emile et Jenny Marmorstein, Londres, Routledge & Kegan Paul, 1975.

URVOY, Dominique, *Histoire de la pensée arabe et islamique*, Paris, Éditions du Seuil, 2006.

II

CHOIX BIBLIOGRAPHIQUE D'ŒUVRES TRADUITES

AVERROÈS, *Tahafut al-tahafut (The Incoherence of the Incoherence)*, traduction de l'arabe, introduction et notes par Simon Van den Bergh, Cambridge, E. J. W. Gibb Memorial New Series XIX, 1954.

AVERROES, *On Plato's* Republic, traduction, introduction et notes par Ralph Lerner, Ithaca et Londres, Cornell University Press, 1974.

AVERROÈS, *Grand commentaire de la* Métaphysique *d'Aristote (Tafsîr mâ ba'd at-tabî'at). Livre Lam-Lambda*, traduit de l'arabe et annoté par Aubert Martin, Paris, Les Belles Lettres, 1984.

AVERROÈS, *Grand commentaire (Tafsîr) de la* Métaphysique. *Livre Bêta précédé de Averroès et les apories de la* Métaphysique *d'Aristote* par Laurence Bauloye, Paris, Vrin, 2002.

AVERROÈS (IBN RUŠD), *Commentaire moyen à la* Rhétorique *d'Aristote*, introduction générale, édition critique du texte arabe, traduction française, commentaire et tables par Maroun Aouad, Paris, Vrin, 2002.

AVERROÈS, *Le Livre du Discours décisif*, introduction par Alain de Libera, traduction inédite, notes et dossier par Marc Geoffroy, Paris, Flammarion, coll. GF, 1996.

AVERROÈS, *L'Intelligence et la Pensée. Grand commentaire du* De Anima *Livre III (429 a 10-435 b 25)*, traduction, introduction et notes par Alain de Libera, Paris, Flammarion, coll. GF, 1998.

AVERROÈS, *L'Islam et la Raison*, Anthologie de textes juridiques, théologiques et polémiques, traduction de Marc Geoffroy, précédé de *Pour Averroès* par Alain de Libera, Paris, Flammarion, coll. GF, 2000.

AVICENNE, *Le Livre de science*, traduit par Mohammad Achena et Henri Massé, 2ᵉ édition revue et corrigée par Mohammad Achena, Paris, Les Belles Lettres/UNESCO, 1986.

IBN SÎNÂ (AVICENNE), *Livre des directives et remarques*, traduction avec introduction et notes par Amélie-Marie Goichon, Beyrouth/Paris, Vrin, 1959.

EPISTLES OF THE BRETHREN OF PURITY, *The Case of the Animals versus Man before the King of the Jinn. An Arabic Critical Edition and English Translation of* EPISTLE 22, édité et traduit par Lenn E. Goodman et Richard McGregor, avant-propos de Nader El-Bizri, Oxford, Oxford University Press in association with The Institute of Ismaili Studies, 2009.

FÂRÂBÎ (al-), *Idées des habitants de la cité vertueuse (Kitâb Ârâ' Ahl al-Madînat al-Fâdilat)*, traduit de l'arabe avec introduction et notes par Youssef Karam, Joseph Chlala, Antonin Jaussen, Beyrouth, Le Caire, Imprimerie catholique, 1980.

FARABI (al-), *Traité des opinions des habitants de la cité idéale*, introduction, traduction et notes par Tahani Sabri, Paris, Vrin, 1990.

AL-FARABI, *On The Perfect State. Abû Nasr al-Fârâbî's Mabâdi' Ârâ' Ahl al-Madîna al-fâdila*, texte revu, introduction, traduction et commentaire par Richard Walzer, Oxford, Clarendon Press, 1985.

FARABI, *Deux traités philosophiques* : *L'harmonie entre les opinions des deux sages, le divin Platon et Aristote et De la religion*, introduction, traduction et notes par Dominique Mallet, Damas, Institut français de Damas, 1989.

ALFARABI, *Philosophy of Plato and Aristotle*, traduction et introduction de Muhsin Mahdî, édition revue, Ithaca, New York, Cornell University Press, 2001.

ALFARABI, *The Political Writings. Selected aphorisms and other Texts*, traduit et annoté par Charles E. Butterworth, Ithaca et Londres, Cornell University Press, 2001.

FÂRÂBÎ (Abû Nasr al-), *L'Épître sur l'intellect (al-Risâla fî'l-'aql)*, traduit de l'arabe, annoté et présenté par Dyala Hamzah, préface de Jean Jolivet, postface de Rémi Brague, Paris, L'Harmattan, 2001.

FÂRÂBÎ (Al-), *Deux ouvrages inédits sur la Rhétorique*, publication préparée par Jacques Langhade et Mario Grignaschi, Beyrouth, Dar el-Machreq, 1971.

FÂRÂBÎ (al-), *Philosopher à Bagdad au xe siècle*, présentation et dossier par Ali Benmakhlouf, traductions de l'arabe par Stéphane Diebler, glossaire par Pauline Koetschet, Paris, Éditions du Seuil, 2007.

GHAZÂLÎ, *Le Tabernacle des lumières (Michkât al-anwâr)*, traduction de l'arabe et introduction par Roger Deladrière, Paris, Éditions du Seuil, 1981.

GHAZÂLÎ (al-), *The Remembrance of Death and the Afterlife. Kitâb dhikr al-mawt wa mâ ba'dahu. Book XL of the Revival of the Religious Sciences. Ihyâ' 'ulûm al-dîn*, traduction, introduction et notes par T. J. Winter, Cambridge, The Islamic Texts Society, 1989.

GHAZÂLÎ, *Livre de l'amour, du désir ardent, de l'intimité et du parfait contentement*, introduction, traduction et notes par Marie-Louise Siauve, préface de Roger Arnaldez, Paris/Lille, Vrin, 1986.

GHAZÂLÎ (Abû Hâmid al-), *Maladies de l'âme et maîtrise du*

cœur. Livre XXII de l'«Ihyâ' 'Ulûm al-dîn» intitulé «Livre de la discipline de l'âme de l'éducation des comportements moraux et du traitement des maladies du cœur», préface par Maurice Borrmans, introduction, traduction et notes par Marie-Thérèse Hirsch, Paris, Éditions du Cerf, 2007.

IBN BAǦǦA (AVEMPACE), *La Conduite de l'isolé et deux autres épîtres*, introduction, édition critique du texte arabe, traduction et commentaire par Charles Genequand, Paris, Vrin, 2010.

IBN TUFAYL, *Hayy ben Yaqdhân*, roman philosophique d'Ibn Thofaïl, texte arabe et traduction française par Léon Gauthier, Beyrouth, Imprimerie catholique, 2ᵉ édition, 1936 [traduction seule, Paris, Vrin, 1983].

KINDÎ (al-), *Œuvres philosophiques et scientifiques d'al-Kindî*, tome I, *L'Optique et la Catoptrique*, par Roshdi Rashed, Leyde, E. J. Brill, 1997, tome II, *Métaphysique et cosmologie* par Roshdi Rashed et Jean Jolivet, Leyde, E. J. Brill, 1998.
KINDÎ (al-), *Cinq Épîtres*, Paris, Éditions du CNRS, 1976.

MISKAWAYH, *Traité d'éthique*, traduction française avec introduction et notes par Mohammed Arkoun, Damas, Institut français de Damas, 2ᵉ édition, 1988.

MOLLÂ SADRÂ SHÎRÂZÎ, *Le Livre des pénétrations métaphysiques (Kitâb al-Mashâ'ir)*, traduit de l'arabe, annoté et introduit par Henry Corbin, Lagrasse, Verdier, 1988.
MORRIS, James Winston, *The Wisdom of the Throne. An Introduction to the Philosophy of Mulla Sadra*, Princeton, New Jersey, Princeton University Press, 1981.
MULLÂ SADRÂ, *The Elixir of the Gnostics*, édition bilingue anglais-arabe, traduction, introduction et notes par William C. Chittick, Provo, Utah, Brigham Young University Press, 2003.
MULLÂ SADRÂ SHÎRÂZÎ, *Le Verset de la lumière. Commentaire*, texte arabe édité par Muhammad Khâjavî, traduction française, introduction et notes par Christian Jambet, Paris, Les Belles Lettres, 2001.

NÂSIR-E KHOSRAW, *Le Livre réunissant les deux sagesses (Kitâb-e Jâmi' al-Hikmatayn)*, traduit du persan, introduction et notes par Isabelle de Gastines, Paris, Fayard, 1990.

Nâsir Khosraw, *Knowledge and Liberation. A Treatise on Philosophical Theology*, nouvelle édition et traduction anglaise de *Gushâhish wa Rahâhish* par Faquir M. Hunzai, introduction et commentaire par Parviz Morevedge, Londres, New York, I. B. Tauris in association with The Institute of Ismaili Studies, 1998.

Razi (Muhammad Ibn Zakariyya al-), *La Médecine spirituelle*, traduction de l'arabe, introduction, notes et bibliographie par Rémi Brague, Paris, Flammarion, coll. GF, 2003.

Sejestâni (Abû Ya'qûb), *Le Dévoilement des choses cachées. Kashf al-Mahjûb. Recherches de philosophie ismaélienne*, traduit du persan et introduit par Henry Corbin, Lagrasse, Verdier, 1988.

Sohravardî (Shihaboddîn Yahyâ), *Shaykh al-Ishrâq : L'Archange empourpré. Quinze traités et récits mystiques*, traduits du persan et de l'arabe, présentés et annotés par Henry Corbin, Paris, Fayard, 1976.
Sohravardî (Shihaboddîn Yahya), *Le Livre de la sagesse orientale. Kitâb Hikmat al-Ishrâq*, commentaires de Qotboddîn Shîrâzî et Mollâ Sadrâ Shîrâzî, traduction et notes par Henry Corbin établies et présentées par Christian Jambet, 2ᵉ édition, Paris, Gallimard, coll. Folio essais, 2003.

Tûsî (Nasîr ad-Dîn), *The Nasirean Ethics*, traduit du persan par G. M. Wickens, Londres, George Allen & Unwin Ltd, 1964.
Tûsî (Nasîr al-Din), *Paradise of Submission. A Medieval Treatise on Ismaili Thought*, édition du texte persan et traduction anglaise de *Rawda-yi taslîm* par S. J. Badakhchani, introduction par Hermann Landolt, commentaire philosophique par Christian Jambet, Londres, New York, I. B. Tauris Publishers in association with The Institute of Ismaili Studies, 2005.
Tûsî (Nasîroddîn), *La Convocation d'Alamût. Somme de philosophie ismaélienne. Rawdat al-taslîm (Le jardin de la vraie foi)*, traduction du persan, introduction et notes par Christian Jambet, Lagrasse, Verdier/Unesco, 1996.

III

QUELQUES TRAVAUX SUR LES PHILOSOPHES
ET LA PHILOSOPHIE

ADAMSON, Peter, *Al-Kindî*, Oxford, Oxford University Press, 2007.

ARNALDEZ, Roger, *Fakhr al-Dîn al-Râzî commentateur du Coran et philosophe*, Paris, Vrin, 2002.

ARNALDEZ, Roger, «Sciences et philosophie dans la civilisation de Bagdad sous les premiers Abbassides», *Arabica*, 1962, vol. 9, p. 357-373.

ARNALDEZ, Roger, «L'histoire de la pensée grecque vue par les Arabes», *Bulletin de la Société française de philosophie*, 1978, vol. 72.3, p. 117-168.

BONMARIAGE, Cécile, *Le Réel et les réalités. Mollâ Sadrâ Shîrâzî et la structure de la réalité*, Paris, Vrin, 2007.

CORBIN, Henry, *Philosophie iranienne et philosophie comparée*, Téhéran, Académie impériale iranienne de philosophie, 1977.

CORBIN, Henry, *La Philosophie iranienne islamique aux XVIIᵉ et XVIIIᵉ siècles*, Paris, Buchet/Chastel, 1981.

CORBIN, Henry, *L'Iran et la philosophie*, Paris, Fayard, 1990.

CORBIN, Henry, *Avicenne et le récit visionnaire*, 3ᵉ édition, Lagrasse, Verdier, 1999.

CRUSSOL, Yolande de, *'Aql et conversion chez al-Muhâsibî (165-243/782-857)*, Paris, Consep, 2002.

DE SMET, Daniel, *La Quiétude de l'intellect. Néoplatonisme et gnose ismaélienne dans l'œuvre de Hamîd ad-Dîn al-Kirmânî (Xᵉ/XIᵉ s.)*, Leuven, Peeters, 1995.

DE SMET, Daniel, *Empedocles Arabus: une lecture néoplatonicienne tardive*, Bruxelles, Paleis der Academiën, 1998.

ELAMRANI-JAMAL, Abdelali, *Logique aristotélicienne et grammaire arabe*, Paris, Vrin, 1983.

ENDRESS, Gerhard et GUTAS, Dimitri, *A Greek and Arabic Lexicon. Materials for a Dictionary of the Medieval Translations from Greek into Arabic*, Leyde, E. J. Brill, 1992.

GOODMAN, Lenn E., *Avicenna*, Londres et New York, Routledge, 1992.

JAMBET, Christian, *L'Acte d'être. La philosophie de la révélation chez Mollâ Sadrâ Shîrâzî*, Paris, Fayard, 2002.

JANSSENS, Jules L., *An Annotated Bibliography on Ibn Sînâ (1970-1989)*, Leuven, Leuven University Press, 1991.

JANSSENS, Jules L., *An Annotated Bibliography on Ibn Sînâ : First Supplement (1990-1994)*, Louvain-la-Neuve, Fidem, 1999.

JOLIVET, Jean, *Philosophie médiévale arabe et latine*, Paris, Vrin, 1995.

JOLIVET, Jean, *Perspectives médiévales et arabes*, Paris, Vrin, 2006.

LANDOLT, Hermann, *Recherches en spiritualité iranienne. Recueil d'articles*, Téhéran, Presses universitaires d'Iran et Institut français de recherche en Iran, Bibliothèque iranienne 60, 2005.

MAHDI, Muhsin, *La Cité vertueuse d'Alfarabi. La fondation de la philosophie politique en Islam*, traduit de l'américain par François Zabbal, Paris, Albin Michel, 2000.

MARQUET, Yves, *Les «Frères de la Pureté» pythagoriciens de l'Islam. La marque du pythagorisme dans la rédaction des Épîtres des Iḫwân as-Safâ'*, Paris, S. É. H. A. edidit, 2006.

MICHOT, Jean R., *La Destinée de l'homme selon Avicenne. Le retour à Dieu* (ma'âd) *et l'imagination*, Louvain, Peeters, 1986.

MOREWEDGE, Parviz, *Essays in Islamic Philosophy, Theology and Mysticism*, Oneonta, State University of New York, 1995.

Multiple Averroès. Actes du Colloque international organisé à l'occasion du 850ᵉ anniversaire de la naissance d'Averroès, Paris, 20-23 septembre 1976, Paris, Les Belles Lettres, 1978.

NETTON, Ian Richard, *Al-Fârâbî and his School*, Londres et New York, Routledge, 1992.

ROSENTHAL, Franz, *Knowledge Triomphant : The Concept of Knowledge in Medieval Islam*, Leyde, E. J. Brill, 1970.

SCHMIDTKE, Sabine, *Theologie, Philosophie und Mystik im zwölfferschiistischen Islam des 9./15. Jahrhunderts. Die Gedankenwelten des Ibn Abî Ǧumhûr al-Ahsâ'î (um 838/1434-35 nach 906/1501)*, Leyde, E. J. Brill, 2000.

URVOY, Dominique, *Averroès. Les ambitions d'un intellectuel musulman*, Paris, Flammarion, 1998.

VALLAT, Philippe, *Farabi et l'École d'Alexandrie. Des prémisses de la connaissance à la philosophie politique*, Paris, Vrin, 2004.

Notes

AVANT-PROPOS

1. Al-Ghazâlî, *Ihyâ' 'ulûm al-dîn*, Le Caire, s.d., t. I, p. 23.

2. *Sharh-i ghurar al-fara'id or Shar-i manzumah. Part One Metaphysics*, édité par Mehdi Mohaghegh et Toshihiko Izutsu, Téhéran, 1969.

3. *Ibid.*, p. 54 ; *The Metaphysics of Sabzavârî*, traduit de l'arabe par Mehdi Mohaghegh et Toshihiko Izutsu, New York, Caravan Books, 1977, p. 48.

4. Cf. Richard Walzer, *Greek into Arabic. Essays on Islamic Philosophy*, Oxford, Bruno Cassirer, 1962 ; 'Abdurrahmân Badawî, *La Transmission de la philosophie grecque au monde arabe*, Paris, Vrin, 1968 ; Dimitri Gutas, *Greek Wisdom Literature in Arabic Translation. A Study of the Graeco-Arabic Gnomologia*, New Haven, American Oriental Society, 1975.

5. Une des analyses les plus poussées du lexique technique de l'ontologie islamique est le fait du premier traducteur français de Heidegger, Henry Corbin, qui procède à une herméneutique des concepts en arabe et en persan dans son *Introduction* à Mollâ Sadrâ Shîrâzî, *Le Livre des pénétrations métaphysiques*. On se reportera à l'édition de la partie française de cet ouvrage, *Le Livre des pénétrations métaphysiques*, Lagrasse, Verdier, coll. Islam spirituel, 1988, p. 56-73.

I

LA PHILOSOPHIE RETROUVÉE

1. Nâsir-e Khosraw, *Kitâb-e Jâmi' al-hikmatayn*, édition Henry Corbin et Mohammed Mo'in, Téhéran, Institut français de recherche en Iran, Paris, Adrien Maisonneuve, coll. Bibliothèque iranienne 3, 1953.

2. Nâsir-e Khosraw, *Le Livre réunissant les deux sagesses*, traduit du persan par Isabelle de Gastines, Paris, Fayard, 1990, p. 41-43.

3. *Ibid.*, p. 47.

4. Mas'ûdî (mort en 345/956), *Les Prairies d'or*, traduction française de Charles Barbier de Meynard et Abel Pavet de Courteille revue et corrigée par Charles Pellat, Paris, Société asiatique, 1962, t. I, chapitre VII, p. 63.

5. *Ibid.*, p. 66.

6. Cf. Ian Richard Netton, *Al-Fârâbî and his School*, Londres et New York, Routledge, 1992. L'auteur parle à juste titre d'un «*Age of Fârâbism*».

7. Cf. Ibn Taymiyya, *Bughyat al-murtâd fî l-radd 'alä al-mutafalsifa wa l-qarâmita wa l-bâtiniyya*, s. l., 1415/1995, p. 194, p. 237, etc.

8. Shahrastânî, *Livre des religions et des sectes*, t. II, traduction avec introduction et notes par Jean Jolivet et Guy Monnot, Louvain, Peeters/Unesco, 1993, p. 366 *sq.* (traduction Jean Jolivet).

9. Shahrastânî, *Kitâb al-musâra'a, Struggling with the Philosopher. A Refutation of Avicenna's Metaphysics. A new Arabic Edition and English Translation of Muhammad b. 'Abd al-Karîm b. Ahmad al-Shahrastânî's* Kitâb al-Musâra'a par Wilferd Madelung et Toby Mayer, Londres, New York, I. B. Tauris, 2001, p. 3.

10. Dans sa présentation du texte arabe du *Commentaire de la Métaphysique du Shifâ'* par Mullâ Sadrâ (*Sharh-e Ilâhiyyât*, Téhéran, 1382 h.) l'éditeur, M. Najafqulî Habibî, établit une liste commençant par Ibn Rushd (Averroès) et s'achevant de nos jours, liste de vingt-quatre noms de commentateurs d'Avicenne. Cette liste, non exhaustive, est un témoignage éloquent de la domination exercée par Avicenne et de l'identification de son œuvre à la *falsafa*. Cela n'empêche pas les auteurs les plus

patients, les plus encyclopédiques aussi, de citer les autres *falâsifa*.

11. Averroès, *Tahâfut al-tahâfut*, édition Maurice Bouyges, Beyrouth, Dar el-Machreq, 2ᵉ édition, 1987, p. 210 *sq*.

12. Cf. Maurice-Ruben Hayoun et Alain de Libera, *Averroès et l'averroïsme*, Paris, P.U.F., 1991.

13. Traduit par Georges Vajda, in *Isaac Albalag, averroïste juif, traducteur et annotateur d'al-Ghazâlî*, Paris, Vrin, 1960, p. 153.

14. Cf. Georges Vajda, *Introduction à la pensée juive du Moyen Âge*, Paris, Vrin, 1947, p. 160.

15. Cf. Alain de Libera, *La Philosophie médiévale*, Paris, P.U.F., 1993, p. 191-222, p. 383-386, p. 411-413.

16. Cf. Fahrad Daftary, *Les Ismaéliens : histoire et traditions d'une communauté musulmane*, Paris, Fayard, 2003.

17. On désigne par ce vocable les Qarâmita, qui seraient les fidèles de Hamdân Qarmat, chef ismaélien du IIIᵉ/IXᵉ siècle. Cf. Wilferd Madelung, article «Karmatî», *Encyclopédie de l'Islam*, 2ᵉ édition, Leyde, E. J. Brill, t. IV, 1990, p. 660-665.

18. Cf. *An Anthology of Ismaili Literature. A Shi'i Vision of Islam*, sous la direction de Hermann Landolt, Samira Sheikh et Kutub Kassam, Londres, New York, The Institute of Ismaili Studies, Londres, I. B. Tauris, 2008.

19. Cf. *Bulletin de la Société française de philosophie*, séance du 28 janvier 1978, p. 165.

20. Sur Sohravardî et son héritage, l'ouvrage qui fait autorité reste celui du pionnier de l'étude et de l'édition critique des œuvres du *Shaykh al-Ishrâq*, Henry Corbin, *En Islam iranien. Aspects spirituels et philosophiques*, t. II, *Sohrawardî et les Platoniciens de Perse*, Paris Gallimard, coll. Bibliothèque des Idées, 1971.

21. Cf. Obadia et David Maïmonide, *Deux traités de mystique juive*, Lagrasse, Verdier, 1987. Paul Fenton, le traducteur de ces ouvrages, explicite le détail historique et théorique de cette influence rapide et surprenante en son étude préliminaire, p. 28 *sq*.

22. Cf. Shihâboddîn Yahya Sohravardî, *Le Livre de la sagesse orientale*, 2ᵉ édition, Paris, Gallimard, coll. Folio Essais, 2003, où, dans la traduction de Henry Corbin établie par nos soins, on trouvera également les commentaires de Qutb al-Dîn al-Shîrâzî et de Mullâ Sadrâ.

23. Cf. Claude Addas, *Ibn 'Arabî ou La quête du Soufre Rouge*, Paris, Gallimard, coll. Bibliothèque des Sciences humaines, 1989. Sur les rapports entre philosophie *(falsafa)* et *hikma* chez Ibn 'Arabî, voir William C. Chittick, «Ibn 'Arabî», *in* Seyyed Hossein Nasr et Oliver Leaman (dir.), *History of Islamic Philosophy*, Londres, New York, Routledge, 2007, p. 497-509.

24. Le lecteur trouvera une étude détaillée des maîtres de ce qu'il est convenu de nommer, arbitrairement, l'École d'Ispahan dans l'ouvrage de Henry Corbin, *La Philosophie iranienne islamique aux XVIIᵉ et XVIIIᵉ siècles*, Paris, Buchet/Chastel, 1981.

25. Ces trop brèves réflexions se sont nourries de l'ouvrage de Bertrand Saint-Sernin, *Blondel*, Paris, Vrin, 2009, et des travaux dont le lecteur trouvera référence dans l'*Histoire des sciences arabes* publiée sous la direction de Roshdi Rashed et Régis Morelon, 3 vol., Paris, Éditions du Seuil, 1997.

26. Donner les raisons d'être d'une telle concorde, tel est l'objectif d'al-Fârâbî en son *Traité de l'harmonie entre les opinions des deux sages, le divin Platon et Aristote*. C'est aussi bien la conviction de tous ceux qui distinguent, sous deux noms vénérables, non deux philosophies irrémédiablement contradictoires, mais les étapes d'une seule et même sagesse. Cf. Farabi, *Deux traités philosophiques : L'harmonie entre les opinions des deux sages, le divin Platon et Aristote et De la religion*, introduction, traduction et notes par Dominique Mallet, Damas, Institut français de Damas, 1989.

27. Pierre-Maxime Schuhl, *La Fabulation platonicienne*, 2ᵉ édition, Paris, Vrin, 1968, p. 43.

28. Étienne Gilson a montré l'importance d'Avicenne dans le cours de l'ontologie occidentale. Voir «Avicenne et le point de départ de Duns Scot», *Archives d'histoire littéraire et doctrinale du Moyen Âge*, 1927. Voir aujourd'hui Alain de Libera, *La Querelle des universaux. De Platon à la fin du Moyen Âge*, Paris, Éditions du Seuil, 1996, p. 177-191.

II

PHILOSOPHIE EN ISLAM
OU PHILOSOPHIE ISLAMIQUE ?

1. Cf. Edmund Husserl, *La Crise de l'humanité européenne et la philosophie* [1935] : «Il fallait avoir élaboré *le concept d'Eu-*

428   Qu'est-ce que la philosophie islamique ?

rope en tant que *téléologie historique de buts rationnels infinis*;
il fallait avoir montré comment le «monde» européen était né
des idées de la raison, c'est-à-dire des idées de la philosophie»
(trad. Gérard Granel).

2. Émile Bréhier, *Histoire de la philosophie*, t. I, *Antiquité et
Moyen Âge*, nouvelle édition, Paris, P.U.F., 1981 [1931 et 1938].

3. Étienne Gilson, *La Philosophie au Moyen Âge. Des origines
patristiques à la fin du xive siècle*, Paris, Payot, 1962 [première
édition 1922].

4. Étienne Gilson, *L'Être et l'Essence*, 2e édition revue et aug-
mentée, Paris, Vrin, 1972.

5. Étienne Gilson, *Le Philosophe et la Théologie*, Paris, Fayard,
coll. Le Signe, 1960. L'ouvrage a été réédité avec une préface
de Jean-François Courtine (Paris, Vrin, 2005).

6. Étienne Gilson, *Le Philosophe et la Théologie*, 1re éd.,
p. 213.

7. G. W. F. Hegel, *Leçons sur l'histoire de la philosophie*,
t. V, *La Philosophie du Moyen Âge*, trad. Pierre Garniron, Paris,
Vrin, 1978, p. 1035.

8. *Ibid.*, p. 1024.

9. Raymond Schwab, *La Renaissance orientale*, Paris, Payot,
1950.

10. *Œuvres complètes d'Ernest Renan*, t. I, édition définitive
établie par Henriette Psichari, Paris, Calmann-Lévy, 1947,
p. 950-952.

11. Ceci n'est qu'une approximation. La philosophie *arabe*
chrétienne n'est pas restreinte au temps du Moyen Âge, et elle
mérite un traitement historique spécial. Les relations entre
l'arabe, langue commune à certains auteurs chrétiens et aux
musulmans et l'arabe, langue de l'islam sont complexes.

12. Cf. Christian Jambet, «Le Persan», *Encyclopédie philosophique universelle*, t. IV, *Le Discours philosophique*, Paris,
P.U.F., 1998, p. 114-127; Mohammad-Ali Amir-Moezzi, «Le
persan, l'autre langue sacrée de l'islam. Quelques notes brèves»,
Annali dell'Istituto Universitario Orientale di Napoli, 2010.

13. Friedrich Schleiermacher, *Discours sur la religion* (1799),
traduction, introduction et notes d'Isaac-Julien Rouge, Paris,
Aubier, 1944. Dans le deuxième discours, l'auteur fonde sur un
«système d'intuitions» les «expériences directes de l'existence
et de l'activité de l'Univers» et pense ainsi la religion sous les
traits d'un savoir infini et intérieur, qu'il souhaite voir s'émanciper de la politique (cf. quatrième discours).

14. Charles Péguy, *Un nouveau théologien, M. Fernand Laudet*, *Œuvres en prose complètes*, III, *1909-1914*, Paris, Gallimard, coll. Bibliothèque de la Pléiade, 1957, p. 447-449.

15. Hans Urs von Balthasar, *Théologie de l'histoire*, Paris, Parole et Silence, 2003, p. 37.

16. Henry Corbin, *Le Paradoxe du monothéisme*, Paris, L'Herne, 1981.

17. Cf. Jean Trouillard, *La Mystagogie de Proclos*, Paris, Les Belles Lettres, 1982.

18. Julius Guttmann, *Histoire des philosophies juives. De l'époque biblique à Franz Rosenzweig*, Paris, Gallimard, coll. Bibliothèque de Philosophie, 1994, p. 174.

19. Cf. Daniel De Smet, *La Quiétude de l'intellect. Néoplatonisme et gnose ismaélienne dans l'œuvre de Hamîd al-Dîn al Kirmânî (xᵉ/xiᵉ s.)*, Leuven, Peeters, 1995.

20. Cf. Sohravardî, *L'Archange empourpré. Quinze traités et récits mystiques*, traduits de l'arabe et du persan par Henry Corbin, Paris, Fayard, 1976, p. 473-498.

21. Cf. Coran 12 : 2 : « Nous l'avons fait descendre en un Coran arabe ». Voir aussi : 13 : 37, 16 : 103, 19 : 97, 20 : 113, 26 · 195, 39 : 28, 41 : 3, 41 : 44, 42 : 7, 43 : 3, 44 : 58, 46 : 12.

22. Cf. Louis Massignon, « La syntaxe intérieure des langues sémitiques et le mode de recueillement qu'elles inspirent », in *Écrits mémorables*, édition sous la direction de Christian Jambet, Paris, Robert Laffont, coll. Bouquins, 2 vol., 2009, t. II, p. 236-245.

23. Cf. Henry Corbin, *Histoire de la philosophie islamique*, Paris, Gallimard, coll. Folio Essais, 1986, p. 21.

24. Nous renvoyons à l'ouvrage d'Etan Kohlberg et Mohammad-Ali Amir-Moezzi, *Revelation and Falsification*, Leyde, E. J. Brill, 2009, où ces auteurs publient le *Kitâb al-qirâ'ât* de al-Sayyârî. L'introduction de l'ouvrage présente le panorama complet des études sur cette question.

25. Régis Blachère, *Introduction au Coran*, Paris, Maisonneuve & Larose, 1977, p. 109.

26. Ibn Hazm, s'en prenant plus tard à la théologie ash'arite, critiquera aussi les « philosophes » et l'activité qu'ils revendiquent. Empruntant les voies d'une théologie, le zâhirisme, qui s'illustrera chez les mystiques de l'amour (Ibn Hazm lui-même, Ibn Dâwûd, Ibn 'Arabî...) comme chez de stricts légalistes, court-circuite les spéculations philosophiques et fonde une anti-

philosophie dont Roger Arnaldez a su montrer l'intelligence et l'importance. Cf. Roger Arnaldez, *Grammaire et théologie chez Ibn Hazm de Cordoue. Essai sur la structure et les conditions de la pensée musulmane*, Paris, Vrin, coll. Études musulmanes 3, 1956.

27. Josef van Ess, *Les Prémices de la théologie musulmane*, Paris, Albin Michel, coll. La chaire de l'IMA, 2002, p. 54.

28. Ignaz Goldziher, *Le Dogme et la Loi dans l'islam*, trad. Félix Arin, 2ᵉ éd., Paris, Geuthner/L'Éclat, 2005, p. 61.

29. Jacques Jomier, *Dieu et l'homme dans le Coran*, Paris, Éditions du Cerf, 1996, p. 124-126.

30. Cf. Maurice Gaudefroy-Demombynes, *Mahomet*, Paris, Albin Michel, 1969, p. 244 *sq.*

31. Cf. Guy Monnot, «L'humanité dans le Coran», *Annuaire de l'EPHE, Section des sciences religieuses*, t. 103 (1994-1995), p. 19-29.

32. Cf. Henry Corbin, «L'Évangile de Barnabé et la prophétologie islamique», *Cahiers de l'université Saint-Jean de Jérusalem* 3, 1977, p. 169-212.

33. On relèvera la similitude entre ce verset et Dt 18, 15, cité dans Ac 3, 22.23 : «Yahvé ton Dieu suscitera pour toi, du milieu de toi, parmi tes frères, un prophète comme moi, que vous écouterez» (traduction de la *Bible de Jérusalem*). Ce verset biblique, placé dans la bouche de Moïse, invoqué si souvent en faveur de la mission prophétique de Jésus, de la dimension prophétique du Christ, a un parallèle dans le verset coranique annonçant la mission prophétique de Muhammad.

34. Cf. Ephraïm E. Urbach, *Les Sages d'Israël. Conceptions et croyances des maîtres du Talmud*, traduit de l'hébreu par Marie-José Jolivet, Paris, Cerf/Verdier, coll. Patrimoines Judaïsme, 1996, p. 100 *sq.*

35. Cardinal Aloys Grillmeier, *Le Christ dans la tradition chrétienne*, t. I, *De l'âge apostolique au concile de Chalcédoine (451)*, Paris, Éditions du Cerf [1973], nouvelle édition 2003, p. 127.

36. *Ibid.*, p. 65.

37. André Neher, *L'Essence du prophétisme*, 2ᵉ éd., Paris, Calmann-Lévy, 1983, p. 53, 273 *sq.*

38. Cf. Charles-Henri de Fouchécour, *Moralia. Les notions morales dans la littérature persane du 3ᵉ/9ᵉ au 7ᵉ/13ᵉ siècle*, Paris, Éditions Recherche sur les civilisations, coll. Bibliothèque iranienne 32, 1986, p. 103-106.

39. Pour une étude détaillée et une bibliographie à jour, nous renvoyons à Cristina D'Ancona (dir.), *Storia della filosofia nell'Islam medievale*, Turin, Einaudi, 2 vol., 2005, t. I, p. 5-47 et p. 180-237 (Cristina D'Ancona).

40. Nous reprenons à notre compte l'expression qui fait le titre d'un livre de Dom Jean Leclercq, *L'Amour des lettres et le Désir de Dieu. Initiation aux auteurs monastiques du Moyen Âge*, 3ᵉ édition, Paris, Éditions du Cerf, 1990.

41. Cf. Souâd Ayada, *L'Islam des théophanies. Une religion à l'épreuve de l'art*, Paris, CNRS Éditions, 2010.

42. Cf. Émile Benveniste, *Le Vocabulaire des institutions indo-européennes 2. Pouvoir, droit, religion*, Paris, Éditions de Minuit, 1969, p. 265 *sq.*

43. Shahrastânî, *Livre des religions et des sectes*, t. I, traduction avec introduction et notes par Daniel Gimaret et Guy Monnot, Louvain, Peeters/Unesco, 1988, p. 165-168.

44. Cf. Maurice-Ruben Hayoun, *Maïmonide et la pensée juive*, Paris, P.U.F., 1994, p. 135.

45. Cf. Mohammad-Ali Amir-Moezzi, «Considérations sur l'expression *Dîn 'Alî* aux origines de la foi shî'ite», in *La Religion discrète. Croyances et pratiques spirituelles dans l'islam shî'ite*, Paris, Vrin, 2006, p. 19-47.

46. Cf. Mohammad-Ali Amir-Moezzi, *Le Guide divin dans le shî'isme origine*l, Lagrasse, Verdier, 1992.

47. Cf. Richard Walzer, *Al-Farabi On the Perfect State*, Oxford, Oxford University Press, 1985, p. 442, p. 502.

48. Julius Guttmann, *Histoire des philosophies juives, op. cit.*, p. 228-229. Voir aussi Maurice-Ruben Hayoun, *Maïmonide et la pensée juive, op. cit.*, p. 152-169.

49. 'Abd al-Razzâq al-Kâshânî, *Latâ'if al-il'âm fî ishârât ahl al-dîn*, édition Majid Hâdizâdeh, Téhéran, 2000, p. 250 *sq.*

50. *Ibid.*, p. 421.

51. Al-Kâshânî s'inspire de la définition proposée, de la science tierce, par le maître du soufisme al-Ansârî en ses *Étapes des itinérants.* Cf. 'Abd al-Mu'tî al-Lakhmî al-Iskandarî, *Commentaire du Livre des Étapes*, édité avec une introduction par Serge de Laugier de Beaurecueil O. P., Le Caire, Imprimerie de l'Institut français d'archéologie orientale, 1954, p. 127 *sq.*

52. Bahmanyâr ibn Marzbân, *Kitâb al-tahsîl*, livre III, chapitre 4. Il n'est pas inutile de consulter la version persane de cet ouvrage, *Jâm-e jehân namay*, qui eut une influence certaine (*Jâm-i Jahân Numay* [sic]. *A Persian Translation of* Kitâb al-

tahsîl, édité par A. Nûrânî et Mohammad Taqî Danishpajuh, Téhéran, 1983, p. 603-608).

53. Cf. Coran 53 : 3-4 : « Il ne parle pas du fond de ses passions, c'est seulement une révélation (*wahy*) qui lui est révélée. »

54. Cf. Joseph Schacht, *An Introduction to Islamic Law*, Oxford, Clarendon Press, 1982, p. 28-36.

55. Cf. Hamilton Alexander Rosskeen Gibb, *La Structure de la pensée religieuse de l'islam*, traduit de l'anglais par Jeanne et Félix Arin, Paris, Larose, 1950.

56. Shâfi'î, *La* Risâla. *Les fondements du droit musulman*, traduit de l'arabe, présenté et annoté par Lakhdar Souami, Paris, Sindbad/Actes Sud, 1997.

57. Muhammad ibn Idrîs al-Shâfi'î (150/767-204/820) reconnaît une certain validité au raisonnement analogique (*al-qiyâs*) et à l'intelligence ('*aql*) dans l'effort d'induction juridique. Il les distingue soigneusement de l'opinion arbitraire (*ra'y*).

58. Voir Noel J. Coulson, *Histoire du droit islamique*, traduit de l'anglais par Dominique Anvar, Paris, PUF, 1995, p. 14.

59. Mohammed H. Benkheira, *L'Amour de la loi. Essai sur la normativité en islâm*, Paris, P.U.F., 1997, p. 29. Mohammed Benkheira distingue deux niveaux distincts dans la *sharî'a*, celui d'un idéal abstrait, celui des règles ou normes concrètes, dont il faut reconnaître la logique interne. Il nous fournit un exemple remarquable de cette normalité concrète dans son étude des interdits alimentaires. Cf. *Islam et interdits alimentaires. Juguler l'animalité*, Paris, P.U.F., 2000.

60. Cf. Daniel Gimaret, *Théories de l'acte humain en théologie musulmane*, Paris-Leuven, Vrin, coll. Études musulmanes XXIV, 1980.

61. Cf. Louis Gardet et Marie-Marcel [Georges C.] Anawati, *Introduction à la théologie musulmane*, Paris, Vrin, 1970.

62. Majid Fakhry, *Histoire de la philosophie islamique*, Éditions du Cerf, Paris, 1989, p. 66-88.

63. Louis Gardet, *Dieu et la destinée de l'homme*, Paris, Vrin, 1967, p. 23.

64. Josef van Ess, *Les Prémices de la théologie musulmane*, *op. cit.*, p. 156 *sq.*

65. Jean Jolivet, *La Théologie et les Arabes*, Paris, Éditions du Cerf, 2002, p. 21.

66. Averroès (Ibn Rušd), *Commentaire moyen à la* Rhétorique *d'Aristote*, Paris, Vrin, 2002, t. I, p. 63.

67. Maroun Aouad, Introduction générale, *in* Averroès, *Commentaire, op. cit.*, p. 63-88.

68. Emmanuel Kant, *Que signifie s'orienter dans la pensée ?*, traduction par Jean-François Poirier et Françoise Proust, Paris, Flammarion, coll. GF, 1991, p. 71.

69. Cf. Jean Jolivet, « Étapes dans l'histoire de l'intellect agent », in *Perspectives médiévales et arabes*, Paris, Vrin, coll. Études de philosophie médiévale, 2006, p. 163-174.

70. Cf. Leo Strauss, *Maïmonide*, essais rassemblés et traduits par Rémi Brague, Paris, P.U.F., 1988, p. 103 *sq.*

71. Henry Corbin, *L'Iran et la philosophie*, Paris, Fayard, 1990, p. 101.

72. *Ibid.*, p. 47 *sq.*

III

LA SAGESSE ET L'ART DE L'EXISTENCE

1. Al-Fârâbî, *Al-siyâsa al-madaniyya*, Beyrouth, Dar el-Machreq, 1986, p. 73.

2. Pierre Hadot, *Qu'est-ce que la philosophie antique ?*, Paris, Gallimard, coll. Folio Essais, 1995, p. 379-407 ; *La Philosophie comme manière de vivre*, Paris, Albin Michel, coll. Itinéraires du savoir, 2001, p. 143-157.

3. Jalâl al-Dîn Rûmî, *Mathnavî*, livre II, vers 3089-3100.

4. Cf. Ignaz Goldziher, *Muhammedanische Studien* II, p. 204-206, *Études sur la tradition islamique*, Paris, 1952, p. 258-260.

5. Cf. *Le Troisième Livre du Dênkart*, traduit du pehlevi par Jean de Menasce O. P., Paris, Librairie C. Klincksiek, 1973, p. 14 *sq.* (sur les rapports entre Dênkart et mu'tazilisme), p. 284-285 (exemples de conseils qui se veulent très proches de prescriptions bibliques).

6. Charles-Henri de Fouchécour, *Moralia, op. cit.*, p. 21.

7. Pierre Hadot, *La Citadelle intérieure. Introduction aux Pensées de Marc-Aurèle*, Paris, Fayard, 1992, p. 66.

8. Miskawayh, *Al-hikma al-khâlida*, édition A. Badawî, Téhéran, 1979.

9. Ferdowsî, *Shâh-nâmeh, Aghâz-e ketâb*, distiques 71-74, traduction Jules Mohl.

10. Cf. G. W. F. Hegel, *Phénoménologie de l'esprit*, traduction Jean Hyppolite, Paris, Aubier, 1941, t. I, p. 169 *sq.*

11. Mohammed Arkoun, *Contribution à l'étude de l'humanisme arabe au IVe/Xe siècle: Miskawayh philosophe et historien*, Paris, Vrin, coll. Études musulmanes XII, 1970, p. 148 *sq.*

12. Cf. Mario Grignaschi, «La "Siyâsatu-l-'âmmiyya" et l'influence iranienne sur la pensée politique islamique», *Acta Iranica*, vol. 6, Téhéran-Liège, 1975, p. 33-287 et «L'origine et les métamorphoses du "Sirr al-Asrâr" (*Secretum Secretorum*)», *Archives d'histoire doctrinale et littéraire du Moyen Âge*, 43, 1977, p. 7-112.

13. *Akhlâq-e Nâserî*, édition Mojtaba Minovi, Téhéran, 1356/1977, p. 341-344. Cf. Charles-Henri de Fouchécour, *Moralia, op. cit.*, p. 463 *sq.*

14. Nasîr al-Dîn Tûsî, *Akhlâq-e Mohtashamî*, édition Mohammad Taqî Dânesh-Pajûh, Téhéran, 1339/1960. Cf. Charles-Henri de Fouchécour, *Moralia, op. cit.*, p. 148 *sq.*

15. Cf. Werner Jaeger, *Paideia. The Ideal of Greek Culture*, translated from the Second German Edition by Gilbert Highet, Oxford, Oxford University Press, 1965, vol. 1, p. 194-222 (sur Theognis et Pindare).

16. Charles-Henri de Fouchécour, *Moralia, op. cit.*, p. 69.

17. Cf. *ibid.*, p. 23 *sq.*

18. Ferdowsî, *Shâh-nâmeh*, XII, 924.

19. Cf. Nizâmi, *Les Sept Portraits*, traduit du persan par Isabelle de Gastines, Paris, Fayard, 2000, et *Le Pavillon des sept princesses*, traduit par Michael Barry, Paris, Gallimard, coll. Connaissance de l'Orient, 2000.

20. Ibn al-Muqaffa', *Le Livre de Kalila et Dimna*, traduit de l'arabe par André Miquel, nouvelle édition, Paris, Klincksieck, 1980.

21. Ce médecin philosophe est né à Rayy en 865 et il est mort dans cette ville de l'Iran entre 925 et 935. Il est connu surtout par sa *Médecine spirituelle* et ses controverses avec son (presque) homonyme, le penseur ismaélien Abû Hâtim al-Râzî. Nous renvoyons le lecteur à l'introduction que Rémi Brague a placée en tête de sa traduction de *La Médecine spirituelle*, Paris, Flammarion, coll. GF, 2003. Les travaux de Paul Kraus (1904-1944) ont fait renaître l'intérêt porté à Râzî (le Rhazès des latins) et nous citons *Le Livre de la conduite du philosophe* dans l'édition et la traduction que Kraus a procurées:

«*Raziana* I. La Conduite du Philosophe. Traité d'éthique d'Abû Muhammad b. Zakariyyâ al-Râzî», *Orientalia*, 1935, NS 4.

22. Traduction Paul Kraus, *Raziana* I, *op. cit.*, p. 322.

23. *Ibid.*, p. 323.

24. *Ibid.*, p. 324.

25. Cf. Pierre Grimal, *Sénèque*, 2ᵉ édition, Paris, Fayard, 1991, p. 303 *sq.*

26. On discute l'identité des rédacteurs des *Épîtres*, leur appartenance au mouvement de propagande ismaélien et la date de la rédaction de leur vaste «encyclopédie». Sans entrer ici dans la controverse, nous tenons pour le plus vraisemblable que les *Épîtres* furent rédigées, au milieu du ivᵉ/xᵉ siècle, par des shî'ites ismaéliens et sont un système des sciences philosophiques mis au service de la doctrine de l'imamat et de l'eschatologie qui s'y rattache, ainsi que d'une doctrine théologique et politique à dominante ismaélienne. Nous nous référons précisément à la quarante-quatrième épître, qui appartient au groupement de traités consacrés aux questions métaphysiques et religieuses, dans l'édition du Caire, en quatre volumes (1928) reproduite à Qom en 1405 h.: *Rasâ'il Ikhwân al-Safâ' wa khillân al-wafâ'*, vol. IV, p. 14-40 [abrégé: *Rasâ'il*].

27. Cf. Yves Marquet, *La Philosophie des Ikhwân al-Safâ'*, 2ᵉ édition, Paris/Milan, Archè, 1999, p. 17 *sq.*, et l'article «Ikhwân al-Safâ'», *Encyclopédie de l'Islam*, 2ᵉ édition, t. III, p. 1098-1103.

28. Cf. Yves Marquet, *op. cit*, p. 461-464.

29. Cf. *ibid.*, p. 469 et *Rasâ'il*, vol. IV, p. 16.

30. Allusion à la sourate VII du Coran, *Al-A'râf*. Les *A'râf* désignent des hauteurs séparant le Paradis de la Géhenne (Cor. 7: 46). Dans la symbolique shî'ite, ils finiront par avoir pour sens caché les membres de la famille du Prophète, mais ici ils ne sont que l'explicitation du «voile épais» qui sépare le sens apparent de la Loi, apparenté à la Géhenne, et le sens caché, eschatologique et sapiential, apparenté au Paradis.

31. *Rasâ'il*, vol. IV, p. 25.

32. *Ibid.*, p. 25-26.

33. *Ibid.*, p. 28-29.

34. *Ibid.*, p. 29-30.

35. *Ibid.*, p. 34.

36. *Ibid.*, p. 35.

37. *Ibid.*, p. 31.

38. *Ibid.*
39. *Ibid.*

IV

SALUT PHILOSOPHIQUE ET SALUT SPIRITUEL

1. Al-Kindî, *Prosternation du corps extrême*, *Œuvres philoso-phiques et scientifiques d'al-Kindî*, t. II, *Métaphysique et cosmo-logie*, édité par Roshdi Rashed et Jean Jolivet, Leyde, E. J. Brill, 1998, p. 196-198.
2. *Corpus hermeticum*, tome III, Traité XIII, 11, édition Arthur Darby Nock et André-Jean Festugière, 4e édition, Paris, Les Belles Lettres, 1983, p. 205. Cf. André-Jean Festugière, *Her-métisme et mystique païenne*, Paris, Aubier-Montaigne, 1967, p. 64.
3. Pierre Lory, *Alchimie et mystique en terre d'islam*, Lagrasse, Verdier, 1989, p. 29-30 et *passim*.
4. Roger Arnaldez, «L'Âme et le Monde dans le système phi-losophique de Fârâbî», *Studia Islamica* XLIII, 1976, p. 53-63.
5. Cf. Philippe Vallat, *Farabi et l'École d'Alexandrie. Des pré-misses de la connaissance à la philosophie politique*, Paris, Vrin, coll. Études musulmanes XXXVIII, 2004, p. 158, renvoyant aux travaux de Philippe Hoffmann. Cf. Philippe Hoffmann, «La fonction des prologues exégétiques dans la pensée pédagogique néoplatonicienne», *Entrer en matière, les prologues*, sous la direction de Jean-Daniel Dubois et Bernard Roussel, Paris, Éditions du Cerf, 1998, p. 209-246.
6. Al-Kindî, *Livre sur la philosophie première*, *Œuvres philo-sophiques et scientifiques d'al-Kindî*, t. II, *op. cit.*, p. 9-11, tra-duction légèrement modifiée.
7. Cf. Jean Jolivet, «L'idée de la sagesse et sa fonction dans la philosophie des IVe et Ve siècles (H.)», *in Perspectives médié-vales et arabes*, *op. cit.*, p. 242.
8. Al-Fârâbî, *Tahsîl al-sa'âda*, Beyrouth, 1981, p. 92.
9. Al-Fârâbî, *Aphorismes choisis*, traduction, introduction et lexique par Soumaya Mestiri et Guillaume Dye, commentaire par Guillaume Dye, Paris, Fayard, 2003, aphorisme 42, p. 76.
10. *Averroès on Plato's* Republic, traduction, introduction et notes par Ralph Lerner, Ithaca, New York, Cornell University Press, 1974, p. 76.

11. Al-Ghazâlî, *Al-Mustazhirî*, édition Badawî, p. 56.

12. Nasîr al-Dîn al-Tûsî, *Akhlâq-e Nâsirî*, édition Minovî, *op. cit.*, p. 299 *sq.*

13. Sohravardî, *Kitâb hikmat al-ishrâq*, *Œuvres philosophiques et mystiques (Opera Philosophica et Mystica)*, t. II, édition Henry Corbin, Téhéran, Institut français de recherche en Iran, Paris, Adrien Maisonneuve, coll. Bibliothèque iranienne 2, 1952, p. 11-12.

14. On sait que le chef d'accusation sous lequel tomba Sohravardî fut d'avoir prétendu que Dieu pouvait toujours créer de nouveaux prophètes, même après la clôture de la prophétie exotérique avec Muhammad.

15. Cf. Daniel De Smet, *La Quiétude de l'intellect, op. cit.*, p. 146-196, 360-368.

16. Cf. *infra*, p. 388.

17. Al-Kindî, *Livre sur la philosophie première*, *Œuvres philosophiques et scientifiques d'al-Kindî*, t. II, *op. cit.*, p. 8, traduction légèrement modifiée.

18. Cf. Platon, *Théétète*, traduction Auguste Diès, Les Belles Lettres, C.U.F. 8-2, 1967 [1926]. Nous restituons au mot *osios* son sens religieux et normatif qui nous semble plus juste que « saint ».

19. Aristote, *De l'Âme*, II, 1, 412 a. Cf. Aristote, *Fî l-nafs*, II, 1, Le Caire, 1954, p. 30.

20. Avicenne, *Livre des définitions (Kitâb al-hodûd)*, édité et traduit par Amélie-Marie Goichon, Le Caire, I.F.A.O., 1963, p. 14. Cf. *Avicenna's De Anima (Arabic text)*, édité par Fazlur Rahman, Londres, Oxford University Press, 1959, p. 12.

21. Avicenne, *De Anima*, édition Rahman, p. 255. Cf. Shlomo Pines, « La conception de la conscience de soi chez Avicenne et Abû'l-Barakat al-Baghdadi », *Archives d'Histoire doctrinale et littéraire du Moyen Âge*, 1954, Paris, Vrin, 1955, p. 21-98.

22. Souâd Ayada parle même d'une démarche transcendantale, et du « moi » avicennien dans les termes de l'unité originaire de l'aperception transcendantale, telle qu'elle est théorisée par Kant dans la seconde édition de la *Critique de la raison pure*. Cf. Souâd Ayada, « Le modèle avicennien de la subjectivité », *Revue des sciences philosophiques et théologiques*, tome 83, nᵒ 3, juillet 1999, p. 491-526.

23. Ibn Sînâ, *Al-Najât*, édition Mohammad Taqî Dânesh-Pajûh, Téhéran, 1364 h., p. 330-332.

24. *Ibid.*, p. 335.

25. Meryem Sebti, *Avicenne. L'âme humaine*, Paris, P.U.F., 2000, p. 93.

26. *Ibid.* Meryem Sebti démontre que la présence à soi est confirmée par Avicenne, que, selon lui, l'âme est toujours présente à soi, a toujours l'aperception de son existence singulière et elle cite et explique nombre de pages où se forge la doctrine avicennienne de la personnalité. Cf. *Avicenne. L'âme humaine, op. cit.*, p. 100-117.

27. Louis Gardet, *La Pensée religieuse d'Avicenne (Ibn Sînâ)*, Paris, Vrin, 1951, p. 115.

28. Cf. Dimitri Gutas, *Avicenna and the Aristotelian Tradition*, Leyde, E. J. Brill, 1988, p. 159-176. Voir aussi Lenn E. Goodman, *Avicenna*, Londres, Routledge [1992], 2ᵉ éd., 1995, p. 181 n. 80.

29. Ibn Sînâ, *Al-Najât, op. cit.*, p. 341.

30. Ibn Sînâ, *Al-Ishârât wa l-tanbîhât bâ sharh-e khwâjeh-e Nasîr al-Dîn Tûsî wa Qotb al-Dîn Râzî*, Qom, 1383 h., 7ᵉ *namat*, t. III, p. 289.

31. Cf. Christian Jambet, *La Grande Résurrection d'Alamût. Les formes de la liberté dans le shî'isme ismaélien*, Lagrasse, Verdier, 1990, p. 371-387.

32. Ibn Sînâ, *Al-Ishârât wa l-tanbîhât, op. cit.*, t. III, p. 293.

33. *Ibid.*, p. 382.

34. *Ibid.*, p. 382.

35. *Ibid.*, p. 388.

36. *Ibid.*, p. 391.

37. Cf. Louis Massignon, «Interférences philosophiques et percées métaphysiques dans la mystique hallâgienne. Notion de "l'essentiel désir"», in *Écrits mémorables, op. cit.*, t. I, p. 452-478.

38. Cette page célèbre (correspondant à *Ennéades* IV, 8, 1) a été commentée maintes fois, d'Avicenne à Qâzî Sa'îd Qommi.

39. Cf. Louis Massignon, *Recueil de textes inédits concernant l'histoire de la mystique en pays d'islam*, Paris, Geuthner, 1929, p. 128 *sq.*, et «Ibn Sab'în et la critique psychologique dans l'histoire de la philosophie musulmane», *Écrits mémorables* II, *op. cit.*, p. 704-710.

40. Ibn Sab'în, *Correspondance philosophique avec l'Empereur Frédéric II de Hohenstaufen*, tome 1ᵉʳ, texte arabe, Paris, De Boccard, 1943, p. 24.

41. *Ibid.*, p. 26.
42. *Ibid.*, p. 27.
43. Jeu de mots : *quwwa* signifie *puissance, faculté de l'âme* et *nourriture.*
44. Ibn Sab'în, *Budd al-'ârif*, Beyrouth, 1978, p. 96.
45. *Ibid.*, p. 97.
46. *Ibid.*, p. 121-124.
47. *Ibid.*, p. 123 *sq.*
48. Dominic O'Meara, *Plotin. Une introduction aux Ennéades*, Paris-Fribourg, Éditions du Cerf, 1992, p. 138.

V

SOPHIA PERENNIS

1. Ainsi peut-on parler du « triomphe de la connaissance », comme le fait le grand livre de Franz Rosenthal, *Knowledge Triomphant : The Concept of Knowledge in Medieval Islam*, Leyde, E. J. Brill, 1970.
2. Mîr Dâmâd, *Kitâb al-qabasât*, édition Mehdi Mohaghegh et Toshihiko Isutzu, Téhéran, 1977, p. 82-91, et *Al-Sirât al-mustaqîm*, édition 'Alî Owjabi, Téhéran, 1381 h./2002, p. 154 *sq.*
3. Henry Corbin, *La Philosophie iranienne islamique aux XVIIe et XVIIIe siècles, op. cit.*, p. 28.
4. Mullâ Sadrâ Shîrâzî, *Tafsîr al-Qur'ân al-karîm*, édition Muhammad Khâjavî, Qom, 1366-69 h./ 1987-1990, t. III, p. 105. Cette tradition est déjà présente dans certains recueils de sagesse.
5. Averroès, *Fasl al-maqâl, Traité décisif*, texte arabe par Léon Gauthier, Alger, Éditions Carbonel, 1948, p. 5.
6. Al-Kindî, *Livre sur la philosophie première. Œuvres philosophiques et scientifiques*, t. II, *op. cit.*, p. 12.
7. Les citations sont tirées d'un article suggestif de Rémi Brague, « *Eorum praeclara ingenia*. Conscience de la nouveauté et prétention à la continuité chez Fârâbî et Maïmonide », *Bulletin d'études orientales*, tome XLVIII, Institut français de Damas, 1996, p. 87-102.
8. Ibn Khaldûn, *Le Livre des Exemples*, I, *Autobiographie, Muqaddima*, texte traduit, présenté et annoté par Abdesselam Cheddadi, Paris, Gallimard, coll. Bibliothèque de la Pléiade, 2002, p. 969 *sq.*

9. C'est aux travaux de François Hartog, spécialement depuis *Régimes d'historicité. Présentisme et expériences du temps*, Paris, Éditions du Seuil, 2003, que nous devons de concevoir le temps des philosophes comme un *régime d'historicité*, de temporalisation du temps qui mérite d'être objet d'étude historique.

10. Cf. Ibn Khaldûn, *Le Livre des Exemples, op. cit.*, p. 843-857.

11. Ibn al-Khatîb, *Rawdat al-ta'rîf bi l-hubb al-sharîf*, édition Muhammad al-Kettanî, Beyrouth, 1970, t. II, p. 533-554.

12. On se reportera aux belles pages que Guy Monnot consacre à «Shahrastânî : sa vie, son œuvre, son secret» dans Shahrastânî, *Livre des religions et des sectes* I, *op. cit.*, p. 3-10.

13. Shahrastânî, *Livre des religions et des sectes* II, *op. cit.*, p. 177.

14. Cf. Jean Jolivet, dans Shahrastânî, *Livre des religions et des sectes* II, *op. cit.*, p. 16 *sq.*

15. Chose que Shahrastânî argumente en un traité spécialement rédigé à cette fin. Cf. *Struggling with the Philosopher. A Refutation of Avicenna's Metaphysics, op. cit.*

16. Cf. Jean Jolivet, dans Shahrastânî, *Livre des religions et des sectes* II, *op. cit.*, p. 43-47.

17. Shihâb al-Dîn Yahyâ Sohravardî, *Kitâb hikmat al-ishrâq*, *Œuvres philosophiques et mystiques (Opera Philosophica et Mystica)*, t. II, édition Henry Corbin, *op. cit.*, p. 11.

18. Cf. Emily Cottrell, *Le Kitâb Nuzhat al-Arwâh wa rawdat al-Afrâh de Šams al-Dîn al-Shahrazûrî l'Ishrâqî*, thèse de doctorat, EPHE, 2004.

19. *Ibid.*, p. 95.

Introduction à la troisième partie
QU'EST-CE QUE LA MÉTAPHYSIQUE?

1. Jean Jolivet a mis en parallèle un texte de la *Théologie platonicienne* et un raisonnement d'al-Kindî qui en dépend. Cf. Jean Jolivet, «Pour le dossier du Proclus arabe : Al-Kindî et la *Théologie platonicienne*», *Studia Islamica* XLIX, 1979, p. 55-75. Il y revient dans l'édition des *Œuvres philosophiques et scientifiques*, t. II, *op. cit.*, p. 107, où il mentionne un important article de Cristina D'Ancona (cf. *Id. Recherches sur le* Liber de Causis, Paris, Vrin, 1995).

VI

L'INJONCTION MONOTHÉISTE

1. Dimitri Gutas, *Pensée grecque, culture arabe. Le mouvement de traduction gréco-arabe à Bagdad et la société abbasside primitive (IIe-IVe/VIIIe-Xe siècles)*, traduit de l'anglais par Abdesselam Cheddadi, Paris, Aubier, 2005.

2. Cf. Richard Walzer, « New Studies on Al-Kindî », *Greek into Arabic, op. cit.*, p. 196. La théologie d'al-Kindî, par sa démarche conduisant à l'Un ineffable de Plotin ou de Proclus, construit un monothéisme qu'on oserait dire « de combat ». Face à la raison dualiste, quoi de plus puissant qu'une attestation de l'unicité de Dieu qui ne se contente pas de dire que Dieu est un, mais va jusqu'à prouver que Dieu est l'Un ? Cf. Cristina D'Ancona, « Al-Kindî e la sua eredità », *Storia della filosofia nell'Islam medievale, op. cit.*, t. I, p. 305.

3. L'expression est de Guy Monnot, *Islam et religions*, Paris, Maisonneuve & Larose, 1986, p. 138 *sq.* La polémique de Mâtoridî est justement comparée par l'Auteur à celle de saint Augustin.

4. Cf. Dimitri Gutas, *Pensée grecque, culture arabe, op. cit.*, p. 120, et Guy Monnot, *Islam et religions, op. cit.*, p. 39-82, 158 *sq.* Gholam Hossein Sadighi soutient que le mot *zandiq* désignait déjà les manichéens sous les Sassanides. Cf. *Les Mouvements religieux iraniens au IIe et au IIIe siècle de l'hégire*, Paris, Les Presses modernes, 1938, p. 84. Voir aussi Dominique Urvoy, *Les Penseurs libres dans l'Islam classique*, Paris, Albin Michel, 1996, p. 93-140.

5. Gholam Hossein Sadighi, *Les Mouvements religieux iraniens, op. cit.*, p. 88.

6. Cf. Guy Monnot, « Les marcionites dans l'hérésiographie musulmane », dans Adolf von Harnack, *Marcion. L'évangile du Dieu étranger*, Paris, Éditions du Cerf, 2003, p. 403-417.

7. Georges Vajda, « Les Zindiqs en pays d'Islam au début de la période abbasside », *Rivista degli Studi Orientali*, XVII, Rome, 1937.

8. Shahrastânî, *Livre des religions et des sectes* I, *op. cit.*, p. 663. Sur Mazdak, voir Arthur Christensen, *Le règne du roi Kawâdh I et le communisme mazdakite*, Copenhague, A. F. Höst, 1925.

Cf. Guy Monnot, *Penseurs musulmans et religions iraniennes. Abd al-Jabbār et ses devanciers*, Le Caire-Beyrouth, IDEO, Paris, Vrin, coll. Études musulmanes XVI, 1974, p. 75 *sq*.

9. *Ibn al-Tayyib's Commentary on Porpyry's Eisagoge*, édition du texte arabe, introduction et glossaire arabe-grec des termes de logique par Kwame Gyekye, Beyrouth, Dar el-Mashreq, Recherches, nouvelle Série B, tome II, 1975, p. 17-23.

10. Philippe Vallat, *Farabi et l'École d'Alexandrie, op. cit.*, p. 167.

VII

LES PREMIÈRES
THÉOLOGIES PHILOSOPHIQUES

1. Al-Kindî, *Livre sur la philosophie première, Œuvres philosophiques et scientifiques*, t. II, *op. cit.*, p. 8.

2. *Ibid.*, p. 10-14; *Épître des définitions*, dans Al-Kindî, *Cinq Epîtres*, Paris, Éditions du CNRS, 1976, p. 35.

3. Peter Adamson, *Al-Kindî*, Oxford, Oxford University Press, 2007, p. 40.

4. Al-Kindî, *Livre sur la philosophie première, op. cit.*, p. 14.

5. Bayhaqî rapporte un propos du fils du calife 'Umar : «Mujâhid! Le matin, ne t'entretiens pas du soir, et le soir ne t'entretiens pas du lendemain matin! Tire un enseignement de ta santé avant d'être malade et de ta vie avant de mourir, car, 'Abd Allâh!, tu ignores quel sera ton nom demain!» Propos que Ibn 'Umar rapproche de celui du Prophète, adressé à Mujâhid : «Sois en ce bas monde comme un étranger ou un voyageur qui passe, et considère-toi comme faisant déjà partie des morts et des habitants des tombes.» Cf. Bayhaqî, *L'Anthologie du renoncement, Kitâb al-Zuhd al-kabîr*, traduction de l'arabe par Roger Deladrière, Lagrasse, Verdier, 1995, p. 131.

6. Cf. Peter Adamson, *Al-Kindî, op. cit.*, p. 65.

7. Tout Dieu est suressentiel (*hyperousios*), écrit Proclus (*Éléments de théologie*, 115). «L'ordre divin entier est en lui-même ineffable et inconnaissable pour tous ses dérivés en raison de son unité suressentielle, mais il est compréhensible et connaissable par ses participants. C'est pourquoi seul le premier est totalement inconnaissable en tant qu'il est imparticipable.»

(*Éléments de théologie*, 123, traduction par Jean Trouillard, Paris, Aubier, 1965, p. 134.)

8. Al-Kindî, *Livre sur la philosophie première*, *op. cit.*, p. 95 *sq.*

9. *Ibid.*, p. 96-98.

10. Peter Adamson, *Al-Kindî*, *op. cit.*, p. 72.

11. Abû Hâtim al-Râzî, *A'lâm al-nubuwwa*, édition Salah al-Sawy, Téhéran, 1977, p. 132.

12 Cf. Razi, *La Médecine spirituelle*, traduction de l'arabe, introduction, notes et bibliographie par Rémi Brague, *op. cit.*, p. 20-26.

13. Abû Hâtim al-Râzî, *A'lâm al-nubuwwa*, *op. cit.*, p. 283.

14. *Ibid.*, p. 273.

15. *Ibid.*, p. 149. En cette troisième section du quatrième chapitre de son livre, Abû Hâtim résume les contradictions que son étude doxographique lui a permis de relever, en la deuxième section, entre les diverses cosmologies des Anciens (cf. *A'lâm*, p. 133-148, p. 149-151).

16. Averroès, *Le Livre du Discours décisif*, introduction par Alain de Libera, traduction inédite, notes et dossier par Marc Geoffroy, Paris, Flammarion, coll. GF, 1996, p. 105-107.

17. Nâsir-e Khosraw, *Kitâb-e Jâmi' al-hikmatain*, édition Henry Corbin et Mohammed Mo'in, *op. cit.* Étude préliminaire par Henry Corbin, p. 1-144.

18. Cf. Paul E. Walker, *Early Philosophical Shiism. The Ismaili Neoplatonism of Abû Ya'qûb al-Sijistânî*, Cambridge, Cambridge University Press, 1993.

19. Abû Ya'qûb al-Sijistânî, *Kashf al-Mahjûb*, texte persan publié avec une introduction par Henry Corbin, Téhéran, Institut français de recherche en Iran, Paris, Adrien Maisonneuve, coll. Bibliothèque iranienne 1, 1949, p. 70 *sq.* Cf. l'excellente version de Hermann Landolt, dans Seyyed Hossein Nasr et Mehdi Aminrazavi, *An Anthology of Philosophy in Persia*, Londres, New York, I. B. Tauris, 2008, t. II, p. 74-129.

20. Cf. Abû Hâtim al-Râzî, *A'lâm al-nubuwwa*, *op. cit.*, p. 289 *sq*, cf. p. 108.

21. Abû Ya'qûb al-Sijistânî, *Kitâb al-iftikhâr*, éd. Ismail K. Poonawala, Beyrouth, 2000, p. 100 *sq.*

22. Abû Ya'qûb al-Sijistânî, *Kitâb ithbât al-nubuwwât*, éd 'Aref Tamer, Beyrouth, 1982, p. 119-121.

23. *Ibid.*, p. 122.

24. Cf. Fritz W. Zimmermann, « The Origins of the so-called

Theology of Aristotle», *Pseudo-Aristotle in the Middle Ages*, Londres, Warburg Institute, University of London, 1986, p. 112-118, et Cristina D'Ancona, *Storia della filosofia nell'Islam medievale*, *op. cit.*, t. I, p. 207.

25. *Aflûtîn 'inda l-'Arab, Plotinus apud Arabes, Theologia Aristotelis et fragmenta quae supersunt. Collegit, edidit et prolegomenis instruxit* 'Abdurrahmân Badawî, Cahirae, 1955, p. 6-7. L'un des tout premiers à avoir mis en lumière l'importance décisive de la *Théologie* dite d'Aristote, singulièrement pour les philosophies qui insistent sur la nature de la Volonté divine, comme est celle du grand philosophe juif Ibn Gabirol, fut Salomon Munk. Cf. *Mélanges de philosophie juive et arabe*, Paris, Vrin [1927], nouvelle édition, 1955.

26. *Théologie* X, édition Badawî, p. 134.

27. *Ibid.*, p. 136.

28. *Ibid.*, p. 137.

29. *Ibid.*, p. 139.

30. Il y a bien distinction entre la souveraineté et le gouvernement. Cette distinction est repérée avec justesse par Giorgio Agamben, qui distingue le Règne — ici la souveraineté — et le Gouvernement chez Numenius et Plotin. Il insiste aussi sur le rôle fondamental joué par Aristote et le modèle de la souveraineté présent en *Métaphysique lambda* X, commenté par Averroès. Cf. Giorgio Agamben, *Le Règne et la Gloire. Pour une généalogie théologique de l'économie et du gouvernement (Homo sacer, II, 2)*, Paris, Éditions du Seuil, 2008, p. 127-138.

31. On trouvera toutes les références au thème de la Cité spirituelle présent dans les *Épîtres* des Frères de la Pureté chez Yves Marquet, *La Philosophie des Ikhwân al-Safâ'*, *op. cit.*, p. 371-378. Une féconde comparaison avec le schème augustinien de la Cité de Dieu s'imposerait ici.

32. Sohravardî, *Œuvres philosophiques et mystiques*, tome IV, textes édités avec prolégomènes en persan par Dr. Najafqoli Habibi, Téhéran, 2001, p. 117 *sq*.

33. Shahrazûrî, *Sharh hikmat al-ishrâq*, édition Hossein Ziai, Téhéran, Institut d'études et de recherches culturelles, 1993/1372 h., p. 509.

34. Mullâ Sadrâ Shîrâzî, *Al-hikmat al-muta'aliyya fî l-asfâr al-'aqliyyat al-arba'a*, Qom, s. d., t. 9, p. 243-272.

35. Christian Jambet, *Se rendre immortel* suivi du *Traité de la résurrection* [par] Mullâ Sadrâ Shîrâzî, Montpellier, Fata Morgana, 2000.

36. Cf. Stéphane Mosès, *L'Ange de l'Histoire. Rosenzweig, Benjamin, Scholem*, Paris, Gallimard, coll. Folio Essais, 2006, p. 201-263.

37. Cf. René Roques, *L'Univers dyonisien. Structure hiérarchique du monde selon le Pseudo-Denys*, Paris, Éditions du Cerf, 1983, p. 171-199.

38. Cf. *Théologie* X, édition Badawî, p. 142 *sq.*

39. Cf. Paul Kraus, «Plotin chez les Arabes» *Bulletin de l'Institut d'Égypte*, t. XXX, 1940-41, Shlomo Pines, «La longue recension de la Théologie d'Aristote dans ses rapports avec la doctrine ismaélienne», *Revue des Études islamiques*, t. 22, 1954, p. 22, Georges C. [Marie-Marcel] Anawati, «Le néoplatonisme dans la pensée musulmane. État actuel de la recherche» in *Études de philosophie musulmane*, Paris, Vrin, 1974, p. 158-164.

40. *Théologie* I, édition Badawî, p. 19.

41. *Théologie* IV, édition Badawî, p. 57.

42. *Ibid.*, p. 57-60. Pierre Hadot a montré que c'est Porphyre qui a ainsi fondé une méthode allégorique différente de celle des Stoïciens sur une nouvelle interprétation de l'aphorisme d'Héraclite, «la Nature aime à se cacher» (*Le Voile d'Isis. Essai sur l'histoire de l'Idée de nature*, Paris, Gallimard, coll NRF Essais, 2004, p. 71 *sq.*).

43. *Théologie* X, édition Badawî, p. 134.

44. Cf. Coran, 5 : 18 ; 6 : 164 ; 7 : 54, 7 : 61 ; 7 : 121 ; 9 : 127, 17 : 102, 19 : 65 ; 23 : 86 ; 23 : 116 ; 26 : 23 ; 26 : 24 ; 26 : 26 ; 26 : 28 ; 26 : 77-82 ; 28 : 30 ; 37 : 5 ; 41 : 9 ; 43 : 46 ; 55 : 17 ; 81 : 29 ; 113 : 1 ; 114 : 1.

45. Cf. Jean Philopon, *La Création du monde*, Paris, Migne, 2004. Loin d'être un traité de cosmologie philosophique, cet ouvrage est d'abord une exégèse, l'exégèse de la cosmologie de Moïse. De même, les réfutations de l'éternité du monde, présentes dans les traités de philosophie islamique, peuvent-elles être des exégèses des versets coraniques annonçant la fin du monde et son renouvellement par Dieu. Un bon exemple en est fourni par Mullâ Sadrâ, en son traité sur l'éduction du monde dans le temps (*Risâla fî hudûth al-'âlam*, Téhéran, 1378) et surtout en son *Livre de la sagesse inspirée du Trône divin* (*Al-hikmat al-'arshiyya*). La réfutation de la thèse de l'éternité par Ghazâlî dans *L'Incohérence des philosophes, Tahâfut al-falâsifa* (Ire et 2e questions), est de tonalité plus philosophante, parce qu'elle est une réfutation rationnelle.

46. Cf. Javier Teixidor, *Aristote en syriaque. Paul le Perse, logicien du vɪᵉ siècle*, Paris, CNRS Éditions, 2003.

47. *Ibid.*, p. 44.

48. Cf. Farid Jabre, *La notion de la* ma'rifa *chez Ghazali*, Beyrouth, Les Lettres orientales, 1958, p. 86 *sq.*

VIII

L'AUTORITÉ DE L'HOMME PARFAIT

1. Cf. Yeganeh Shayegan, «The Transmission of Greek Philosophy to the Islamic world», dans Seyyed Hossein Nasr et Oliver Leaman, *History of Islamic Philosophy, op. cit.*, chap. 6, p. 89-104.

2. Max Meyerhof, «Von Alexandrien nach Bagdad. Ein Beitrag zur Geschichte des philosophischen und medizinischen Unterrichts bei den Arabern», Sitzungsberichte der preussischen Akademie der Wissenschaften, Philosophisch-historische Klasse, XXIII, Berlin, 1930. Voir les importants commentaires de Cristina D Ancona, *Storia della filosofia nell'Islam medievale*, t. I, *op. cit.* p. 42-43.

3. Cf. Pierre-Thomas Camelot, *Éphèse et Chalcédoine 431 et 451*, 2ᵉ édition, Paris, Fayard, 2006, p. 13-31 ; Cardinal Aloys Grillmeier, *Le Christ dans la tradition chrétienne*, t. I, *De l'âge apostolique au concile de Chalcédoine (451), op. cit.*, p. 865-882 ; *Christologie I. Des origines à l'Antiquité tardive*, textes édités par Karl-Heinz Ohlig, Paris, Éditions du Cerf, 1996, p. 210-218 ; Joseph Doré, Bernard Lauret, Joseph Schmitt, *Christologie*, Paris, Éditions du Cerf, 2003, p. 100-104 ; Père Serge Boulgakov, *Du Verbe incarné*, Lausanne, L'Âge d'Homme, 1982, p. XXXVIII-XLVI.

4. Cf. William C. Chittick, «Microcosm, macrocosm and Perfect Man in the view of Ibn al-'Arabî», *Islamic Culture* 63, 1-2, 1989, p. 1-12.

5. Henry Corbin, *L'Imagination créatrice dans le soufisme d'Ibn 'Arabî*, 2ᵉ édition, Paris, Flammarion, 1977 ; Michel Chodkiewicz, *Le Sceau des saints. Prophétie et sainteté dans le soufisme d'Ibn 'Arabî*, Paris, Gallimard, coll. Bibliothèque des Sciences humaines, 1986 ; William C. Chittick, *The Sufi Path of Knowledge. Ibn Arabî's Metaphysics of Imagination*, Albany, New York University Press, 1989.

6. Ibn 'Arabî, *Al-Futûhât al-makkiyya*, texte établi par 'Uthmân Yahyâ, Le Caire, tome II, 1972, p. 123 *sq*.

7. Sur la logique complexe de l'image chez Ibn 'Arabî, voir Souâd Ayada, *L'islam des théophanies, op. cit.*, p. 129-190.

8. Cf. Mohammad-Ali Amir-Moezzi et Christian Jambet, *Qu'est-ce que le shî'isme?* Paris, Fayard, 2004.

9. On peut lire le récit autobiographique où cette conversion nous est relatée dans la traduction qu'Henry Corbin en propose, dans *En Islam iranien*, t. III, *Les Fidèles d'amour. Shî'isme et soufisme*, Paris, Gallimard, coll. Bibliothèque des Idées, 1972, p. 164.

10. Respectivement: *Al-Muhit al-a'zam wa l-tawd al-ashamm fî ta'wîl kitâb Allâh al-'azîz al-muhkam* et *Al-Muhit al-a'zam wa l-bahr al-khidamm fî ta'wîl kitâb Allâh al-'azîz al-muhkam*. C'est sous ce dernier titre qu'il est désormais publié (trois volumes parus, Qom, 1380 h. s./1422 h. l.).

11. Cette introduction a été publiée: *Le Texte des Textes. Les Prolégomènes*, édité par Henry Corbin et Osman Yahyâ, Téhéran, Institut français de recherche en Iran, Paris, Adrien Maisonneuve, coll. Bibliothèque Iranienne 22, 1975.

12. Ouvrage publié par Henry Corbin et Osman Yahyâ dans *La philosophie shî'ite*, Téhéran, Institut français de recherche en Iran, Paris, Adrien Maisonneuve, coll. Bibliothèque iranienne 16, 1969.

13. Sayyed Haydar Âmolî, *Tafsîr al-muhit al-a'zam*, t. I, p. 252.

14. Mullâ Sadrâ Shîrâzî, *Le Verset de la lumière. Commentaire*, traduction par Christian Jambet, Paris, Les Belles Lettres, 2009, p. 86.

15. Henry Corbin, *Face de Dieu Face de l'Homme: Herméneutique et soufisme*, Paris, Flammarion, 1983, p. 200. Henry Corbin explique un texte de Qâzî Sa'îd Qommî, qui porte sur un hadîth du Ve Imâm, Muhammad al-Bâqir. Voir aussi *Itinéraire d'un enseignement. Résumé des conférences à l'École pratique des hautes études (Section des Sciences religieuses) 1955-1979*, IFRI, coll. Bibliothèque iranienne 38, 1993, p. 90 *sq*.

16. Henry Corbin, *Face de Dieu Face de l'Homme, op. cit.*, p. 244.

17. Cf. Mohammad-Ali Amir-Moezzi, «Aspects de l'imamologie duodécimaine I: remarques sur la divinité de l'Imâm», *Studia Iranica* 25, 1996, p. 193-216, et *La religion discrète, op. cit.*, p. 89-108.

18. Haydar Âmolî, *Risâla naqd al-nuqûd fî ma'rifat al-wujûd*, texte arabe publié sous le titre *Traité de la connaissance de l'être*, dans *La philosophie shî'ite*, § 152-153, p. 689.

19. *Ibid.*, p. 689.

20. Cf. *ibid.*, p. 690.

21. Haydar Âmolî, *Jâmi' al-asrâr*, § 111 et 112, *La philosophie shî'ite*, p. 55 sq.

22. Sa'd al-Dîn Hamûyeh (ou Hamû'yî), mort en 650 h./1252, fut un disciple de Najm al-Dîn Kubrâ et le maître de 'Azîz Nasafî. Il fut en rapport avec Ibn 'Arabî et avec le beau-fils de celui-ci, Sadr al-Dîn Qûnawî.

23. Haydar Âmolî, *Jâmi' al-asrâr*, § 403, *La philosophie shî'ite*, p. 210.

24. Haydar Âmolî, *Jâmi' al-asrâr*, § 537, *La philosophie shî'ite*, p. 272 sq.

25. Haydar Âmolî, *Jâmi' al-asrâr*, § 319, *La philosophie shî'ite*, p. 166 sq.

26. Haydar Âmolî, *Al-Muqaddimât min kitâb nass al-nosûs*, *Le Texte des Textes*, p. 446.

27. Haydar Âmolî, *Jâmi' al-asrâr*, § 390, *La philosophie shî'ite*, p. 202 sq.

28. *Ibid.*, p. 203.

29. Thème favori de notre auteur, cette correspondance entre les trois livres, celui des âmes, celui de l'univers et celui du Coran fonde le *ta'wîl* généralisé ou exégèse spirituelle. Haydar Amolî l'expose longuement en introduction de son Commentaire du Coran, *al-Muhit al-a'zam*, t. I, p. 247 sq.

30. Cité par Haydar Âmolî, *Jâmi' al-asrâr*, *La philosophie shî'ite*, p. 373.

31. Ces *hadîths* sont cités par Haydar Amolî, *Jâmi' al-asrâr* § 394, *La philosophie shî'ite*, p. 205. *Jâmi' al-asrâr* § 824, *La philosophie shî'ite*, p. 411 : «Nous sommes la figure de Dieu, nous sommes le seuil de Dieu, nous sommes la langue de Dieu, nous sommes la Face de Dieu, sous sommes l'œil de Dieu en sa création...»

32. Haydar Âmolî, *Jâmi' al-asrâr* § 764, *La philosophie shî'ite*, p. 363 sq. La citation des vers de Hallâj est donnée dans la traduction proposée par Stéphane Ruspoli, dans *Le Message de Hallâj l'expatrié*, Paris, Éditions du Cerf, 2005, p. 160.

33. Haydar Âmolî, *Jâmi' al-asrâr*, § 765, *La philosophie shî'ite*, p. 365.

34. Haydar Âmolî, *Jâmi' al-asrâr, La philosophie shî'ite*, p. 379.
35. *Ibid.*, p. 380.
36. *Ibid.*, p. 385-388.
37. Haydar Âmolî, *Jâmi' al-asrâr*, § 565, *La philosophie shî'ite*, p. 287.
38. Haydar Âmolî, *Jâmi' al-asrâr*, § 1211-1212, *La philosophie shî'ite*, p. 584.

IX

LE DISCOURS DE L'ORDRE

1. Al-Fârâbî, *L'Harmonie entre les opinions des deux sages, le divin Platon et Aristote*, in *Deux traités philosophiques*, traduction Dominique Mallet, *op. cit.*, 1989, p. 59.
2. Cf. Jean Jolivet, «Classifications des sciences arabes et médiévales», in *Perspectives médiévales et arabes, op. cit.*, p. 175-194, et Louis Gardet et Marie-Marcel [Georges C.] Anawati, *Introduction à la théologie musulmane, op. cit.*, p. 102-110.
3. Ibn Muqaffa', *Al-Mantiq*, édition Dâneshpazhûh, Téhéran, 1398 h.l./1978, p. 2-3.
4. Ibn Sînâ, *Al-Najât*, édition Dâneshpazhûh, *op. cit.*, p. 3-4.
5. Cf. Roger Arnaldez, *Fakhr al-Dîn al-Râzî commentateur du Coran et philosophe*, Paris, Vrin, 2002, p. 78 *sq.*
6. Ibn Sînâ, *Le Livre de science*, traduit par Mohammad Achena et Henri Massé, 2ᵉ éd., Paris, Les Belles Lettres, 1986, p. 63-64.
7. Avicenne, *Épître sur les parties des sciences intellectuelles* (*Risâla fî aqsâm al-'ulûm al-'aqliyya*), traduction Rabia Mimoune, in *Études sur Avicenne*, dirigées par Jean Jolivet et Roshdi Rashed, Paris, Les Belles Lettres, 1984, p. 143-151.
8. Leo Strauss, *Maïmonide, op. cit.*, p. 74.
9. Ibn Sînâ, *Risâla fî ithbât al-nubuwwât wa ta'wîl rumûzihim wa amthâli-him*, édition Michael Marmura, Beyrouth, 1991.
10. Cf. Ibn Sînâ, *Al-Shifâ, al-Ilâhiyyât*, X, 1, édition Ibrâhîm Madkour, Le Caire, 1380 h./1960, p. 437.
11. Cf. Ibn Sînâ, *Ahwâl al-nafs, Risâla fî l-nafs wa baqâ'i-hâ wa ma'âdi-ha li l-sahykh al-ra'îs Ibn Sînâ*, édition F. al-Ahouani, Le Caire, 1371 h./1952, p. 114-121.

12. Cf. Sohravardî, *Le Livre de la sagesse orientale*, 2ᵉ partie, livre II, chapitre v, § 147.

13. Ibn Sînâ, *Épître sur les parties des sciences intellectuelles*, *op. cit.*, p. 149.

14. Ibn Sînâ, *Al-Ishârât wa l-tanbîhât*, *op. cit.* t. III, p. 401- 405.

15. Cf. Rémi Brague, «Note sur la traduction arabe de la *Politique*, derechef, qu'elle n'existe pas», dans Pierre Aubenque (dir.), *Aristote politique. Études sur la* Politique *d'Aristote*, Paris, P.U.F., 1993, p. 423-433.

16. Nâsir Tûsî, dans Ibn Sînâ, *Al-Ishârât wa l-tanbîhât*, *op. cit.*, t. III, p. 405.

17. Ibn Sînâ, *Al-Shifâ'*, *al-Ilâhiyyât*, X, 2, *op. cit.*, p. 442.

18. Al-Râzî, *Kitâb al-Muhassal*, Qom, 1378/1999, p. 552.

19. Ibn Sînâ, *Al-Shifâ'*, *al-Ilâhiyyât*, X, 3, *op. cit.*, p. 443-444.

20. Ibn Sînâ, *Al-Shifâ'*, *al-Ilâhiyyât*, X, 4, *op. cit.*, p. 447-451.

21. Cf. Mohammad-Ali Amir-Moezzi, *La Religion discrète*, *op. cit.*, p. 130-131.

22. Ibn Sînâ, *Al-Shifâ'*, *al-Ilâhiyyât*, X, 5, *op. cit.*, p. 452.

23. *Ibid.*, p. 452.

24. Ibn Sînâ, *Al-Shifâ'*, *al-Mantiq*, *al-Madkhal*, Partie I, chap. 2, Le Caire, 1952, p. 12.

25. Ibn Sînâ, *Al-Madkhal*, *op. cit.*, p. 14.

26. Abû Hâmid al-Ghazâlî, *Maqâsid al-Falâsifa*, édition Solayman Donyâ, Le Caire, 1961, p. 134-137.

X

LA THÉOLOGIE PHILOSOPHIQUE INTÉGRALE

1. On consultera Henry Corbin, *En Islam iranien*, t. IV, *L'École d'Ispahan. L'École shaykhie. Le Douzième Imâm*, Paris, Gallimard, coll. Bibliothèque des Idées, 1972, p. 1-53. Illustrant la façon dont l'humour iranien traite l'obscurité légendaire de Mîr Dâmâd, Henry Corbin nous rapporte l'anecdote que voici : interrogé, après sa mort, par les anges Nâkir et Monkir, notre philosophe apporte à leurs questions des réponses métaphysiques si opaques que les deux anges, n'y comprenant rien, s'en retournent consulter Dieu. Celui-ci leur dit : «Oui, je sais. Toute sa vie il a tenu des propos de ce genre auxquels je

n'ai moi-même rien compris. Mais c'est un homme doux et inoffensif. Il est digne d'entrer dans le paradis.» (*ibid.*, p. 19-20).

2. Muhammad Bâqir [Astarabâdî Mîr Dâmâd], *Taqwîm al-imân*, Téhéran, 1374 h., p. 199.

3. *Ibid.*, p. 200.

4. Cf. Mîr Dâmâd, *Kitâb al-Qabasât*, *op. cit.*, p. 421-422.

5. Mîr Dâmâd, *Taqwîm al-imân*, *op. cit.*, p. 200-202.

6. Al-Mîr al-Sayyid Ahmad 'Alawî, *Kashf al-haqâ'iq* [publié à la suite de] *Taqwîm al-imân*, *op. cit.*, p. 388-413.

7. Dans son *Éthique dédiée à Nâsir*, où il est tributaire de Miskawayh, Nasîr al-Dîn Tûsî a déjà infléchi la politique des *falâsifa* dans le sens d'une souveraineté de l'Un et de celui qui le manifeste au sommet, l'Imâm. Cf. Christian Jambet, « Idéal du politique et politique idéale selon Nasîr al-Dîn Tûsî», *Nasîr al-Dîn Tûsî, philosophe et savant du XIIIᵉ siècle*, études réunies et présentées par Nasrollah Pourjavady et Živa Vesel, Téhéran, Presses universitaires d'Iran et Institut français de recherche en Iran, 2000, p. 31-57.

8. Sur ce grand théologien, voir l'ouvrage de Sabine Schmidtke, *The Theology of al-'Allâma al-Hillî (d. 726/1325)*, Berlin, Klaus Schwarz Verlag, 1991.

9. Al-'Allâma al-Hillî, *Kashf al-murâd fî sharh tajrîd al-i'tiqâd*, éd. al-Shaykh Hasan Hasan-zadeh al-Âmilî, Qom, 6ᵉ éd., 1414 h. l., p. 19.

10. *Ibid.*, p. 346-360.

11. Cf. Jean Baruzi, *Leibniz et l'organisation religieuse de la terre*, Paris, Alcan, 1907.

12. Sayyed Ahmad 'Alawî, *Kashf al-haqâ'iq* [publié à la suite du traité de Mîr Dâmâd cité plus haut], p. 388-413.

13. Mullâ Sadrâ, *Al-Hikmat al-muta'aliyya fî l-asfâr al-arba'a al-'aqliyya*, *op. cit.*, t. 1, p. 2-3.

14. Mullâ Sadrâ Shîrâzî, *Mafâtîh al-ghayb*, édition et introduction par Muhammad Khâjavî, Téhéran, 1363 h./1984, p. 498.

15. Spinoza, *Éthique*, cinquième partie, proposition XLII, traduction d'Armand Guérinot, préface de Léon Brunschvicg, Paris, R. Helleu et R. Sergent, 1930.

16. Sadr al-Dîn Muhammad al-Shîrâzî, Mullâ Sadrâ, *Al-Shawâhid al-rubûbiyya fî l-manâhij al-sulûkiyya*, édition Sayyed Mustafa Muhaqqiq Damad, Téhéran, 1382 h., p. 395-396.

17. La comparaison entre le *Mi'râj* du Prophète et l'ascen-

sion contemplative du philosophe est présente dans le Récit avicennien intitulé *Mi'râj-nâmeh*. Cf. Charles-Henri de Fouchécour, «Avicenne, al-Qošeyri et le récit de l'échelle de Mahomet», *Le Voyage initiatique en terre d'islam. Ascensions célestes et itinéraires spirituels*, sous la direction de Mohammad-Ali Amir-Moezzi, préfacé par Roger Arnaldez, Louvain-Paris, Peeters, 1996, p. 173-198, et Peter Heath, *Allegory and Philosophy in Avicenna (Ibn Sînâ) with a Translation of the Book of the Prophet Muhammad's Ascent to Heaven*, University of Pennsylvania Press, 1992.

18. Mullâ Sadrâ, *Al-Shawâhid al-rubûbiyya*, op. cit., p. 396.

19. *Ibid.*, p. 400-402.

20. [Mîrzâ] Hasan Ebn-e 'Abd al-Razzâq Lâhijî, *Â'îne-ye hekmat*, publié dans *Rasâ'el-e fârsî*, édition 'Alî Sadrâ'î Kho'î, Téhéran, 1375 h., p. 73-83.

21. Sur le sens et l'héritage de ce littéralisme, on lira, d'Olivier Carré, *Mystique et politique. Le Coran des islamistes. Commentaire coranique de Sayyid Qutb (1906-1966)*, Paris, Éditions du Cerf, 2004.

22. Mullâ Sadrâ, *Tafsîr al-Qur'ân al-karîm*, t. IV, édition Muhammad Khâjavî, Qom, 1403 h., p. 190-197. Nous avons brièvement orienté l'attention du lecteur vers ce commentaire dans *L'Acte d'être* (Paris, Fayard, 2002) et nous avons présenté ses enseignements à un auditoire choisi, lors d'une séance du Séminaire «Histoire du libéralisme en Europe», sur la courageuse invitation de Philippe Nemo, en février 2004. Patricia Crone ne retient pas cette exégèse sadrienne du verset dans son excellente étude, qui vise l'exhaustivité, « "No compulsion in religion" Q. 2 : 256 in medieval and modern interpretation», *Le shî'isme imâmite quarante ans après. Hommage à Etan Kohlberg*, Turnhout, Brepols, 2009, p. 131-178.

23. Mullâ Sadrâ, *Tafsîr al-Qur'ân al-karîm*, op. cit., t. IV, op. cit., p. 191.

24. Kalabâdhî, *Kitâb al-ta'arruf li-madhhab Ahl al-tasawwuf*, traduit de l'arabe et présenté par Roger Deladrière sous le titre *Traité de soufisme*, Paris, Sindbad, 1981, p. 110.

25. Junayd, *Enseignement spirituel, Traités, lettres, oraisons et sentences*, traduits de l'arabe, présentés et annotés par Roger Deladrière, Paris, Sindbad, 1983, p. 193.

26. Mullâ Sadrâ, *Tafsîr al-Qur'ân al-karîm*, édition Muhammad Khâjavî, Qom, op. cit., t. IV, p. 192. On relèvera ici les réminiscences avicenniennes.

27. Sulamî (m. 1021/412 h.), *Risâlat al-malâmatîya* (Épître des hommes du blâme), *La Lucidité implacable*, traduit de l'arabe, présenté et annoté par Roger Deladrière, Paris, Arléa, 1991, p. 44.

28. Ibn 'Arabî [Al-Kâshânî], *Tafsîr al-Qur'ân*, Beyrouth, 1978, t. 1, p. 144. Selon Kâshânî, comme selon Sadrâ, l'acceptation (*ridâ'*), semblable à l'abandon à Dieu (*al-tawakkul*), est le premier niveau de l'ascension à Dieu, conduisant à l'extinction en Dieu (*fanâ'*), selon les degrés de l'âme, du cœur et de l'esprit. Voir *Tafsîr al-Qur'ân*, t. 1, p. 548, et Pierre Lory, *Les Commentaires ésotériques du Coran*, Paris, Les Deux Océans, 1980, p. 67.

29. Mullâ Sadrâ, *Tafsîr al-Qur'ân al-karîm*, *op. cit.*, t. IV, p. 193.

30. *Ibid.*

31. *Ibid.*, p. 194.

32. Sur *al-jabr*, «contrainte divine, totale détermination des actes humains par Dieu», et *al-ijbâr*, «l'affirmation de la contrainte», voir Daniel Gimaret, *Théories de l'acte humain en théologie musulmane*, *op. cit.*, index s. v.

33. Mullâ Sadrâ, *Tafsîr al-Qur'ân al-karîm*, *op. cit.*, t. IV, p. 194.

34. *Ibid.*, p. 195.

35. Cf. Christian Jambet, *Mort et résurrection en islam. L'au-delà selon Mullâ Sadrâ*, Paris, Albin Michel, 2008.

CONCLUSION

1. «La place occupée par la *Politique* d'Aristote, par Cicéron et le droit romain dans la scolastique chrétienne, est occupée par la *République* et les Lois de *Platon* dans la philosophie islamique et dans la philosophie juive», *La persécution et l'art d'écrire*, trad. française par Olivier Seydin, Paris, Éditions de l'Éclat, 2ᵉ éd., 2003, p. 5.

Index*

* Établi par l'auteur.

DU MÊME AUTEUR

LA LOGIQUE DES ORIENTAUX. HENRY CORBIN ET LA SCIENCE DES FORMES, Éditions du Seuil, 1983.

LA GRANDE RÉSURRECTION D'ALAMÛT. LES FORMES DE LA LIBERTÉ DANS LE SHÎ'ISME ISMAÉLIEN, Verdier, 1990.

Nasîroddîn Tûsî, LA CONVOCATION D'ALAMÛT. SOMME DE PHILOSOPHIE ISMAÉLIENNE, traduction du persan, introduction et notes, Verdier/Unesco, 1996.

Jalâloddîn Rûmî, SOLEIL DU RÉEL. POÈMES DE L'AMOUR MYSTIQUE, traduction du persan et présentation, Imprimerie nationale, 1999.

SE RENDRE IMMORTEL suivi du TRAITÉ DE LA RÉSURRECTION [par] Mullâ Sadrâ Shîrâzî, Fata Morgana, 2000.

L'ACTE D'ÊTRE. LA PHILOSOPHIE DE LA RÉVÉLATION CHEZ MOLLÂ SADRÂ, Fayard, 2002.

LE CACHÉ ET L'APPARENT, L'Herne, 2003.

QU'EST-CE QUE LE SHÎ'ISME ? (avec Mohammad-Ali Amir-Moezzi), Fayard, 2004.

MORT ET RÉSURRECTION EN ISLAM. L'AU-DELÀ SELON MULLÂ SADRÂ, Albin Michel, 2008.

Mullâ Sadrâ Shîrâzî, LE VERSET DE LA LUMIÈRE. COMMENTAIRE, traduction, introduction et notes, Les Belles Lettres, 2009.

495 J. Cerquiglini-Toulet, F. Lestringant, G. Forestier et E. Bury (sous la direction de J.-Y. Tadié) : *La littérature française : dynamique et histoire I.*

496 M. Delon, F. Mélonio, B. Marchal et J. Noiray, A. Compagnon (sous la direction de J.-Y. Tadié) : *La littérature française : dynamique et histoire II.*

497 Catherine Darbo-Peschanski : *L'Historia (Commencements grecs).*

498 Laurent Barry : *La parenté.*

499 Louis Van Delft : *Les moralistes. Une apologie.*

500 Karl Marx : *Le Capital (Livre I).*

501 Karl Marx : *Le Capital (Livres II et III).*

502 Pierre Hadot : *Le voile d'Isis (Essai sur l'histoire de l'idée de Nature).*

503 Isabelle Queval : *Le corps aujourd'hui.*

504 Rémi Brague : *La loi de Dieu (Histoire philosophique d'une alliance).*

505 George Steiner : *Grammaires de la création.*

506 Alain Finkielkraut : *Nous autres modernes (Quatre leçons).*

507 Trinh Xuan Thuan : *Les voies de la lumière (Physique et métaphysique du clair-obscur).*

508 Marc Augé : *Génie du paganisme.*

509 François Recanati : *Philosophie du langage (et de l'esprit).*

510 Leonard Susskind : *Le paysage cosmique (Notre univers en cacherait-il des millions d'autres ?)*

511 Nelson Goodman : *L'art en théorie et en action.*

512 Gilles Lipovetsky : *Le bonheur paradoxal (Essai sur la société d'hyperconsommation).*

513 Jared Diamond : *Effondrement (Comment les sociétés décident de leur disparition et de leur survie).*

514 Dominique Janicaud : *La phénoménologie dans tous ses états (Le tournant théologique de la phénoménologie française* suivi de *La phénoménologie éclatée).*

515 Belinda Cannone : *Le sentiment d'imposture.*

516 Claude-Henri Chouard : *L'oreille musicienne (Les chemins de la musique de l'oreille au cerveau).*

517 Stanley Cavell : *Qu'est-ce que la philosophie améri-*

Composition Interligne.
Impression CPI Bussière
à Saint-Amand (Cher), le 2 mars 2011.
Dépôt légal : mars 2011.
Numéro d'imprimeur : 110624/1.
ISBN 978-2-07-033647-0./Imprimé en France.